匯業律師事務所
HUI YE LAW FIRM

网络与数据法律实务

——法律适用及合规落地

Law and Practice on Cyber and Data Governance in China

黄春林／著

人民法院出版社

图书在版编目（CIP）数据

网络与数据法律实务：法律适用及合规落地 / 黄春林著. --北京：人民法院出版社，2019.12
ISBN 978-7-5109-2722-5

Ⅰ.①网… Ⅱ.①黄… Ⅲ.①计算机网络-科学技术管理法规-研究-中国 Ⅳ.①D922.174

中国版本图书馆CIP数据核字（2019）第283227号

网络与数据法律实务——法律适用及合规落地
黄春林 著

责任编辑 王 婷
执行编辑 尹立霞
出版发行 人民法院出版社
地　　址 北京市东城区东交民巷27号（100745）
电　　话 （010）67550637（执行编辑） 67550558（发行部查询）
65223677（读者服务部）
客 服 QQ 2092078039
网　　址 http：//www.courtbook.com.cn
E- mail courtpress@sohu.com
印　　刷 三河市国英印务有限公司
经　　销 新华书店

开　　本 787毫米×1092毫米 1/16
字　　数 480千字
印　　张 25.25
版　　次 2019年12月第1版 2020年5月第2次印刷
书　　号 ISBN 978-7-5109-2722-5
定　　价 79.00元

自序

PREFACE

古人云，万物皆数，万物互联。

当今信息技术的发展，无时无刻不在印证他们的论断。大数据、人工智能不仅是描述当下的最佳方式，更是预测未来的重要途径；蓬勃发展的互联网、移动网、物联网等，正在彻底改变我们的社会结构及生活方式。

在那个万物皆数、万物互联的世界：数字即主体，主体即数字；算力即竞争，竞争即算力；代码即法律，法律即代码。

但显然，现实世界还远未做好准备。如何面对那个未来世界，社会争议不断。有人认为，罗马不是一天建成的，与其迷茫于未知世界，不如脚踏实地解决眼前的“苟且”；另一些人则认为，奇点将至，我们这代人有责任拥抱“诗和远方”。

这种争议和矛盾，在网络领域的立法过程中，体现得尤为明显。立法的稳定性、谦抑性等原则，要求主要针对紧迫的、必要的问题立法，对应的执法活动则应当克制包容审慎；但另一方面，日新月异的技术变化和商业迭代，随时会将法条的滞后性和无力感暴露无遗。小到《电信业务分类目录》《个人信息安全规范》等，大到《反不正当竞争法》《网络安全法》等，莫不如此。

当然，也只有理解这种矛盾的背后逻辑基础，才能更好地理解中国网络与数据的立法条文和执法尺度。因为，不同的法律条文和执法尺度，对应的是当时赖以存在的土壤——国际环境、政策导向、价值取向、产业阶段等。

任何机械地、孤立地理解某段法条或某个行动，都是极不负责的。因此，本书的写作及作者的实务工作，都力求从不同角度审视具体的问题：法律条文及执法行动背后的政策导向是什么？从征求意见稿、草案到正式稿，期间的变化体现了怎样的价值选择？法律条文与执法尺度的差异何在？行业的最佳实践是什么？用户体验、商业利益与合规风险如何平衡？作为一个律师，Say NO 很容易，难的是提出 NO 后的解决 / 落地方案。

本书共九章。第一章中，从立法、监管、准入等视角，宏观介绍中国网络与数据法律新秩序。第二章、第三章重点介绍中国网络安全、个人信息保护及数据合规相关立法、执法及行业实践。第四章详细解读了我国《电子商务法》及其配套制度的合规要点，并分析了平台电商、社交电商、跨境电商等基本业态的法律新问题。第五章结合具体案例，重点介绍了网络游戏、直播、电竞、网络出版、网络音乐、网络教育等板块的准入及监管合规要点。第六章介绍了人工智能、大数据、物联网、区块链等新兴技术领域的最新立法及主要法律合规问题。第七章结合当前热点问题，详细介绍了网络借贷、网络支付、互联网保险、互联网基金及金融科技等领域的主要合规问题。第八章、第九章分别从竞争、刑事合规等视角介绍了网络与数据领域的新兴问题。

本书上述内容，主要来源于汇业律师事务所网络与数据法律团队日常实务工作中相关观点、成果的提炼、总结。尽管我们力求相关内容符合立法本意，贴近企业需求，追求落地成本，但本书写作期间及成稿之后，立法及技术发展频繁更新迭代，文中疏漏在所难免，希望各位读者随时批评指正，以便后续修订完善。

2019 年 12 月

黄春林

目录

CONTENTS

第一章 中国网络与数据法律新秩序

第二章 网络安全

第七章 互联网金融

第九章 网络与数据刑事合规

第一章　中国网络与数据法律新秩序

第一节　新法制：立法呈现新特点

2016年《网络安全法》公布，标志着中国网络与数据法制化进程进入新时代。在此之后，中国网络与数据领域立法步入了快车道，数量和质量达到前所未有的高度，并体现出鲜明的时代特征。

一、法典化成为新常态

回顾中国网络与数据立法的整个历程，谦抑性立法精神贯穿始终。互联网的本质是将线下业务线上化，如果线下传统法律能够解决的问题，尽量不要制定单独适用于互联网的法律法规；线上确实有紧迫需要立法的，尽量通过个案司法解决或者单行政策、规章解决。

电商领域立法就很好地体现了谦抑精神。尽管，联合国国际贸易法委员会在20世纪90年代就制定了《电子商务示范法》及配套的电子签名、电子通信有关的示范法，但我国一直未制定专门的电子商务法，而是通过分散适用《反不正当竞争法》《合同法》《消费者权益保护法》《侵权责任法》及其司法解释等方式解决电子商务领域的法律问题。直到2014年，为了解决实践中暴露出来的越来越多的网络特有法律问题，原国家工商总局制定了专门的《网络交易管理办法》这个单行条例。

个人信息保护相关的立法，也同样走过了横向分散法律映射（如《消费者权益保护法》）到单独应急立法（如全国人民代表大会常务委员会《关于加强网络信息保护的决定》），再到单行规章（如《电信和互联网用户个人信息保护规定》，以下简称工信部24号令）的谦抑立法进程。

事实上，上述法律法规在制定过程中，一直面临着一个争论：我们是要制定一部完善的法典，还是针对各领域特征分散立法？分散立法模式的观点似乎也并非没有道理，因为互联网技术发展本身就日新月异，这个与立法技术本身的稳定和谨慎精神就天然冲突，而分散性立法有利于平衡法律的稳定性与灵活性，同时又能解决实际问题。

但最终，集中式法典化模式的观点占得上风。因此，从2016年开始，中国网络与数据立法进入全面法典化阶段。以《网络安全法》《电子商务法》《民法总则》为代表的系统性、法典化立法逐个面世，近期纳入立法计划的《数据安全法》《个人信息保护法》也正在有序推进。

当然，集中式法典化模式的好处也是显而易见的。以原来分散性立法模式中的个人信息保护为例，不同立法机构和部门关于个人信息定义和合规标准莫衷一是，这就导致实践中法律适用的困惑甚至冲突。而集中式法典化模式就很好的解决了这一问题。此外，集中式法典化模式也有利于破除部门利益之争，更好地体现立法关于社会经济发展的整体引导性。

二、政策导向性立法

政策导向性立法是我国网络与数据立法的又一个典型特征。法律本身是为政治、社会、经济服务的，尤其是在互联网领域，很多业态都是全新的事务，如何避免扼杀创新、矫枉过正，同时又要严格管制非法行为暗度陈仓，进而为新经济保驾护航，这就需要发挥立法的政策导向性。

以互联网金融领域立法与监管为例。在初期，在国家“互联网+”“大众创业、万众创新”的大政策背景下，互联网金融发展获得了极大的法律与政策空间，于是各种互联网金融如雨后春笋、百花齐放。但到了2016年前后，政策风向急转直下，国家开始出台了一系列整治互联网金融的专项行动及立法规范，典型的如《互联网金融风险专项整治工作实施方案》《关于办理涉互联网金融犯罪案件有关问题座谈会纪要》等等。同样的，网约车、共享经济以及近期的网络教育领域的立法，也无不体现着鲜明的政策导向。

另一个政策导向性立法的实例就是2019年以来，紧跟中美贸谈国际局势的网络与数据领域立法趋势。在中美第九轮谈判的温床期，中国修正了《反不正当竞争法》中关于商业秘密条款，加大了商业秘密侵权打击力度；官方负责人在不同渠道放出准备开放外资云服务的信息。时间很快到了第十轮谈判，双方在互联网管理等几个核心问题上发生争议，谈判进入冰冻期，中国紧锣密鼓的发布了一系列网络与数据有关的法律法规，典型的就是等级保护

2.0 标准体系及《个人信息出境安全评估办法》等，全面收紧了数据本地化及个人信息出境政策。

再一个政策导向性立法的实例就是刑事先行。乱世用重典，这就是最大的政策。在个人信息违法违规、互联网金融乱象、数据整治等领域，基本都体现了刑事先行的特点。

三、个案导向型立法

虽然，“头疼医头脚疼医脚”的个案导向型立法广受诟病，但是这却体现了我国互联网立法很好的谦抑性和灵活性。

个案导向型立法在我国网络与数据立法中随处可见。例如《反不正当竞争法》第 12 条的互联网条款，就是对 3Q 大战等个案的精准回应；《电子商务法》第 21 条的押金条款，与当时共享单车退潮后押金退还难无不相关；《刑法修正案（七）》及后面几个关于个人信息的立法，都是面对当时广受媒体关注的热点事件（尤其是 3.15 晚会）的应急立法；《互联网信息搜索服务管理规定》的及时发布，也在一定程度上是受当时热点事件“魏则西事件”的影响应时而出。

第二节 新机构：一轴两翼多级格局

中国网络与数据主管机构的变迁，以国家机构改革和中央编办针对新业态的三定为主线几经变革，目前仍然在变革的大路上。

一、主管机构的历史变迁

1. 核心主管机构变革的三个阶段

中国加入 WTO 以来，中国网络与数据的主管部门先后经历了三个阶段：

（1）第一阶段：工信部单一主管

第一个阶段到 2014 年，彼时中国网络与数据监管机构主要为信息产业部 / 工信部。

1998 年，原机械工业部、电子工业部撤销合并成信息产业部。根据当时机构改革规划，信息产业部负责我国信息宏观产业方针政策制定及微观网络行业管理。

信息产业部成立不久，就牵头起草了《中华人民共和国电信条例（征求意见稿）》并于于 1999 年 12 月上报国务院。之后，信息产业部牵头制定的《电信业务分类目录》(2003版)一用就是12年。此后，信息产业部全面主管互联网业务，涉及视听节目、互联网新闻、电子邮件、论坛等多个领域，先后制定了《互联网新闻信息服务管理规定》《电信业务经营许可证管理办法》《互联网电子公告服务管理规定》《非经营性互联网信息服务备案管理办法》《中国互联网络域名管理办法》《关于加强外商投资经营增值电信业务管理的通知》《互联网视听节目服务管理规定》等等。

2008年，国家机构再次改革，全新的工业和信息化部成立。根据当时改革文件，新成立的工信部除了延续原信息产业部关于信息产业规划、管理相关的职能外，还整合了原国务院信息化工作办公室的职责。此后，为了落实互联网监管职能，工信部先后发布了《电信业务经营许可管理办法》《通信网络安全防护管理办法》《规范互联网信息服务市场秩序若干规定》《电信和互联网用户个人信息保护规定》等。

值得注意的是，尽管在这个阶段，公安部部门也承担了部分互联网管理职能，但更多的是刑事案件防范与处置角度。

(2)第二阶段：工信部与网信办协同主管

第二个阶段从2014年起，以《国务院关于授权国家互联网信息办公室负责互联网信息内容管理工作的通知》为标志。根据该文规定，国务院授权重新组建的国家互联网信息办公室负责全国互联网信息内容管理工作，并负责监督管理执法。网信办从此走入中国互联网监管的历史舞台。

此后，中国互联网监管进入两个机构协同主管的时代，即工信部主管网络运行安全和行业准入，网信办主管内容安全。

这一时期，网信办围绕着信息内容管理职能，先后发布了《移动互联网应用程序信息服务管理规定》《互联网信息搜索服务管理规定》《互联网用户账号名称管理规定》《即时通信工具公众信息服务发展管理暂行规定》等规定。

但是，在这个短暂但重要的过渡期，尽管当时工信部职能里明确有网络安全管理的职责，但在网络安全、个人信息保护等领域并未发布正式的部门规章，也没有就当时风起云涌的新经济制定单行规定，仅仅是在2016年初与当时的新闻出版广电总局一起发布了《网络出版服务管理规定》。

(3)第三阶段：一轴两翼多级格局

第三阶段从2016年开始，这一年前后，《网络安全法》几次草案陆续公布，且最终生效版本于年底正式公布。《网络安全法》从一审稿开始，就明确了“国家网信部门负责统筹协调网络安全工作和相关监督管理工作。国务院电信主管部门、公安部门和其他有关机关依照本法和有关法律、行政法规的规定，在各自职责范围内负责网络安全保护和监督管理工作。”正是基于该规定，我国网络与数据主管的一轴两翼多级格局初步形成。

所谓一轴，指国家网信办，负责统筹协调网络安全工作和相关监督管理工作。值得注意的是，我国《网络安全法》中的“网络安全”是广义网络安全，即从运行安全到内容安全，从业务准入到监管合规。至此之后，网信办全面负责中国互联网监管，先后发布了数十个单行规范性法律文件，内容涉及网络安全、数据保护、新闻准入、业务合规等多个方面。进入2019年以来，更是加快了立法进度，甚至一度“每周一发”。此外，在微观执法行动层面，个案中也经常会看到网信办的身影。通过这一系列立法与执法行动，基本确立了网信办互联网监管的轴心地位。

所谓两翼，指工信部和公安部，两部下面均设置了网络安全管理/保卫局。工信部在这个阶段的互联网监管职能被削弱，其中，中央编办发〔2015〕17号文明确将信息化推进、网络信息安全协调等职责划给了网信办；2018年3月，《深化党和国家机构改革方案》又将国家计算机网络与信息安全管理中心由工业和信息化部管理调整为由网信办管理。

但是，这一阶段公安部的网络与数据监管职能得到强化，一个典型的实例就是《网络安全法》第21条从立法层面确立网络安全等级保护制度，这成为公安部监管互联网的重要抓手，随后更新升级了等级保护2.0，其重点推进的《网络安全等级保护条例（征求意见稿）》也于2018年6月27日公布，等级保护2.0系列标准公布后也引起了社会的广泛重视，至此，公安部形成了从法律、法规、部门规章到标准的立体化监管体系。

所谓多级，指不同部委根据相应的职能，分别主管相应业务的“互联网+”，例如游戏归中宣部主管，视听节目归广电主管，网络表演音乐等归文化部主管，互联网金融归人行或银保监会主管，等等，具体后续详细介绍。

2. 部委监管体系的历史沿革

和波澜壮阔的主管机构历史沿革形成相互辉映，部委监管体系也经历了多次变革。部分是因为国家机构改革，部分是因为国家三定明确。

我国电子商务、网络视频、网络表演、网络游戏、网络新闻、互联网金融都经历过监管机构变局的命运。

但其中变化最大、历史最曲折的，莫过于网络游戏的监管。早在2000年左右，我国网络游戏基本有当时的新闻出版总署负责监管，当时的信息产业部也会协同监管，双方还共同发布了《互联网出版管理暂行规定》。

时间来到2003年，文化部发布了《互联网文化管理暂行规定》，将网络游戏纳入监管范畴，并规定网络游戏发行企业应当依法取得网络文化经营许可证，并开展游戏内容审查备案。于是，这个阶段形成了版署、文化部、信产部三部门多头监管的局面。

冲突到了2009年终于在《魔兽世界》审批事件中爆发，版署和文化部关于该游戏是否合规准入问题上发表了不同意见，甚至一度影响了该游戏的正常运营。但事实上，在该事件发生前不久，中央编办刚刚才发布《关于印发〈中央编办对文化部、广电总局、新闻出版总署“三定”规定中有关动漫、网络游戏和文化市场综合执法的部分条文的解释〉的通知》明确了网络游戏的监管边界，但谁曾想这个“三定”居然“不定”。

在此之后，中国网络游戏监管格局维持为版署管准入，文化部负责监管的格局，典型的代表就是前者（更名）发布了《关于移动游戏出版服务管理的通知》，后者发布了《关于规范网络游戏运营加强事中事后监管工作的通知》。不同的是，版署到新闻出版广电总局，名字几经变更。

这一格局延续到了2018年。这一年国家开始机构改革，明确将负责网络游戏准入管理的出版局划归中宣部，到2019年7月，文化部和旅游部发布《关于废止〈网络游戏管理暂行办法〉和〈旅游发展规划管理办法〉的决定》，从此退出网络游戏监管的历史舞台。

二、当前主管机构的分工与职责

发展到今天，经过多轮调整，互联网主管机构相对明确，多头监管的现象也逐步减少。

1. 网信办全面负责中国互联网监管，具体内容参照前面分析。

2. 工信部负责互联网准入及产业发展促进。具体的，工信部下设的常见部门及其职责为：

（1）信息通信管理局：依法对电信与信息服务实行监管，承担互联网（含移动互联网）行业管理职能；提出市场监管和开放政策；负责市场准入管理，监管服务质量；负责通信网码号、互联网域名、地址等资源的管理及国际协调；承担管理国家通信出入口局的工作；等。其中我们经常会碰到的ICP备案、内资跨地区增值电信业务许可即由该局负责。

（2）信息通信发展司：协调电信网、互联网、专用通信网的建设，促进网络资源共建共享；拟订电信普遍服务政策并组织实施，推动宽带网络建设和应用水平提升；牵头信息通信业标准化及相关国际标准制定和推广工作，拟订移动互联网、物联网、新一代移动通信等网络技术发展政策并组织实施；拟订信息通信业开放政策；等。其中，外资申请增值电信业务经营许可，首先即应当取得该司的批准。

（3）网络安全管理局：组织拟订电信网、互联网及其相关网络与信息安全规划、政策和标准并组织实施；承担电信和互联网行业网络安全审查相关工作，组织推动电信网、互联网安全自主可控工作；承担建立电信网、互联网新技术新业务安全评估制度并组织实施；指导督促电信企业和互联网企业落实网络与信息安全管理责任，组织开展网络环境和信息治理，配合处理网上有害信息，配合打击网络犯罪和防范网络失窃密；承担电信网、互联网网络数据和用户信息安全保护管理工作；等。

3. 公安部负责网络联网备案、网络安全等级保护、涉网刑事案件侦查等工作。

4. 市监总局负责互联网企业设立、消费者权益保护、广告与竞争合规等工作。

5. 其他各部委根据其职能监管相应业务领域，具体详见以下章节。

6. 此外，贵州、重庆、浙江、广西等部分省市还设立了专门的大数据管理局（或类似名字）。未来如何统一政府数据开放利用、数据合规指导与执法，值得期待。

实践中，尽管有上述职能分工，但仍然会存在多头监管的问题。例如，之前某酒店品牌网站地区标注错误的问题，即先后有网信办、市监局、市旅游委等部门多重约谈与处罚；某支付机构个人信息违规的，先后有网信办、人行、市监部门等约谈及处罚。

第三节　新准入：分类分业准入体系

根据《电信条例》第 7 条规定，国家对电信业务经营按照电信业务分类，实行许可制度；根据《互联网信息服务管理办法》第 5 条规定，从事新闻、出版、教育、医疗保健、药品和医疗器械等互联网信息服务，在申请电信业务经营许可或者履行备案手续前，应当依法经有关主管部门审核同意。

以上两条，基本确立了我国电信业务监管的分类分业准入体系，即在工信体系内，按照《电信条例》和《互联网信息服务管理办法》实行三重分类准入：（1）经营性与非经营性分类；（2）按照《电信业务分类目录》分类准入；（3）内外资分类准入。而在互联网穿透后的具体业态方面，各部委按照自身职能分别监管各业务类别准入。

一、工信体系分类准入

（一）经营性与非经营性分类

根据《互联网信息服务管理办法》等规定，国家对经营性互联网信息服务实行许可制度，对非经营性互联网信息服务实行备案制度。

1. 对于经营性理解

实践中有很多争议，各地通管部门也有不同的理解。一般而言，直接向用户收取信息服务费、会员费、空间服务费、技术服务费等的，属于典型的经营性行为。这里的用户不仅包括C端用户，也包括B端用户。一个典型案例是，电商平台因向商户收取平台服务费，属于典型的经营性电信业务；而自营电商（还提供其他增值业务的另论），因未向用户收取电信业务相关的费用（收取网络会员费或其他增值服务费除外），因此不属于经营性电信业务。

部分互联网并不直接收取费用，而是通过打赏、赞助、电商、广告等业务获利，是否应当认定为经营性电信业务？监管及理论中存在不同的声音，作者认为，参考《网络表演经营活动管理办法》关于“网络表演经营活动是指通过用户收费、电子商务、广告、赞助等方式获取利益”的立法价值取向，上述行为应当满足经营性条件。

2. 关于非经营性备案

根据《非经营性互联网信息服务备案管理办法》，在境内提供非经营性互联网信息服务，应当依法履行备案手续，俗称ICP备案（非ICP许可）。未经备案，不得在境内从事非经营性互联网信息服务。根据该等规定，一切在中国境内通过域名、IP地址访问的网站，不论是否公开访问，均应当办理ICP备案。

值得注意的是，2018年工信部陆续发布了《关于规范互联网信息服务使用域名的通知》等文件，ICP备案政策调整如下：

（1）备案网站若使用境外域名（境外未批复的管理机构管理的域名，或通过境外注册机构注册的域名，或境外主体注册持有的域名），将无法通过新增备案。

（2）已经取得的备案号若使用境外域名的，将无法通过备案修改（部分管局或ISP具体执行有差异）。

（3）备案网站的备案主体与域名持有主体不一致的，将无法通过新增备案。

（4）企业内部站点（例如工会、CRM、OA等）若使用域名访问的，该站点未办理备案的，电信运营商将关闭企业宽带的80、8080等IIS常用端口。

（5）ISP将限制同一个服务器（IP地址）的备案站点数量；等等。

上述政策变化，对于企业的网络接入方式影响重大。尤其是对跨国经营的外企而言，其主域名往往是由总部持有并注册在境外，其直接影响就是无法在境内办理新增备案或者修改备案。

（二）电信业务分类持牌

中国电信业务分类的标准，主要是根据具体的业务形态，参照《电信业务分类目录》的规定，将电信业务分为基础电信业务和增值电信业务。本书重点介绍增值电信业务领域的分类概括及持牌要求。

1. 关于《电信业务分类目录》历史沿革

根据《电信条例》规定，电信业务分类的具体划分在其附件《电信业务分类目录》中列出。国家工信主管部门根据实际情况，可以对目录所列电信业务分类项目作局部调整，重新公布。因此，随着互联网产业的不断升级、变化，我国《电信业务分类目录》先后经历了多个版本。

最早的版本是随着《电信条例》在2000年发布而同步发布的。中国加入WTO后，为了衔接WTO国家并统一称谓，《电信业务分类目录》经历了第一次修订，修订后的版本于2003年发布，这个版本一致沿用到2015年。

事实上，随着互联网产业的飞速发展，2003版《电信业务分类目录》早已不适用业务的发展。原信产部早在2006年就开始着手修订，后来新的工信部曾在2013年形成了一个比较完整的修订版本，这个版本是现在版本的雏形，但遗憾当年没能通过。

目前适用的《电信业务分类目录》于2015年发布，该版本全面细化了增值电信业务的类别，适用性和灵活性更好。2019年时，《电信业务分类目录》微调，增加了5G移动通信类别。

2. 常见的增值电信业务及其归类实务

大类	次类	子目	业态	实例
A 基础电信……				
B 增值电信	B1. 第一类增值电信业务	B11. 互联网数据中心业务（IDC）	托管机房 互联网资源协作服务业务	IAAS PAAS SAAS
		B12. 内容分发网络业务（CDN）	—	—
		B13. 国内互联网虚拟专用网业务（IP-VPN）	—	—
		B14. 互联网接入服务业务	—	—

续表

大类	次类	子目	业态	实例
	B2. 第二类增值电信业务	B21. 在线数据处理与交易处理业务（EDI）	交易处理业务； 电子数据交换业务； 网络/电子设备数据处理业务	网约车平台 互联网金融平台 经营性电子商务 物联网平台…
		B22. 国内多方通信服务业务	—	—
		B23. 存储转发类业务	—	—
		B24. 呼叫中心业务	—	—
		B25. 信息服务业务（ICP）	信息发布平台和递送服务； 信息搜索查询服务； 信息社区平台服务； 信息即时交互服务； 信息保护和处理服务	新闻网站 直播、视音频网站 网络游戏 搜索引擎 论坛、IM……
		B26. 编码和规程转换业务	—	—

值得注意的是，并非落入上述类目的业务都需要在境内办理电信业务许可，还必须同时满足经营性、境内性和公开性要件。

实践中，判断一个增值电信业务是否在境内开展，包括的标准包括但不限于：是否由境内注册的商业实体运营；是否在境内办理 ICP 备案；是否在境内设置服务器；业务协议是否在境内签署；主要服务对象是否在境内，是否使用境内支付或物流，是否以中文作为主要服务语言；等。

此外，某些互联网新兴业态可能需要综合判定增值电信业务类型。以物联网业务为例，物联网网络设施层、网络接入层、资源管理层及业务应用层分属于 ISP、IDC 及 EDI 等业务许可类型。

3. 无证经营的法律责任

根据当前执法实践，目前通管局对电信行业开展双随机执法检查。根据《电信条例》规定，未取得许可擅自经营电信业务或者超范围经营电信业务的，由通管机构依据职权责令改正，没收违法所得，处违法所得 3 倍以上 5 倍以下罚款；没有违法所得或者违法所得不足 5 万元的，处 10 万元以上 100 万元以下罚款；情节严重的，责令停业整顿；构成犯罪的，还可能会追究非法经营的刑事责任。

2019 年 9 月，上海莹嘉科技有限公司在未取得网络托管业务经营许可证的情况下，为有关公司提供网络元素及设备（通信线路及机柜）的运行维护服务，上海市通管局没收其违法所得人民币 105，043，296 元，并处以违法所得三倍罚款人民币 315，129，888 元；同期，上海倍质网络科技有限公司也因为同样的违法事由，被上海市通管局处以没收违法所得人民币 1，794，874.19 元，并处以违法所得三倍罚款人民币 5，384，622.57 元。

（三）电信业务资本准入

根据中国加入 WTO 承诺，我国逐步放开电信业务外商投资限制。截至目前，我国仍然在部分领域对外资实施资本限制。

根据《外商投资电信企业管理规定》规定，外商投资电信企业经营业务的地域范围，以及外商投资电信企业的中方投资者和外方投资者在不同时期的出资比例，由国务院工业和信息化主管部门按照有关规定确定。

2019 年 6 月 30 日，商务部发布了《外商投资准入特别管理措施（负面清单）（2019 年版）》（以下简称 2019 版清单）。在增值电信业务方面，2019 版清单进一步放开了国内多方通信、存储转发类和呼叫中心三类增值电信业务，即外资股比可以突破 50%。此外，《自由贸易试验区外商投资准入特别管理措施（负面清单）（2019 年版）》规定，上海自贸试验区政策适用范围由原有区域〔28.8 平方公里〕进一步扩大到上海所有自贸试验区执行。

1. 外商投资增值电信许可政策概览

外资股比	业务类别	资本来源	法律适用
完全开放（外资持股比例可至100%）	B21 在线数据处理与交易处理业务（经营类电子商务）	所有外资	《关于放开在线数据处理与交易处理业务（经营类电子商务）外资股比限制的通告》等
	B22 国内多方通信服务业务	仅限港澳资	《工业和信息化部关于港澳服务提供者在内地开展电信业务有关问题的通告》等
	B23 存储转发类业务	—	以香港为例，申请企业需提供应同时提交香港工贸署颁发的《香港服务提供者证明书》
	B24 呼叫中心业务		
	B14 互联网接入服务业务（仅为用户提供接入服务）		
	B25 信息服务业务（仅限于应用商店）		
限制开放（外资股比可以≥50%）	B22 国内多方通信服务业务	所有外资	《外商投资准入特别管理措施（负面清单）（2019年版）》等
	B23 存储转发类业务		
	B24 呼叫中心业务		
	B14 互联网接入服务业务（仅为用户提供接入服务）		仅自贸区内，适用《工业和信息化部上海市人民政府关于中国（上海）自由贸易试验区进一步对外开放增值电信业务的意见》等
	B25 信息服务业务（仅限于应用商店）		
限制开放（外资股比不超过50%）	B11 互联网数据中心业务	所有外资	《电信条例》《外商投资电信企业管理规定》《外商投资准入特别管理措施（负面清单）（2019年版）》等
	B12 内容分发网络业务		
	B13 国内互联网虚拟专用网业务		
	B14 互联网接入服务业务		
	B25 信息服务业务（部分）		

续表

外资股比	业务类别	资本来源	法律适用
完全禁止	B25 信息服务业务［涉及互联网新闻信息服务、网络出版服务、网络视听节目服务、互联网文化经营（音乐除外）、互联网公众发布信息服务］	所有外资	《外商投资准入特别管理措施（负面清单）（2019年版）》等

值得注意的是，2019 版清单尽管放开了 B22、B23、B24 三项业务，但工信部还未出落地的申请政策，实际申请中，外资仅仅是可以突破 50% 还是可以达到 100%，自贸区外的政策还不明朗；上述外资股比指层层穿透后的累计股比。此外，根据工信部意见，境外直接上市的境内企业及其子公司，或者境内 B 股上市公司及其子公司，若其穿透后外资股份比例小于 10%，且单一最大股东为中方投资者的，视为内资企业。

2. 外资经营增值电信业务的主要模式

模式一：境内外资实体直接申请牌照模式

由境内外资实体直接申请相应类别的电信业务许可，是合规性最高的一种方式，具体申请范围可参照前文内容。

但是，根据我们成功申请的外资电信业务牌照案例来看，由于证照申请需历经外资审定、商务部门审批、工商变更、工信部许可（自贸区除外）等多个环节的申请、反馈、沟通及整改，耗时较长且面临总量控制问题，实际申请获批的难度较大。

模式二：与境内持牌机构联合运营模式

联合运营模式能够大幅缩减境外企业在境内落地时间，省去许可证申请的繁琐步骤。目前，如 AWS、微软云、WirelessCar（沃尔沃子公司）、SAP 等，都选择了与境内持牌企业开展联合品牌运营的模式。该模式下，需要创新交易结构，双方签署系列合作协议，同时满足资金、控制及合规等要求。

但是，根据《关于加强外商投资经营增值电信业务管理的通知》及《工业和信息化部关于清理规范互联网网络接入服务市场的通知》（工信部信管函［2017］32 号）等规定，境内持牌公司不得以任何形式向外国投资者变相租借、转让、倒卖电信业务经营许可，也不得以任何形式为外国投资者在我国境内非法经营电信业务提供资源、场地、设施等条件。因此，截至目前，主管部门并未书面公开肯定上述品牌联合运营模式的合法性，因此该模式存在较高的法律风险。

实践中，根据我们经验，境内持牌机构与外资品牌开展合作运营的，合作过程中的红线包括但不限于：外方公司直接与客户签订合同并收费；外方公司直接获取、转移网络运营数据（含个人信息）；仅用外方品牌对外提供服务；等等。

以苹果 iCloud 中国落地为例，根据公开资料披露，相关合规要求及交易结果如下：

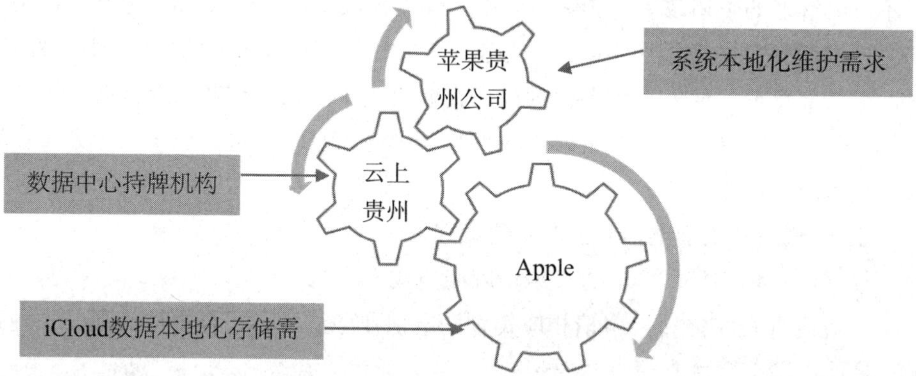

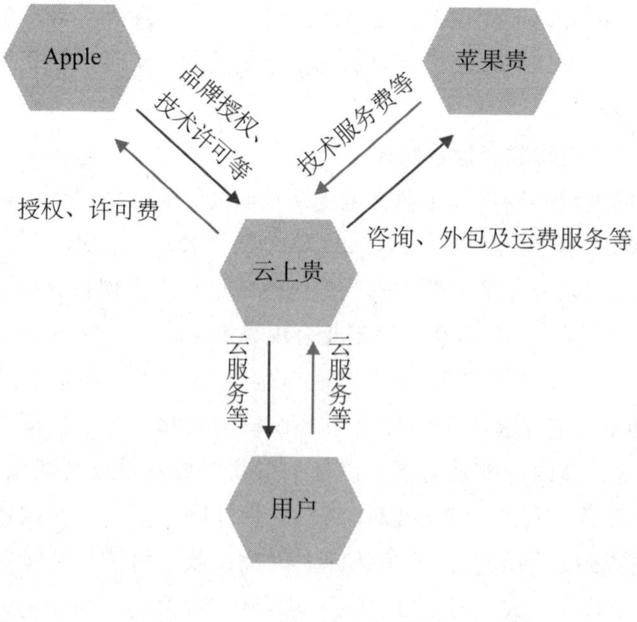

模式三：搭建 VIE 架构

近年来，越来越多的外资品牌通过 VIE 结构在境内开展增值电信业务，例如 Evernote、Airbnb 等。

但是，尽管本次《外商投资法》删除了协议控制有关的条款，外资通过 VIE 结构在境内开展增值电信业务等限制性业务，实践中仍然存在较大法律风险。VIE 实体在申请电信业务牌照时，工信部也要求承诺不得含有任何外资成分。此外，根据我们类似项目经验，如何搭建有效的 VIE 架构及交易逻辑，以实现资金流动、业务控制与业务合规之间的平衡，也是一项关键的法律挑战。

VIE 示意图如下：

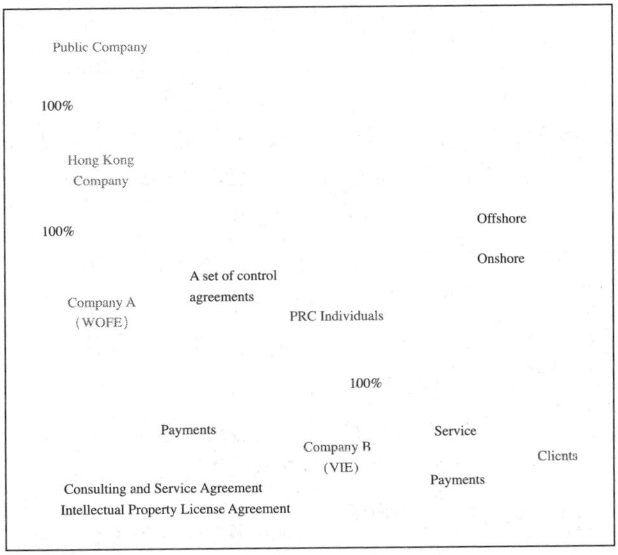

3. 外资直接申请牌照的实务难点

结合我们同类项目经验，相关增值电信业务许可申请过程中，外资企业可能遇到的主要限制 / 难点有：

难点一：总量控制

根据我们同类项目经验，国家对于外商投资增值电信业务实施总量控制。截止至 2019 年 2 月底，工信部合计只向 94 家外商投资企业颁发了《增值电信业务许可证》（以电子商务类别的 EDI 为主），只占工信部发证总额（内外资）的 0.7%。即便是外资持牌企业中，2/3 以上为外资持股比例低于 50%，而通过再投资企业持牌的占 1/3 左右。

因此，即便外资企业符合股比限制（例如采取合资公司模式），实际申请业务许可时仍然存在较大困难，尤其是B25类业务。

但是，通过上海自贸区申请，从效率和难度方面相对优于工信部。我们总结了近两年通过上海自贸区申请牌照的部分案例如下：

名称	许可号 / 批文号	业务种类	内、外资占比
酷怡国际旅行社（上海）有限公司	沪通信管自贸［2019］1号	在线数据处理与交易处理业务	内：51%；外：49%
上海攸品电子商务有限公司	沪通信管自贸［2019］2号	在线数据处理与交易处理业务	外：100%
国金金属网信息科技有限公司	沪通信管自贸［2019］3号	信息服务业务（仅限互联网信息服务）	内：95.24%；外：4.76%
上海到喜啦网络科技有限公司	沪通信管自贸［2019］4号	信息服务业务（仅限互联网信息服务）	内：54.1%；外：45.9%
		在线数据处理与交易处理业务	
中粮弋虎（上海）科技有限公司	沪通信管自贸［2019］7号	在线数据处理与交易处理业务	外：100%
上海盟帆贸易有限公司	沪通信管自贸［2019］11号	在线数据处理与交易处理业务	内：51.62%；外：48.38%
博世（上海）安保系统有限公司	沪通信管自贸［2019］12号	信息服务业务（仅限互联网信息服务）	外：100%
上海商晟通云网络科技有限公司	沪通信管自贸［2019］13号	国内多方通信服务业务	内：39.51%；外：60.49%
蔼斯铭（上海）软件科技有限公司	沪通信管自贸［2019］17号	国内呼叫中心业务	外：100%
印象笔记（上海）科技有限公司	沪通信管自贸［2019］18号	信息服务业务（不含互联网信息服务）	内：62%；外：38%
上海苏帕科技有限公司	沪通信管自贸［2018］3号	信息服务业务（仅限互联网信息服务）	内：63.1%；外：36.9%
新蛋商贸（上海）有限公司	沪通信管自贸［2018］4号	在线数据处理与交易处理业务	外：100%

续表

名称	许可号 / 批文号	业务种类	内、外资占比
上海好近网络科技有限公司	沪通信管自贸［2018］6 号	在线数据处理与交易处理业务	内：58.13%；外：41.87%
博房网客服中心（上海）有限公司	沪通信管自贸［2018］10 号	在线数据处理与交易处理业务	外：100%
赛咨信息技术（上海）有限公司	沪通信管自贸［2018］12 号	国内呼叫中心业务	外：100%
华泛（上海）投资管理有限公司	沪通信管自贸［2018］15 号	国内呼叫中心业务	外：100%
珐菲琦（上海）电子商务有限公司	沪通信管自贸［2018］16 号	在线数据处理与交易处理业务	外：100%
上海甄祺电子商务有限公司	沪通信管自贸［2018］17 号	在线数据处理与交易处理业务	内：51%；外：49%
上海捷声商务服务有限公司	沪通信管自贸［2018］18 号	国内呼叫中心业务	外：100%
上海馨煜信息科技有限公司	沪通信管自贸［2018］19 号	在线数据处理与交易处理业务	内：68.14%；外：31.86%
蜜缇（上海）网络科技有限公司	沪通信管自贸［2018］20 号	在线数据处理与交易处理业务	外：100%
优估（上海）信息科技有限公司	沪通信管自贸［2018］21 号	在线数据处理与交易处理业务	外：100%
家乐福（上海）电子商务有限公司	沪通信管自贸［2018］23 号	在线数据处理与交易处理业务	外：100%

难点二：外方股东经验

根据工信部的申请要求，企业的外方主要投资者需要具有相应的运营增值电信业务的良好经验证明和资信证明。

实际申请过程中，企业可能无法提供令工信部满意的股东经验证明材料。但近年来，工信部在这一口径上有松动的迹象。

难点三：人员设置

申请企业的法定代表人应为中国籍自然人。同时，企业需要设置专人专岗的企业联系人、安全负责人、客服负责人，且该三类人员亦应为中国籍自然人并且应当提交至少一个月的社保记录。此外，还需设置“信息安全”和“网络安全”

两方面的相关责任人员。

难点四：股比限制

具体限制情况如本书前文所述。

难点五：其他方面

此外，实际申请中的困难还包括电信业务相关服务设施（服务器）应当按要求在中国境内设置、应当参考工信部颁布的网络与信息安全管理规定并结合公司实际情况制定网络与信息安全保障措施、业务模式及可行性报告应当清晰明确等问题。

二、部委体系分业准入

各部位根据监管职能及部门单行法规规定，就各个业务领域采取分业监管模式。一个典型的实例即《关于促进互联网金融健康发展的指导意见》，意见详细明确了各种互联网金融形态归属不同的监管部门并单独设立准入、备案体系。

1. 特殊电商

除依据前文规定需要取得电信业务许可/备案和依据《电子商务法》需要办理工商亮照外，通过互联网销售部分特殊产品的，还需要特别的准入或备案程序。

例如，根据《网络餐饮服务食品安全监督管理办法》规定，网络餐饮服务第三方平台提供者应当在通信主管部门批准后30个工作日内，向所在地省级食品药品监督管理部门备案；根据《医疗器械网络销售监督管理办法》规定，医疗器械网络交易服务第三方平台提供者应当向所在地省级食品药品监督管理部门备案；等等。

2. 网络游戏

如后面章节分析，网络游戏运营企业，除取得ICP许可及备案外，还应当为所运营的游戏办理著作权登记并申请版号。

3. 网络视听

如后面章节分析，开展网络视听节目的，除取得ICP许可及备案外，还应当取得网络视听节目经营许可证，开展直播服务的，还应当到网信办办理备案；开展网络表演服务的，还应当到文化部办理备案；开展新闻服务的，还应当取得互联网新闻信息服务许可。

4. 互联网金融

如后面章节分析，开展互联网金融业务的，除取得ICP许可及备案外，还应当根据所属业态，到人民银行、银保监会或证监会办理相应的许可或备案。

5. 其他

除上述准入或备案要求外，所有的网络渠道（网站、APP 及小程序等）均应按照《计算机信息网络国际联网安全保护管理办法》规定，于开通之日起 30 日内，向住所地公安机关（网安部门）办理联网备案。

根据《移动互联网应用程序信息服务管理规定》规定，从事互联网应用商店服务，还应当在业务上线运营 30 日内向所在地省、自治区、直辖市互联网信息办公室备案。

此外，开展网上教育、通过网络发布宗教信息、开展跨境电商等，均应当依法办理相应的登记、备案程序。

第四节　新监管：分业分层合规体系

近年来，随着以科技化、数据化驱动的监管手段进一步成熟，中国网络与数据领域监管从强调准入逐步过渡到强调事中事后合规监管，分业分层合规监管雏形初步形成。

所谓分业监管，是指根据监管机构职能，将网络与数据监管根据业态划分为网络安全、内容合规和业务合规，分别由不同的机构或职能部门负责。

所谓分层监管，是指采取分级合规，综合利用评估、测评、认证及行业推荐性标准等多层次监管手段，从而充分发挥有限监管资源优势，增强监管措施的引导性。

一、网络分层安全

以网络安全监管为例，关键信息基础设施安保制度和网络安全等级保护制度，就是典型的分层监管策略。立法层面，对关键信息基础设施和网络保护等级三级以上网络系统苛以严格的安全合规要求，合规控制项包括技术措施、管理制度到人员岗位设置等等，同时对数据跨境流动和跨境运维设置了严格的安全评估条件。关于不同网络保护等级的网络系统的合规差异，以及关键信息基础设施的特殊合规要求，详见本书后文分析。

而另一方面，以商用密码监管为例，综合采用了准入、评估、测评、认证及行业推荐性标准等多层次监管手段：（1）对涉及国家安全、社会公共利益且具有加密保护功能的商用密码实施进口许可、出口管制清单制度；（2）对于一般商用密码则取消了产品准入，但是增加了评估、测评、认证等制度，例如对用于网络关键设备和网络安全专用产品的商用密码服务实行强制检测、认证制度，而其他商用密码从业单位实行自愿检测、认证制度。

二、内容分层合规

在内容管控方面的分层合规，主要体现在对具有舆论、交互功能的网络渠道的采取更加严格合规要求。网信办于2017年密集发布了内容管理“四小龙”—《互联网群组信息服务管理规定》《互联网用户公众账号信息服务管理规定》《互联网跟帖评论服务管理规定》《互联网论坛社区服务管理规定》，严格要求网络平台加强用户发布内容的审核责任。2019年，网信办更是发布了《具有舆论属性或社会动员能力的互联网信息服务安全评估规定》，将上述“四小龙”管控的合规要求升级为需要开展安全评估。

在准入方面，也体现出内容分层准入的精神。以公安联网备案为例，非交互式和交互式网站的备案差距极大。即，具有评论、用户上传内容等交互式功能的网站，需要按照交互式网站办理公安联网备案。此种情况下，网安需要做面审或实地检查。此外，以B25类增值电信业务许可证为例，近期以来外商投资负面清单增加了“互联网公众发布信息服务”，即便是内资企业，实践中也基本不在批准即时通信工具类ICP了。

三、业务分层治理

业务分层管理的最好体现是“政府管平台，平台管用户”的治理模式。

一方面，国家通过明确平台准入资质和平台责任方面，实现对平台的管控。前者主要体现在互联网金融平台领域，后者尤其体现在《电子商务法》第38条的规定及《食品安全法》《消费者权益保护法》相关条款上。

另一方面，越来越多的规范性文件要求互联网平台通过用户资质审查和平台治理规则，加强用户行为合规审查，维护市场竞争秩序，加强消费者权益保护。例如，《网络餐饮服务食品安全监督管理办法》详细规定了平台对入网餐饮服务提供者的审查与管理责任。

值得注意的是，2019年8月公布的《国务院办公厅关于促进平台经济规范健康发展的指导意见》则表现出极大的开明诚意，根据该意见规定，“清理和规范制约平台经济健康发展的行政许可、资质资格等事项，对仅提供信息中介和交易撮合服务的平台，除直接涉及人身健康、公共安全、社会稳定和国家政策另有规定的金融、新闻等领域外，原则上不要求比照平台内经营者办理相关业务许可。”同时该意见还提出：“允许平台在合规经营前提下探索不同经营模式，明确平台与平台内经营者的责任，加快研究出台平台尽职免责的具体办法，依法合理确定平台承担的责任。”

第二章 网络安全

第一节 《网络安全法》解读

2016年11月7日，第十二届全国人民代表大会常务委员会第二十四次会议正式通过了《网络安全法》，自2017年6月1日起正式实施。自2015年6月发布第一次草案以来，《网络安全法》先后经历了2016年6月二审稿、2016年10月三审稿等三次审议。从初稿发布到最终颁布，先后仅经历了不到两年的时间，与其他法律动辄十来年的酝酿过程相比，可谓神速，这也从另一个方面凸显了国家在网络管控方面的急迫性。

三次审议中，立法体例及结构基本没有变化，仅就个别条款和问题作了小修小补。主要调整内容包括但不限于：进一步强化了大数据利用有关的规则；调整了关键信息基础设施的定义及数据跨境转移限制规则；增加了对未成年人的网络安全保护；强化了网络安全违法犯罪惩罚力度；等等。

值得注意的是，《网络安全法》是我国网络立法历史上第一部体系完整的、由全国人大常委会颁布的法律，全文七章79条，内容涵盖国家政策导向、法律原则、具体行为规范及法律责任等内容，对保障我国网络安全具有一定的导向及规范作用。此外，之前我国仅有的三部网络有关的法律，均与网络安全有关，可见网络安全立法的重要意义。具体包括《全国人民代表大会常务委员会关于加强网络信息保护的决定》《电子签名法》《全国人民代表大会常务委员会关于维护互联网安全的决定》。

一、立法背景

（一）网络安全战略的必要性

根据《网络安全法》的立法草案说明，当前网络和信息技术迅猛发展，已经深度融入我国经济社会的各个方面，极大地改变和影响着人们的社会活动和生活方式。在促进技术创新、经济发展、文化繁荣、社会进步的同时，网络安全问题也日益凸显。

一是网络入侵、网络攻击等非法活动，严重威胁着电信、能源、交通、金融以及国防军事、行政管理等重要领域的信息基础设施的安全，云计算、大数据、物联网等新技术、新应用面临着更为复杂的网络安全环境。

二是非法获取、泄露甚至倒卖公民个人信息，侮辱诽谤他人、侵犯知识产权等违法活动在网络上时有发生，严重损害公民、法人和其他组织的合法权益。

三是宣扬恐怖主义、极端主义，煽动颠覆国家政权、推翻社会主义制度，以及淫秽色情等违法信息，借助网络传播、扩散，严重危害国家安全和社会公共利益。网络安全已成为关系国家安全和发展，关系人民群众切身利益的重大问题。

在此种背景下，建立以《网络安全法》为主导的网络安全法治战略体系，具有现实急迫性和必要性。

（二）数据时代的发展需求

根据《国务院关于印发促进大数据发展行动纲要的通知》的规定，“信息技术与经济社会的交汇融合引发了数据迅猛增长，数据已成为国家基础性战略资源，大数据正日益对全球生产、流通、分配、消费活动以及经济运行机制、社会生活方式和国家治理能力产生重要影响。”

此外，根据 Verizon 发布的《2018 年数据泄露调查报告》（DBIR）（2018 Data Breach Investigations Report）显示，仅该年就有 53，000 多起安全事件中（包括 2，215 起数据泄露事件），而单是勒索软件攻击就占据了所有恶意软件攻击事件的 39%。

正是在这样的背景下，为了顺应数据时代发展要求，应当尽快制定数据安全有关的配套法律法规，明确数据利用的法律边界。

（三）国际网络安全立法趋势

目前全球已有近百个国家制定了针对网络安全的专门立法，针对网络安全专门立法成为全球立法的趋势。

例如欧盟近期发布了专门的《通用数据保护条例》《非个人数据在欧盟境内自由流动条例》；美国近期也发布了多部与网络安全和个人信息保护有关的专门法案，例如《澄清域外合法使用数据法》、州层面的《2018 年加州消费者隐私法案》；印度也发布了《2018 年个人数据保护法》；巴西发布了《通用数据保护法》；等等。

二、立法目的

（一）为网络安全提供法制保障

保障网络安全是《网络安全法》的首要立法目的。《网络安全法》在第 76 条界定了网络和网络安全的定义，统一了过去诸多法律法规中的“互联网安全”“信息安全”“数据安全”“计算机信息系统安全”等概念，在整体上为网络安全的保障确定了基本原则和指导方针。

（二）维护网络空间主权和国家安全、社会公共利益

网络空间并非法外之地，网络空间也有着国家主权，网络空间主权是国家主权在网络空间中的自然延伸和表现，是国家主权的重要组成部分。《国家安全法》第 25 条规定：“加强网络管理，防范、制止和依法惩治网络攻击、网络入侵、网络窃密、散布违法有害信息等网络违法犯罪行为，维护国家网络空间主权、安全发展利益。”《网络安全法》进一步明确了网络安全在国家主权中的重要地位，并从制度上细化了“网络空间主权”在法律上的具体适用，具有重要意义。

（三）保护公民、法人和其他组织的合法权益，明确了网络安全合规边界

例如《网络安全法》专门规定了网络运营者收集、使用信息的义务。在此之前，《全国人大全国人民代表大会常务委员会关于维护互联网安全的决定》《刑法修正案（七）》《刑法修正案（九）》《全国人民代表大会常务委员会关于加强网络信息保护的决定》《消费者权益保护法》中均有涉及对个人信息的保护，但《网络安全法》首次以专章规定了公民个人信息保护的基本法律制度，尤其突出了网络运营商对个人信息保护的责任及合规边界，体现了保护公民、法人和其他社会组织的合法权益的立法目的。

（四）促进经济社会信息化健康发展

《网络安全法》意图平衡网络运营者安全保护义务和促进企业发展之间的关系，一方面要求网络运营者履行一系列的安全保护和管理义务，同时也为网络运营者提供网络安全的支持与促进措施。在《网络安全法》第二章，专门规定了政府部门为网络运营者提供的保障措施，如鼓励开发网络数据安全保护和利用技术，促进公共数据资源开放，推动技术创新和经济社会发展，持创新网络安全管理方式，运用网络新技术，提升网络安全保护水平、促进网络空间安全人才培养等等。

三、适用范围

（一）地域效力

凡是在中华人民共和国境内（不含港澳台地区）建设、运营、维护和使用网络，

以及网络安全的监督管理活动，均应适用《网络安全法》的规定。因此，任何网络的服务器或基础设施、运营或维护主体、主要面向的使用主体在中国境内的，都适用中国《网络安全法》的规定。

此外，基于对网络空间主权的维护，对境外的网络风险和网络攻击，《网络安全法》也予以规制。《网络安全法》第5条规定："国家采取措施，监测、防御、处置来源于中华人民共和国境内外的网络安全风险和威胁，保护关键信息基础设施免受攻击、侵入、干扰和破坏，依法惩治网络违法犯罪活动，维护网络空间安全和秩序。"《网络安全法》第50条规定："国家网信部门和有关部门依法履行网络信息安全监督管理职责，发现法律、行政法规禁止发布或者传输的信息的，应当要求网络运营者停止传输，采取消除等处置措施，保存有关记录；对来源于中华人民共和国境外的上述信息，应当通知有关机构采取技术措施和其他必要措施阻断传播。"《网络安全法》第75条规定："境外的机构、组织、个人从事攻击、侵入、干扰、破坏等危害中华人民共和国的关键信息基础设施的活动，造成严重后果的，依法追究法律责任；国务院公安部门和有关部门并可以决定对该机构、组织、个人采取冻结财产或者其他必要的制裁措施。"可见，《网络安全法》也有着一定的域外效力。

（二）规制主体

《网络安全法》涉及的主体众多，最主要为政府部门和网络运营者两大部分。政府部门包括网信部门、公安部门、电信管理部门等；网络运营者有一般性的网络运营者、关键信息基础设施的运营者等之分。其中，关键信息基础设施的界定将在后文重点展开，故本书在此仅分析一般网络运营者的认定。

《网络安全法》第76条将网络运营者定义为"网络的所有者、管理者和网络服务提供者"。实践中很多传统生产型、零售型企业，因其并非典型的互联网企业，普遍认为自己不属于网安法意义上的"网络运营者"，所以无需遵守《网络安全法》第21条等规定的网安合规义务，我们认为这种观点存在较大法律风险。

首先，网安法意义上的"网络运营者"是一个非常广泛的概念，包括网络（各种网络和触网的系统，例如局域网、工业控制系统、自动化办公系统、社交媒体等）的所有者（并非物权意义上的所有）、管理者（含网络或内容管理）和网络服务提供者（不仅仅是ISP）。所以从这个意义上讲，企业可能会因为任何"触网"的要素（例如开设了官方网站、电商网站或社交媒体账号等），被认定为网安法意义上的"网络运营者"。

其次，企业网安合规的法律依据不仅仅是网安法，还包括全国人大的决定以及其他单行法规（例如《互联网信息服务管理办法》）、规章（例如工信部24号令）等，更不能忽略《消费者权益保护法》《民法总则》《刑法》等法律。这些法律法规设定的网安合规义务，并不局限于“网络运营者”的主体范畴。

四、主要内容

（一）基本原则

1. 网络主权原则

《网络安全法》第1条明确规定维护网络空间主权是《网络安全法》的立法目的。网络空间主权是一国国家主权在网络空间中的自然延伸和表现。对内而言，网络空间主权指的是国家独立自主地选择本国网络发展道路，不受外部力量干涉。对外而言，网络主权指的是一国可以平等地参与国际网络空间国际治理，与其他国际法主体共同建立和维护网络空间治理秩序。

2. 网络安全与信息化发展并重原则

《网络安全法》第3条明确规定，国家坚持网络安全与信息化并重，遵循积极利用、科学发展、依法管理、确保安全的方针；既要推进网络基础设施建设，鼓励网络技术创新和应用，又要建立健全网络安全保障体系，提高网络安全保护能力，做到网络安全与信息化一齐发展。

3. 共同治理原则

所谓网络的共同治理，是指政府、标准机构、行业组织、新闻媒体、中介机构、企业、个人等网络利益相关者根据各自的作用和角色，共同参与规范网络的发展和使用。共同治理是相对于传统上政府单边主导的社会治理而言的。网络空间的良好秩序仅仅依靠政府是无法实现的，而是需要政府、行业组织、新闻媒体、企业和公众等网络利益相关者的共同参与。

而每年各地举办的网络安全宣传周活动，就是坚持网络安全共同治理原则的最好体现。

（二）一般网络运营者的合规义务

1. 制定完善的、合规的网络安全制度

根据《网络安全法》的规定，网络安全的首要主体责任是网络运营者，而网络运营者落实网络安全主体责任的首要义务就是建立完善的、合规的网络安全制度体系，具体包括但不限于：网络安全及数据分级制度、网络安全定岗定责制度、网络系统及数据操作规程、个人信息保护制度、网络安全评估制度、网络安全预案及应急制度、网络完全教育培训制度等。

除了《网络安全法》外，其他单行或配套法律法规、标准还规定了企业网络安全制度制定的其他合规要求。

2. 落实网络安全岗位及责任人员

《网络安全法》明确规定，网络运营者应当建立网络安全专门岗位及人员。《数据安全管理办法（征求意见稿）》《个人信息安全规范》等文件也进一步明确了责任人员的职责和权限。

落实网络安全岗位及责任人员，不仅是网络运营者满足网络安全合规要求的体现，更是网络安全责任事件发生后如何确定相应的责任人员的重要依据，也是企业实现法律风险隔离的有效举措，毕竟《网络安全法》及其配套法规规定了大量针对“网络安全直接责任人员”的处罚措施。

3. 建立网络平台信息内容审查机制

在中国网络强监管的大背景下，网络内容合规大过一切。因此，网络运营者在网络安全领域的合规风险，大部分来自于对网络平台信息内容的审查不力或监管疏漏，轻则被通报批评或罚款，重则被吊销经营资质。近期密集爆发的国际知名品牌网络营销内容及地图、国旗等使用违规，就是内容审查不合规的典型案例。

根据《网络安全法》《互联网信息服务管理办法》《互联网群组信息服务管理规定》《互联网论坛社区服务管理规定》《互联网跟帖评论服务管理规定》等规定，网络运营者有义务主动审查、停止传输、记录报告公共网络数据中的违法信息，应当建立网络信息内容审核与过滤制度，尤其应当加强对其用户发布的信息的管理与审核工作。

4. 完善个人信息及隐私保护政策

行政监管层面，《网络安全法》《全国人大全国人民代表大会常务委员会关于加强网络信息保护的决定》《数据安全管理办法（征求意见稿）》《个人信息安全规范》等明确提出了网络运营者在个人信息收集、存储、使用等方面的合规要求；民事法律层面，新通过的《民法总则》首次从法律层面确定了个人信息权益；此外，在刑事立法与司法实践中，《刑法修正案（七）》和《刑法修正案（九）》也体现了对个人信息与隐私保护的关注和重视。

因我国个人信息与隐私保护方面的法律规定较为零散，执法标准不统一，且行业标准更新较快，我们建议网络运营者应当结合自身业态，参照行业最佳实践，全面梳理经营过程中的涉网业务场景，定期更新、完善个人信息保护制度、隐私政策及业务规程，以满足合规要求，实现隐私即产品的最高价值追求。

5. 健全未成年人网络个人信息保护制度

随着近年来未成年人网络安全事件频发，《网络安全法》制定过程中，关于未成年人网络安全保护的条款受到立法者及社会各界的广泛关注。最终正式版本中也明确加入了未成年人网络安全保护有关的条款。

此外，国家网信办近期还专门制定了《儿童个人信息网络保护规定》《未成年人网络保护条例（征求意见稿）》，我国的早先制定的其他一些单行法律、法规及规范性文件（例如网络游戏、电子商务等有关的政策文件）中，较为系统的提出了网络服务提供者在向未成年人提供网络服务过程中的一些特殊合规要求。

6. 建立网络用户实名验证机制

根据《网络安全法》《全国人民代表大会常务委员会关于加强网络信息保护的决定》《互联网安全保护技术措施规定》《网络交易管理办法》等之规定，网络运营者为用户提供入网、信息发布等服务时，应当要求用户提供真实身份信息并核验。

根据《反恐怖主义法》之规定，电信、互联网、金融业务经营者、服务提供者未按规定对客户身份进行查验，或者对身份不明、拒绝身份查验的客户提供服务的，根据情节不同，给予责令改正，对直接负责的主管人员和其他直接责任人员处以五十万元以下罚款。

7. 依法留存用户网络数据

根据《网络安全法》《互联网信息服务管理办法》《互联网电子邮件服务管理办法》《网络出版服务管理规定》等均规定用户网络数据、日志应当至少留存60天。但也有例外，例如《电子商务法》要求原始交易记录不少于三年，《网络交易管理办法》要求不得少于两年。

而相反，立法者限定了一些特定领域的网络数据留存最长期限。例如，《快递暂行条例》明确规定，网络运营者应当定期销毁快件运单，确保用户信息安全；《征信业管理条例》更是明确规定，征信机构对个人不良信息的保存期限为5年，超过5年的应当予以删除。

8. 重要网络产品和服务采购的安全审查

《网络安全法》第35条明确规定，关键信息基础设施的运营者采购网络产品和服务，可能影响国家安全的，应当通过国家网信部门会同国务院有关部门组织的国家安全审查。与《网络安全法》配套的《网络产品和服务安全审查办法（试行）》明确规定，将重点审查网络产品和服务的安全性、可控性，并就审查内容作出了详细规定。

9. 个人信息和重要数据跨境转移的合规审查与安全评估

个人信息和重要数据跨境转移有关的限制，被认为是《网络安全法》的一个重要制度突破，也是对部分跨国公司影响最为重要的一条。

近期，国家网信办发布了《个人信息出境安全评估办法（征求意见稿）》，结合之前的《个人信息和重要数据出境安全评估办法（征求意见稿）》，我们理解，安全评估的范围扩大到了所有的个人信息和重要数据。

10. 网络安全尽职调查

《数据安全管理办法（征求意见稿）》《个人信息安全规范》等文件，对网络运营者兼并过程中的数据管理义务和法律责任提出了要求。这意味着对网络运营者发生越来越多的并购交易中，并购项目的网络安全尽职调查的重要性越来越突出。通过网络安全尽职调查，能够有效地识别收购标的的网络安全法律风险，甚至能够有效地评估目标网络运营者的 IT 资产、业务流程、业务规范性及未来发展可持续性等。

本书以下章节中，将结合最新立法情况、执法实践及项目经验，详细讨论各个制度的具体内容及合规要点。

第二节 网络安全等级保护制度

一、网络安全等级保护的历史沿革

网络安全等级保护是国家信息安全保障的基本制度、基本策略、基本方法。《网络安全法》颁布之前，我国已经有许多关于网络安全等级保护的具体规范。但这一时期的规范较为分散，层级效力也相对较低，未形成一个较为成熟的规范体系，俗称“等级保护 1.0”。

早在 1994 年，国务院颁布的《计算机信息系统安全保护条例》，首次提出了计算机信息系统实行安全等级保护的要求，为我国信息系统实行等级保护提供法律依据。该法第 3 条规定了信息系统安全保护的内容，要求“应当保障计算机及其相关的和配套的设备、设施（含网络）的安全，运行环境的安全，保障信息的安全，保障计算机功能的正常发挥，以维护计算机信息系统的安全运行”。

2004 年，公安部、国家保密局、国家密码管理委员会办公室、国务院信息化工作办公室联合发布的《关于信息安全等级保护工作的实施意见》，根据重要程度和危害程度，将信息系统分为五级：自我保护级、指导保护级、监督保护级、强制保护级、专控保护级。

2007 年，公安部、国家保密局、国家密码管理委员会办公室、国务院信息化工作办公室联合发布的《信息系统等级保护管理办法》，是等级保护 1.0 时代的核心法律规范，规定了各部门在等级保护工作中的职责范围，为等级保护的定级规定了更为详细的标准，正式拉开了我国信息系统安全等级保护建设的序幕。为细化和落实《信息系统等级保护管理办法》，同年公安部发布了《信息安全等级保护备案实施细则》，该细则中明确规定了二级以上等保系统的备案、测评等合规要求。

2010 年，公安部、国资委联合发布《关于进一步推动中央企业信息安全等级保护工作的通知》，将央企也纳入了信息安全等级保护的主体之中。

2010 年，工信部还发布了《通信网络安全防护管理办法》，详细规定了工信体系项下的等保要求，与公安体系项下的等保要求并行，形成了等保制度的双轮合规路径。

与上述办法和规范配套的还有一系列国家标准。具体如下：

标准名称	主要内容
《计算机信息系统安全保护等级划分准则》（GB 17859−1999）	将计算机系统安全保护能力分为用户自主保护级、系统审计保护级、安全标记保护级、结构化保护级、访问验证保护级五个等级，并基于不同等级对安全保护能力建设提出了要求
《信息安全技术 信息系统安全等级保护基本要求》（GB/T 22239−2008）	将信息系统安全基本要求分为信息安全类要求、服务保证类要求和通用安全保护类要求，并规定了信息系统保护的最低要求
《信息安全技术 信息系统安全等级保护定级指南》（GB/T 22240−2008）	规定了信息安全的定级要素和定级方法，并详细规定了定级的判断要素
《信息安全技术 信息系统安全等级保护实施指南》（GB/T 25058−2010）	确定了定级保护的基本原则和等级保护实施过程阶段
《信息安全技术 信息系统等级保护安全设计要求》（GB/T 25070−2010）	规定了信息系统的安全设计技术要求，包括安全计算环境、安全区域边界、安全通信网络和安全管理中心等设计要求

续表

标准名称	主要内容
《信息安全技术 信息系统安全等级保护测评要求》（GB/T 28448-2012）	将安全技术测评划分为：物理安全、网络安全、主机安全、应用安全、数据安全及备份恢复；将安全管理测评划分为：安全管理制度、安全管理机构、人员安全管理、系统建设管理、系统运维管理
《信息安全技术 信息系统安全等级保护测评过程指南》（GB/T 28449-2012）	详细规定了等级保护测评的全流程要求，包括测评准备活动、方案编制活动、现场测评活动、报告编制活动等

二、网络安全等级保护 2.0 体系

（一）等级保护 2.0 的基本内容

2019 年 5 月 13 日，国家信标委等正式发布等级保护 2.0 有关的几个核心标准，与《网络安全法》和《网络安全等级保护条例（征求意见稿）》等一起构成了等级保护 2.0 规范体系，从立法层级、控制科学性等角度，大幅升级等级保护 1.0。

此外，公安部网保局、测评中心等于 2019 年 5 月 16 日召开了等级保护 2.0 的大型媒体宣贯会。可以预期，在目前网信、工信、市监等部门的网安与个人信息执法热情高涨的大背景下，后续各地公安部门将积极推进辖区内的等级保护 2.0 落地，包括定级、备案、测评及执法检查等工作。

等级保护 2.0 的法律与标准规范体系如下：

体系	规范名称	主要内容
法律法规	《网络安全法》	首次从基本立法层面确立了等保制度
	《网络安全等级保护条例（征求意见稿）》	明确了等保定级、备案、测评及整改规范，以及企业在人员、制度、设施等方面的合规标准
	《网络安全等级保护测评机构管理办法》	明确测评机构实行推荐目录管理制度，并详细规定了等保机构的设立标准，运营规范及法律责任等

续表

体系	规范名称	主要内容
标准	《信息安全技术 网络安全等级保护基本要求》 《信息安全技术 网络安全等级保护测评要求》 《信息安全技术 网络安全等级保护安全设计技术要求》 《信息安全技术 网络安全等级保护测试评估技术指南》 《信息安全技术 网络安全等级保护测评过程指南》 《信息安全技术 网络安全等级保护测评机构能力要求和评估规范》 《信息安全技术 网络安全等级保护安全管理中心技术要求》	明确了网络系统的等保定级标准，确定了不同级别系统对应的测评控制大项、要求子项及控制点。 尤其明确了云计算、移动互联网、物联网和工业控制系统的安全扩展要求。 明确了等保测评的基本方法及过程要求；等等

等级保护 2.0 系列标准于 2019 年 12 月 1 日正式实施。

（二）等级保护 2.0 与 1.0 的合规差异

与建立在《信息安全等级保护管理办法》及 GB/T 22239-2008 基础上的等级保护 1.0 不同，等级保护 2.0 着眼于当前技术条件和产业发展变化，完善了定级与测评标准，体现了更好的政策与产业兼容性。等级保护 2.0 主要内容包括定级、备案、测评、整改与检查几个环节，并沿袭了五级分类体系。与等级保护 1.0 相比，等级保护 2.0 的主要合规差异体现在：

1. 调整了等保二级、三级控制大项及控制点

首先，等级保护 2.0 合并了如下两处控制大项：应用安全和数据安全；管理机构和人员。合并后，控制大项从原来的 10 项合并为 8 项，其中技术要求和管理要求各 4 项。

其次，等级保护 2.0 还精简了等保二级、三级的控制点，分别从 175 项、298 项降低到 147 项、238 项。其中，新版二级和三级在管理方面的控制点差异，主要是增加了系统强制备案、定期测评、监控管理和安全管理中心等要求。

此外，调整后的等保测评合格分数，也从原来的 60 分（个别地区、个别行业略有差异）上调到 75 分。

2. 新增了个人信息保护有关的控制点

为了适应国内外个人信息保护的政策及行业发展趋势，本次等级保护 2.0 还新增了个人信息保护有关的控制点，例如：（1）要求应仅采集、存储业务必要的、最小化用户个人信息；（2）应禁止未经授权访问和非法使用用户个人信息。对应的，在技术层面，还规定了初始密码修改、访客管理等控制点。

值得注意的是，虽然等级保护 2.0 对于个人信息保护的控制点描述较为宏观，但具体测评和检查时，仍然会参考公安版《互联网个人信息安全保护指南》及国标 35273 的要求，详细评估企业在个人信息保护方面的合规性。

3. 调整了管理制度、机构和人员要求

首先，强化了企业网络安全管理制度的重要性，从管理制度内容、制定与发布流程、评审与修订等几个控制点提出了合规要求，但适度降低了论证、审定及发布的程序性要求。

其次，明确应当建立网络安全管理机构，并应当配备相适应的人员，且安全管理员不可兼职。此外，企业应当建立相应的人员录用、离岗审计，强化日常安全培训，制定相应的业务流程指引。

此外，还要求企业建立自行研发软件的流程及制度，强化设备及系统运维和管理制度，等等。

4. 新增云计算、移动互联网、物联网和工业控制系统等行业的安全扩展要求

这是等级保护 2.0 的最大亮点。本次等级保护 2.0 详细规定了云计算、移动互联网、物联网和工业控制系统等行业的安全扩展要求，从主动防御、预警感知等方面增强了上述行业的网络安全性。

例如，对于云计算机房及服务器的物理位置提出了要求；明确要求企业建立移动应用软件采购、开发与管理制度；要求物联网企业建立安全运维制度及感知节点管理制度；等等。

5. 等保定级与测评要求发生变化

首先，等级保护 1.0 版本中，等保定级采取“自主定级”模式。但在 2.0 版本中，定级要求更改为“申请批准”模式，即企业应以书面的形式说明保护对象的安全保护等级及确定等级的方法和理由，并组织相关部门和有关安全技术专家对定级结果的合理性和正确性进行论证和审定，最终报定级结果经过相关部门的批准。

其次，等级保护 1.0 版本中，等保二级没有强制测评要求，等保三级每年测评一次；但在等级保护 2.0 版本中，二级和三级均改为要求“定期测评”，且“发生重大变更或级别发生变化时”要求进行二次测评。

三、网络安全等级保护的几个实务问题

（一）信息系统的等保定级标准

我国现有等保定级采取自主定级申报模式，但实践中定级标准较为模糊、主观，企业很难把握，这给企业合规建设增加了极大的难度。

根据等级保护 2.0 配套制度及标准等规定，根据等级保护对象受到破坏后对客体造成侵害的程度不同，我国等保实行五级分级保护制度：

受侵害的客体	对客体的侵害程度		
	一般损害	严重损害	特别严重损害
公民、法人和其他组织的合法权益	第一级	第二级	第三级
社会秩序、公共利益	第二级	第三级	第四级
国家安全	第三级	第四级	第五级

但在实践中，如何区分“公民、法人和其他组织的合法权益”与“社会秩序、公共利益”，如何量化“一般损害”“严重损害”等具体标准，成为企业合规定级的最大障碍。当然，根据我们的项目经验以及在协助企业办理定级备案过程中，如何通过企业信息系统所处的行业、作用，以及用户数量的多少等因素，也慢慢积累了一些定性、定量定级的经验和惯例，例如用户数量极大、具有交易 / 交互功能的电商网站，被认定为三级的可能性较大。

值得注意的是，尽管备案是每个企业备案一次，但是定级是每个系统单独定级，并以较高者确定最终等级。此外，根据备案实践，企业的网络系统（例如公共网站、APP 应用、财务系统及 CRM 系统等）只要具备联网功能，是不论内外网性质均要定级的。例如，在备案申请时填报的《信息系统情况》子表中 03 选项就是“业务类型”，进而区分“内部办公”还是“公众服务”等；05 选项就是“系统网络平台”，进而区分“局域网”还是“广域网”等。

此外，根据我们的经验，作为定级对象的信息系统应该是由配套的设备、设施、软件组合而成的整体。某个单一的系统组件（如服务器、终端、网络设备等）不会单独作为定级对象。所以，企业的单个系统的在不同的地方分别有服务器的，仍然按照一个系统定级备案。

此外，若公安网安部门认定企业自主定级与实际不符或者不准确的，可以要

求申报备案单位重新定级并重新递交备案材料。企业最终的等级认定，应当以公安出具的《信息系统安全等级保护备案审核结果通知》及《信息系统安全等级保护备案证明》认定的等级为准。

（二）企业等保定级备案机构、流程

根据等级保护 2.0 系列制度和标准等规定，已运营的二级以上信息系统应当在安全保护等级确定后 30 日内，新建第二级以上信息系统应当在投入运行后 30 日内，由其运营、使用单位到所在地公安机关办理备案手续。根据上海市备案实践，企业可以向注册地或者实际经营地所在区网安部门（建议向企业网站的公安联网备案的办理机构）递交备案申请，最终由市局审核并出具备案证明。

具体流程方面，各地实际备案流程略有差异。根据上海市的情况，由企业先行确定定级对象及初步的等级，并根据业务及系统实际情况，自行或者委托第三方机构填报《信息系统安全等级保护备案表》及其附表并递交至属地网安部门。网安部门根据申报材料及初步审查情况，对不符合等保要求的，会要求备案单位进行整改（通常是让企业委托第三方测评机构开展网络安全等保测评），整改合格（测评结果合格）的，颁发《信息系统安全等级保护备案证明》。

企业有多个网络系统的，可以集中一次办理等级定级备案，备案长期有效，无需每年办理公安等保定级备案（非测评）。但是，如果企业的网络系统发生变更或者定级变更的，应当办理变更手续或者重新办理备案。

（三）等级保护 2.0 中二级与三级的合规差异

对于大多数企业而言，主要适用《信息安全技术 网络安全等级保护基本要求》中的安全通用要求，并根据系统风险等级及企业业务实际情况合理、合规定级。根据《信息安全技术 网络安全等级保护基本要求》及我们实际项目经验，在等级保护 2.0 合规下，等保二级与三级在安全管理要求方面（非安全技术）的主要合规差异如下：

比对控制点	二、三级要求项合规差异
管理制度	三级额外要求：应形成由安全策略、管理制度、操作规程、记录表单等构成的全面的安全管理制度体系，其中特别增加了软件开发管理制度及行为准则、外包运维商管理制度等等

续表

比对控制点	二、三级要求项合规差异
岗位设置	三级额外要求：应成立指导和管理网络安全工作的委员会或领导小组，其最高领导由单位主管领导担任或授权
人员要求	三级要求系统管理员、审计管理员和安全管理员不得兼任，二级可以兼任。 三级额外要求：应指定专门的部门或人员对日志、监测和报警数据等进行分析、统计，及时发现可疑行为。 三级额外要求：与关键岗位人员签署岗位责任协议及保密协议；与离岗人员签署保密承诺；与获得系统访问授权的外部人员签署保密协议。 三级要求对不同岗位的人员进行定期考核，二级未要求技能考核
资产管理	三级额外要求：应建立资产与数据的分类、标识管理制度；应建立设备及介质离场、加密、报废与重用审查制度
培训要求	三级额外要求：应制定培训计划，并开展安全基础知识、岗位操作规程、应急预案、法律合规等培训
审核与检视	三级额外要求：定级开展安全管理制度检视，并形成检视报告

（四）等级保护 2.0 时代的企业行动建议

等级保护 2.0 发布后，企业应当主动比对合规差异，积极利用等级保护 2.0 及信息安全管理体系认证 ISO27001 等标准体系，全面提高企业网安合规标准，降低企业行政与刑事执法风险。为此，我们建议：

1. 企业应当正确理解等保与 CII 管理制度的关系

比对《网络安全等级保护条例（征求意见稿）》及《关键信息基础设施安全保护条例（征求意见稿）》有关文件，实际上等保三级和 CII 的合规要求逐渐趋同（例如服务器设备要求、数据跨境转移要求、系统跨境维护等要求），但等保三级不一定会被认定 CII，CII 一定会被定级为等保三级或以上。

2. 企业应当正确理解等级保护 2.0 合规的全覆盖、紧迫性

尽管等级保护 2.0 新增了云计算、移动互联网、物联网等行业的扩展要求，但并不意味着只有这些行业需要开展等保合规。根据《信息安全技术 网络安全等级保护基本要求》规定的等保对象描述，等保对象包括“基础信息网络、信息系统”（例如一般行业的内部系统、外部网络平台等）在内的一切网络系统均是等保对象，实现了“除个人及家庭自建网络之外的领域全覆盖。目前实践中，部分企业仅就

外部网络平台（例如网站或APP）开展等保备案，在未得到了当地网安部门的书面合规承诺的情况下，未来一旦发生网安事件（尤其是涉及大量用户信息的内部会员系统、业务系统等），仍然存储较大法律合规风险。

在此之前，各地已经有大量企业因未开展等保合规而被处罚的案例。等级保护2.0发布后，短期内执法机关的执法热情会大幅高涨。因此，建议企业尽快根据等级保护2.0要求，完善、更新合规控制点，避免不必要的合规风险。

3. 企业应对等级保护2.0合规的其他建议

我们还建议，目前仍未完成网络安全技术、管理制度及岗位人员建设的企业，应当尽快自行或聘请外部机构参照有关法律、法规及标准完善建设；目前仍未开展等保定级、备案、测评整改的企业，应当尽快启动等保合规项目，尤其是用户数量较大、涉及在线交易支付的电商、游戏及大数据等行业；已经完成等级保护1.0合规项目的企业，应当尽快更新等级保护2.0合规控制项目。

我们提供的等保合规服务包括：

机构	系统定级	系统备案	建设整改	等级测评	监督检查
企业	确定等级，编写定级报告	准备备案申请材料，到当地公安机关备案	建设符合等级要求的安全技术和管理体系	准备和接受测评机构测评	接受公安机关的定期检查
汇业	协助确定等保系统范围，协助定级，协助组织专家评审，协助撰写定级报告	协助准备申请材料，协助公安机关沟通	协助联络、管理技术供应商安全加固，协助制定全套网络安全管理制度	协助联络、管理测评机构开展测评，协助根据测评整改	协助企业应对调查，协助企业整改

第三节 关键信息基础设施保护制度

一、关键信息基础设施保护制度法律体系

体系	规范名称	主要内容
法律	《网络安全法》	首次从基本立法层面确立了关键信息基础设施保护制度
	《国家网络空间安全战略》	明确了 CII 保护的基本原则和方针
	《关键信息基础设施安全保护条例（征求意见稿）》	明确了 CII 的认定范围、CIIO 的安全保护义务、产品和服务安全采购要求以及相应的法律责任
标准	《关键信息基础设施安全控制措施（征求意见稿）》 《关键信息基础设施网络安全保护要求（征求意见稿）》 《关键信息基础设施安全保障评价指标体系（征求意见稿）》 《关键信息基础设施安全检查评估指南（征求意见稿）》	明确了 CII 的风险识别方法、安全防护、检测评估、检测预警、应急处置的控制措施要求； 明确了 CII 识别认定、安全防护、检测评估、监测预警、应急处置的基本要求； 明确了 CII 安全保障评价的指标体系和指标含义； 明确了 CII 安全检查评估的工作流程、内容、技术监测需求、分析结果以及评估说明；等等

二、关键信息基础设施的识别

规范名称	认定范围	识别方法
《网络安全法》	公共通信和信息服务、能源、交通、水利、金融、公共服务、电子政务等重要行业和领域； 以及其他一旦遭到破坏、丧失功能或者数据泄露，可能严重危害国家安全、国计民生、公共利益的关键信息基础设施。 注：在《网络安全法（征求意见稿）》中，曾将“用户数量较大”的网络运营者也直接纳入 CIIO 范畴	领域识别 / 风险识别

续表

规范名称	认定范围	识别方法
《国家网络空间安全战略》	国家关键信息基础设施是指关系国家安全、国计民生，一旦数据泄露、遭到破坏或者丧失功能可能严重危害国家安全、公共利益的信息设施； 包括但不限于提供公共通信、广播电视传输等服务的基础信息网络，能源、金融、交通、教育、科研、水利、工业制造、医疗卫生、社会保障、公用事业等领域和国家机关的重要信息系统，重要互联网应用系统等	风险识别 + 领域识别
《关键信息基础设施安全保护条例(征求意见稿)》	下列单位运行、管理的网络设施和信息系统，一旦遭到破坏、丧失功能或者数据泄露，可能严重危害国家安全、国计民生、公共利益的，应当纳入关键信息基础设施保护范围： 政府机关和能源、金融、交通、水利、卫生医疗、教育、社保、环境保护、公用事业等行业领域的单位； 电信网、广播电视网、互联网等信息网络，以及提供云计算、大数据和其他大型公共信息网络服务的单位； 国防科工、大型装备、化工、食品药品等行业领域科研生产单位； 广播电台、电视台、通讯社等新闻单位； 其他重点单位	风险识别 + 领域识别
《信息安全技术 关键信息基础设施网络安全保护要求（征求意见稿）》	本标准所指的关键信息基础设施包括但不限于提供公共通信、广播电视传输等服务的基础信息网络，能源、金融、交通、教育、科研、水利、工业制造、医疗卫生、社会保障、公用事业等领域和国家机关的重要信息系统、工业控制系统等	领域识别
《关键信息基础设施确定指南(试行稿)》（未正式发布）	关键信息基础设施包括网站类，如党政机关网站、企事业单位网站、新闻网站等；平台类，如即时通信、网上购物、网上支付、搜索引擎、电子邮件、论坛、地图、音视频等网络服务平台；生产业务类，如办公和业务系统、工业控制系统、大型数据中心、云计算平台、电视转播系统等	定性定量识别

三、关键信息基础设施运营者的特别合规要求

根据《网络安全法》《关键信息基础设施安全保护条例（征求意见稿）》（以

下简称《条例》）、《信息安全技术 关键信息基础设施网络安全保护要求（征求意见稿）》等文件，关键信息基础设施运营者除了需要履行一般网络运营者的安全保护义务之外，还需要履行特别的合规义务，具体义务如下：

（一）运维要求

关键信息基础设施建设，应当符合“三同步”要求，并做到“境内运维”+“境内存储。”具体而言，《网络安全法》第33条规定：“建设关键信息基础设施应当确保其具有支持业务稳定、持续运行的性能，并保证安全技术措施同步规划、同步建设、同步使用。”这就要求CIIO在系统生命周期各阶段明确责任部门及安全职责，在全过程中推行安全工作，将安全工作前移，降低运维阶段的服务压力。

《网络安全法》第37条规定：“关键信息基础设施的运营者在中华人民共和国境内运营中收集和产生的个人信息和重要数据应当在境内存储。因业务需要，确需向境外提供的，应当按照国家网信部门会同国务院有关部门制定的办法进行安全评估；法律、行政法规另有规定的，依照其规定。”即，CIIO收集的个人信息与重要数据应当在境内存储，若需要向境外提供的，应当依法开展安全评估。

此外，条例进一步扩大了境内运维的要求。《条例》第34条提出：“关键信息基础设施的运行维护应当在境内实施。因业务需要，确需进行境外远程维护的，应事先报国家行业主管或监管部门和国务院公安部门。”即，关键信息基础设施的运营、维护、技术支持都必须在境内实施，若需要境外远程访问、维护、调试等操作的，都必须要履行事前报备义务。

实践中，苹果iCloud之所以落地贵州并在贵州设立本地运营公司，也是受上述合规要求的限制。

（二）人员管理要求

《网络安全法》第34条规定CIIO应当设置专门安全管理机构和安全管理负责人，并对该负责人和关键岗位的人员进行安全背景审查，并定期对从业人员进行网络安全教育、技术培训和技能考核。《条例》第25条则进一步细化了网络安全管理负责人的具体职责，具体包括：（1）组织制定网络安全规章制度、操作规程并监督执行；（2）组织对关键岗位人员的技能考核；（3）组织制定并实施本单位网络安全教育和培训计划；（4）组织开展网络安全检查和应急演练，应对处置网络安全事件；（5）按规定向国家有关部门报告网络安全重要事项、事件。

（三）安全教育和演练要求

《网络安全法》第34条规定CIIO应当定期对从业人员进行网络安全教育、技术培训和技能考核，以及制定网络安全事件应急预案并定期进行演练。《条例》

对安全教育的时长提出了具体的要求。《条例》第 27 条提出："运营者应当组织从业人员网络安全教育培训，每人每年教育培训时长不得少于 1 个工作日，关键岗位专业技术人员每人每年教育培训时长不得少于 3 个工作日。"

应急预案的内容，可参考《信息安全技术 关键信息基础设施安全控制措施（征求意见稿）》的要求，应当包括：（1）说明组织机构与职责；（2）确立组织范围内的预警监测、预警研判和发布、预警响应、预警解除等流程；（3）对事件报告、应急响应、应急结束等程序作出规定；（4）对事件调查、评估等事项作出安排；（5）对预案演练、宣传、培训等工作进行规划；（6）落实技术支撑队伍、专家队伍、社会资源、经费等保障措施。此外，CIIO 也应根据自身的行业领域，参考《电信条例》《国家通信保障应急预案》《计算机信息系统安全保护条例》《国家网络安全事件应急预案》《计算机病毒防治管理办法》等规定完善应急预案，并定期对预案演练和评估，以增加预案的安全性和可行性。

（四）网络产品和服务的安全审查义务

《网络安全法》第 36 条规定："关键信息基础设施的运营者采购网络产品和服务，应当按照规定与提供者签订安全保密协议，明确安全和保密义务与责任。"《条例》在保密义务的基础上，增加了更为具体的安全审查要求。《条例》第 31 条提出："运营者采购网络产品和服务，可能影响国家安全的，应当按照网络产品和服务安全审查办法的要求，通过网络安全审查，并与提供者签订安全保密协议。"关于网络安全审查部分在本书的后续章节将具体展开，此处仅作简单介绍。

此外，《条例》还提出了 CIIO 对网络产品和服务的上线监测和报告义务。《条例》第 32 条提出："运营者应当对外包开发的系统、软件，接受捐赠的网络产品，在其上线应用前进行安全检测。"第 33 条提出："运营者发现使用的网络产品、服务存在安全缺陷、漏洞等风险的，应当及时采取措施消除风险隐患，涉及重大风险的应当按规定向有关部门报告。"

（五）重要系统和数据库的容灾备份义务

《网络安全法》和《条例》都对 CIIO 提出了对重要系统和数据库进行数据分类和数据备份的合规要求。CIIO 可参考《信息安全技术 关键信息基础设施安全控制措施（征求意见稿）》的要求，进行数据分类和数据备份。

数据分类应当做到：（1）按照《信息安全技术 数据出境安全评估指南（征求意见稿）》附录 A"重要数据识别指南"，识别关键信息基础设施数字资产清单中的重要数据；（2）将存储重要数据的数据库标识为重要数据库，重要数据库的容灾备份应符合灾难备份策略相关规定；（3）参照数据分类相关标准规范，对数据进行分类并制定符合其安全需要的保护策略。例如，根据数据来源不同，分为系统数据、用户数据、运行数据；根据敏感程度和保护需求不同，可将用户数据分为用户身份数据、用户服务内容数据、用户服务衍生数据。

数据灾难备份机制应当做到：（1）确定灾难备份目标，制定灾难备份策略，根据系统重要性、业务特点、建设成本等因素选择合适的灾难备份机制；（2）根据灾难备份策略制定相应的灾难备份系统技术方案，包含数据备份系统、备用数据处理系统和备用的网络系统；（3）按照《信息安全技术 信息系统灾难恢复规范》（GB/T 20988）中三级及以上灾难恢复能力的要求，对重要系统和数据库进行容灾备份，实现完全数据备份至少每天一次。

数据灾难备选选址应到做到：（1）按照 GB/T 20988，选择灾难备份中心，避免灾难备份中心与主中心同时遭受同类风险，包括同城和异地两种类型，以规避不同影响范围的灾难风险；（2）建设灾难备份中心，计算机机房应符合有关国家标准的要求，工作辅助设施和生活设施应符合灾难恢复目标的要求；（3）确保为灾难备份中心提供与主场所同等的网络安全措施；（4）确保灾难备份中心位于中国境内，控制灾难备份中心位置信息的知悉范围等。

（六）网络安全等级保护的要求

根据《网络安全法》《条例》以及等级保护的相关规定，CIIO 也需要展开等级保护。《条例》第 23 条提出运营者应当按照网络安全等级保护制度的要求，履行一系列安全保护义务，具体包括：（1）制定内部安全管理制度和操作规程，严格身份认证和权限管理；（2）采取技术措施，防范计算机病毒和网络攻击、网络侵入等危害网络安全行为；（3）采取技术措施，监测、记录网络运行状态、网络安全事件，并按照规定留存相关的网络日志不少于六个月；（4）采取数据分类、重要数据备份和加密认证等措施。但有所区别的是，CIIO 虽然以等级保护为基础，但相较于等级保护，CIIO 更加突出重点保护的要求。

尚未明确的是，CIIO 与等级保护的关系在实践中如何协调，这有待相关的主管部门明确划定职责范围，以及出台具有实操性的细则。

（七）法律、法规规定的其他义务

根据《网络安全法》《条例》以及相关规定，CIIO 还需要履行关键信息基础设施运营状态重大变化的报送义务、定期安全监测评估义务以及商用秘密使用的特殊合规等其他法律法规规定的义务。

第四节 网络信息内容审查制度

一、网络信息内容审查制度法律体系

体系	规范名称	主要内容
法律	《全国人民代表大会常务委员会关于维护互联网安全的决定》	规定了网络有害信息内容的类别和审查要求
	《全国人民代表大会常务委员会关于加强网络信息保护的决定》	明确了网络运营者的网络信息内容审查的措施和合规动作
	《网络安全法》	进一步明确了网络运营者的审查责任、处置方式及法律责任等
行政法规	《互联网信息服务管理办法》	明确了互联网信息服务市场的准入资质问题以及网络有害信息的具体类别、处置责任等
	《互联网上网服务营业场所管理条例》	明确了互联网上网服务营业场所的管理义务和经营行为的内容审查义务
	《信息网络传播权保护条例》	明确了网络运营者对信息网络传播权涉及的网络有害信息的内容审查义务
其他	《移动互联网应用程序信息服务管理规定》 《互联网跟帖评论服务管理规定》 《互联网论坛社区服务管理规定》 《互联网群组信息服务管理规定》 《互联网用户公众账号信息服务管理规定》 《互联网视听节目服务管理规定》 《互联网新闻信息服务管理规定》 《互联网新闻信息服务许可管理实施细则》 《互联网信息搜索服务管理规定》 《互联网直播服务管理规定》 《网络出版服务管理规定》；等等	明确了网络运营者对互联网跟帖、论坛社区、群组、视听、新闻信息等具体领域的管理义务和内容审查义务

除了上述规定之外，其他横向立法、单行立法中均有关于网络信息内容合规的要求，例如《电子商务法》《刑法》《广告法》《反不正当竞争法》等。

除此之外，政府机构及行业组织还规定了一些更为细致的内容审查规则。例如《网络游戏内容审查规范》《网络短视频内容审核标准细则》等等。

二、网络信息内容的审查法律实务

（一）近期内容违法违规典型案例

涉及品牌	违法违规情形	处罚及影响	处理机构
某酒店品牌	中文版会员邮件和APP注册页面将港澳台和西藏列为“国家”	新闻广泛负面报道； 中文网站、中文版APP关闭； 万豪集团三次公开道歉	上海市网信办、旅游局、黄浦区市场监管局
某日资品牌	使用的地图无审图号，存在错绘国界线，海南岛与大陆不同色，台湾岛注记错误等严重错误	责令销毁； 公布为年度典型案例	重庆市规划局
某地产品牌	广告中使用的中华人民共和国地图，未将国界线完整、准确表示，损害了国家尊严及利益	没收广告费用8.8万元，罚款100万元	上海市某区市场监管局
某零售品牌	用户协议中使用“中国（不含港澳台）”用语涉嫌分裂国家	责令整改并罚款	上海市某区市场监管局
某奢侈品品牌	品牌宣传视频内容涉嫌歧视及侮辱情节；品牌创始人兼设计师不当言论	新闻广泛负面报道； 中国多个活动取消； 多个艺人解约等	—
某工业制造品牌	网站国家列表中显示台湾，并使用青天白日旗标识	责令整改并约谈主要负责人	上海市某区市场监管局
多个奢侈品品牌	T恤将香港和澳门列为国家	新闻广泛负面报道； 多个艺人解约； 官方道歉	—

（二）常见的内容违法违规情形及审查要点

关于网络运营者常见的内容违法违规情形，结合近期案例、日常业务经验及行业实践，我们特别提示并建议如下：

1. 地区称谓、地图使用等违规

地区、地图涉及国家主权问题，该等内容违规会带来极大的法律风险。实践中，企业在线上线下场景中展示营业网点、经营区域，或在协议 / 合同中描述合作 / 授权区域等，经常会使用地区名称、旗帜以及地图等信息，该等需要符合国家关于地区、旗帜、地图使用的规定。主要审查内容包括但不限于：

（1）正确使用中国、中国大陆、中国内地、港澳台等地区称谓以及确保适用语境合法，正确标注港澳台名称及标识等。错误实例包括但不限于："中国（不含港澳台地区）""中港 / 中澳""内港 / 内澳""大陆政府机构"、使用青天白日旗标注台湾地区等。

（2）使用具有官方地图审图号的地图，或者从官方渠道（http：//bzdt.ch.mnr.gov.cn）下载标准地图，使用部分第三方地图服务需获得授权、付费。错误实例包括但不限于：自制地图图片、使用境外地图、违规标注地图等。

2. 发布内容涉敏感或不良题材

网络运营者在品牌宣传、营销推广、产品手册等内容中，应当严格审查内容不得涉及如下内容：

（1）涉及政治、政治制度及政治人物评论，歪曲国家及民族形象等；

（2）歪曲军事、历史、自然题材，损害、恶搞历史人物形象或抢险救灾题材，美化负面人物及事件等；

（3）违背国家宗教政策，发布宗教信息，传播风水、邪教、等级等封建迷信思想等；

（4）渲染极端、暴力、血腥及惊悚情景，展示黄色、淫秽及低俗内容或相应的暗示、挑逗情形，鼓励、诱导作弊、赌博或宣扬相关技巧等；

（5）宣扬拜金、享乐、焦虑、扭曲等不良、消极颓废的人生观、世界观和价值观等；

（6）表现早恋、烟酒成瘾、造型怪异等不利于青少年健康的内容等；等等。

3. 发布内容涉违约或侵权题材

网络运营者在品牌宣传、营销推广、产品手册等内容中，应当严格审查内容不得涉及如下内容：

（1）制造地区对立或人群对抗的；

（2）歧视、侮辱、诽谤或隐射攻击他人；

（3）披露他人隐私或违法提供个人信息；

（4）未经授权或超越授权使用他人肖像、姓名、声音等；

（5）未经授权或超越授权使用他人文字、图片、视频等作品或其他知识产权等。

4. 用户主体及用户信息审查违规

建立网络渠道的企业，应当依法审查用户注册主体真实性，依法履行实名制核验义务；用户使用昵称注册的，企业还应当审查用户昵称（例如，不得含有违禁词）、头像及其他注册信息（例如，不得非法标注、提供军事设施地址）的合规性。

作为网络平台的企业，还应当依法审查平台用户的主体信息及资质情况，必要时开展相适应的背景调查与核验。

5. 用户发布内容审查违规

允许用户发布、上传信息内容的网络渠道的运营企业，应当建立内容过滤与审查机制，确保内容不含有违法违规情形。

具有用户发布、上传信息等交互功能的网站或移动应用，在办理公安联网备案的时候，还应当按照交互式网站备案要求履行相应的合规义务。

企业还应当建立符合避风港规则的通知移除规则及机制。

6. 员工不当言论管理违规

企业应当加强企业组织的员工有关的群组、论坛管理，严格限制、管理员工开通以企业名义认证的微薄、网站、博客等，采取必要的措施防止员工通过社交媒体泄密。

企业应当定期开展员工行为规范培训，制定员工公开评论指引，制定相适应的制度规范体系。

7. 内容违法违规的其他情形

实践中，其他违法违规情形包括但不限于：内容虚假或存在恶意诱导、欺骗行为；交易规则违法或不清晰；产品信息标示错误或存在重大遗漏；主体及资质信息公示不合规；价格标示违法违规；广告违法；其他损害消费者知情权或公平交易权的情形；等等。

三、内容违法违规审查与处理机制

（一）及时发现、采取措施和报告义务

根据《网络安全法》第46条和第47条的规定，网络运营者发现非法有害信

息后，应当立即停止传输该信息，采取消除等处置措施，防止信息扩散，保存有关记录，并向有关主管部门报告。

《互联网跟帖评论服务管理规定》对跟帖评论服务提供者提出了更为具体的要求，包括但不限于：（1）对新闻信息提供跟帖评论服务的，应当建立先审后发制度；（2）建立健全跟帖评论审核管理、实时巡查、应急处置等信息安全管理制度，及时发现和处置违法信息，并向有关主管部门报告；（3）开发跟帖评论信息安全保护和管理技术，创新跟帖评论管理方式，研发使用反垃圾信息管理系统，提升垃圾信息处置能力；（4）及时发现跟帖评论服务存在的安全缺陷、漏洞等风险，采取补救措施，并向有关主管部门报告；（5）对发布违反法律法规和国家有关规定的信息内容的，应及时采取警示、拒绝发布、删除信息、限制功能、暂停更新直至关闭账号等措施，并保存相关记录。

《互联网论坛社区服务管理规定》对互联网论坛社区服务提供者提出更为具体的要求，包括但不限于：（1）服务提供者发现非法有害信息的，应当立即停止传输该信息，采取消除等处置措施，保存有关记录，并及时向国家或者地方互联网信息办公室报告；（2）对发布非法有害信息的用户，情节严重的，服务提供者应封禁或者关闭有关账号、版块；（3）对未对违反法律规定和协议约定、履行责任义务不到位的社区版块发起者、管理者，服务提供者应当依法依约限制或取消其管理权限，直至封禁或者关闭有关账号、版块。

《互联网群组信息服务管理规定》对互联网群组信息服务提供者提出更为具体的要求，包括但不限于：（1）对违反法律法规和国家有关规定的互联网群组，依法依约采取警示整改、暂停发布、关闭群组等处置措施，保存有关记录，并向有关主管部门报告；（2）应对违反法律法规和国家有关规定的群组建立者、管理者等使用者，依法依约采取降低信用等级、暂停管理权限、取消建群资格等管理措施，保存有关记录，并向有关主管部门报告；（3）应建立黑名单管理制度，对违法违约情节严重的群组及建立者、管理者和成员纳入黑名单，限制群组服务功能，保存有关记录，并向有关主管部门报告。

（二）建立分级管理和用户信用评估制度

根据《互联网跟帖评论服务管理规定》《互联网群组信息服务管理规定》《互联网用户公众账号信息服务管理规定》等规定，网络运营者在提供信息服务时，应当对用户分级管理，对用户进行信用等级评估，根据信用等级确定向用户提供的服务范围和功能，并确定黑名单制度。

具体而言，《互联网跟帖评论服务管理规定》要求运营者：（1）建立用户分级管运营者理制度，对用户的跟帖评论行为开展信用评估；（2）根据信用等级确定服务范围及功能，对严重失信的用户应列入黑名单；（3）停止对列入黑名单的用户提供服务，并禁止其通过重新注册等方式使用跟帖评论服务。

《互联网群组信息服务管理规定》要求运营者：（1）根据互联网群组的性质类别、成员规模、活跃程度等实行分级分类管理；（2）建立互联网群组信息服务使用者信用等级管理体系，根据信用等级提供相应服务：（3）根据群组规模类别，分级审核群组建立者真实身份、信用等级等建群资质，完善建群、入群等审核验证功能，并标注群组建立者、管理者及成员群内身份信息。

《互联网用户公众账号信息服务管理规定》要求运营者：（1）建立互联网用户公众账号信息服务使用者信用等级管理体系，根据信用等级提供相应服务；（2）对使用者的账号信息、服务资质、服务范围等信息进行审核，分类，加注标识；（3）建立黑名单管理制度，对违法违约情节严重的公众账号及注册主体纳入黑名单，视情采取关闭账号、禁止重新注册等措施。

（三）建立信息内容审查的人员管理制度

根据《互联网跟帖评论服务管理规定》《互联网论坛社区服务管理规定》等规定，网络信息内容的审查人员应当符合相应的资质要求，并履行相应的审查义务。具体而言包括：（1）配备与服务规模相适应的审核编辑队伍，提高审核编辑人员专业素养；（2）审查人员不得为谋取不正当利益或基于错误价值取向，采取有选择地删除、推荐跟帖评论等方式干预舆论；（3）审查人员不得利用软件、雇佣商业机构及人员等方式散布信息，干扰跟帖评论正常秩序，误导公众舆论；（4）审查人员不得通过发布、转载、删除信息或者干预呈现结果等手段，谋取不正当利益。

（四）建立健全投诉、举报制度

《网络安全法》第 14 条赋予任何个人和组织对危害网络安全的行为向网信、电信、公安等部门举报的权利。相应的，《网络安全法》第 49 条要求网络运营者建立网络信息安全投诉、举报制度，公布投诉、举报方式等信息，及时受理并处理有关网络信息安全的投诉和举报。

《互联网跟帖评论服务管理规定》《互联网论坛社区服务管理规定》《互联网群组信息服务管理规定》等规定进一步明确了《网络安全法》的投诉、举报制度，要求网络运营者：（1）建立健全违法信息公众投诉举报制度；（2）设置便捷投诉举报入口；（3）在显著位置公布投诉、举报方式；（4）及时受理和处置公众投诉举报。

第五节　特殊网络产品和服务安全审查制度

一、特殊网络产品和服务安全审查制度法律体系

体系	规范名称	主要内容
法律	《网络安全法》	明确了网络产品、服务、网络关键设备和网络安全专用产品应当符合相关国家标准的强制性要求
	《密码法》	明确了商用密码服务的各项要求，关键信息基础设施使用商用密码的分级、检测及评估要求
行政法规	国务院关于印发《“十三五”国家信息化规划》的通知	明确了网络安全审查制度的原则和方政
	国务院关于印发《“十三五”国家战略性新兴产业发展规划》的通知	明确了采用安全可信产品和服务，提升基础设施关键设备安全可靠水平。建立关键信息基础设施保护制度，研究重要信息系统和基础设施网络安全整体解决方案
	《商用密码管理条例》	明确了商业密码的科研、生产管理、销售管理、使用管理、安全、保密管理要求
其他	《网络产品和服务安全审查办法（试行）》 《网络安全审查办法（征求意见稿）》 《关键信息基础设施安全保护条例（征求意见稿）》 《互联网新闻信息服务新技术新应用安全评估管理规定》 《电子认证服务密码管理办法》 《网络关键设备和网络安全专用产品目录（第一批）》 《关于部分信息安全产品实施强制性认证的公告》 《关于信息安全产品强制性认证指定认证机构和实验室》	明确了网络安全审查的审查范围、审查机构、审查程序等； 明确了互联网新闻信息服务使用新技术、上线新应用的安全评估内容、机构、程序； 明确了商用密码科研、生产管理、电子认证的具体要求； 公布了部分网络关键设备和网络安全专用产品目录、信息安全产品实施强制性认证目录以及信息安全产品强制性认证指定认证机构和实验室目录；等等

续表

体系	规范名称	主要内容
标准	《信息技术设备 安全 第1部分：通用要求》 《信息技术设备 安全 第23部分：大型数据存储设备》	明确了网络产品和服务安全的技术要求

二、关键信息基础设施使用网络安全产品合规要求

《网络安全法》第23条规定："网络关键设备和网络安全专用产品应当按照相关国家标准的强制性要求，由具备资格的机构安全认证合格或者安全检测符合要求后，方可销售或者提供。国家网信部门会同国务院有关部门制定、公布网络关键设备和网络安全专用产品目录，并推动安全认证和安全检测结果互认，避免重复认证、检测。"

2017年通过《网络产品和服务安全审查办法（试行）》（以下简称《办法》）较为详细地对网络安全审查的对象、内容、机构和程序作出了规定，近日公布的《网络安全审查办法（征求意见稿）》（以下简称《征求意见稿》）在《办法》的基础上就网络安全审查制度提出了更加全面与明确的规定，包括审查对象、审查原则、审查领导机制、审查启动、审查要点、审查流程等多个方面。

（一）审查对象

《网络产品和服务安全审查办法（试行）》	《网络安全审查办法（征求意见稿）》
关系国家安全的网络和信息系统采购的重要网络产品和服务	关键信息基础设施运营者采购网络产品和服务，影响或可能影响国家安全的

相较于《办法》,《征求意见稿》明确将审查主体限于关键信息基础设施运营者，一定程度上避免了安全审查对象过于宽泛的认定，但《征求意见稿》同时也提出，其他法律、行政法规另有规定的网络安全审查对象。可见未来审查对象的范围也有进一步扩大的可能。

（二）审查范围

《网络产品和服务安全审查办法（试行）》	《网络安全审查办法（征求意见稿）》
产品和服务自身的安全风险，以及被非法控制、干扰和中断运行的风险	关键信息基础设施整体停止运转或主要功能不能正常运行
产品及关键部件生产、测试、交付、技术支持过程中的供应链安全风险	大量个人信息和重要数据泄露、丢失、毁损或出境
产品和服务提供者利用提供产品和服务的便利条件非法收集、存储、处理、使用用户相关信息的风险	关键信息基础设施运行维护、技术支持、升级更新换代面临供应链安全威胁
产品和服务提供者利用用户对产品和服务的依赖，损害网络安全和用户利益的风险	其他严重危害关键信息基础设施安全的风险隐患
其他可能危害国家安全的风险	—

《征求意见稿》较《办法》，对各项风险作出了更为具体的解释，如将数据安全界定为“大量个人信息和重要数据泄露、丢失、毁损或出境”，而非较为抽象的“非法收集、存储、处理、使用用户相关信息的风险”。此外，《征求意见稿》将“产品和服务提供者利用用户对产品和服务的依赖，损害网络安全和用户利益的风险”从安全审查范围中删除。

（三）评估要素

《征求意见稿》较《办法》，新增了安全审查的评估要素，具体包括：

1. 对关键信息基础设施持续安全稳定运行的影响，包括关键信息基础设施被控制、被干扰和业务连续性被损害的可能性；

2. 导致大量个人信息和重要数据泄露、丢失、毁损、出境等的可能性；

3. 产品和服务的可控性、透明性以及供应链安全，包括因为政治、外交、贸易等非技术因素导致产品和服务供应中断的可能性；

4. 对国防军工、关键信息基础设施相关技术和产业的影响；

5. 产品和服务提供者遵守国家法律与行政法规情况，以及承诺承担的责任和义务；

6. 产品和服务提供者受外国政府资助、控制等情况；

7. 其他可能危害关键信息基础设施安全和国家安全的因素。

（四）网络关键设备和网络安全专用产品目录（第一批）

设备或产品类别	范围	指标
网络关键设备	路由器	整系统吞吐量（双向）≥ 12Tbps 整系统路由表容量≥ 55 万条
	交换机	整系统吞吐量（双向）≥ 30Tbps 整系统包转发率≥ 10Gpps
	服务器（机架式）	CPU 数量≥ 8 个 单 CPU 内核数≥ 14 个 内存容量≥ 256GB
	可编程逻辑控制器（PLC 设备）	控制器指令执行时间≤ 0.08 微秒
网络安全专业产品	数据备份一体机	备份容量≥ 20T 备份速度≥ 60MB/s 备份时间间隔≤ 1 小时
	防火墙（硬件）	整机吞吐量≥ 80Gbps 最大并发连接数≥ 300 万 每秒新建连接数≥ 25 万
	WEB 应用防火墙（WAF）	整机应用吞吐量≥ 6Gbps 最大 HTTP 并发连接数 7.WEB 应用防火墙（WAF）≥ 200 万
	入侵检测系统（IDS）	满检速率≥ 15Gbps 最大并发连接数≥ 500 万
	入侵防御系统（IPS）	满检速率≥ 20Gbps 最大并发连接数≥ 500 万
	安全隔离与信息交换产品（网闸）	吞吐量≥ 1Gbps 系统延时≤ 5ms
	反垃圾邮件产品	连接处理速率（连接 / 秒）〉100 平均延迟时间
	网络综合审计系统	抓包速度≥ 5Gbps 记录事件能力≥ 5 万条 / 秒
	网络脆弱性扫描产品	最大并行扫描 IP 数量≥ 60 个

续表

设备或产品类别	范围	指标
	安全数据库系统	TPC-E tpsE（每秒可交易数量）≥ 4500 个
	网站恢复产品（硬件）	恢复时间≤ 2ms 站点的最长路径≥ 10 级

（五）第一批信息安全产品强制性认证目录

产品类别	产品名称	产品的定义和适用范围
边界安全	防火墙	防火墙产品是指一个或一组在不同安全策略的网络或安全域之间实施网络访问控制的系统。 适用的产品范围为：（1）以防火墙功能为主体的软件或软硬件组合；（2）其他网络产品中的防火墙模块；不适用个人防火墙产品
	网络安全隔离卡与线路选择器	网络安全隔离卡是指安装在计算机内部，能够使连接该计算机的多个独立的网络之间仍然保持物理隔离的设备。安全隔离线路选择器是与配套的安全隔离卡一起使用，适用于单网布线环境下，使同一计算机能够访问多个独立的网络，并且各网络仍然保持物理隔离的设备。 适用的产品范围为：（1）安全隔离计算机；（2）安全隔离卡；（3）安全隔离线路选择器
	安全隔离与信息交换产品	安全隔离与信息交换产品是指能够保证不同网络之间在网络协议终止的基础上，通过安全通道在实现网络隔离的同时进行安全数据交换的软硬件组合。 适用的产品范围为：（1）安全隔离与信息交换产品；（2）安全隔离与文件单向传输产品
通信安全	安全路由器	安全路由器是指为保障所传输数据完整性、机密性、可用性，应用于重要信息系统的，具备 IKE 密钥协商能力，端口 IPSec 硬件线速加密能力的路由器。 适用的产品范围为分：集成了 IPSec/SSL，以及防火墙、入侵检测、安全审计等一种或多种安全模块的路由器，仅接入公用电信网的路由器除外

续表

产品类别	产品名称	产品的定义和适用范围
身份鉴别与访问控制	智能卡 COS	智能卡芯片操作系统（COS-Chip Operating System）是指在智能卡芯片中存储和运行的、以保护存储在非易失性存储器中的应用数据或程序的机密性和完整性、控制智能卡芯片与外界信息交换为目的的嵌入式软件。 适用的产品范围为：（1）采用接触或 / 和非接触工作方式的智能卡的 COS；（2）其他被集成或内置了的 COS
数据安全	数据备份与恢复产品	数据备份与恢复产品是指实现和管理信息系统数据的备份和恢复过程的软件。 适用的产品范围为：独立的数据备份与恢复管理软件产品，不包括数据复制产品和持续数据保护产品
基础平台	安全操作系统	安全操作系统是指从系统设计、实现、使用和管理等各个阶段都遵循一套完整的系统安全策略，并实现了 GB 17859-1999《计算机信息系统等级保护划分准则》所确定的安全等级三级（含）以上的操作系统。 适用的产品范围为：（1）独立的安全操作系统软件产品；（2）集成或内置了安全操作系统的产品
	安全数据库系统	安全数据库系统是指从系统设计、实现、使用和管理等各个阶段都遵循一套完整的系统安全策略，并实现 GB 17859-1999《计算机信息系统等级保护划分准则》所确定的安全等级三级（含）以上的数据库系统。 适用的产品范围为：（1）独立的安全数据库系统软件产品；（2）集成或内置了安全数据库系统的产品
内容安全	反垃圾邮件产品	反垃圾邮件产品是指对按照电子邮件标准协议实现的电子邮件系统中传递的垃圾邮件进行识别、过滤的软件或软硬件组合。 适用的产品范围为：（1）透明的反垃圾邮件网关；（2）基于转发的反垃圾邮件系统；（3）与邮件服务器一体的反垃圾邮件的邮件服务器；（4）安装于已有邮件服务器上反垃圾邮件软件

续表

产品类别	产品名称	产品的定义和适用范围
评估审计与监控	入侵检测系统（IDS）	入侵检测系统指通过对计算机网络或计算机系统中的若干关键点收集信息并对其进行分析，发现违反安全策略的行为和被攻击迹象的软件或软硬件组合。 适用的产品范围为：（1）网络型入侵检测系统；（2）主机型入侵检测系统
	网络脆弱性扫描产品	网络脆弱性扫描产品指利用扫描手段检测目标网络系统中可能被入侵者利用的脆弱性的软件或软硬件组合。 适用的产品范围为：网络型脆弱性扫描产品；不适用：主机型脆弱性扫描产品；数据库的脆弱性扫描产品；WEB应用的脆弱性扫描产品
评估审计与监控	安全审计产品	安全审计产品指能够对网络应用行为或信息系统的各种日志实行采集、分析，形成审计记录的软件或软硬件组合。 适用的产品范围为：将主机、服务器、网络、数据库及其他应用系统等一类或多类作为审计对象的产品
应用安全	网站恢复产品	网站恢复产品是对受保护的静态网页文件、动态脚本文件及目录的未授权更改及时地进行自动恢复的软件或软硬件组合。 适用的产品范围为：针对静态网页文件、动态脚本文件及目录进行自动恢复的产品

三、互联网上线新业务的安全评估合规要求

2017年6月8日，工信部发布《互联网新业务安全评估管理办法（征求意见稿）》（以下简称评估办法），提出互联网公司上线新业务前须开展安全评估，否则监管机构将约谈公司主要负责人，并将采取警告、罚款及记入电信业务经营不良名单和失信名单。

（一）哪些互联网公司受限制

评估办法第2条提出，“中华人民共和国境内的电信业务经营者开展互联网新业务安全评估活动，适用本办法。”即，在中国境内的“电信业务经营者”受评估办法限制。

我国法律、法规无“电信业务经营者”的明确定义，但“电信业务经营者”的概念在《电信条例》《电信业务经营许可管理办法》均有出现，主要指从事经

营性基础电信业务和增值电信业务的主体。而根据《电信业务分类目录》，增值电信业务包括互联网接入服务、电子商务、信息服务（文字、视音频、游戏及软件等）等互联网公司开展的常见业务。

但是需要注意的是，《互联网信息服务管理办法》《非经营性互联网信息服务备案管理办法》并未使用“电信业务经营者”统称经营性和非经营性互联网信息服务提供者，且《非经营性互联网信息服务备案管理办法》第8条和第10条明确区分了“电信业务经营者”和“非经营性互联网信息服务提供者”的概念。

所以，关于评估办法的适用对象理解，实践中可能确实会存在一定的困惑，即“电信业务经营者”是否仅指取得或者应当取得电信业务经营许可证（例如ICP/SP/EDI/IDC等）的互联网企业，还是包括全部互联网企业？综合前述分析及评估办法第3条新业务的界定，作者认为第一种理解更妥。

（二）互联网新业务的认定范围

评估办法第3条界定了“互联网新业务”的定义，即“电信业务经营者通过互联网新开展其已取得经营许可的电信业务，或者通过互联网运用新技术试办未列入《电信业务分类目录》的新型电信业务。”根据作者的理解，这里主要包括两种可能被界定为“新业务”的情形：

1. 时间纵向的新业务，即电信业务经营者刚刚开业或者新产品首次上线的游戏、视频、电商等常规互联网业务；

2. 空间横向的新业务，即《电信业务分类目录》中未列明的新型电信业务。

事实上，实践中第2种情形影响较小。因为一方面，目前《电信业务分类目录》已经涵盖了市场中常见的互联网业务（《电信业务分类目录》中的“电信业务”与实践中的“商业模式”可能会有差异，例如网络游戏、视音频、搜索引擎、应用商店等商业模式，在《电信业务分类目录》中统称为“信息服务”），极少类型的业务（例如小程序）未列入《电信业务分类目录》；另一方面，根据《电信条例》第9条及工信部2013年发布的《试办新型电信业务管理办法（征求意见稿）》提出，企业试办新型电信业务，本来就需要向工信部履行备案手续。

对行业影响最大的就是第1种情形，即新设的互联网公司上线产品，或者已有的互联网公司上线新业务，均需要办理安全评估，这个将极大地增加互联网企业的合规成本。

但是，这一新规可能会在法律适用中带来极大的争议，即什么才属于“新业务”。所谓新业务，是参照《电信业务分类目录》的表述，跨大类开展新的类目（俗称“增项”，例如现在开展B25信息服务业务，新增开展B21在线交易与数据处理业务），又或是跨小类开展新的条目（例如现在开展信息发布平台业务，新增开展信息即时交互业务）？更极端的理解，是指互联网企业开发新的产品或商业模式？

（三）未开展安全评估的风险

根据评估办法，互联网企业上线新业务应当办理安全评估，并应当按照评估办法提出的程序申报安全评估报告。近期以来，监管机构先后发布了《关于做好2017年互联网新技术新业务安全评估重点工作的通知》等专项执法活动，因此未依法开展安全评估或依法申报安全评估报告的法律风险主要包括：

1. 根据评估办法第21条，监管机构可以约谈电信业务经营者的主要负责人。

2. 根据评估办法第27条，由监管机构责令限期改正，予以警告，可以处以一万元以上三万元以下的罚款，按照有关规定记入电信业务经营不良名单和失信名单并向社会公布。而根据工信部2017年9月生效的《电信业务经营许可管理办法》规定，监管机构对列入电信业务经营不良名单和失信名单的电信业务经营者实施重点监管。

（四）如何开展安全评估

首先，关于安全评估的时点，根据评估办法第10条，应当在互联网新业务面向社会公众上线前完成。这里的“上线”，包含正式上线、合作推广、试点、商用试验等情形。

其次，关于安全评估的方法，根据评估办法第11条，可以采取自行评估的方式，也可以委托专业机构实施评估。这一点与数据出境评估、重要产品采购安全评估等制度不同，无主管部门评估。

再次，关于安全评估的内容，根据评估办法第9条，主要涉及用户个人信息保护、网络安全防护、网络信息安全、建立健全相关管理制度等方面。

最后，关于安全评估的报告，应当在互联网新业务面向社会公众上线后45日内，向准予其电信业务经营许可或者试办新型电信业务备案的电信管理机构告知评估情况。书面评估报告则至少应当包括业务情况、技术实现方式、安全评估内容和结论、安全管理措施、安全责任人、应急联系人及其联系方式等内容。

四、商用密码监管的放管之道

（一）商密监管的历史沿革

根据国务院1999年颁布的《商用密码管理条例》（以下简称《条例》）的规定，商用密码是指“是指对不涉及国家秘密内容的信息进行加密保护或者安全认证所使用的密码技术和密码产品”。根据《条例》的规定，商用密码技术属于国家秘密，国家对商用密码产品的科研、生产、销售和使用实行专控管理，由国家密码管理委员会及其办公室主管全国的商用密码管理工作。与《条例》相配套，国家密码局随后发布了《商用密码产品销售管理规定》（2005 年）、《商用密码产品生产管理规定》（2005 年）、《商用密码科研管理规定》（2006 年）、《商用密码产品使用管理规定》（2007 年）、《境外组织和个人在华使用密码产品管理办法》（2007 年）等规定，形成了商用密码的监管体系。

这一体系一直沿用至 2017 年。直到 2017 年 9 月 22 日，国务院下发的《国务院关于取消一批行政许可事项的决定》（国发〔2017〕46 号），取消了国家密码管理局负责实施的商用密码产品生产单位审批、商用密码产品销售单位许可、外商投资企业使用境外密码产品审批、境外组织和个人在华使用密码产品或者含有密码技术的设备审批等 4 项行政许可事项。随后，国家密码管理局发布了《国家密码管理局关于做好商用密码产品生产单位审批等 4 项行政许可取消后相关管理政策衔接工作的通知》（国密局字〔2017〕336 号）、《国家密码管理局关于废止和修改部分管理规定的决定》（国家密码管理局公告第 32 号），废止了《商用密码产品销售管理规定》《商用密码产品使用管理规定》和《境外组织和个人在华使用密码产品管理办法》，并修订了《商用密码科研管理规定》《商用密码产品生产管理规定》等规范性文件。

2019 年 7 月 5 日，全国人大常委会审议并公布了《密码法（草案）》。2019 年 10 月 26 日第十三届全国人民代表大会常务委员会第十四次会议正式通过了《密码法》，自 2020 年 1 月 1 日起实施。

《密码法》吸收了国务院行政许可事项改革及商密国标制定过程中的一些制度创新，最终内容相较于 2017 版、2019 版《密码法（草案）》（以下简称草案）就更加科学精细和包容审慎，也更好地体现了与《网络安全法》等横向法律法规的制度衔接，回应了中美贸易谈判背景下的外方关切。

（二）放：取消“管企业”与留白“管产品”

1. 取消商用密码生产、销售及使用单位许可 / 审批

在国发〔2017〕46 号等规定的基础上，《密码法》从立法层面取消了商用密码产品生产单位审批、商用密码产品销售单位许可、外商投资企业使用境外密码产品审批、境外组织和个人在华使用密码产品或者含有密码技术的设备审批。但实践中仍然对商用密码产品销售企业实行登记备案制度，且会登记审核进口密码产品的最终用户和最终用途。

2. 在安全可控的基础上的“管产品”立法留白

2017 年版草案沿袭《商用密码管理条例》的监管思路，明确规定销售、使用及进出口商用密码产品以及从事商用密码服务的机构实行许可；但 2019 版草案及《密码法》删除了前述条文，仅规定该等行为应当符合有关法律、行政法规（例如国务院《商用密码管理条例》、《国务院关于取消一批行政许可事项的决定》（国发〔2017〕46 号文）等，在法律层面保持了未来立法、修法的灵活性。

监管实践中，按照国务院《商用密码管理条例》、《国家密码管理局关于做好商用密码产品生产单位审批等 4 项行政许可取消后相关管理政策衔接工作的通知》（国密局字〔2017〕336 号文）等规定：

（1）境内企业生产、销售商用密码产品的，产品本身仍应当办理《商用密码产品型号证书》；（2）外商投资企业、境外组织和个人需要从境外进口密码产品或者含有密码技术的设备自用的，该产品或设备仍应当办理《密码产品和含有密码技术的设备进口许可证》。

（三）管：建立商用密码安全评估、检测认证等制度

《密码法》并非一味的“放”，在商用密码产品准入、安全评估、安全审查、检测认证、进出口管制清单、事中事后监管等方面也实现了“管”，具体体现在：

首先，依法要求使用商用密码进行保护的关键信息基础设施的运营者，应当自行或委托第三方开展商用密码应用安全性评估。实践中，很多企业已经开始按照《信息系统密码应用基本要求》（GM/T 0054–2018）等要求开展商用密码应用的合规性、正确性及有效性评估，俗称“密评”。

其次，《密码法》提出了商用密码检测、认证制度。对用于网络关键设备和网络安全专用产品的商用密码服务实行强制检测、认证及国家安全审查制度；其他商用密码从业单位实行自愿检测、认证制度。同时，为了降低企业的合规成本，《密码法》还在 2019 年版草案的基础上增加了专门的制度衔接条款，即“商用密码产品检测认证适用《中华人民共和国网络安全法》的有关规定，避免重复检测认证。”

再次，《密码法》提出，商务部、国家密码管理局对涉及国家安全、社会公共利益且具有加密保护功能的商用密码实施进口许可、出口管制清单制度。

最后，《密码法》还提出密码管理部门和有关部门建立日常监管与双随机抽查相结合的商用密码事中事后监管制度。

第六节　网络实名制度及儿童个人信息网络保护

一、网络实名法律合规

（一）网络实名法律规范体系

体系	规范名称	主要内容
法律	《网络安全法》	明确了网络运营者对用户提供服务时的真实身份信息的核实义务，用户不提供上述信息的，网路运营者不得为用户提供服务
法律	《反恐怖主义法》	明确了电信、互联网、金融、住宿、长途客运、机动车租赁等业务经营者、服务提供者对客户身份的查验义务，对身份不明或拒绝身份查验的客户不得提供服务
法律	《全国人民代表大会常务委员会关于加强网络信息保护的决定》	明确了网络服务提供者为用户提供服务时需要用户提供真实身份信息
行政法规	《电信条例》	禁止以虚假、冒用的身份证件办理入网手续
其他	《电话用户真实身份登记规定》 《互联网用户账号名称管理规定》 《互联网新闻信息服务管理规定》 《互联网用户公众账户信息服务管理规定》 《互联网群组信息服务管理规定》 《互联网论坛社区服务管理规定》 《互联网域名管理办法》 ……	互联网信息服务提供者应当按照“后台实名、前台自愿”的原则，要求互联网信息服务使用者通过真实身份信息认证后注册账号。 在办理电话业务入网手续、提供互联网用户账号、提供互联网新闻信息服务、提供互联网用户公众账户信息服务、互联网群组信息服务、提供、提供互联网论坛社区服务，提供互联网域名服务等领域时，应核实用户的真实身份信息

（二）网络实名制认证的要求

1. 建立实名认证的核验渠道

网络运营者履行实名制认证义务的前提是建立完善的核验渠道。这要求网络运营者做到：（1）为用户提供便捷、简洁、可靠的身份认证接口；（2）根据业务模式，选择符合安全标准的电子身份认证技术和程序；（3）及时向用户反馈核验结果。

2. 保护用户的个人信息安全

网络运营者在核验用户真实身份时，不可避免地会收集，使用用户的个人信息。网络运营者应当按照《网络安全法》等规定，对所收集的个人信息保密，并采取安全保障措施来维护用户个人信息的安全。

二、未成年人网络保护合规

（一）未成年人网络保护法律规定

体系	规范名称	主要内容
法律法规	《网络安全法》	明确了对未成年人网络活动特殊保护的原则
	《未成年人网络保护条例（征求意见稿）》	明确了收集、使用个人信息的必须征求并经未成年人或其监护人同意；制定专门的收集、使用规则；限制显示未成年人个人信息的搜索结果等
其他	《儿童个人信息网络保护规定》	明确了儿童的年龄线设置，对网络运营者对儿童个人信息的收集、存储、使用、转移、披露等个人信息的全流程要求进行了详细规定
	《未成年人节目管理规定》	明确了未成年人节目的制作、传播活动中对未成年人的保护要求
	《数据安全管理办法（征求意见稿）》	明确了收集 14 周岁以下未成年人个人信息的，应当征得其监护人同意
	《关于进一步加强对网上未成年人犯罪和欺凌事件报道管理的通知》	明确了对未成年人犯罪案件进行网上报道时，不得透露未成年人的个人信息
	教育部等八部门《关于引导规范教育移动互联网应用有序健康发展的意见》	明确了未成年人网络保护责任主体、内容审查机制及个人信息保护规范等内容
标准	《信息安全技术 个人信息安全规范》	明确了收集未成年人信息应采取明示同意方式，根据未成年人的年龄区分了同意的主体要求

（二）儿童个人信息网络保护的特别要求

《儿童个人信息网络保护规定》自 2019 年 10 月 1 日生效一段时间以来，因法律规定的模糊性，以及缺乏有效的执法标准和行业实践指导，如何有效平衡保护儿童个人信息的美好愿望与合理的企业合规成本，成为困惑众多企业的重要合规问题。

就中国儿童个人信息保护合规落地策略，经过一段时间的项目实践探索，在参考近期立法趋势、国际执法与企业实践的基础上，作者简要解读如下：

1. 关于儿童的范围

与《个人信息安全规范》、《数据安全管理办法（征求意见稿）》等一脉相承，《儿童个人信息网络保护规定》明确将不满十四周岁的人定义为儿童。而欧盟 GDPR 中的儿童，通常为未满十六周岁。

与之相关的，我国《民法总则》、《未成年人保护法（修订草案）》将十八周岁以下的人定义为未成年人。因此，若企业的隐私政策中规定了未成年人个人信息保护专门条款的，可以不用特别更新为儿童个人信息保护专门条款。

此外，《儿童个人信息网络保护规定》的合规要求不看主体，仅看行为。即：不论企业是否在境内注册，亦不论儿童是否具有中国国籍，只看收集、存储、使用、转移、披露等行为是否发生在境内。这也符合《未成年人保护法（修订草案）》第 2 条关于外籍、无国籍未成年人的同等保护原则。

最后，按照《儿童个人信息网络保护规定》第 28 条规定并参照国际通行的惯例，对儿童身份的识别采取“形式确认”而非“客观确认”原则。即只要通过目标市场、注册年龄等形式上确认用户是 / 不是“儿童”，而无须客观确认“儿童”确实不满 / 满十四周岁。例如，一个用户注册时填写的年龄为十四周岁以下的，不论是否真实为儿童，在儿童个人信息保护合规方面即视其为“儿童”；相反的，一个用户注册时填写的年龄不明，或者为十四周岁以上的，在儿童个人信息保护合规方面即视为非儿童。

2. 关于网络运营者的范围

根据《网络安全法》规定并参照《数据安全管理办法（征求意见稿）》等，网络运营者是指“网络的所有者、管理者和网络服务提供者”。这里的网络运营者并不是单单指典型互联网公司，也包括那些触网（包括但不限于开设网站、社交媒体、电商平台旗舰店、内部网络系统等）的传统企业。

但是，并非所有的网络运营者都需要遵守中国儿童个人信息保护相关的合规要求。参照美国 COPPA 规定及 FTC 执法实践，作者的理解，满足下列条件的网络运营者应当遵守中国儿童个人信息保护相关的合规要求：

（1）在中国境内收集、处理儿童个人信息的网络运营者。参照个人信息出境相关法律规定及标准，“中国境内”标准包括但不限于：主体注册在境内；服务器或设备在境内；使用境内支付、物流方式；主要使用中文语言；等等。

（2）能够识别儿童身份的网络运营者。实践中，符合如下情形的，推定为网络运营者能够识别儿童身份，即便声称不接受儿童用户：a）主要面向儿童市场，例如儿童教育、儿童游戏等产品；b）收集了能够识别儿童身份的个人信息，例如注册年龄/生日、人脸/声纹等生理信息（且具有年龄识别功能）的；c）有合理理由推定的，例如家长投诉、企业自认等。

3. 如何设置儿童隐私政策

针对《儿童个人信息网络保护规定》第八条的理解与适用，企业在开展儿童个人信息保护合规时存在如下困惑：何为“专门的”；“保护规则”和“用户协议”到底指什么；何时展示隐私政策；等等。针对上述困惑，作者认为：

（1）关于专门的理解

专门面向儿童市场的网络产品，当然会有专门的儿童个人信息保护规则和用户协议；而那些面向一般市场的网络产品，符合第二部分第2条规定，参照《个人信息安全规范》附录的隐私政策编写要求，可以是单独成章，也可以单独成文（推荐，以符合“显著、清晰的方式”合规要求，也便于同意合规）。

（2）关于文本的理解

法条文意上要求是“保护规则和用户协议”，这里有三种不同的理解：

a）“保护规则”等同于隐私政策，因此这里应当理解为“隐私政策+用户协议”；

b）这里的“用户协议”其实就是指“隐私政策”，“保护规则”指的则是企业内部的儿童个人信息保护的制度、指引等。

作者更倾向于第b）种理解。因为，“用户协议”通常是规范服务提供方与用户的基本的、全面的合同条款，包括主体适格、合同生效、免责及争议解决等综合性条款，显然与该规定仅针对儿童的个人信息保护不匹配。关于“保护规则”的理解，结合后面对人员的要求，也体现了网络安全保护的制度、人员、措施三位一体的合规要求。

（3）关于隐私政策的展示

对于大多数面向一般市场的网络运营者而言，按照《互联网个人信息安全保护指南》《App违法违规收集使用个人信息自评估指南》等规定在首次注册、首次登陆等时候都展示通用版和儿童版隐私政策，显然不合适。作者认为，面向一般市场的网络运营者应当在下列时候展示儿童版隐私政策：

a）注册时需要提交年龄/生日、人脸/声纹等个人信息时，系统判断/识别出儿童身份时，应展示儿童版隐私政策；

b）2019年10月1日前已注册且提交了年龄等识别信息的，应当至少在儿童再次登录时展示儿童版隐私政策；

c）其他收集儿童个人信息的场景（例如订制版儿童商品、儿童营销活动），应展示儿童版隐私政策。

（4）关于儿童隐私政策内容

考虑到儿童隐私政策的大量内容和通用版隐私政策内容相同，作者一般建议采取“特殊条款+指引标准版隐私政策”的方式。其中儿童隐私政策的特殊条款，作者建议至少应当包括如下内容：

a）儿童隐私保护承诺；

b）监护人同意提示条款；

c）儿童特殊个人信息收集、使用的目的、方式及范围；

d）儿童个人信息保护的特殊规则披露；

e）儿童个人信息保护（含更正、删除）专门渠道及联系方式；等等。

4. 如何征得监护人同意

征得儿童监护人的同意，既是对作为敏感信息的儿童个人信息的特殊保护，也是民法上关于限制民事行为能力人的民事行为效力的特殊规定（即，限制民事行为能力人实施民事法律行为由其法定代理人代理或者经其法定代理人同意、追认）。

但是如何取得儿童监护人的同意，以及如何识别监护人关系/身份，这需要在保护儿童个人信息的美好愿望与企业合规成本之间寻找到一个平衡。即便严格如欧盟GDPR，以及COPPA，也仅规定要“考虑现有技术水平”“合理的努力”去核实监护人同意。

《数据安全管理办法（征求意见稿）》《儿童个人信息网络保护规定》仅提出了需要监护人同意，《个人信息安全规范》也仅规定了明示同意，均无对监护人身份验证的要求。因此作者理解：

（1）考虑到我国绝大多数网络应用均需要手机号码及短信验证（儿童办理手机号码需要监护人陪同并签署承诺），参考COPPA能够接受信用卡作为家长验证的规定，作者认为已经具备了现有技术条件下的合理努力；

（2）从明示同意的角度，作者建议在展示儿童版隐私政策的同时展示监护人同意书，并通过分别勾选的方式明示同意；

（3）从成年人处收集儿童个人信息的（例如成年人上传儿童照片或信息），

是否需反向获得儿童的同意，这倒是个有趣的话题。毕竟，《未成年人保护法（修订草案）》第 63 条规定，“收集、使用、保存未成年人个人信息的，应当符合国家有关规定，且经过未成年人及其父母或者其他监护人同意。”

5. 儿童个人信息保护的其他合规要点

此外，根据《儿童个人信息网络保护规定》《个人信息安全规范》等规定并参照《未成年人保护法（修订草案）》有关内容，企业在中国境内收集、处理儿童个人信息的，还应当遵守如下合规要求：

（1）指定专人负责儿童个人信息保护。实践中的问题，该专人是否可以由例如 DPO 兼任？是否有国籍限制？是否可以集团共享？

（2）建立内部控制机制，以最小授权为原则，严格设定信息访问权限及授权机制，控制儿童个人信息知悉及接触范围，完善记录档案机制等等；

（3）完善儿童个人信息保护教育与培训机制；

（4）建立儿童个人信息安全影响评估机制；等等。

第七节　网络运营者内部岗位及人员合规

一、合规要点解析

《数据安全管理办法（征求意见稿）》公布前，现行法律法规中对类似网络安全负责人的强制设立要求有以下三种模式：（1）不区分业务模式和主体，要求所有涉及个人信息和数据处理的机构都设立安全负责人，如《网络安全法》《关键信息基础设施安全保护条例（征求意见稿）》；（2）以业务处理的规模来区分兼任和专职负责人，如《个人信息安全规范》；（3）并未强制要求，只做推荐性建议，如《互联网个人信息安全保护指南》。

相较于之前的法律法规和规范性文件，《数据安全管理办法（征求意见稿）》首次以明确的经营目的和个人信息数据种类为限定条件，要求网络运营者强制设立网络安全负责人，并就网络安全负责人的汇报路径、任职资源等作出了明确的规定。

具体的，不同的法律规范关于网络安全岗位和人员的合规要求详见下表：

法律规范	设置岗位	工作职责	任职条件	用工管理	法律责任
《网络安全法》	网络安全负责人 CIIO：专职安全管理负责人	—	CIIO：安全背景审查	CIIO：定期培训、考核	约谈、罚款、禁入
《数据安全管理办法》	数据安全责任人 以经营为目的收集重要数据或个人敏感信息的	1. 组织制定数据保护计划并督促落实； 2. 组织开展数据安全风险评估，督促整改安全隐患； 3. 按要求向有关部门和网信部门报告数据安全保护和事件处置情况； 4. 受理并处理用户投诉和举报。	具有相关管理工作经历和数据安全专业知识	建立责任和评价考核制度； 应提供必要的资源，保障其独立履行职责； 直接向公司主要负责人报告工作； 向用户公示姓名及联系方式。	—
《关键信息基础设施安全保护条例（征求意见稿）》	网络安全管理负责人（专职）	1. 组织制定网络安全规章制度、操作规程并监督执行； 2. 组织对关键岗位人员的技能考核； 3. 组织制定并实施本单位网络安全教育和培训计划； 4. 组织开展网络安全检查和应急演练，处置网安事件； 5. 按规定向国家有关部门报告网络安全重要事项、事件。	安全背景审查； 执证上岗制度	每人每年教育培训时长不得少于3个工作日	约谈、罚款、禁入

续表

法律规范	设置岗位	工作职责	任职条件	用工管理	法律责任
《网络安全等级保护条例(征求意见稿)》	网络安全等级保护工作责任人 涉密网络：安全保密管理人员	—	安全背景审查； 持证上岗制度	建立网络安全等级保护工作责任制，落实责任追究制度；建立人员管理、教育培训制度；不得擅自参加境外网络攻防活动；建立人员管理、教育培训制度；S3+：不得擅自参加境外网络攻防活动	约谈、罚款
《网络安全等级保护基本要求》	系统管理员、审计管理员和安全管理员和负责人 S3+：专职安全管理员，不得兼任	自定义职责	身份、安全背景、专业资质等进行审查	开展安全意识教育和岗位技能培训； 建立日常操作规程	—
《互联网个人信息安全保护指南》	机房管理员、系统管理员、数据库管理员、网络管理员、审计管理员、安全管理员后2者不得兼任	自定义职责	身份、背景和专业资格进行审查	教育培训； 技能考核； 保密协议+离职保密承诺	—

续表

法律规范	设置岗位	工作职责	任职条件	用工管理	法律责任
《信息安全技术 个人信息安全规范》	个人信息保护负责人 达到一定规模应专职	1. 全面统筹实施组织内部的个人信息安全工作，对个人信息安全负直接责任； 2. 制定、签发、实施、定期更新隐私政策和相关规程； 3. 应建立、维护和更新组织所持有的个人信息清单（包括个人信息的类型、数量、来源、接收方等）和授权访问策略； 4. 开展个人信息安全影响评估； 5. 组织开展个人信息安全培训； 6. 在产品或服务上线发布前进行检测，避免未知的个人信息收集、使用、共享等处理行为； 进行安全审计。	对大量接触个人敏感信息的人员进行背景审查	签署保密协议； 定期培训和考核	—

二、法律责任承担

此外，根据《网络安全法》及《刑法》等规定，虽然一般法律责任的承担主体为网络运营者，但在特定情况下作为网络安全直接责任人员或主管人员的网络安全负责人，还可能与企业一起承担相应的行政责任与刑事责任。

其中，企业承担的行政责任具体包括予公开曝光、没收违法所得、暂停相关业务、停业整顿、关闭网站、吊销相关业务许可证或吊销营业执照等处罚。网络安全责任人员承担的责任包括但不限于约谈、罚款、行业禁入等。

一旦承担刑事责任构成单位犯罪的，按照双罚制原则，网络安全负责人可能构成侵犯公民个人信息罪、拒不履行信息网络安全管理义务罪、非法获取计算机信息系统数据罪、帮助信息网络犯罪活动罪等刑事罪名并承担相应的刑事责任。

因此，我们建议企业为网络安全负责人设立专门的风险保障基金或购买相应的任职保险。

第八节　网络运营者的协助执法制度

一、协助执法制度的法律体系

体系	规范名称	主要内容
法律	《全国人民代表大会常务委员会关于加强网络信息保护的决定》	有关主管部门依法履行职责时，互联网企业应当予以配合，提供技术支持
	《网络安全法》	网络运营者应当为公安机关、国家安全机关依法维护国家安全和侦查犯罪的活动提供技术支持和协助
	《反恐怖主义法》	互联网企业应当为公安机关、国家安全机关依法进行防范、调查恐怖活动提供技术接口和解密等技术支持和协助
	《国家安全法》	任何组织和个人应当为国家安全工作提供便利条件或者其他协助；向国家安全机关、公安机关和有关机关提供必要的支持和协助
	《刑法修正案（九）》	规定了拒不履行信息网络安全管理义务罪，对网络服务提供者不履行法定信息网络安全管理义务，经监管部门责令采取改正措施而拒不改正的行为进行处罚
行政法规	《电信条例》	因国家安全或者追查刑事犯罪的需要，互联网企业应当配合公安机关、国家安全机关或者人民检察院依照法律规定的程序对电信内容进行检查
	《互联网信息服务管理办法》	从事互联网接入服务、数据中心服务、信息服务的企业，应当记录并留存用户注册及使用信息至少60天

续表

体系	规范名称	主要内容
其他规范	《数据安全管理办法（征求意见稿）》	国务院有关主管部门为履行维护国家安全、社会管理、经济调控等职责需要，依照法律、行政法规的规定，要求网络运营者提供掌握的相关数据的，网络运营者应当予以提供
其他规范	《计算机信息网络国际联网安全保护管理办法》	互联网企业应当接受公安机关的安全监督、检查和指导，如实向公安机关提供有关安全保护的信息、资料及数据文件，协助公安机关查处通过国际联网的计算机信息网络的违法犯罪行为
	《互联网安全保护技术措施规定》	互联网企业采取的互联网安全保护技术措施应当具有符合公共安全行业技术标准的联网接口
	《互联网安全保护技术措施规定》	互联网企业采取的互联网安全保护技术措施应当具有符合公共安全行业技术标准的联网接口；应当记录并留存用户注册及使用信息至少60天

二、履行协助执法义务的范围

《网络安全法》第28条规定："网络运营者应当为公安机关、国家安全机关依法维护国家安全和侦查犯罪的活动提供技术支持和协助。"将网络运营者配合执法的范围限定在维护国家安全和侦查犯罪领域，这一规定源于《宪法》中对公民通信自由、通信秘密和维护国家安全、社会安全需求的平衡。《宪法》第40条规定："中华人民共和国公民的通信自由和通信秘密受法律的保护。除因国家安全或者追查刑事犯罪的需要，由公安机关或者检察机关依照法律规定的程序对通信进行检查外，任何组织或者个人不得以任何理由侵犯公民的通信自由和通信秘密。"此外，《刑事诉讼法》第54条还将有权要求协助执法的主体扩大到人民法院和人民检察院。《国家安全法》第77条还规定了军事机关可以要求任何组织和个人提供必要的支持和协助。

上述法律均将协助执法的范围限定在国家安全和侦查范围的领域。但近日公布的《数据安全管理办法（征求意见稿）》将协助执法的范围和主体进一步扩大。该文件第36条提出："国务院有关主管部门为履行维护国家安全、社会管理、经济调控等职责需要，依照法律、行政法规的规定，要求网络运营者提供掌握的相关数据的，网络运营者应当予以提供。”这就对网络运营者的数据留存及协助义务提出了更高的要求。

三、协助执法义务的具体要求

（一）提供永久技术接口和解密的义务

根据《反恐怖主义法》第 18 条规定，互联网企业应当为公安机关、国家安全机关依法进行防范、调查恐怖活动提供技术接口和解密等技术支持和协助。

根据《全国人民代表大会常务委员会关于加强网络信息保护的决定》的规定，有关主管部门依法履行职责时，互联网企业应当予以配合，提供技术支持。

根据公安部《互联网安全保护技术措施规定》第 12 条规定，互联网企业采取的互联网安全保护技术措施应当具有符合公共安全行业技术标准的联网接口。

（二）个案调查配合义务

根据《电信条例》的规定，因国家安全或者追查刑事犯罪的需要，互联网企业应当配合公安机关、国家安全机关或者人民检察院依照法律规定的程序对电信内容进行检查。

根据《计算机信息网络国际联网安全保护管理办法》的规定，互联网企业应当接受公安机关的安全监督、检查和指导，如实向公安机关提供有关安全保护的信息、资料及数据文件，协助公安机关查处通过国际联网的计算机信息网络的违法犯罪行为。

根据《网络安全法）》第 28 条的规定，为国家安全和侦查犯罪的需要，侦查机关依照法律规定，可以要求互联网企业提供必要的支持与协助。

（三）违法行为报告义务

根据《反恐怖主义法》第 19 条规定，互联网企业发现含有恐怖主义、极端主义内容的信息的，应当立即停止传输，保存相关记录，删除相关信息，并向公安机关或者有关部门报告。

根据《全国人民代表大会常务委员会关于维护互联网安全的决定》的规定，互联网企业发现互联网上出现违法犯罪行为和有害信息时，要及时向有关机关报告。

根据《互联网跟帖评论服务管理规定》《互联网论坛社区服务管理规定》《互联网群组信息服务管理规定》等规定，网络运营者应当及时发现和处置违法信息，保存有关记录，并向有关主管部门报告。

（四）建立安全保障机制的义务

根据《反恐怖主义法》第 84 条之规定，互联网企业未落实网络安全、信息内容监督制度和安全技术防范措施，造成含有恐怖主义、极端主义内容的信息传播，情节严重的，主管部门可以给与互联网企业及其直接责任人员 10 万元以上罚款，严重的还可以处以 15 日以下拘留。

根据《电信业务经营许可管理办法》，互联网企业申请办理基础电信业务经营许可证的，应当向工业和信息化部提交“网络与信息安全保障措施”等申请材料。获得许可证后，互联网企业还有对所接入网站传播违法信息的行为进行监督的义务。

（五）数据留存义务

根据《网络安全法》第 21 条的规定，网络运营者应当采取监测、记录网络运行状态、网络安全事件的技术措施，并按照规定留存相关的网络日志不少于六个月。

根据国务院《互联网信息服务管理办法》及公安部《互联网安全保护技术措施规定》的规定，从事互联网接入服务、数据中心服务、信息服务的企业，应当记录并留存用户注册及使用信息至少六十天；发现违法信息的，应当停止传输并保留相关记录，在国家有关机关依法查询时，予以提供。违反上述规定的，由主管部门责令改正；情节严重的，责令停业整顿或者暂时关闭网站。根据《网络安全等级保护条例（征求意见稿）》，网络运营者应当落实监测、记录网络运行状态、网络安全事件、违法犯罪活动的管理和技术措施，留存六个月以上可追溯网络违法犯罪的相关网络日志。

第九节　网络安全监测预警和应急响应制度

一、网络安全监测预警和应急响应制度法律体系

体系	规范名称	主要内容
法律	《网络安全法》	1. 国家建立网络安全监测预警和信息通报制度； 2.CII 保护部门，应当建立健全本行业、本领域的网络安全监测预警和信息通报制度； 3. 网络运营者应当制定网络安全事件应急预案，定期组织演练，并及时向社会发布与公众有关的警示信息

续表

体系	规范名称	主要内容
法律	《电子商务法》	1. 电子商务平台经营者应当制定网络安全事件应急预案； 2. 发生网络安全事件时，应当立即启动应急预案，采取相应的补救措施，并向有关主管部门报告
	《密码法》	密码管理部门根据工作需要会同有关部门建立核心密码、普通密码安全监测预警、信息通报、重大事项会商和应急处置等协作机制，确保核心密码、普通密码安全管理的协同联动和有序高效
部门规章	《网络安全等级保护条例（征求意见稿）》	1. 第三级以上网络运营者应当建立网络安全监测预警和信息通报制度，按同级公安机关和行业主管部门报送网络安全监测预警信息； 2. 第三级以上网络的运营者应当制定网络安全应急预案，定期开展网络安全应急演练
	《关键信息基础设施安全保护条例(征求意见稿)》	1. 国家建立网络安全监测预警和信息通报制度； 2.CII 保护部门，应当建立健全本行业、本领域的网络安全监测预警和信息通报制度； 3.CIIO 应当制定网络安全事件应急预案并定期进行演练
	《互联网网络安全信息通报实施办法》	基础电信业务经营者、跨省经营的增值电信业务经营者、CNCERT、互联网域名注册管理机构、互联网域名注册服务机构应建立并完善本单位信息监测机制，提高监测能力，自主监测涉及本单位管理范围内的信息
	《通信网络安全防护管理办法》	通信网络运行单位应当建设和运行通信网络安全监测系统，对本单位通信网络的安全状况进行监测
	《工业控制系统信息安全防护指南》	在工业控制网络部署网络安全监测设备，及时发现、报告并处理网络攻击或异常行为
	《公共互联网网络安全威胁监测与处置办法》	相关专业机构、基础电信企业、网络安全企业、互联网企业、域名注册管理和服务机构等应当加强网络安全威胁监测与处置工作，明确责任部门、责任人和联系人，加强相关技术手段建设，不断提高网络安全威胁监测与处置的及时性、准确性和有效性
	《网络安全威胁信息发布管理办法(征求意见稿)》	网络安全威胁信息内容规范，发布程序及法律责任等。

续表

体系	规范名称	主要内容
部门规章	《公共互联网网络安全突发事件应急预案》	明确了网络安全突发事件后组织体系、事件分级、监测预警、应急处置、调查评估、预防和应急准备、预案管理等要求
	《国家网络安全事件应急预案》	明确了网络安全事件的分级、组织机构和职责、监测预警、应急处置、调查评估、日常管理、保障措施、预案管理等要求
	《数据安全管理办法（征求意见稿）》	明确了网络运营者应当制定网络安全事件应急预案，及时处置安全事件

二、网络应急预案的几个实务问题

（一）网络安全事件分级

我国《网络安全法》第53条规定，网络安全事件应急预案应当按照事件发生后的危害程度、影响范围等因素对网络安全事件进行分级，并规定相应的应急处置措施。

根据《信息安全事件分类分级指南》的规定，网络安全事件可以分为：特别重大事件（Ⅰ级）、重大事件（Ⅱ级）、较大事件（Ⅲ级）和一般事件（Ⅳ级）四个等级。

网络安全事件等级	判断标准
特别重大事件（Ⅰ级）	特别严重影响或破坏的信息安全事件： 1. 特别重要信息系统遭受特别严重的系统损失； 2. 产生特别重大的社会影响
重大事件（Ⅱ级）	严重影响或破坏的信息安全事件： 1. 特别重要信息系统遭受严重的系统损失； 2. 重要信息系统遭受特别严重的系统损失 3. 产生重大的社会影响
较大事件（Ⅲ级）	较严重影响或破坏的信息安全事件： 1. 特别重要信息系统遭受较大的系统损失； 2. 重要信息系统遭受严重的系统损失； 3. 一般信息系统遭受特别严重的系统损失； 4. 产生较大的社会影响

续表

网络安全事件等级	判断标准
一般事件（Ⅳ级）	不满足以上条件的信息安全事件： 1. 特别重要信息系统遭受较小的系统损失； 2. 重要信息系统遭受较大的系统损失； 3. 一般信息系统遭受严重或严重以下级别的系统损失； 4. 产生一般的社会影响

（二）应急预案要求

根据《国家网络安全事件应急预案》《信息安全技术 网络安全事件应急演练通用指南》《互联网个人信息安全保护指南》等规定，应急预案应当做到：

1. 建立安全事件分级；
2. 明确工作原则；
3. 明确监测与预警机制；
4. 明确应急处置机制，包括事件报告、及时响应机制；
5. 明确预防工作，包括日常管理，人员培训；
6. 预案评估，应当至少每年评估一次等。

（三）应急演练要求

《网络安全法》第 53 条规定，国家网信部门协调有关部门建立健全网络安全风险评估和应急工作机制，制定网络安全事件应急预案，并定期组织演练。负责关键信息基础设施安全保护工作的部门应当制定本行业、本领域的网络安全事件应急预案，并定期组织演练。2019 年 4 月 10 日公布的《互联网个人信息安全保护指南》要求应急响应培训和应急演练至少每半年一次，较《个人信息安全规范》所要求的一年一次提出了更严格的要求。

根据《信息安全技术 网络安全事件应急演练通用指南（征求意见稿）》，应急演练的工作方案应当包括以下方面：

1. 确定应急演练目的：具体的针对性，或日常常规应急演练；
2. 确定应急演练等级：依据演练目的制定；
3. 确定应急演练范围：确定参加演练单位及人员；
4. 确定应急演练演练科目、子目、安全事件诱因样例：依据所辖网络的具体安全需求，选择适当的安全事件诱因样例；
5. 确定应急演练形式，构建应急演练平台，设置网络安全事件现场；

6. 确定应急演练启动时间；

7. 确定应急演练效果评价标准：判断演练效果及价值。

附：本章相关法律法规

发文机关	文件名称	时间
全国人大常委会	《密码法》	2020.01.01
	《电子签名法》	2019.04.23
	《电子商务法》	2019.01.01
	《反恐怖主义法》	2018.04.27
	《网络安全法》	2017.06.01
	《刑法修正案（九）》	2015.11.01
	《国家安全法》	2015.07.01
	《关于加强网络信息保护的决定》	2012.12.28
	《关于维护互联网安全的决定》	2009.08.27
国务院	《快递暂行条例》	2019.03.02
	国务院关于印发《“十三五”国家信息化规划》的通知	2016.12.15
	国务院关于印发《“十三五”国家战略性新兴产业发展规划》的通知	2016.11.29
	《电信条例》	2016.02.06
	《促进大数据发展行动纲要》	2015.08.31
	《征信业管理条例》	2013.03.15
国务院	《互联网信息服务管理办法》	2011.01.08
	《计算机信息系统安全保护条例》	2011.01.08
	《国家通信保障应急预案》	2006.01.24
	《商用密码管理条例》	1999.10.07
公安部	《网络安全等级保护条例（征求意见稿）》	2018.06.27
	《网络安全等级保护测评机构管理办法》	2018.03.23
	《计算机信息网络国际联网安全保护管理办法》	2011.01.08

续表

发文机关	文件名称	时间
	《信息安全等级保护备案实施细则》	2007.10.26
	《互联网安全保护技术措施规定》	2006.03.01
	《计算机病毒防治管理办法》	2000.04.26
国家互联网信息办公室	《网络安全威胁信息发布管理办法（征求意见稿）》	2019.11.20
	《儿童个人信息网络保护规定》	2019.10.01
	《个人信息出境安全评估办法（征求意见稿）》	2019.06.13
	《数据安全管理办法（征求意见稿）》	2019.05.28
	《网络安全审查办法（征求意见稿）》	2019.05.21
	《互联网群组信息服务管理规定》	2017.10.08
	《互联网用户公众账号信息服务管理规定》	2017.10.08
	《互联网论坛社区服务管理规定》	2017.10.01
	《互联网跟帖评论服务管理规定》	2017.10.01
	《关键信息基础设施安全保护条例（报批稿）》	2017.07.10
	《互联网新闻信息服务管理规定》	2017.06.01
	《网络产品和服务安全审查办法（试行）》	2017.06.01
	《个人信息和重要数据出境安全评估办法（征求意见稿）》	2017.04.11
	《国家网络空间安全战略》	2016.12.27
国家互联网信息办公室	《关于进一步加强对网上未成年人犯罪和欺凌事件报道管理的通知》	2015.06.30
	《互联网用户账号名称管理规定》	2015.03.01
工业和信息化部	《公共互联网网络安全威胁监测与处置办法》	2018.01.01
	《公共互联网网络安全突发事件应急预案》	2017.11.14
	《互联网域名管理办法》	2017.11.01
	《电信业务经营许可管理办法》	2017.09.01
	《互联网新业务安全评估管理办法（征求意见稿）》	2017.06.08
	《关于做好 2017 年互联网新技术新业务安全评估重点工作的通知》	2017.03.06

续表

发文机关	文件名称	时间
	《工业控制系统信息安全防护指南》	2016.10.17
	《电话用户真实身份信息登记规定》	2013.09.01
	《试办新型电信业务管理办法（征求意见稿）》	2013.04.26
	《信息技术设备安全 第23部分：大型数据存储设备》	2011.04.15
	《通信网络安全防护管理办法》	2010.03.01
	《信息技术设备 安全 第1部分：通用要求》	2009.11.03
	《互联网网络安全信息通报实施办法》	2009.06.01
全国信息安全标准化技术委员会	《信息系统密码应用基本要求》	2019.06.25
	《信息安全技术 关键信息基础设施安全控制措施（征求意见稿）》	2018.06.11
	《信息安全技术 关键信息基础设施网络安全保护要求（征求意见稿）》	2018.06.11
	《信息安全技术 关键信息基础设施安全控制措施（征求意见稿）》	2018.06.11
	《信息安全技术 个人信息安全规范》	2018.05.01
全国信息安全标准化技术委员会	《信息安全技术 关键信息基础设施安全保障评价指标体系（征求意见稿）》	2017.08.30
	《信息安全技术 关键信息基础设施安全检查评估指南（征求意见稿）》	2017.08.30
	《信息安全技术 数据出境安全评估指南（征求意见稿）》	2017.08.30
	《信息安全技术 网络安全事件应急演练通用指南》	2017.05.24
国家密码管理局	《国家密码管理局关于废止和修改部分管理规定的决定》	2017.12.01
	《国家密码管理局关于做好商用密码产品生产单位审批等4项行政许可取消后相关管理政策衔接工作的通知》	2017.10.11
	《电子认证服务密码管理办法》	2009.12.01
	《商用密码产品生产管理规定》	2006.01.01

续表

发文机关	文件名称	时间
	《商用密码科研管理规定》	2006.01.01
国家广播电视总局	《未成年人节目管理规定》	2019.04.30
教育部、中共中央网络安全和信息化委员会办公室、工业和信息化部、公安部、民政部、国家市场监督管理总局、国家新闻出版署、全国“扫黄打非”工作小组办公室	《关于引导规范教育移动互联网应用有序健康发展的意见》	2019.08.10
原国家工商行政管理总局	《网络交易管理办法》	2014.03.15
原国务院法制办公室	《未成年人网络保护条例（征求意见稿）》	2017.01.06
原信息产业部	《互联网电子邮件服务管理办法》	2006.03.30
	《非经营性互联网信息服务备案管理办法》	2005.03.20
原国家新闻出版广电总局、工业和信息化部	《网络出版服务管理规定》	2016.03.10
公安部、国家保密局、国家密码管理委员会办公室、国务院信息化工作办公室	《关于信息安全等级保护工作的实施意见》	2004.09.17
	《信息安全等级保护管理办法》	2007.06.22
公安部、国资委	《关于进一步推动中央企业信息安全等级保护工作的通知》	2010.12.26
中国网络视听节目服务协会	《网络短视频内容审核标准细则》	2019.01.09

续表

发文机关	文件名称	时间
国家认证认可监督管理委员会	《关于信息安全产品强制性认证指定认证机构和实验室》	2009.04.30
原国家质量监督检验检疫总局、国家认证认可监督管理委员会	《关于部分信息安全产品实施强制性认证的公告》	2009.05.01
原国家质量监督检验检疫总局、国家标准化管理委员会	《信息安全技术 信息系统灾难恢复规范》	2017.11.01
	《信息安全技术 信息安全事件分类分级指南》	2007.06.14
国家互联网信息办公室、工业和信息化部，公安部、国家认证认可监督管理委员会	《网络关键设备和网络安全专用产品目录（第一批）》	2017.06.01
中共中央网络安全和信息化领导小组办公室（已变更）	《国家网络安全事件应急预案》	2017.01.10
公安部、北京市网络行业协会	公安版《互联网个人信息安全保护指南》	2019.04.10
国家市场监督管理总局、国家标准化管理委员会	《信息安全技术 网络安全等级保护基本要求》	2019.12.01
国家质量监督局	《计算机信息系统等级保护划分准则》	2001.01.01
广东省质量技术监督局	《网络游戏内容审查规范》	2013.11.24

第三章　个人信息保护和数据合规

第一节　个人信息保护现有法律体系

一、个人信息保护法律规范体系

体系	规范名称	主要内容
法律	《关于加强网络信息保护的决定》	首次规定了公民个人电子信息的收集、使用要求
	《网络安全法》	明确网络运营者收集、使用个人信息的基本要求
	《民法总则》	明确了个人信息的基本民事权益属性
	《电子商务法》	明确了电商经营者对用户个人信息的保护义务
	《消费者权益保护法》	明确了经营者收集、使用消费者个人信息的基本要求
	《刑法修正案（九）》	明确了侵犯公民个人信息罪的定罪量刑标准
	《旅游法》	明确了不同领域内主管部门对个人信息保护的合规要求
	《护照法》	
	《社会保险法》	
	《居民身份证法》	
	《出境入境管理法》	
	《测绘法》	

续表

体系	规范名称	主要内容
	《公共图书馆法》 《统计法》 《刑事诉讼法》	
行政法规	1.《电信条例》 2.《互联网信息服务管理办法》 3.《居住证暂行条例》 4.《地图管理条例》 5.《征信业管理条例》 ……	明确了个人信息保护的基本原则和方政； 明确了不同领域内主管部门对个人信息保护的合规要求； 等等
司法解释	1.《最高人民法院、最高人民检察院关于办理侵犯公民个人信息刑事案件适用法律若干问题的解释》 2.《最高人民法院、最高人民检察院、公安部关于办理电信网络诈骗等刑事案件适用法律若干问题的意见》 3.《最高人民法院、最高人民检察院、公安部、工业和信息化部、中国人民银行、中国银行业监督管理委员会关于防范和打击电信网络诈骗犯罪的通告》 4.《最高人民法院关于审理利用信息网络侵害人身权益民事纠纷案件适用法律若干问题的规定》 …….	明确侵犯公民个人信息罪的入罪范围和量刑标准； 明确电信网络诈骗犯罪中侵犯公民个人信息的数罪并罚责任； 明确网络服务提供者侵犯公民个人信息的民事责任；等等
其他	1.《电信和互联网用户个人信息保护规定》 2.《儿童个人信息网络保护规定》 3.《金融信息服务管理规定》 4.《国家健康医疗大数据标准、安全和服务管理办法（试行）》 5.《互联网个人信息安全保护指南》 6.《信息安全技术 个人信息安全规范》	明确了个人信息保护的基本规范及详细合规要求； 明确了个人信息在出境评估、安全审查、儿童保护、APP个人信息收集使用、网络交易、未成年人节目等领域中的具体要求

续表

体系	规范名称	主要内容
其他	7.《App 违法违规收集使用个人信息自评估指南》 8.《App 违法违规收集使用个人信息行为认定方法（征求意见稿）》 9.《2019 网络市场监管专项行动（网剑行动）方案的通知》 10.《个人信息出境安全评估办法（征求意见稿）》 11.《数据安全管理办法（征求意见稿）》 12.《网络安全审查办法（征求意见稿）》 13.《未成年人节目管理规定》 14.《网络平台道路货物运输经营管理暂行办法》 15.《促进大数据发展行动纲要》 16.《国务院办公厅关于促进“互联网 + 医疗健康”发展的意见》 17.《国务院办公厅关于推进电子商务与快递物流协同发展的意见》 18.《国务院关于进一步扩大和升级信息消费持续释放内需潜力的指导意见》 19.《国务院办公厅关于加强个人诚信体系建设的指导意见》 ……	

除此之外，全国人大近期还公布了一系列与个人信息及数据保护有关的立法计划，例如《数据安全法》和《个人信息保护法》都列入了近期立法规划。

与此同时，国家标准委、国家信标委以及 APP 违法治理小组等组织还发布了一系列行业实践指引。

二、《数据安全管理办法》主要规定及释义

2019 年 5 月 28 日，在天津版本数据安全管理办法出台后不久，国家互联网信息办公室发布关于《数据安全管理办法（征求意见稿）》公开意见的通知，向社会公开征求意见。《数据安全管理办法（征求意见稿）》普遍被业界称为中国版 GDPR。

关于《数据安全管理办法(征求意见稿)》的主要内容及合规要点，详见下表:

条文	合规要点	释义
第7条	应当制定、公开个人信息收集使用规则	1. 应当根据产品线，分别制定规则； 2. 应当参照《互联网个人信息安全保护指南》《APP违法违规收集使用个人信息自评估指南》等规定的形式公开规则
第8、9条	应当审查收集使用规则的内容及形式合规性	1. 应当确保规则简单通俗、易于访问； 2. 规则内容应当具体，且至少含有并突出如下内容: (1)网络运营者基本信息； (2)网络运营者主要负责人、数据安全责任人的姓名及联系方式； (3)收集使用个人信息的目的、种类、数量、频度、方式、范围等； (4)个人信息保存地点、期限及到期后的处理方式； (5)向他人提供个人信息的规则，如果向他人提供的； (6)个人信息安全保护策略等相关信息； (7)个人信息主体撤销同意，以及查询、更正、删 (8)除个人信息的途径和方法； (9)投诉、举报渠道和方法等； 3. 法律、行政法规及《个人信息安全规范》《互联网个人信息安全保护指南》等规定的其他内容。 隐私政策中的收集使用规则应当集中显示、明显提示；等等
	应当审查用户同意的有效性、合规性	1. 用户应当知悉收集使用规则； 2. 用户应当以符合《互联网个人信息安全保护指南》《APP违法违规收集使用个人信息自评估指南》等要求的方式作出同意； 3. 不得以默认授权、功能捆绑等形式强迫、误导用户同意； 4. 不得因用户拒绝或者撤销同意核心业务信息以外的其他信息，而拒绝提供核心业务功能服务；等等

续表

条文	合规要点	释义
第 10 条	应当审查产品设计与隐私政策一致性	1. 应当审查隐私政策内容与产品设计实际情况一致性； 2. 产品设计实际情况（例如收集个人信息的范围、频率等）调整的，应当同步调整隐私政策；等等
第 12 条	应当审查收集儿童个人信息的合规性	1. 应当审查收集儿童个人信息的必要性、最小化； 2. 应当征得其监护人同意； 3. 应当审查是否符合《儿童个人信息网络保护规定》等其他要求的规定；等等
第 13 条	应当审查差异化产品或服务的合理性、合规性	1. 应当审查向不同用户提供差异化产品或服务是否会侵犯消费者公平交易权、知情权，以及是否构成价格歧视； 2. 应当审查差异化产品或服务策略的合理性； 3. 不得基于用户个人信息同意情况采取差异化产品或服务策略；等等
第 14 条	应当审查个人信息间接收集的合规性	1. 间接收集个人信息的，应当符合 GBT35273 等规定； 2. 间接收集个人信息的，应当满足《办法》其他条款规定的合规要点；等等
第 20 条	应当审查个人信息的存储时间的合规性	1. 应当确保个人信息存储期限不得超过承诺保存期限； 2. 法律有特殊规定，应当确保个人信息存储期限不得低于法定要求； 3. 应当根据业务及数据类型，建立数据存储期限合规清单，并加强内部培训；等等
第 20 条、第 21 条	应当审查用户账户注销合规性	1. 应当根据《电子商务法》《互联网个人信息安全保护指南》《APP 违法违规收集使用个人信息自评估指南》等要求建立用户账户注销渠道，并公示注销规则及响应机制； 2. 无法提供在线即时注销通道的，应当确保其他注销方式的显著性、便捷性； 3. 应当建立注销后用户数据处理（删除与留存）合规指引； 4. 应当提示用户注销后的法律后果及影响；等等

续表

条文	合规要点	释义
第 21 条	应当审查个人信息的查询、更正、删除的合规性	1. 应当提供个人信息查询、更正、删除的联系方式； 2. 应当在合理时间和代价范围内及时响应用户的上述请求； 3. 根据《电子商务法》等规定，响应用户的上述请求时，可以核实用户身份；等等
第 22 条	应当动态审查实际使用是否超授权范围	1. 应当建立上线新产品、新增功能等的动态 PIA 机制； 2. 实际业务中扩大个人信息使用场景的，应当额外征得用户同意；等等
第 11 条、第 23 条	应当审查定向推送内容的合规性	1. 定向推送使用用户个人信息的，应当获得用户的明示同意； 2. 应当以明显方式标明“定推”字样； 3. 应当为用户提供停止接收定向推送的功能； 4. 用户选择停止接收定向推送信息时，应当停止推送，并删除已经收集的设备识别码等用户数据和个人信息； 5. 开展定向推送活动应遵守《广告法》《电子商务法》及《网络交易监督管理办法（征求意见稿）》《明码标价和禁止价格欺诈规定（征求意见稿）》等其他规定，严禁歧视、欺诈等行为
第 27 条	应当审查提供个人信息的同意合规性	1. 向他人提供个人信息的，应当根据 GBT35273 等规定，取得用户的有效同意。 2. 以下情形可以豁免同意： （1）从合法公开渠道收集且不明显违背个人信息主体意愿； （2）个人信息主体主动公开； （3）经过匿名化处理； （4）执法机关依法履行职责所必需； （5）维护国家安全、社会公共利益、个人信息主体生命安全所必需
	应当开展提供个人信息的安全影响评估	1. 向他人提供个人信息前应当进行安全风险评估； 2. 可参照《个人信息安全影响评估指南》等开展评估

续表

条文	合规要点	释义
第 30 条	应当审查第三方接入的合规性	1. 对通过 API\SDK 等方式接入的第三方应用，应当审查第三方资质、能力及合法性； 2. 应当通过协议明确约定第三方的数据安全保护要求和责任，且第三方的数据安全保护要求应当不低于被接入方； 3. 应当监督管理第三方加强数据安全管理，定期对第三方的数据安全予以审查，并记录留档； 4. 第三方发生数据安全事件，网络运营者和第三方对用户损失承担连带责任；等等
第 31 条	应当审查并购重组等的个人信息合规性	1. 发生兼并、重组、破产的，应当开展网络安全与数据合规专项法律尽职调查； 2. 发生兼并、重组、破产的，应当开展 PIA，并制定数据处理机制、指引等，例如确定数据承接方，并由数据承接方应当承接个人信息安全责任和义务； 3. 新数据承接方应当按照原授权同意范围使用数据，超过范围的应当获得用户重新同意； 4. 没有数据承接方的，应当采取删除数据、脱敏设备等措施
第 35 条	应当建立数据安全事件应急机制	1. 应当制定数据安全事件应急管理制度及岗位、人员等； 2. 发生个人信息泄露、毁损、丢失等数据安全事件、或发生数据安全事件风险明显加大时、应该立即采取补救措施； （1）立即启动数据安全事件应急预案，排查数据安全事件发生原因，并确保安全事件不进一步扩大，必要时采取报警等措施； （2）对安全事件进行影响评估，并根据评估影响分别采取通知用户或向主管部门报告等措施；等等

三、《个人信息安全规范》修订的主要内容

（一）主要制定过程

《网络安全法》落地后，为了在个人信息收集、保存、使用、委托处理等环

节为企业提供具体的合规指引，全国信安委结合国内立法和实践并参考国际经验，颁布了《个人信息安全规范》（GB/T35273—2017）并于2018年5月1日正式实施。

随着执法活动的进一步深入及企业合规实践的进一步检验，《个人信息安全规范》相关内容已经不适合当前个人信息保护的需要。于是，2018年10月起开展《个人信息安全规范》修订工作，并于2019年2月、6月、10月三次向社会公开征求意见。

（二）近期主要修订内容

1. 明确个人信息控制者不得通过捆绑多项业务功能而一次性、概括性征得个人信息主体对业务功能收集个人信息的同意，同时通过附录的方式，根据用户选择、使用所提供产品或服务的根本期待和最主要的需求，区分产品或服务的基本功能和扩展功能，并通过交互界面或设计（如弹窗、文字说明、填写框、提示条、提示音等形式）等形式告知用户。此外，尤其强调不应以改善服务质量、提升个人信息主体体验、研发新产品、增强安全性等为由，强迫要求个人信息主体同意收集个人信息。

2. 首次明确了个性化展示、定向推送的合规要求。关于定向推送，广告法、电商法及网安法似乎都有规定，但实践标准一直很模糊。2019修订版明确了定向推送的定义，并提出了个性化展示、定向推送及退出的合规要求：（1）应以显著方式（例如通过不同的栏目、版块、页面分别展示）标明个性化展示、定向推送的性质；（2）应向用户提供选择个性化展示和自然结果的方式；（3）提供简单直观的退出渠道和方式；（4）宜保障用户调控定推依赖的模型及信息；（5）定推还应当遵守其他法律法规的合规要求。

3. 强化了委托第三方处理的监管责任。随着新零售、电商业务的进一步发展，线上线下产业融合进一步加剧，越来越多的企业委托第三方建设、维护、运营、处理网络系统及数据。因此，包括工信部24号令、《数据安全管理办法（征求意见稿）》及公安机关公布的《互联网个人信息安全保护指引》也提出了委托处理的合规要求。本次2019年修订版中，在原来“审查—评估”合规要求的基础上，强化为“审查—评估—确保”合规要求，即要“确保受委托者达到10.4节数据安全能力要求”。这无疑要求委托方的审查供应商资质时，不能单纯地停留在形式审查的层面，更要深入到实质审查层面。

4. 明确了第三方接入的合规要求。具体包括但不限于：企业应建立第三方产品或服务接入管理机制和工作流程；企业应要求第三方产品或服务建立响应个人信息主体请求、申诉等的机制；企业可以自行或委托第三方对第三方嵌入或接入的自动化工具收集个人信息的行为进行审计、监督；如未向用户明确告知第三方身份和各自责任边界的，企业应承担因第三方引起的个人信息安全责任。等等。

5. 完善了用户注销合规细则。具体包括但不限于：宜直接设置便捷的注销功能的在线的、交互式页面，及时响应用户注销请求；注销过程进行身份核验需要用户重新提供的个人信息不应多于注册、使用等服务环节收集的个人信息；等等。

6. 增加了委托处理的合规要求。企业得知或者发现受委托者未按照委托要求处理个人信息，或未能有效履行个人信息安全保护责任的，应立即要求受托者停止相关行为，且采取或要求受委托者采取有效补救措施（例如更改口令、回收权限、断开网络连接等）控制或消除个人信息面临的安全风险。必要时，企业应终止与受委托者的业务关系，并要求受委托者及时删除从个人信息控制者获得的个人信息。

7. 细化了企业个人信息管理组织日常合规要求。具体包括但不限于：（1）提高了设立专职个人信息管理组织的门槛；（2）明确个人信息管理组织的任职要求、职责及汇报路径；（3）明确个人信息管理组织应当建立相应的记录、留档机制；等等。此外，还明确企业应当建立完整的、规范的内部制度、政策及指引，规范员工个人信息保护要求。在此之前，公安机关公布的《互联网个人信息安全保护指引》还详细规范了相关管理人员的录用、考核、培训、离岗等合规要求。

8. 首次明确个人信息汇聚融合的合规要求。2019 年修订版规定，在精准营销、用户画像、征信及风控管理等场景，发生个人信息汇聚融合或多来源匹配的，应当开展个人信息安全影响评估，并采取必要的保护措施。

9. 新增两种“征得授权同意的例外”情形。2019 年修订版新增“与个人信息控制者履行法律法规规定的义务相关的”“根据个人信息主体要求签订和履行合同所必需的”两项征得授权同意的例外情形；等等。

第二节　个人信息保护的法律实务

一、个人信息的界定

（一）个人信息的内涵

1. 个人信息的法律内涵

早些时候，各个部门单行立法中曾存在“个人信息”“个人数据”“电子信息”

等多个提法，对个人信息的法律内涵也存在较大差异，这给司法实践中如何确定个人信息的内涵和外延带来了巨大的挑战。

在《电信和互联网用户个人信息保护规定》中，明确提出个人信息是指“姓名、出生日期、身份证件号码、住址、电话号码、账号和密码等能够单独或者与其他信息结合识别用户的信息以及用户使用服务的时间、地点等信息”，首次独立界定了个人信息的内涵，并提炼出个人信息的核心法律特征——识别性。

在《最高人民法院关于审理利用信息网络侵害人身权益民事纠纷案件适用法律若干问题的规定》中，首次将“自然人基因信息、病历资料、健康检查资料、犯罪记录、家庭住址、私人活动”明确为“个人隐私和其他个人信息”，即并未明确区分“隐私”与“个人信息”的混合立法模式。

个人信息的完整法律内涵，成形于《网络安全法》。该法采取概括加列举的方式规定了个人信息的法律内涵，即个人信息，法律特征概括为“以电子或者其他方式记录的能够单独或者与其他信息结合识别自然人个人身份的各种信息”，同时列举了“自然人的姓名、出生日期、身份证件号码、个人生物识别信息、住址、电话号码等”常见个人信息形式。

而在《最高人民法院、最高人民检察院关于办理侵犯公民个人信息刑事案件适用法律若干问题的解释》中，明确规定“公民个人信息”，是指以电子或者其他方式记录的能够单独或者与其他信息结合识别特定自然人身份或者反映特定自然人活动情况的各种信息，包括姓名、身份证件号码、通信通讯联系方式、住址、账号密码、财产状况、行踪轨迹等。

因此，结合上述规定及执法实践，个人信息判断标准包括：识别性和关联性，即一切能够识别个人或与个人有关的各种信息，均属于法律意义上的个人信息。

2. 个人信息的规范主体

《民法总则》在个人信息条款中，规定了两个不同的主体，理论界称为个人信息主体与广义的个人信息处理者。

所谓个人信息主体，即指通过信息被识别出个人身份的自然人。尽管司法实践中存在现实的需求，但遗憾的是，本次《民法总则》并未规定法人享有信息权。

在较早的法规中（例如《刑法修正案（七）》），仅将公共机构纳入广义个人信息处理者的范畴，这一观点在后来的立法中得到了纠正，本次《民法总则》则将广义数据处理者统一确立为“任何组织和个人”，包括收集、使用、转让个人信息的主体。同一条个人信息，可能存在多个广义个人信息处理者，这就必然导致个人信息主体无法像行使所有权权能一样，排他的占有个人信息。

而在《个人信息安全规范》和其他行政监管法律规范体系中，将广义的个人信息处理者又区分为个人信息控制者和狭义个人信息处理者，二则承担的合规标准和具体细则具有较大的差异。

3. 个人信息的法律属性

早些时候，关于个人信息的法律性质一直存在较大争议，主要有个人信息人格权说、财产权说和混合说以及民事权益说。

其中，人格说早期由隐私权说引申而来，即个人信息权是隐私权在互联网时代的升级版，这种观点在美国较为盛行。发展到后来，人格权说逐渐发展为一种独立的、新型的人格权说。该种观点认为，个人信息权的内涵在于对个人信息处理方式的控制，而不在于对个人信息本身的占有，事实上，个人并不是唯一有权占有个人信息的人，不具备财产权的排他性（例如《最高人民法院关于审理利用信息网络侵害人身权益民事纠纷案件适用法律若干问题的规定》第 12 条明确列举了一些个人信息共享使用的情形）。

财产说主要的理论基础是个人信息可以交易，具有经济价值，于是提出了个人信息所有权的概念。该说认为，个人信息财产权说是保护个人信息利益最大化的最优途径，也是鼓励个人信息生产、分享的最好制度设计。而混合说则认为，个人信息权天然具有个人与财产的混合属性，人格权和财产权说仅仅是保护路径的选择问题，其最终目的还是要达到个人信息控制与社会信息共享的平衡。民事权益说则认为，个人信息由于客体的不确定性，无法成为传统权利所支配的对象，应当用法益路径加以保护，在保护力度上弱于权利路径。

《民法总则》采取了第一种观点，将个人信息确定为一种具体人格权益，纳入民事权利中的人格权章节中。

4. 个人信息与其他民事权益的区别

首先，个人信息与隐私权不分是早期立法的通病。事实上，隐私与个人信息的范围，存在交叉，又各有独立内容。隐私包括私人信息、私人空间、私人活动；而个人信息又包括隐私的信息（例如个人生理信息、财产信息等），也包括公开的信息（例如年龄、联系方式等）。

其次，个人信息与所有权也存在较大差异。所有权的内涵在于对财产的占有、使用和处置，但是个人信息权的内涵不在对个人信息的占有、处置等，而在于对个人信息处理的控制。例如，某人占有个人信息，并不能导致其他人对该个人信息占有的丧失。

最后，尽管在相对性上存在一定相似性，但个人信息与知识产权也有很大的特殊性。个人信息权基础来源于信息本身的识别性，而并不是创造性；个人信息权及于个人信息主体有生之年，有严格的时间限制。

（二）个人信息的外延的识别标准

在确定个人信息的范围上，目前主流的三种学说为识别说、关联说和场景理论。

1. 识别说

所谓识别说，是指将“是否可以识别个人身份”作为界定个人信息和非个人信息的标准。根据识别说的理论，能够识别出个人身份的信息才属于个人信息，在此种语境下，个人信息也被称为“个人可识别信息。识别说又可在细分为直接识别说和间接识别说，直接识别是指通过单个信息就能够直接确认某人身份，如姓名、身份证号码、电话号码、个人照片等。间接识别是指单个信息虽然不能直接指向特定个人，但是同其他信息相结合或者通过信息对比分析，可以达到确定某一特定主体的效果。

2. 关联说

关联说的视角建立在已知特定个人的情况下，知晓该特定主体进一步的相关信息。根据关联说的理论，个人信息必须要与信息主体存在某种程度上的相关性，这种相关性是构成个人信息的关键要素，它有助于准确判断个人与信息之间存在何种联系以及如何辨识个人的身份。

3. 场景理论

场景理论认为，个人信息的界定是基于动态场景，而非静态的信息类型；个人信息尤其是相关性信息的边界是动态的，是否构成个人信息应视具体的场景而定。与此同时，即便在特定的场景中，一笔信息能否识别或关联到特定个人，仍无法做“是或非”的二元界定，而只能做程度化的考量，即评估构成个人信息的“可能性”，而对于何时具备辨识或关联到个人的可能性，需要基于场景进行风险评估。

（三）具体规范下的实践认定

规范名称	个人信息定义
《全国人民代表大会常务委员会关于加强网络信息保护的决定》	能够识别公民个人身份和涉及公民个人隐私的电子信息

续表

规范名称	个人信息定义
《网络安全法》	能够单独或者与其他信息结合识别自然人个人身份的各种信息，包括但不限于自然人的姓名、出生日期、身份证件号码、个人生物识别信息、住址、电话号码等
《电信和互联网用户个人信息保护规定》	电信业务经营者和互联网信息服务提供者在提供服务的过程中收集的用户姓名、出生日期、身份证件号码、住址、电话号码、账号和密码等能够单独或者与其他信息结合识别用户的信息以及用户使用服务的时间、地点等信息
《最高人民法院、最高人民检察院关于办理侵犯公民个人信息刑事案件适用法律若干问题的解释》	《刑法》第 253 条之一规定的“公民个人信息”是指以电子或者其他方式记录的能够单独或者与其他信息结合识别特定自然人身份或者反映特定自然人活动情况的各种信息，包括姓名、身份证件号码、通信通讯联系方式、住址、账号密码、财产状况、行踪轨迹等
《最高人民法院关于审理利用信息网络侵害人身权益民事纠纷案件适用法律若干问题的规定》	自然人基因信息、病历资料、健康检查资料、犯罪记录、家庭住址、私人活动等个人隐私和其他个人信息
《消费者权益保护法实施条例（征求意见稿）》	经营者在提供商品或者服务活动中收集的消费者姓名、性别、职业、出生日期、身份证件号码、住址、联系方式、收入和财产状况、健康状况、消费情况、生物识别特征等能够单独或者与其他信息结合识别消费者的信息
《数据安全管理办法（征求意见稿）》	以电子或者其他方式记录的能够单独或者与其他信息结合识别自然人个人身份的各种信息，包括但不限于自然人的姓名、出生日期、身份证件号码、个人生物识别信息、住址、电话号码等
《个人信息出境安全评估办法（征求意见稿）》	以电子或者其他方式记录的能够单独或者与其他信息结合识别自然人个人身份的各种信息，包括但不限于自然人的姓名、出生日期、身份证件号码、个人生物识别信息、住址、电话号码等

续表

规范名称	个人信息定义
《个人信息安全规范》	指以电子或者其他方式记录的能够单独或者与其他信息结合识别特定自然人身份或者反映特定自然人活动情况的各种信息，如姓名、出生日期、身份证件号码、个人生物识别信息、住址、通信通讯联系方式、通信记录和内容、账号密码、财产信息、征信信息、行踪轨迹、住宿信息、健康生理信息、交易信息等

二、个人信息的收集

（一）个人信息收集行为的定性

根据《个人信息安全规范》第3.5条的规定，个人信息收集行为是指获得对个人信息的控制权的行为。根据收集方式的区分，个人信息收集行为直接收集和间接收集。前者指由个人信息主体主动提供、通过与个人信息主体交互或记录个人信息主体行为等自动采集；后者运营者通过共享、转让、搜集公开信息间接获取等方式获取个人信息。

值得注意的是，根据《个人信息安全规范》及执法实践，如果产品或服务的提供者提供工具供个人信息主体使用，提供者不对个人信息进行访问的，则不属于本标准所称的收集行为。例如，离线导航软件在终端获取用户位置信息后，如不回 传至软件提供者，则不属于个人信息收集行为。

（二）个人信息收集的具体要求

1. 合法、正当、必要原则

《网络安全法》第41条规定，网络运营者收集、使用个人信息，应当遵循合法、正当、必要的原则。合法、正当原则具体指：（1）不得欺诈、诱骗、强迫个人信息主体提供其个人信息；（2）不得隐瞒产品或服务所具有的收集个人信息的功能；（3）不得从非法渠道获取个人信息；（4）不得收集法律法规明令禁止收集的个人信息。

必要原则具体指收集个人信息应当符合最小化要求：（1）收集的个人信息的类型应与实现产品或服务的业务功能有直接关联；（2）自动采集个人信息的频率应是实现产品或服务的业务功能所必需的最低频；（3）间接获取个人信息的数量应是实现产品或服务的业务功能所必需的最少数量；（4）不得仅仅以改善程序功能、提高用户体验、定向推送等为目的收集用户个人信息等等。

之前，国家信安委发布了《网络安全实践指南——移动互联网应用基本业务功能必要信息规范（TC260-PG-20191A）》列举了电商、地图、社交、物流等常见网络商业模式中的收集个人信息的必要信息范畴。

2. 知情同意要求

网络运营者收集个人信息时，应当告知个人信息主体具体的收集事项，并征得用户的同意。根据《个人信息安全规范》《数据安全管理办法（征求意见稿）》《互联网个人信息安全保护指南》《APP违法违规收集使用个人信息自评估指南》《APP违法违规收集使用个人信息行为认定方法（征求意见稿）》等文件，网络运营者的收集个人信息的告知事项应当包括：（1）收集使用的目的；（2）收集、使用个人信息的规则；（3）提供产品或服务的不同业务功能分别收集的个人信息类型；（4）收集方式和频率；（5）存放地域和期限；（6）自身的个人信息安全保护能力；（7）对外共享、转让、公开披露的有关情况等。

在征得个人信息主体同意的方式上，有概括同意（一揽子同意）和逐项同意（区分产品线，一般信息和敏感信息），默示同意和明示同意之分。结合目前的监管趋势和立法，逐项同意和明示同意的合规要求越来越可能成为同意的一般合规义务。此外，根据《APP违法违规收集使用个人信息自评估指南》以及《APP违法违规收集使用个人信息行为认定方法（征求意见稿）》，网络运营者应当为个人信息主体提供拒绝同意的选项，具体包括：（1）提供主动选择同意或不同意选项；（2）用户明确拒绝后不得再次征求同意；（3）明确拒绝后不得收集个人信息；（4）拒绝某项信息不得停止其他功能；（5）新增业务拒绝同意不能停止原来功能；等等。

3. 知情同意的例外

2017年颁布的《个人信息安全规范》就网络运营者收集个人信息规定了十一条征求同意的例外，具体包括：

（1）与国家安全、国防安全直接相关的；

（2）与公共安全、公共卫生、重大公共利益直接相关的；

（3）与犯罪侦查、起诉、审判和判决执行等直接相关的；

（4）出于维护个人信息主体或其他个人的生命、财产等重大合法权益但又很难得到本人同意的；

（5）所收集的个人信息是个人信息主体自行向社会公众公开的；

（6）从合法公开披露的信息中收集个人信息的，如合法的新闻报道、政府信息公开等渠道；

（7）根据个人信息主体要求签订和履行合同所必需的；

（8）用于维护所提供的产品或服务的安全稳定运行所必需的，例如发现、处置产品或服务的故障；

（9）个人信息控制者为新闻单位且其在开展合法的新闻报道所必需的；

（10）个人信息控制者为学术研究机构，出于公共利益开展统计或学术研究所必要，且其对外提供学术研究或描述的结果时，对结果中所包含的个人信息进行去标识化处理的；

（11）法律法规规定的其他情形。

但《个人信息安全规范》修订版中，对上述豁免情形进行了修改，增加了两种豁免情形。

此外，若网络运营者收集儿童个人信息的，需要遵循《儿童个人信息网络保护规定》的规定，豁免同意的情形大大限缩，仅包括：

（1）为维护国家安全或者公共利益；

（2）为消除儿童人身或者财产上的紧急危险；

（3）法律、行政法规规定的其他情形。

三、个人信息的处理

（一）个人信息处理行为的定性

个人信息的处理行为有广义和狭义之分，根据《信息安全技术 公共及商用服务信息系统个人信息保护指南》的定义，广义的个人信息处理行为指个人信息控制者处置个人信息的所有行为，包括收集、存储、访问、修改、转让、披露、匿名化、去标识化、恢复、删除、销毁等行为。

而狭义的个人信息处理仅包括个人信息控制者或其委托处理者对其控制范围内的个人信息所进行的加工、使用、分析利用行为。当前涉及个人信息的法律体系中，个人信息处理行为的概念并不统一，有使用广义的处理概念，如《互联网个人信息安全保护指南》,《信息安全技术 数据出境安全评估指南（征求意见稿）》等文件，而《网络安全法》《个人信息安全规范》《APP 违法违规收集使用个人信息行为认定方法（征求意见稿）》等文件使用了狭义的处理概念。

鉴于本书的结构安排（本节单列了个人信息的收集、存储、分享、转让等行为），本书在这一部分使用个人信息处理行为的狭义概念。

（二）个人信息处理的具体要求

1. 授权同意

网络运营者在收集个人信息时，应当告知个人信息主体所收集的个人信息会被用于处理，并应当告知个人信息主体处理的目的、范围和具体规则，获得用户的授权同意后方可进行处理行为。

2. 分析利用的限制

个人信息处理后可能用于建立用户画像、产品或服务的改进计划、精准营销、定向推送等目的。根据《数据安全管理办法（征求意见稿）》《个人信息安全规范》《互联网个人信息安全保护指南》等文件，不能根据个人信息的分析利用结果对用户采取歧视行为，包括价格差异、质量差异等。

3. 委托第三方处理的特别要求

根据《个人信息安全规范》《互联网个人信息安全保护指南》等规定，在对个人信息委托第三方处理时，应当做到：（1）与委托方签订书面协议，明确约定委托处理的范围和规则；（2）对委托行为进行安全评估，确定确保受委托者具备足够的数据安全能力；（3）委托处理的范围不能超过个人信息主体授权的范围；（4）受托方处理完毕后，应及时删除存储的个人信息等要求；等等。

四、个人信息的存储

（一）个人信息存储行为的定性

个人信息的存储，是指将个人信息以某种格式记录在计算机内部或外部存储介质上。

（二）个人信息存储的具体要求

1. 境内存储

根据《网络安全法》《关键信息基础设施安全保护条例（征求意见稿）》《信息安全技术 数据出境安全评估指南（征求意见稿）》等文件，关键信息基础设施的运营者在中华人民共和国境内运营中收集和产生的个人信息和重要数据应当在境内存储。

然而，根据最近颁布的《个人信息出境安全评估办法（征求意见稿）》的内容，境内存储的主体扩大到所有的网络运营者，任何主体在中华人民共和国境内运营中收集和产生的个人信息和数据，都应当在境内存储。

事实上，根据《互联网个人信息安全保护指南》规定，在境内运营中收集和产生的个人信息应在境内存储，如需出境应遵循国家相关规定。这一要求，在企业办理等保备案和测评时，也会进一步细化。

2. 存储期限

根据《个人信息安全规范》的规定，对个人信息的存储时间应当符合保存时间最小化的要求。具体而言，网络运营者应当做到：（1）个人信息保存期限应为实现目的所必需的最短时间。（2）超出上述个人信息保存期限后，应对个人信息进行删除或匿名化处理。但网络运营者需要注意的是，虽然《个人信息安全规范》提出了存储期限最小化的要求，但诸如《网络安全法》《互联网安全保护技术措施规定》《互联网信息服务管理办法》《互联网电子邮件服务管理办法》《网络出版服务管理规定》等均规定用户网络数据应当至少留存六个月，以便网络运营者履行执法协助义务。而特殊领域的规定对存储期限提出了更高的要求，如《网络交易管理办法》要求不得少于两年，故网络运营者应当优先满足履行执法协助义务的存储期限要求。

3. 存储条件

根据《网络安全法》《个人信息安全规范》《互联网个人信息安全保护指南》等规定，存储个人信息应当做到：（1）加密存储。网络运营中收集到的所有个人信息均应加密存储。（2）分类存储，如将标识化后的数据与可用于恢复识别个人的信息分开存储。（3）确定备份恢复措施，在发生个人信息毁损、丢失、泄露后可以通过技术手段恢复等等。

4. 备份要求

根据《互联网个人信息安全保护指南》等规定，保存信息的主要设备，应对个人信息数据提供备份和恢复功能，确保数据备份的频率和时间间隔，并使用不少于以下一种备份手段：具有本地数据备份功能；将备份介质进行场外存放；具有异地数据备份功能。

五、个人信息的分享、转让

（一）个人信息分享、转让行为的界定

实践中，网络运营者因为商业实践的需要，往往会将所收集的个人信息分享给自己的分支机构、集团公司、第三方合作企业，或因为履行执法协助义务的需求，需要将所收集的个人信息提供给司法机关或相应的主管部门。后者转让的合法性和必要性争议较少，但网络运营者将个人信息分享给自己的上下游企业时，需要符合更为具体的合规要求。

（二）个人信息分享、转让的具体要求

根据《网络安全法》《互联网个人信息安全保护指南》《数据安全管理办法（征求意见稿）》《个人信息安全规范》等文件，网络运营者分享、转让个人信息的，应当做到以下要求：

1. 对共享行为进行合法性、必要性评估。对可能违约违法及不必要的共享、

转让行为禁止共享、转让；

2. 共享、转让前得到个人信息主体的同意。与国家安全、国防安全、公共安全、公共卫生、重大公共利益或与犯罪侦查、起诉、审判和判决执行等直接相关的情形除外；

3. 共享、转让前应向个人信息主体告知转让该信息的目的、规模、公开范围数据接收方的类型等信息；

4. 应记录共享、转让信息内容，将共享、转让情况中包括共享、转让的日期、数据量、目的和数据接收方的基本情况在内的信息进行登记；

5. 在共享、转让后应了解接收方对个人信息的保存、使用情况和个人信息主体的权利，例如访问、更正、删除、注销等；

6. 开展个人信息安全影响评估。参考《信息安全技术 个人信息安全影响评估指南》的要求，对个人信息的分享、转让行为予以评估；

7. 当个人信息持有者发生收购、兼并、重组、破产等变更时，个人信息持有者应向个人信息主体告知有关情况，并继续履行原个人信息持有者的责任和义务，如变更个人信息使用目的时，应重新取得个人信息主体的明示同意；等等。

六、个人信息的删除及账户注销

（一）注销、删除的法律规范

体系	规范名称	主要内容
法律	《全国人民代表大会常务委员会关于加强网络信息保护的决定》	公民发现泄露个人身份、散布个人隐私等侵害其合法权益的网络信息，或者受到商业性电子信息侵扰的，有权要求网络服务提供者删除有关信息或者采取其他必要措施予以制止
	《网络安全法》	网络运营者违法违约收集个人信息的或者收集存储的个人信息有错误的，个人有权要求删除
	《电子商务法》	1. 电子商务经营者应当明示用户信息查询、更正、删除以及用户注销的方式、程序，不得对用户信息查询、更正、删除以及用户注销设置不合理条件； 2. 电子商务经营者收到用户信息查询或者更正、删除的申请的，应当在核实身份后及时提供查询或者更正、删除用户信息； 3. 用户注销的，电子商务经营者应当立即删除该用户的信息

续表

体系	规范名称	主要内容
法规规章	《电信和互联网用户个人信息保护规定》	互联网信息服务提供者在用户终止使用电信服务或者互联网信息服务后，应当停止对用户个人信息的收集和使用，并为用户提供注销号码或者账号的服务
	《数据安全管理办法（征求意见稿）》	1. 网络运营者的隐私政策中应当包括个人信息主体撤销同意，以及查询、更正、删除个人信息的途径和方法； 2. 网络运营者在用户注销账号后应当及时删除其个人信息； 3. 网络运营者收到有关个人信息查询、更正、删除以及用户注销账号请求时，应当在合理时间和代价范围内予以查询、更正、删除或注销账号
标准	《个人信息安全规范》	个人信息主体要求删除，应当删除的情形： 1. 个人信息控制者违反法律法规规定，收集、使用个人信息的； 2. 个人信息控制者违反了与个人信息主体的约定，收集、使用个人信息的； 3. 个人信息控制者违反法律法规规定或违反与个人信息主体的约定向第三方共享、转让个人信息的； 4. 个人信息控制者违反法律法规规定或与个人信息主体的约定，公开披露个人信息。 个人信息主体注销账户后，个人信息主体应当： 1. 通过注册账户提供服务的个人信息控制者，应向个人信息主体提供注销账户的方法，且该方法应简便易操作； 个人信息主体注销账户后，应删除其个人信息或做匿名化处理

（二）关于删除合规差异的比较分析

事实上，《全国人民代表大会常务委员会关于加强网络信息保护的决定》《网络安全法》《电子商务法》及《个人信息安全规范》）均规定，用户有权要求信息控制者删除用户信息。

值得注意的是，其中《电子商务法》《数据安全管理办法》规定的权利主体是“用户”（我们理解，用户应当包括“企业”和“个人”）；《全国人民代表大会常务委员会关于加强网络信息保护的决定》《网络安全法》规定的权利主体是“个人”。

此外，《全国人民代表大会常务委员会关于加强网络信息保护的决定》《网络安全法》规定的删除权（仅为本文表述用）是有法定条件的（例如违法或违约）；《电子商务法》《数据安全管理办法》规定的删除权是无条件的，更像“遗忘权”。

目前，我国关于删除权主要针对的线上业态，线下信息控制者是否有义务响应用户的删除请求，《网络安全法》第 44 条也未包括该种情形，其他法律暂无明确规范依据。

《电子商务法》《数据安全管理办法》及《个人信息安全规范》规定，用户有权要求信息控制者注销账户；《电信和互联网用户个人信息保护规定》规定，信息控制者终止服务的，应当为用户提供注销服务。二者在条件上略有差异。

用户发出注销或删除请求后，信息控制者采取的措施包括“响应”和“执行”两个阶段。部分法规仅规定了响应时限和程序等要求，部分法规规定了执行时限和程序等要求。

（三）注销、删除的几个实务问题

1. 用户账户是否可以在交易完结前注销

实践中，在交易的不同阶段，是否响应并执行用户的注销请求，存在较大差异。我们理解：

（1）在交易的所有阶段，均应当响应用户的注销请求，但可以视阶段执行用户的注销请求。

（2）在交易的缔结及直接履行阶段（例如电商收货确认前），考虑到用户账户及用户信息为“签订和履行合同所必须”，应当响应但可以暂不执行用户的注销请求。

（3）在交易的附随履行阶段（例如 7 天退货期或质保期内等），应当响应并执行用户的注销请求，但可以后台保留有关的用户信息及交易信息。

2. 注销及删除的请求入口、流程是否有法定要求

法律层面，暂无账户注销及信息删除的入口、流程细则，仅规定“方法应当简便易操作”，且“不得设置不合理条件”。

根据《个人信息安全规范》2019 年 10 月版征求意见稿以及实践经验，信息控制者可以参照如下方式设置注销或删除请求入口：（1）宜直接在线自动注销的，应当在用户个人中心 / 主页（例如“我的”）等显著位置设置在线注销或删除入口；（2）通过客服等非在线方式注销的，应当在显著位置设置客服联系方式。

关于注销或删除流程，信息控制者应当通过用户协议或隐私政策明示流程，或者在注销或删除公布详细的、便捷的流程指引，不得设置不合理的条件或提出额外要求增加个人信息主体义务。

常见的高风险案例包括：缺乏注销或删除入口或过于隐蔽，账户注册未满 × 日不得注销，要求解除关联绑定后才可以注销，设置所谓的“注销反悔期”导致用户注销流程过长，等等。

3. 注销及删除前，如何核验用户身份

《网络安全法》《反恐怖主义法》等均明确规定，为用户提供、确认服务的时，应当核验用户身份。根据《电子商务法》及《个人信息安全规范》规定，信息控制者删除用户信息前，应当核实用户身份。核验身份本身就是信息控制者响应的一部分。但是，根据《个人信息安全规范》2019 年 10 月版征求意见稿，注销过程进行身份核验需要个人信息主体重新提供的个人信息不应多于注册、使用等服务环节收集的个人信息。

关于核验用户身份，信息控制者应当平衡安全性和便捷性，防止他人错误操作损害用户利益。实践中，应当结合审查用户账号密码的一致性，并采取如下方式核验：

（1）核验向用户先前登记的联系方式（邮箱或手机）发送的实时验证码；

（2）核验已经留存的指纹、虹膜、掌纹、人脸、语音等独特性的生物特征信息；

（3）核验用户提供的与交易有关的交易记录（但不得要求用户填写精确的历史操作记录作为必要注销条件）；

（4）通过与用户有过互动的其他用户来辅助核验，等等。

4. 注销及删除时，是否需要再次通知用户

实践中，为了降低错误操作带来的法律风险，在用户提交申请后、正式注销及删除前，作为响应的一部分，我们建议信息控制者对用户请求进行二次通知，通知的方式包括注销及删除流程中的文案提示，或者发送单独的确认信（函），内容可以包括但不限于：

（1）注销及删除的时限及流程；

（2）注销及删除导致的后果（例如未完结交易处置、账户内权益处置、附随信息或数据处置等）；

（3）二次确认链接、按钮或验证码；等等。

5. 账户注销后，用户信息是否必须删除

根据《电子商务法》及《个人信息安全规范》规定，账户注销后，信息控制者应当删除账户有关的用户信息。

但是，根据《个人信息安全规范》，“删除”是指在实现日常业务功能所涉及的系统中去除个人信息的行为，使其保持不可被检索、访问的状态（即逻辑删除），而不是说要求信息控制者必须彻底的、永久的删除用户信息及其备份（即物理删除）。

此外，《个人信息安全规范》还列明了信息控制者可以拒绝响应用户删除请求的一些常见情形，例如恶意或滥用权利，损害第三方利益，争议解决，等等。

对用户信息进行匿名化处理也是一种常见的“删除”措施。匿名化处理之前，不得继续使用、分享用户信息。

6. 删除后，企业依法必须留存哪些信息和数据

根据《电子商务法》及《个人信息安全规范》规定，账户注销后，信息控制者应当删除账户有关的用户信息。

但是，根据《个人信息安全规范》，“删除”是指在实现日常业务功能所涉及的系统中去除个人信息的行为，使其保持不可被检索、访问的状态（即逻辑删除），而不是说要求信息控制者必须彻底的、永久的删除用户信息及其备份（即物理删除）。

此外，《个人信息安全规范》还列明了信息控制者可以拒绝响应用户删除请求的一些常见情形，例如恶意或滥用权利，损害第三方利益，争议解决，等等。

对用户信息进行匿名化处理也是一种常见的“删除”措施。匿名化处理之前，不得继续使用、分享用户信息。

7. 账户注销后，账户有关的权益是否可以删除

账户注销后，根据账户有关的权益类型不同，相应的处置方式也不同。通常情况下：

（1）注销前已经生效的订单仍应履行，未生效的订单可以取消。

（2）注销前已支付但未消费的现金款项（如订金、押金、充值余额等），应当原路退回。

（3）注销前用法定货币（或者具有现金价值的券 / 币等）购买的权益（例如包月权益、虚拟货币、代金券等），参照相关规定，应当折算比例后以法定货币返还。

（4）注销前获赠的虚拟权益（例如积分、优惠券或用户等级等），考虑到赠与属性，由于具有较高的账户依赖性，在充分提示用户后，该类虚拟权益可以随着账户注销而取消。此外，考虑到账户注销与账户中止、冻结不同，若注销后用户重新申请账户的，信息控制者可以无需为其恢复虚拟权益。

用户协议如果对上述问题就相反约定且更有利于用户的，应当按照用户协议规定执行。

8. 应当在多长时间内完成注销和删除请求

《电子商务法》规定的注销及删除的时限是“及时”“立即”，没有具体的时间限制，主要还是考虑“合理性”；《电信和互联网用户个人信息保护规定》有规定在15日内答复用户有关“投诉”（理论上，删除和注销请求也属于广义“投诉”）；此外，《个人信息安全规范》规定信息控制者应当及时响应，并在30天内答复用户。所以，后两者有具体时间期限的，也仅提到了“答复”的时间，但未具体规定注销和删除的完成时间。仅在《个人信息安全规范》2019年10月版征求意见稿中，要求原则上不超过15日完成核查和处理。

考虑到身份核验可信度、网络数据的海量性以及多服务器备份架构等特点，我们认为，目前在15日内完成注销和删除是一个较为合理的期限。

9. 企业是否必须确保第三方删除用户信息

企业应用户请求删除用户信息后，是否必须确保共享、受让的第三方也同步删除用户信息？这个问题实践中争议较大，企业实施起来也缺乏可执行性和可验证性。

根据《个人信息安全规范》规定，信息控制者应当发出通知，要求第三方及时删除相应的信息。同时，参考欧盟委员会对该问题的解读提及，企业有义务采取合理的步骤通知处理个人数据的其他公司执行用户请求。

因此，本书认为，企业并不需要实际确保第三方已删除用户信息，而仅需要尽到合理的通知义务。为进一步降低企业法律风险，我们建议企业可与第三方签订专门的数据安全条款或承诺，承诺及时响应并有效执行用户删除请求。

七、认定为敏感信息的个人信息

（一）个人敏感信息的界定

个人敏感信息一般指一旦泄露、非法提供或滥用可能危害人身和财产安全，极易导致个人名誉、身心健康受到损害或歧视性待遇等的个人信息，主要包括个人财产信息、个人健康生理信息、个人生物识别信息、个人身份信息、网络身份标识信息、14周岁（含）以下儿童的个人信息。此外，《个人信息安全规范》2019年10月版征求意见稿还明确，个人信息控制者通过个人信息或其他信息加工处理后形成的信息，如一旦泄露、非法提供或滥用可能危害人身和财产安全，极易导致个名誉、身心健康受到损歧视性待遇等的，属于个人敏感信息。

《个人信息安全规范》对上述个人敏感信息给出了以下示例：

个人财产信息	银行账号、鉴别信息（口令）、存款信息（包括资金数量、支付收款记录等）、房产信息、信贷记录、征信信息、交易和消费记录、流水记录等，以及虚拟货币、虚拟交易、游戏类兑换码等虚拟财产信息
个人健康生理信息	个人因生病医治等产生的相关记录，如病症、住院志、医嘱单、检验报告、手术及麻醉记录、护理记录、用药记录、药物食物过敏信息、生育信息、以往病史、诊治情况、家族病史、现病史、传染病史等，以及与个人身体健康状况产生的相关信息等
个人生物识别信息	个人基因、指纹、声纹、掌纹、耳廓、虹膜、面部识别特征等
个人身份信息	身份证、军官证、护照、驾驶证、工作证、社保卡、居住证等
网络身份标识信息	系统账号、邮箱地址及与前述有关的密码、口令、口令保护答案、用户个人数字证书等
其他信息	个人电话号码、性取向、婚史、宗教信仰、未公开的违法犯罪记录、通信记录和内容、行踪轨迹、网页浏览记录、住宿信息、精准定位信息等

此外，其他规范性文件也对个人敏感信息进行了如下界定：

规范名称	个人敏感信息界定
《条码支付业务规范（试行）》	支付敏感信息，是指一旦遭到泄露或修改，会对标识的信息主体的信息安全和资金安全造成危害的信息。包括但不限于支付密码、银行卡密码、验证码、卡片有效期、生物特征以及未获客户授权的金融信息
《互联网个人信息安全保护指南》	个人生物识别信息和基因、疾病等个人生理信息；我国公民的种族、民族、政治观点、宗教信仰等信息
《APP 违法违规收集使用个人信息行为认定方法（征求意见稿）》	身份证号、银行卡号等
《个人信息出境安全评估办法（征求意见稿）》	一旦被泄露、窃取、篡改、非法使用可能危害个人信息主体人身、财产安全，或导致个人信息主体名誉、身心健康受到损害等的个人信息

而在《最高人民法院、最高人民检察院关于办理侵犯公民个人信息刑事案件适用法律若干问题的解释》中，则是通过入罪数量标准的差异，间接列举了踪轨迹信息、通信内容、征信信息、财产信息等个人信息的敏感性。

（二）个人敏感信息的特殊合规要求

1. 明示同意

根据《个人信息安全规范》《APP 违法违规收集使用个人信息行为认定方法（征求意见稿）》，网络运营者收集个人敏感信息的，应当取得个人信息主体的明示同意。应确保个人信息主体的明示同意是其在完全知情的基础上自愿给出的，并逐一、同步说明个人敏感信息为完成何种附加功能所必须。此外，收集未满 14 周岁的未成年人的个人信息前，应征得未成年人的监护人的同意。

2. 识别与分类

根据《个人信息安全规范》《个人信息安全影响评估指南（征求意见稿）》，网络运营者在收集用户的个人信息后，应当结合个人信息处理的具体场景，判定所收集的个人信息哪些属于个人敏感信息，对敏感信息和非敏感信息应当分类存储。

3. 传输和存储

根据《个人信息安全规范》的规定，传输和存储个人敏感信息时，应采用加密等安全措施。针对个人生物识别信息，网络运营者存储时，应采用技术措施处理后再进行存储，例如仅存储个人生物识别信息的摘要。此外，《信息安全技术 个人信息去标识化指南（征求意见稿）》提出，个人敏感信息还应当去标识化后存储。

4. 禁止大规模收集、公开披露的敏感信息

根据《互联网个人信息安全保护指南》的规定，网络运营者不应大规模收集或处理我国公民的种族、民族、政治观点、宗教信仰等敏感数据。若网络运营者需公开披露个人敏感信息，除一般的告知义务外，还应当应向个人信息主体告知涉及的个人敏感信息的内。但网络运营者不得公开披露我国公民的种族、民族、政治观点、宗教信仰等敏感数据分析结果。

5. 备案要求

根据《数据安全管理办法（征求意见稿）》，网络运营者以经营为目的收集重要数据或个人敏感信息的，应向所在地网信部门备案。备案内容包括收集使用规则，收集使用的目的、规模、方式、范围、类型、期限等，但不包括个人敏感信息内容本身。

6. 其他要求

根据《个人信息安全规范》《互联网个人信息安全保护指南》《数据安全管理办法（征求意见稿）》等文件内容，网络运营者应对访问个人敏感信息的权限严格控制、确定专门的数据安全负责人、共享转让个人敏感信息时应当进行个人信息安全影响评估等等。

八、与新兴技术相关的个人信息合规问题

（一）利用 WiFi 探针技术收集的信息

1. WiFi 探针收集的信息是否属于个人信息

（1）主流 WiFi 探针技术收集的信息字段概览

所谓 WiFi 探针技术，即预先布置的探针设备，主动探测周边一定范围内打开 WiFi 状态的智能终端设备的 MAC 地址，并记录发包时间和位置等信息。

根据以上技术描述不难发现，WiFi 探针技术收集的信息字段包括但不限于：智能终端的设备 MAC 地址、设备品牌名称（通过 MAC 地址识别），以及该设备什么时间（发包时间），到达什么位置（通过探针相对位置识别），并停留多少时间（首尾发包时间差）等。

（2）WiFi 探针技术收集的信息是否具有识别性

根据本条分析，并参照《个人信息安全规范》等规定，WiFi 探针技术收集的真实 MAC 地址具有唯一识别性，属于个人信息。关于这一点，尽管业界有些争议，但主流 WiFi 探针技术供应商也基本认可。

关于部分手机厂商的设备具有动态 / 虚拟 MAC 地址功能（仅在搜索阶段有效，链接阶段无效），若 WiFi 探针技术仅收集该等动态 / 虚拟 MAC 地址，且仅用于客流分析，由于无法识别到设备持有人的身份信息，不属于个人信息。但实践中，部分 WiFi 探针技术供应商会使用诱导算法或顾客 WiFi 链接历史记录，进一步获取设备持有人的真实 MAC 地址。

根据上文分析，除了 MAC 地址外，WiFi 探针技术还能收集时间、位置及轨迹（多个时间 / 位置绘制）等信息，根据《最高人民法院、最高人民检察院关于办理侵犯公民个人信息刑事案件适用法律若干问题的解释》（法释〔2017〕10 号）等规定并参照《个人信息安全规范》，属于敏感个人信息。

（3）是否存储或者上传云端对收集行为法律风险判断的影响

根据《个人信息安全规范》等规定，若 WiFi 探针技术使用者仅在本地化收集、分析客流信息（群体画像），不存储或者不访问、不上传前述收集信息至服务器

或云端的，法律风险较小。

但实践中，绝大多数 WiFi 探针技术供应商会均采取“设备 + 云平台 + 数据分析”的整合服务，有的甚至与第三方数据进行融合或者碰撞，所以必然会上传前述信息。不同的是，有的云端布置在品牌处，有的云端布置在供应商处。

2. WiFi 探针是否有权收集顾客的个人信息

（1）谁是法律上的数据控制者（收集主体）

实践中，WiFi 探针设备供应商或者 WiFi 探针的使用人（即品牌方）均有可能收集顾客个人信息。我们理解，品牌门店作为场地控制方、顾客交易方、设备安装方等角色，属于直接数据控制者。但实践中，WiFi 探针设备供应商是否被认定为数据控制者，需综合供应商合同类型、WiFi 探针设备所有权及工作原理等因素综合考量。

若品牌门店被认定为直接收集主体，则应当按照工信部 24 号令及《个人信息安全规范》等规定，对供应商履行相应的资格审查及数据监管责任。

（2）是否有权收集进店顾客的个人信息

品牌门店是否有权收集进店顾客的个人信息，取决于是否经过顾客的同意，以及同意形式是否合规。实践中，部分品牌门店通过设立提示性标语（例如：“该区域设有客流分析设备，您的设备 ID 可能被收集”）等推定同意形式获取用户同意。

本书认为，考虑到收集个人信息的敏感性、客流分析及精准营销功能的非核心性以及未来可能的共享、融合、数据碰撞等使用场景，品牌门店应当通过用户点击、勾选等主动行为获取用户的同意。只不过实践中，因缺乏必要的交互场景，需要设计创新实现方式。

（3）是否有权收集周边人群的个人信息

实践中，部分品牌门店会通过 WiFi 探针设备收集周边人群（非进店顾客）的信息，因缺乏必要的授权同意，除非符合上文分析，该等行为缺乏合法性基础。

3. WiFi 探针收集的顾客个人信息是否能与其他数据融合

一般情况下，WiFi 探针技术供应商提供的服务远不止客流分析，还包括利用收集信息帮助品牌门店开展精准营销，常见的场景包括：老顾客识别、顾客打标、精准触达，甚至顾客多维度精准画像等等。但要实现上述功能，需要将收集的顾客个人信息与其他数据源融合 / 匹配 / 对碰，可能的法律风险根据数据来源、输出数据类型不同而差异较大。

（1）与自有数据融合的合规性

若用品牌门店 WiFi 探针设备收集的线下数据与品牌电商渠道等线上数据融合、对碰，就会打通线上线下会员通道，增强新零售及智慧门店想象空间。因此，部分品牌会融合上述数据。

参考 CNIL 处罚谷歌案例及国内执法实践，该模式的主要合规性在于是否获得客户的同意 / 授权，一般情况下《隐私政策》如果能够充分披露前述情况，并能够使客户触达该《隐私政策》的，可以认为获得了相关授权。

（2）与第三方平台数据融合后标签化输出的合规性

实践中，部分“× × 系”的 WiFi 探针技术供应商还会将收集的顾客数据与第三方 × × 平台的数据（例如电商数据、社交数据、支付数据等）融合、匹配，为顾客打标签，从而协助品牌门店精准营销。

该模式的主要合规性在于，品牌门店获取顾客的同意范围是否包含“向第三方分享”、与第三方数据融合、匹配等，或者第三方 × × 平台隐私政策是否包含了前述内容且效力及于顾客。此外，融合对碰是采用的明文传输还是“黑箱模式”，以及第三方 × × 平台使用标签数据的实际场景（例如精准广告）等也是合规性评估需关注的重点。

（3）与非法数据融合后精准输出的刑事犯罪问题

如 3.15 媒体报道的案例，部分 WiFi 探针设备收集的数据被用于与非法数据源融合匹配，直接获得对应的手机号、身份证、财产信息等个人信息（甚至是敏感信息）用于电话营销、暴力催收等，将可能涉嫌刑事犯罪。

品牌门店使用该等技术收集的数据时，既要严格审查 WiFi 探针设备的供应商，保证产品质量，也要加强数据使用环节的把控，尤其是与第三方数据融合、匹配时，以避免刑事法律风险的发生。

（二）利用 Cookie 收集的个人信息

1. Cookie 技术概述

Cookie 是指浏览器储存在用户本地终端上的数据。当用户使用浏览器访问网站时，浏览器会从网站服务器获取一段自动生成数据，这段数据会保存在用户的本地端，当用户再次访问同样的地址后，Cookie 可识别用户身份并记录用户的操作历史。比如在某购物平台上添加商品进入购物车，Cookie 记录下用户的操作历史，发送到用户本地端，用户再次访问时该平台时，购物车里仍然有上次添加的商品。

2. 使用 Cookie 技术的司法争议

如前所述，Cookie 是服务器自动生成的一段数据，而生成的数据中，不可避免地会涉及用户的个人信息，这就可能引发个人信息的收集、使用风险问题。目前，我国的法律体系中并未对使用 Cookie 技术予以特别的限制，仅有《APP 违法违规收集使用个人信息自评估指南》中规定，当 APP 使用 Cookie 等同类技术（包括脚本、Clickstream、Web 信标、Flash Cookie、内嵌 Web 链接、sdk 等）收集个人信息时，应向用户明示所收集个人信息的目的、类型。

但司法实践中，对使用 Cookie 技术是否侵犯隐私权存在争议。在“北京百度网讯科技有限公司与被上诉人朱烨隐私权纠纷案”中，一审法院认为利用 cookie 搜集特定用户的信息属于个人信息，理由在于，用户使用固定的 IP 地址——Cookie 收集信息（搜索词汇）对应特定 IP 地址——该信息可以归属到特定的用户（如图）。

而二审法院则认为，百度公司在提供个性化推荐服务中运用网络技术收集、利用的信息只与特定用户或 IP 地址相对应，而并不直接识别特定个人身份（即具有匿名性），因而不符合“个人信息”的可识别性要求，从而不构成侵犯隐私权行为。

在“顾俊与奇智软件（北京）有限公司、北京奇虎科技有限公司隐私权纠纷案”中，一审法院和二审法院均认为 360 极速浏览器利用 Cookie 收集用户浏览网页记录信息及计算机中安装软件信息并上传服务器的行为均不构成侵犯隐私权行为。理由有二：一是 360 极速浏览器安装时“用户隐私保护”提示，并对用户体验计划做了相关说明。用户下载安装件，并加入用户体验计划，表明其已接受了该软件的安装许可协议。二是在计算机中安装的软件均为计算机使用过程中的常见软件，并不具有一般的人格或身份属性，不构成对隐私权的侵犯。

3. Cookie 技术有关的几个法律实务问题

以近期欧盟法院裁定 planet49 使用预勾选同意 Cookie 无效案为例，本书分析 Cookie 技术有关的几个法律实务问题如下：

（1）Cookie 技术收集的数据是否属于个人信息

无论是从《个人信息安全规范》代表的立法、比较角度，还是从《APP 违法违规收集使用个人信息自评估指南》及两高司法解释代表的执法实践角度，Cookie 收集的设备号、用户行为记录等，都属于用户个人信息。而上述欧盟案件中，法院也持相同的观点。

（2）Cookie 技术收集的数据是否应当获得用户的明示同意

《APP 违法违规收集使用个人信息自评估指南》虽然明确了 Cookie 技术应当获得用户的同意，但是并未说明是否需要获得用户的明示同意。

但是在上述欧盟案件中，法院最终裁定 Cookie 技术需要获得用户的明示的、积极的、主动的同意，法院还要求数据控制者向用户提供 Cookie 使用的持续期限和第三方如何访问 Cookie 信息，这点对整个行业影响深远。

（三）人脸识别技术的合规风险

1. 人脸识别技术概述

人脸识别，是一种基于人的脸部特征信息进行身份识别的生物识别技术。其与指纹识别、虹膜识别成为最常见的三种生物特征识别技术。人脸识别技术通过摄像采集含有人脸的图像或者视频，并对采集的数据进行自动检测和跟踪，并通过算法对检测到的人脸进行面部识别，确定特定的个人信息主体。

人脸识别系统一般包括四个部分：人脸图像采集及检测、人脸图像预处理、人脸图像特征提取以及匹配与识别。

采集和检测的步骤重点在于记录人脸的静态图像和动态图像，并检测其中的关键信息，诸如人脸的结构特征、模板特征、直方图特征等信息，以用于后续的预处理步骤。

人脸图像预处理的过程实际是对人脸图像“提纯”和“修正”的过程。由于收集过程中，可能会受到随机干扰的因素，甚至会采集到错误信息。预处理的目的在于通过光线补偿、灰度变换、直方图均衡化、锐化等技术，将人脸图像处理得更加清晰可见、并剔除其中的错误信息。

人脸图像特征提取过程实际是一个人脸建模的过程，通过检测和预处理后，人脸图像中的可提取样本和元素已经处理完成。基于上述数据，可计算出人脸器官的欧氏距离、曲率和角度等信息，从而完成较为精准的建模。

人脸图像匹配与识别过程实际是一个比对的过程。一般会设定一个相似度阈值，根据相似度的根据提取的人脸判断，来确定识别到人脸数据和自有的据库中的人脸建模是否一致。

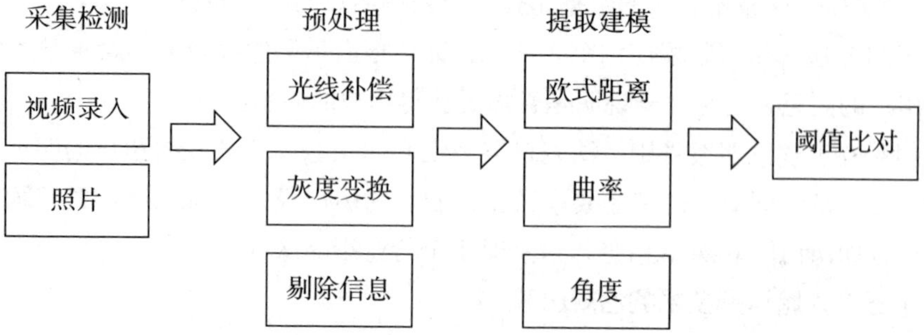

图　人脸识别流程

2. 人脸识别的应用

当下，人脸识别有着极为广泛的应有场景。诸如手机解锁、网络支付、公共运输安检、互联网政务等领域都采用了人脸识别技术。由于人脸识别作为生物识别特征，具有高度的一致性，在认证可信度较传统方式更高。此外，除了认证身份之外，人脸识别技术具有的追踪功能，也为公安部门追捕犯罪分子提供了很大的便利。事实上，目前我国的法律法规在诸多领域都规定了人脸识别技术的应用：

规范名称	主要内容
《国务院办公厅关于压缩不动产登记办理时间的通知》	充分利用互联网、大数据、人脸识别、在线支付等技术，推行“互联网 + 不动产登记”
《关于开展医保基金监管“两试点一示范”工作的通知》	推广视频监控、人脸识别等新技术应用，以丰富智能监测维度
《海关监管作业场所（场地）监控摄像头设置规范》	根据海关监管需要，申报台摄像头、申报机实现人脸识别功能。监控摄像头海关专控
《工业和信息化部关于开展互联网信息服务备案用户真实身份信息电子化核验试点工作的通知》	ICP 备案主体身份信息电子化采集可采用“人脸识别”“唇语识别”“动作识别”等技术手段，采集确认 ICP 备案主体真实身份信息，并与其提供的主体身份证件、权威库留存的主体身份证件进行交叉比对
《户口居民身份证管理工作规范（公开征求意见稿）》	人口信息管理系统可以辅助使用指纹校验、人脸识别等认证手段，提升人口信息管理系统用户认证访问的安全性

续表

规范名称	主要内容
《中国人民银行关于落实个人银行账户分类管理制度的通知》 ……	银行开办Ⅱ、Ⅲ类户业务可以通过视频或者人脸识别等安全有效的技术手段作为辅助核实个人身份信息的方式

3. 人脸识别的法律风险和合规要求

（1）敏感个人信息的收集

人脸识别中所采集的个人信息，为面部识别特征，是一种个人生物识别信息，属于《个人信息安全规范》所定义的个人敏感信息。因此，网络运营者使用人脸识别技术，需要遵从收集、使用个人敏感信息的所有要求。包括收集的征求明示同意、逐条同步告知、分类加密存储等。（关于个人敏感信息的合规要求，请参见本书第三章第七节）。

（2）识别错误和盗刷的法律责任

人脸识别固然以生物特征作为判断要素，但仍然存在着被盗刷的可能。拒新闻报道，某知名支付平台，因存在安全漏洞，被不法分子利用购买的身份证照片和 PS 技术盗刷，使用户损失 28 万元。支付平台为此承担了赔偿责任。

（3）技术安全的合规要求

现行的国家标准中，《公共安全人脸识别应用 图像技术要求》《安全防范视频监控人脸识别系统技术要求》《信息技术 生物特征识别数据交换格式 第 5 部分：人脸图像数据》等规定都对人脸识别提出了具体的技术要求。企业在采用人脸识别产品时应当注意审查产品的安全、技术合规性。此外，《信息安全技术 基于生物特征识别的移动智能终端身份鉴别技术框架》《信息安全技术 基于可信环境的远程人脸识别认证系统技术要求》《信息技术 安全技术 生物特征识别信息的保护要求》等标准也在起草和报批中，企业也应关注这些技术要求标准的更新，以便降低使用人脸识别产品的法律风险。

（四）OpenID 与个人信息

1. OpenID 概述

OpenID 是一个以用户为中心的数字身份识别框架。以微信为例，在企业运营微信公众号过程中，用户关注公共号时，系统会自动生成一个 OpenID。该 OpenID 具有唯一性，可用来确定用户的身份，但需要注意的是，OpenID 本身不能提供其它任何数据。

2. OpenID 的定性和合规要求

由于 OpenID 本身不提供任何数据，因此其是否属于个人信息存在争议。根据我们的理解，OpenID 是否能被界定为个人信息需要根据具体的使用场景来判断。当 OpenID 可与其他信息结合识别到个人特定身份时，OpenID 属于个人信息。

具体而言，OpenID 是腾讯针对每个公众号内的用户颁发的一个单独 ID。因此，在腾讯公司及公众号运营主体之外的环境（包括其他公众号），OpenID 不具有识别功能；但是在该公众号运营主体内（尤其在企业通过内部 CRM 系统等存储了用户的 OpenID 及其他个人信息的情况下）及腾讯公司内部，是有能力、有条件识别 OpenID 对应的个人身份的。此种情况下，OpenID 属于《个人信息安全规范》所列举的用户网络身份标识。

因此，当网络运营者在收集、使用、分享 OpenID 时，需要根据业务场景，判断自身企业内部以及数据接收方是否有可能将 OpenID 与其他信息、数据结合识别到个人。当 OpenID 有可能被认定为个人信息时，应当符合个人信息的所有合规需求。

第三节　个人信息保护的民事救济

2013 年，新修正的《消费者权益保护法》首次明确了消费者享有的个人信息受保护的权利。同时该法还规定了侵害消费者个人信息依法得到保护的权利的，应当停止侵害、恢复名誉、消除影响、赔礼道歉，并赔偿损失。

此后不久，《最高人民法院关于审理利用信息网络侵害人身权益民事纠纷案件适用法律若干问题的规定》首次从司法解释层面，明确了个人信息的法律内涵及侵权责任承担方式。

2017 年 3 月 15 日，全国人民代表大会正式通过《民法总则》。《民法总则》第 111 条专门规定个人信息保护规则。此后发布的《民法典人格权编（草案）》专门设立了“隐私权和个人信息保护”章节，首次从民事基本法层面系统明确了个人信息保护的基本行为规范。

但是，尽管法律层面上的权利基础和救济路径已经早有规定，但是关于个人信息保护有关的民事救济案件并不多见。本书中简要收录如下：

一、公民以个人名义提起诉讼维护个人信息权利的案件

（一）概要

2017年4月6日，赵鹏与受托人链家公司签订《房屋出售委托协议》。签约当日，赵鹏将其身份证复印件及涉案房屋产权证复印件提交给时任链家公司经纪人杨喜东、宋金友。其后，链家公司时任员工宋英华找到时任链家公司员工杨喜东，宋英华向杨喜东询问是否能提供北苑地区的业主个人信息以便宋英华办理居住证使用，杨喜东遂将赵鹏的身份证复印件，涉案房屋产权证复印件提供给宋英华，之后宋英华持上述赵鹏的个人信息资料至派出所为宋英华及其配偶吴某某办理了北京市居住登记卡。

（二）结果

法院经审理认为个人信息作为能够识别自然人身份的信息，范围包括自然人的身份证信息、个人名下房产信息等足以使他人依据该信息使得自然人特定化的信息。因此，宋英华、链家非法使用赵鹏个人信息的行为构成民事侵权。

（三）分析

在《民法总则》颁布实施之前，针对侵犯公民个人信息相关权益的行为，公民提起诉讼的权利基础一般为隐私权，例如庞理鹏诉中国东方航空股份有限公司、北京趣拿信息技术有限公司隐私权纠纷案。虽然隐私权也是人格权的一种，但是与自然人信息权之间存在着显著的不同。隐私权包含的信息类型较窄，只有那些自然人不愿意公之于众的自然人信息才受隐私权的保护，而一般性的个人信息则不属于隐私权的保护范围，比如手机号码，工作单位、家庭地址等，除非有特殊规定，一般的情况下，不属于个人隐私[①]。因此，隐私权并不能完全保护公民的个人信息权，而《民法总则》关于自然人信息权的规定，将不属于隐私权部分的个人信息也纳入民事保护范畴，丰富了公民维护自身个人信息的途径。

在赵鹏案件当中，法院认为根据《民法总则》第111条的规定，个人信息作为能够识别自然人身份的信息，范围包括自然人的身份证信息、个人名下房产信息等足以使他人依据该信息使得自然人特定化的信息。个人信息的民法保护，体现了民法的价值考量和对公共秩序的维护。

沈德咏:《中华人民共和国民法总则》条文理解与适用，人民法院出版社2017年版，第763页。

二、企业提起诉讼涉及用户个人信息的案件

（一）概要

2019 年 3 月 19 日，抖音推出的视频社交 APP 多闪发布弹窗，称“根据腾讯公司强烈要求，用户在微信 /QQ 上的账户信息，包括头像、昵称的权益属于腾讯公司”，建议用户将与微信 /QQ 一致的头像或昵称进行修改。

当晚，腾讯回应称，多闪超范围使用腾讯数据，针对抖音和多闪的不正当竞争以及侵犯用户合法权益的行为，已经向法院提起诉讼并申请了行为禁令。

3 月 20 日，天津滨海新区人民法院发布民事裁定书，要求抖音立即停止将微信 /QQ 开放平台授权登录服务提供给多闪使用的行为，同时多闪此前通过抖音擅自获得的微信 /QQ 用户头像、昵称也被勒令停用。

（二）分析

本案中，腾讯认为在用户仅注册了抖音、未注册多闪的情况下，多闪仍然非法从抖音获取了用户的微信 /QQ 头像和昵称，而用户个人信息的获取和使用必须遵循“合法、正当、必要”原则和三重授权原则，抖音和多闪的行为，严重侵犯了开放平台共享数据的安全，更直接侵犯了用户合法权益，目前，法院是采纳了腾讯的该种说法。

数据是互联网公司的重要资产，平台有责任维护自己的数据安全，也有权利保障用户的个人隐私不受侵犯。此次行为禁令的出具，意味着腾讯对用户数据保护的要求得到了法律的认可，本案或有望成为互联网用户信息保护领域标杆性案例。

三、公益诉讼维护公民个人信息权利的案件

（一）消费者协会提起消费民事公益诉讼维护公民个人信息权

1. 概要

2017 年 7 月，江苏省消保委就手机 APP 侵犯个人信息安全问题向北京百度网讯科技有限公司发送《关于手机应用程序获取权限问题的调查函》，要求其就旗下“手机百度”“百度浏览器”等两款手机 APP 存在的相关问题派员前来接受约谈，但百度对涉及消费者个人信息安全的相关权限拒不整改，也未有明确措施提示消费者 APP 所申请获取权限的目的、方式和范围并供消费者选择，无法有效保障消费者知情权和选择权。

2017 年 12 月 11 日，江苏省消保委就百度公司涉嫌违规获取消费者个人信息且未及时回应问题提起消费民事公益诉讼。

2. 结果

2018 年 1 月，在法院发出传票后，百度公司开始主动与江苏省消保委联系，多次派员沟通整改方案制定及软件升级改造情况。2 月 8 日，百度新版 APP 全部更新上线。经江苏省消保委会同有关部门实测，证实上述问题已整改到位。

2018 年 2 月，考虑到百度公司整改行为已基本体现出互联网领军企业应有的责任，保障了消费者个人信息安全，江苏省消保委依法撤诉。

3. 分析

根据《消费者权益保护法》第 37 条规定，"消费者协会履行下列公益性职责：（七）就损害消费者合法权益的行为，支持受损害的消费者提起诉讼或者依照本法提起诉讼"，江苏省消保委就百度公司涉嫌违规获取消费者个人信息提起消费民事公益诉讼。

此次公益诉讼的提起，揭露了手机 APP 行业内"潜规则"，在探索解决互联网环境下消费者权益保护问题新模式的同时，对互联网企业也起到了很好的警示作用，提醒互联网企业要在法律框架内遵循合法、正当、必要的原则获取消费者个人信息。

（二）检察院提起的公益诉讼维护公民个人信息权

1. 概要

2019 年 6 月上旬，上海市人民检察院组织开展了 APP 违法收集个人信息问题的专项调查，组织浦东、杨浦、静安等区检察机关，按照统一部署、集中办案、分别办理的原则，开展调查取证工作，并在公证机关见证下，通过 2345 应用市场下载相关类别的 APP，发现 10 余款手机 APP 存在违法收集个人信息的行为，并向存在相关违法情形的 APP 开发者发出公益诉讼检察建议书，并派员专程上门送达，向被监督企业指出问题、提出建议、释法说理，要求整改。

2. 分析

根据《民事诉讼法》第 55 条第 2 款规定，"人民检察院在履行职责中发现破坏生态环境和资源保护、食品药品安全领域侵害众多消费者合法权益等损害社会公共利益的行为，在没有前款规定的机关和组织或者前款规定的机关和组织不提起诉讼的情况下，可以向人民法院提起诉讼。前款规定的机关或者组织提起诉讼的，人民检察院可以支持起诉"。因此，检察院有权就互联网平台侵犯公民个人信息的行为提起公益诉讼。

作为公权力代表的检察机关针对违法收集和利用个人信息的行为提起公益诉讼，是一种公益诉讼领域的全新尝试，将对维护公共利益中的个人信息权利，规范互联网行业乱象产生积极影响。

第四节　数据合规的法律实务

不同的法律法规语境下，“数据”有不同的法律内涵。根据《网络安全法》第76条之规定，数据“是指通过网络收集、存储、传输、处理和产生的各种电子数据。”因此，考虑到《网络安全法》的整体立法逻辑及定义，这里的数据是广义的概念，一切以电子形式存在的数字化信息，均为数据，包括个人信息、重要数据以及其他网络运行信息、日志等。根据《电子商务法》第25条、第69条使用的语境，数据也是广义的概念。

而在《数据安全管理办法（征求意见稿）》中，从立法适用范围及调控对象来看，数据暨包括个人信息（例如第7条），也包括重要数据（例如第17条、第28条），还包括内容信息（例如第24条、第25条），最后还包括运行流量（例如第29条）以及其他一切数据（例如第36条），因此也是广义的概念。

在一些单行立法中，数据又采取了更加狭义的定义。例如在《科学数据管理办法》中，将科学数据明确定义为“包括在自然科学、工程技术科学等领域，通过基础研究、应用研究、试验开发等产生的数据，以及通过观测监测、考察调查、检验检测等方式取得并用于科学研究活动的原始数据及其衍生数据。”

根据不同法律语境，我们整理后的数据内涵范畴如下图所示：

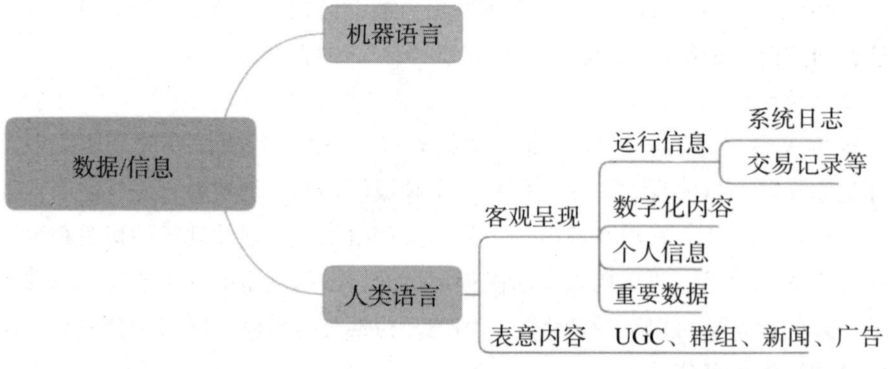

本书因体例需要，本节数据指除个人信息、内容信息以外的其他数据。当然

个别地方，因立法本身的逻辑问题，可能会有交叉。

一、数据存储的合规要求

（一）数据本地化合规要求

哪些数据需要本地化存储，法律规范一直较为模糊，立法和执法要求也一直动态变化。根据我们的法律理解、项目经验，数据本地化的法律要求，至少包括如下几个层面：

1. 法律层面上，关键信息基础设施在境内收集的个人信息和重要数据应当本地化存储。根据《网络安全法》第37条、《关键信息基础设施安全保护条例（征求意见稿）》《数据出境安全评估指南（征求意见稿）》等规定，“关键信息基础设施的运营者在中华人民共和国境内运营中收集和产生的个人信息和重要数据应当在境内存储”。

2. 在一些单行规定层面，一些特殊领域的数据应当满足本地化存储要求。例如网约车、征信、健康信息、网络出版数据等。此外，根据《企业会计信息化工作规范》第36条规定：“企业会计信息系统数据服务器的部署应当符合国家有关规定。数据服务器部署在境外的，应当在境内保存会计资料备份，备份频率不得低于每月一次。境内备份的会计资料应当能够在境外服务器不能正常工作时，独立满足企业开展会计工作的需要以及外部会计监督的需要。”该规定对财务数据本地化存储和备份标准作出了明确的规定。

3. 此外，在执法层面，根据等保备案、测评要求，在云计算平台上的个人信息应当在中国境内存储；而《互联网个人信息安全保护指南》进一步要求，在境内运营中收集和产生的个人信息应在境内存储，如需出境应遵循国家相关规定。

4. 最后，在立法趋势层面，根据最近颁布的《个人信息出境安全评估办法（征求意见稿）》，本地化存储的主体扩大到所有的网络运营者，任何主体在中华人民共和国境内运营中收集和产生的个人信息和重要数据，都应当在境内存储。

（二）数据存储的期限

网络运营者所存储的数据按照来源可分为两类，一类是运营过程中系统自产的数据，诸如网络日志等。根据《网络安全法》《互联网安全保护技术措施规定》《互联网信息服务管理办法》《互联网电子邮件服务管理办法》《网络出版服务管理规定》等规定，网络运营者应当保留网络日志至少六个月。

另一类是从用户、第三方、公开渠道等方式获得的与用户相关的个人信息、数据（难以被界定是个人信息，但与用户有关）。这一类数据按照工信部24号令、

《个人信息安全规范》的要求，应当满足存储最小化的规定。同时还规定，“电信业务经营者、互联网信息服务提供者在用户终止使用电信服务或者互联网信息服务后，应当停止对用户个人信息的收集和使用，并为用户提供注销号码或者账号的服务。”此外，例如征信业数据也有最高保存期限的限制。

但实践中，第二类数据与第一类往往难以区分，而网络运营者履行执法协助义务时也需要提供相应的记录。具体的期限例如《电子商务法》第 31 条规定：“电子商务平台经营者应当记录、保存平台上发布的商品和服务信息、交易信息，并确保信息的完整性、保密性、可用性。商品和服务信息、交易信息保存时间自交易完成之日起不少于三年；法律、行政法规另有规定的，依照其规定。”

（三）数据存储的人员管理

根据《数据安全管理办法（征求意见稿）》《互联网个人信息安全保护指南》《个人信息安全规范》等文件，对重要数据和个人敏感信息的访问人员应当符合必要性和最小化要求，并建立访问审批和记录。此外，诸多规范都要求网络运营者设立数据安全负责人（或称网络安全负责人、个人信息保护负责人等）。这一岗位职责自然包括建立数据存储管理机制和审批机制。

（四）重要数据存储的特别要求

根据《互联网个人信息安全保护指南》《信息安全技术 数据出境安全评估指南（征求意见稿）》等规定，重要数据的存储应当保证数据的完整性和保密性，在存储时应对重要数据采用校验技术或密码技术。根据《科学数据管理办法》第 29 条规定：“科学数据中心应建立应急管理和容灾备份机制，按照要求建立应急管理系统，对重要的科学数据进行异地备份。”

（五）其他

根据《数据安全管理办法（征求意见稿）》《互联网个人信息安全保护指南》《个人信息安全规范》等文件，数据存储还应当确保数据控制者的安全保障能力，对数据进行分类后再存储，同时对重要数据、个人信息应当加密存储。

二、数据出境的合规要求

（一）数据出境政策进程回顾

2016 年《网络安全法》就数据出境规定了关键信息基础设施的运营者在中华人民共和国境内运营中收集和产生的个人信息和重要数据应当在境内存储。因业务需要，确需向境外提供的，应当按照国家网信部门会同国务院有关部门制定的办法进行安全评估。

2017 年 4 月 11 日，网信办发布《个人信息和重要数据出境安全评估办法（征求意见稿）》（以下简称旧办法），首次系统提出了网络数据跨境转移相关规则，并明确了何种数据，何种情形的数据出境需要安全评估。同年，《信息安全技术 数据出境安全评估指南（征求意见稿）》发布，提出了详细的个人信息和重要数据出境的安全评估流程、要点和方法。

2019 年 6 月 13 日，网信办发布《个人信息出境安全评估办法（征求意见稿）》（以下简称新办法），将个人信息和重要数据出境的安全评估区分对待，并较旧办法扩大了个人信息出境的评估范围，明确了个人信息出境的申报评估要求、申报材料、重点评估内容、个人信息出境记录等要求。鉴于网信办尚未发布单独的数据出境安全评估办法，本书仍然以旧办法为蓝本展开数据出境要求的分析。

（二）《个人信息出境安全评估办法（征求意见稿）》解读

1. 一刀切：个人信息出境申报及评估的范围

作为数据出境限制制度的基本法律渊源，《网络安全法》第 37 条将数据出境限制的主体限定为 CIIO，而数据出境的客体为个人信息和重要数据。而老办法沿袭了《网络安全法》的客体范畴，但是将主体限定拓宽到全部网络运营者。

本次新办法采取简单化、一刀切的处理方式，提出所有网络运营者（不论行业类型），只要在境内收集个人信息（不论数量多少）需要出境的，按照接受者为单位，一律需要每 2 年（或出境目的、类型和境外保存时间发生变化时）一次向所在地省级 / 市网信部门申报并安全评估。

新办法还提出，即便在境内没有商业实体的境外主体在境内收集个人信息要出境的，亦应当在境内通过法定代表人或者其他关联机构履行申报及评估义务。只是不知道，未来这一条如何落地及有效执行。

2. 强评估：个人信息出境申报及评估实务

根据老办法规定，只有当网络运营者符合一定的行业条件或个人信息满足一定的数量要求时，才需要行业主管部门强制安全评估，其他情形仅需要自行评估。但新办法提出个人信息出境一律要求必须申报，且只能由网信办组织专家或技术力量进行安全评估。

根据新办法，网络运营者应当每年 12 月 31 日前申报当年个人信息出境的如下材料：（1）申报书；（2）网络运营者与接收者签订的合同；（3）个人信息出境安全风险及安全保障措施分析报告；（4）其他必要材料。

此外，根据新办法，网信办应当在 15 日内完成如下评估：（1）是否符合国家有关法律法规和政策规定；（2）合同条款是否能够充分保障个人信息主体合法权益；（3）合同能否得到有效执行；（4）网络运营者或接收者是否有损害个人信息主体合法权益的历史、是否发生过重大网络安全事件；（5）网络运营者获得个人信息是否合法、正当；（6）其他应当评估的内容。其中，第（2）（3）项是新办法中新增的评估项，只是不知道，未来实际评估中如何消除本条认定的主观性。

其中，经网信办安全评估认定个人信息出境可能影响国家安全、损害公共利益，或者难以有效保障个人信息安全的，不得出境。

3. 申报实务：《个人信息出境安全风险及安全保障措施分析报告》

参照信安标委此前发布的《信息安全技术 数据出境安全评估指南（征求意见稿）》《信息安全技术 个人信息安全影响评估指南（征求意见稿）》以及欧盟DPLA等文件，企业可以自行或委托专业机构制作的《个人信息出境安全风险及安全保障措施分析报告》应当至少包括如下内容：

（1）出境方、接收方的基本背景情况及历史记录。

（2）出境的个人信息的类型、范围及数量级别。

（3）个人信息出境的必要性、正当性及合法性。

（4）个人信息出境的安全风险识别，包括但不限于发送方数据是否脱敏；数据出境方的技术和管理能力；数据接收方的安全保护能力；数据接收方所在国家或区域的政治法律环境；双方合同的主要内容及履行能力；等等。

（5）个人信息出境的安全保障措施，包括但不限于双方的人员设置、制度建设、技术措施、应急预案、审计机制，等等。

（6）保障个人信息主体查询、修改及删除等权利实现的能力及渠道。

（7）个人信息出境记录及档案保留机制。

（8）以及，较上一次申报发生的主要变更事项。

4. 合规要点：个人信息出境合同/协议

本次新办法首次提出，出境方应当与接收方签订具有法律效力的合同或协议。且该协议应当向网信办申报，并应当供个人信息主体备查。只是不知道，未来这一要求如何实质落地并避免阴阳合同。

根据新办法，关于合同内容，立法者非常贴心的保姆式罗列了必要的合规条款。

针对出境方而言，合同应当包括如下内容：（1）以电子邮件、即时通信、信函、传真等方式，另行单独告知个人信息主体网络运营者和接收者的基本情况，以及向境外提供个人信息的目的、类型和保存时间；（2）承诺提供本合同的副本；（3）承诺协助索赔，并先行赔付。

针对接收方而言，合同应当包括如下内容：（1）承诺保障个人信息主体访问、更正或者删除其个人信息的权利；（2）承诺按照合同约定的目的、期限使用、存储个人信息；（3）确认签署合同及履行合同义务不会违背所在国家的法律要求；（4）除非符合特定的条件，承诺不得将接收到的个人信息传输给第三方。

（三）数据出境的其他实务问题

首先，根据网安法及其配套规则的立法逻辑，数据出境的前提条件是先要在本地化存储，然后再考虑是否可以出境以及是否需要安全评估的问题。因此，从技术路径的角度，不能是先出境，再回传 / 备份到境内。

其次，根据有关规定，出境给国家政治、经济、科技、国防等安全带来风险，可能影响国家安全、损害社会公共利益的特殊行业重要数据，不得跨境转移。根据本书的整理，目前我国已经明确制定单行立法禁止数据跨境转移的行业包括但不限于：

（1）金融（含互联网金融）、征信行业，具体依据包括但不限于为《非银行支付机构网络支付业务管理办法》《人民银行关于银行业金融机构做好个人金融信息保护工作的通知》《网络借贷信息中介机构业务活动管理暂行办法》《征信业管理条例》等等。

（2）网约车行业，具体依据包括《网络预约出租汽车经营服务管理暂行办法》。

（3）网络出版、网络地图行业，具体依据包括但不限于《网络出版服务管理规定》《地图管理条例》等等。

（4）其他行业，例如民航、域名服务、人口健康等。

（5）网信、安全部门认定的其他重要数据。我国《反恐怖主义法》《网络安全法》均赋予了安全部门网络管制特别权限，所以网络安全部门认定不宜跨境转移的重要数据，可以采取临时管制措施。

再次，关于境内收集的识别。实践中，哪些属于在“境内”收集的个人信息和重要数据，存在一定的理解误差。根据我们的项目经验，网络运营者是否在境内开展业务是判断相关是否在境内收集相关的数据的重要依据，具体包括：在境内设立服务器，在境内设立商业实体，向境内提供产品或服务（又包括使用中文、人民币结算、境内物流、境内合同等）。

最后，哪些情形属于境外提供的问题。根据我们的项目经验，集团内部之间跨境转移数据，通过镜像等方式访问境内数据，极端情况下向位于境内的境外机构和人士提供数据或开放访问权限的，都属于向境外提供数据。

三、数据流动的合规要求

（一）数据流动概述

数据流动是以企业基于商业需求，从上游间接获取数据、或将自己的数据分享给下游或委托给供应商处理。企业发生数据流动的，自然需要遵从间接获取个人信息，数据共享，转让、委托第三方处理等行为的合规要求。但企业在数据流动中面临的合规风险不仅仅如此，根据《数据安全管理办法（征求意见稿）》的最新内容，网络运营者从其他途径获得个人信息，与直接收集个人信息负有同等的保护责任和义务，并与接入其平台的第三方承担连带责任。这就要求网络运营者在数据流动过程中，更加注重自身的合规审查责任。

（二）企业从上游获取用户信息的审查责任

1. 识别与分级是前提

一个普遍共识是，受限于成本和效率考虑，企业对上游数据的合规审查不可能是无限度的。因此，建立一套识别与分级机制，推行“分级管理、分层合规”，制定识别分级合规手册，有利于后续采取针对性的审查及动态管理体系。

实践中，识别与分级时主要考量的因素包括但不限于：

（1）用户信息是一般个人信息，还是敏感个人信息，还是非个人信息；

（2）是否属于不需要用户同意的豁免情形；

（3）上游提供方的用户信息来源、业务关联度等；

（4）获取用户信息的范围、体量等；

（5）获取用户信息的方式、频率及途径（例如是 API 及时还是延时）；等等。

2. 数据合规审查的深度和广度

企业在获取上游提供的用户信息时，根据前期识别与分级工作，可以差别化的采取形式审查、实质审查、第三方评估测评等方式进行合规审查。

（1）形式审查，又称为文本审查。实践中常见的方式，例如要求上游就数据的合法性出具单独的《承诺函》，或者在合作协议中加入数据合规的专门条款等。

（2）实质审查，审查的内容主要包括五个方面：

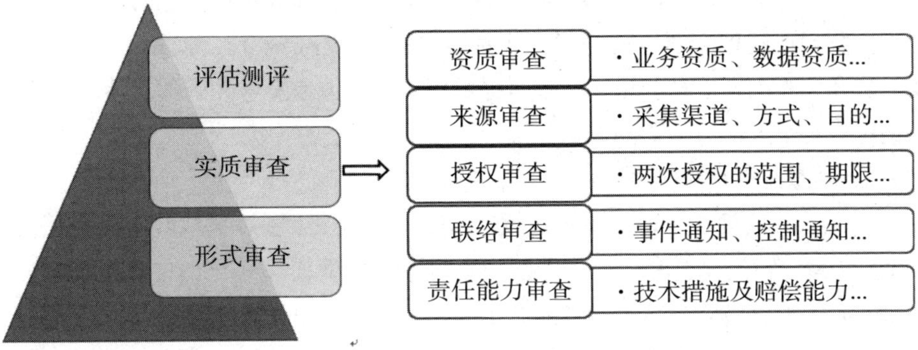

3. 其他合规要求

企业还应当建立完善的网络安全合规体系，通过采取相关技术措施并制定内部管理制度，建立数据安全影响评价机制，依法留存用户数据，加强内部合规培训，有针对性地对获取的用户数据采取匿名化、去标识化等数据处理措施，建立用户数据使用审计制度。同时，根据用户信息获取的频率，建立动态的审查措施。

（三）企业向下游提供用户信息的监管责任

法律和实践层面，企业向下游提供用户信息的，因个人信息的可复制性、易流通性等特征，会导致用户对其个人信息的控制力的减弱，需要企业承担的审查与监管责任更大。

根据我们的经验，企业向下游提供用户信息时的合规要点包括：

1. 告知与并取得明示同意是核心

根据《网络安全法》《个人信息安全规范》等规定，企业向下游提供/共享用户个人信息的，应当告知用户并获得用户的明示同意。但实践中，根据商业场景不同，告知并获得用户同意的方式也各有差别，具体包括：

（1）概括告知：例如通过隐私政策、用户协议、产品文案等，告知用户未来可能会向第三方提供/分享个人信息。此种方式较为常见，但合规风险也相对较大。

（2）反向追认：例如通过场景化追认、共同授权、反向验证等方式，由下游使用场景反向追认提供方的合法性。此种方式通常在提供方不直接接触用户的模式中使用，例如征信、支付等行业。

（3）单独告知：例如通过交互通信、弹窗、场景确认等方式，单独就提供/共享行为获得用户的明示同意，例如 iCloud 将数据转移到云上贵州的告知方式，该种方式的合规风险是最低的。

实践中，借鉴Facebook事件的教训，除了满足告知和用户同意的合规要求外，同时，我们还建议企业以适当的方式对用户进行引导、教育，告知用户共享、转让、公开披露个人信息的法律后果，提供用户对个人信息管控的便利性、显著性，强化用户对个人信息保护的意识。

2. 动态监管是关键

Facebook事件中，Facebook广受诟病的一个原因之一就是，用户数据开放共享给GSR等第三方后，未尽到必要的动态监管责任。扎克伯格在听证会阐述Facebook的整改措施时，也重点强调了动态监管的必要性及具体措施。

实践之中，考虑到企业的管理效率和成本，同时兼顾促进数据流动的目的考虑，企业在数据分享后的监管责任包括但不限于：

（1）形式监管：要求第三方出具书面承诺，或者在数据共享合同中加入单独条款。

（2）实质监管：通过共同设立项目组，共管数据库权限，发送动态询证函，动态调整/更新API接口等方式，加强下游获取方的监管。此外，企业还应当保持与下游的有效联络，及时沟通用户数据的应用情况，一旦发生信息安全事件，能够及时依法采取处置和并履行报告义务。企业还应当制定针对数据共享的应急预案；等等。

（3）引入第三方审计测评；还可以要求第三方定期提供测评机构出具的评估报告（例如数据安全影响评估报告、等保测评报告以及ISO27001认证报告等）。

3. 其他合规要求

此外，企业如何根据《个人信息安全规范》等规定，建立不同层面的评估机制（例如必要性评估、安全性评估、跨境评估等）；借鉴第二部分的内容，建立有效的、分层的下游审查机制；并依法、准确记录和保存个人信息的共享、转让的情况，包括共享、转让的日期、规模、目的，以及数据接收方基本情况等。

四、数据安全评估的合规要求

开展数据安全影响评估是我国网络安全分层监管的重要体现。

（一）数据安全评估的法律体系

体系	规范名称	主要内容
法律	《网络安全法》	明确了关键信息基础设施数据出境应当展开安全评估
部门规章	《数据安全管理办法（征求意见稿）》	明确了网络运营者向他人提供个人信息等应当展开安全评估
	《个人信息出境安全评估办法（征求意见稿）》	明确了个人信息出境应当展开安全评估
	《个人信息和重要数据出境安全评估办法（征求意见稿）》	明确了达到一定规模的个人信息和重要数据出境，应当展开安全评估
标准	《信息安全技术 个人信息安全影响评估指南（征求意见稿）》	明确了个人信息安全影响评估的概念、框架、方法和流程
	《信息安全技术 数据出境安全评估指南（征求意见稿）》	明确了数据出境安全影响评估的概念、框架、方法和流程
	《个人信息安全规范》	明确了网络运营者应定期、业务模式、信息系统、运行环境发生重大变更以及发生重大安全事件时应当展开个人信息安全影响评估

（二）需要开展数据安全评估的情形

<table>
<tr><th colspan="4">自愿评估</th><th>强制评估</th></tr>
<tr><td>提供评估</td><td>发布、共享、交易评估</td><td>业务评估：业务模式、技术环境发生重大变更</td><td>事件评估：发生重大个人信息安全事件</td><td>出境评估</td></tr>
<tr><td>评估＋用户同意</td><td>评估＋监管同意</td><td>评估＋公示</td><td>申报＋评估</td><td></td></tr>
<tr><td colspan="2">《数据安全管理办法》</td><td></td><td colspan="2" rowspan="2">《数据安全管理办法》
《个人信息出境安全评估办法》</td></tr>
<tr><td colspan="3">《个人信息安全规范》《个人信息安全影响评估指南》</td></tr>
</table>

根据《数据安全管理办法》的规定，网络运营者向他人提供个人信息的应当展开安全评估，并且获得用户的同意，根据我们的理解，这里的评估系个人信息安全影响评估，网络运营者可参照《个人信息安全影响评估指南》展开评估。

《数据安全管理办法》还规定网络运营者发布、共享、交易或向境外提供重要数据前，应当开展安全评估，并报送监管部门审批。根据我们的理解，这里的评估可参照《数据出境安全评估指南》展开。

此外，根据《个人信息安全规范》的规定，网络运营者应当定期（至少每年一次）开展个人信息安全影响评估，在法律法规有新的要求时，或在业务模式、信息系统、运行环境发生重大变更时，或发生重大个人信息安全事件时，应重新进行个人信息安全影响评估。

根据《个人信息出境评估办法（征求意见稿）》，任何个人信息出境的，都应当向所在地省级网信部门申报个人信息出境安全评估，不再有个人信息规模和类型的限制。

（三）个人信息安全影响评估的合规重点

1. 个人信息安全影响评估主要内容

根据《个人信息安全规范》的要求，人信息安全影响评估应主要评估处理活动遵循个人信息安全基本原则的情况，以及个人信息处理活动对个人信息主体合法权益的影响，内容包括但不限于：

（1）个人信息收集环节是否遵循目的明确、选择同意、最少够用等原则；

（2）个人信息处理是否可能对个人信息主体合法权益造成不利影响，包括处理是否会危害人身和财产安全、损害个人名誉和身心健康、导致歧视性待遇等；

（3）个人信息安全措施的有效性；

（4）匿名化或去标识化处理后的数据集重新识别出个人信息主体的风险；

（5）共享、转让、公开披露个人信息对个人信息主体合法权益可能产生的不利影响；

（6）如发生安全事件，对个人信息主体合法权益可能产生的不利影响。

2. 个人信息安全影响评估的原理

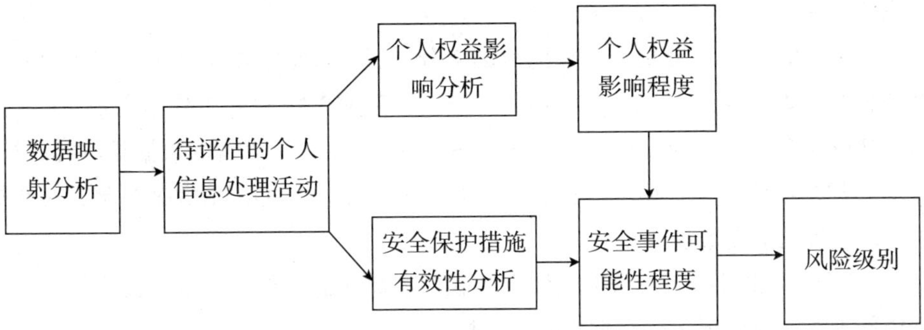

评估前，对个人信息控制者的个人信息处理过程进行全面的调研，形成清晰的数据清单及数据映射图表。同时结合个人信息处理的具体场景，初步判定所处理的个人信息哪些属于个人敏感信息，梳理出待评估的个人信息处理活动。

评估过程中，首先，分析个人信息处理活动对个人权益造成的影响，并判定相应的影响程度；其次，对个人信息处理活动涉及的特点、安全措施、相关方、规模等进行分析，判定相应影响相关安全事件发生的可能性。最后，综合分析影响程度和可能性两个要素，得出风险等级，并给出相应的改进建议，最终形成评估报告。

3. 评估报告主要内容

评估报告的内容通常包括：个人信息保护专员的审批页面、评估报告适用范围、实施评估及撰写报告的人员信息、参考的法律、法规和标准、个人信息影响评估对象（应明确涉及的个人敏感信息）、评估内容、涉及的相关方等，以及个人权益影响分析结果，安全保护措施分析结果、安全事件发生的可能性分析结果、风险判定的准则、合规性分析结果、风险分析过程及结果，风险处置建议等。

五、数据可携权的合规要求

（一）数据可携权概述

数据可携权（Right to data portability）由《通用数据保护条例》（The General Data Protection Regulation，以下简称“GDPR”）首次提出。根据 GDPR 第 20 条的规定，数据可携权是指数据控制者（网络运营者）以自动化的处理方式收集数据主体（即用户）的数据时，用户有权要求数据控制者提供所收集的数据副本，并有权要求数据控制者直接将数据副本传输至第三方数据控制者。

出于促进数据自由流通的考量，数据可携权的设立目的在于便捷用户在不同平台、软件之间的数据迁移，也旨在防范单一平台、先入企业利用数据优势形成行业垄断地位。

在GDPR项下，数据可携权的范围十分广泛，包括数据主体主动提供以及数据控制者收集的数据。根据GDPR第20条以及第WP第29条工作组所发布的《数据可携权指南》(Guidelines on the right to data portability)，可携的数据具体要求有:

1. 数据主体主动提供或数据控制者收集的数据，但不包括数据控制者对数据分析、处理后的新数据；

2. 可携的数据应当与数据主体有关联，关联性的判断应当基于具体场景下的合理性判断，典型无关的数据有匿名数据；

3. 可携的数据涉及他人信息、知识产权以及商业秘密时，应当注重保护第三方权利，但数据控制者不得以数据涉及第三方权益拒绝数据主体的请求。

（二）中国法语境下的类似规范

与GDPR中的数据可携权不完全对标的是《个人信息安全规范》第7.9条。该条规定网络运营者应当响应用户要求提供个人信息副本的请求。在技术可行的情况下，网络运营者应直接将个人信息的副本传输给用户指定的第三方。但与GDPR不同的时，《个人信息安全规范》项下“可携”的个人信息仅限于个人基本资料、个人身份信息、个人健康生理信息、个人教育工作信息四类信息，并无任何兜底规定。

此外，2018年7月21日颁布的《国家健康医疗大数据标准、安全和服务管理办法（试行）》第21条规定，与医疗大数据相关的机构应当依法依规使用健康医疗大数据有关信息，提供安全的信息查询和复制渠道，确保公民隐私。

就目前而言，仅有《个人信息安全规范》等极个别规范中涉及与数据可携权类似的规定，但考虑GDPR立法的辐射力、以及数据可携权已经成为学界的研究热点，在未来立法中也有可能正式写入数据可携权。

六、数据爬取行为的合规要求

（一）爬取行为概述

数据爬取行为，是指利用网络爬虫或类似的方式，根据所设定的关键词、取样对象等规则，自动地抓取万维网信息的程序或者脚本，并对抓取结果进行大规模复制的行为。

由于爬取具有高效检索、批量复制、成本低下等特征，成为许多企业获取数据资源的方式。但当爬取的数据涉及他人权益时，爬取方面临的法律风险诸多，近期金融科技行业的系列刑事风暴，也主要起因于某些一线数据公司、征信公司及金融科技公司涉嫌数据爬取，或者间接使用了通过爬取方式获得的数据源。

虽然当前法律法规中并未明确对爬取行为作出规则，但取决于爬取数据的“质量”，如果别人网站数据符合我国《著作权法》意义上的作品，爬取行为轻则可能涉嫌构成著作权民事侵权，重则可能构成刑事犯罪。另一方面取决于爬数据的“吃相”，爬取行为轻则可能因实质替代获取不正当竞争优势、干扰或破坏他人网络服务的正常运行，涉嫌构成不正当竞争；重则可能因绕开技术措施非法获取数据，涉嫌构成非法获取计算机信息系统数据罪等罪。

而最新公布的《数据安全管理办法（征求意见稿）》也对爬取数据的行为作出了规制。该办法第16条提出：“网络运营者采取自动化手段访问收集网站数据，不得妨碍网站正常运行；此类行为严重影响网站运行，如自动化访问收集流量超过网站日均流量三分之一，网站要求停止自动化访问收集时，应当停止。”对爬取行为提出了“不得妨碍网站正常运行”和“访问流量不得超过总流量三分之一”的要求。

本书将以我国立法与司法判例为基础，详细解读抓取他人网站数据的不同情形，是否分别侵犯著作权，构成不正当竞争，以及构成非法获取计算机信息系统数据罪等罪。

（二）侵犯著作权承担民事责任的情形

案例：北青报诉新浪网侵犯著作权系列案，美亚长城诉精伦电子侵犯著作权纠纷案［注：（2014）鄂民三终字第00107号］，大众点评网诉爱帮网侵犯著作权纠纷案［注：（2009）一中民终字第5031号］，泛亚公司诉百度MP3侵犯著作权纠纷案［注：（2009）民三终字第2号］。

案例评析：不同案件因商业模式不同，基础权利依据不同，最终是否侵犯著作权以及具体侵犯的权利子项各不相同，具体分析如下：

1. 侵犯单个作品著作权的前提是数据具有独创性。抓取他人网站数据（文字、图片或视音频等）是否构成侵犯单个作品著作权的前提，取决于单个数据的质量，即单个数据必须具有《著作权法》意义上的独创性。我国《著作权法实施条例》第2条明确规定：“著作权法所称作品，是指文学、艺术和科学领域内具有独创性并能以某种有形形式复制的智力成果。”北青报诉新浪网侵犯著作权系列案中，北青报的多篇新闻报道作品是记者根据调查采访撰写的专业新闻文章，每一篇均具有独创性，应受著作权法保护，即新浪网侵犯了北青报单个作品的信息网络传播权；而相反的，在大众点评网诉爱帮网侵犯著作权纠纷案、携程网诉去哪儿网侵犯著作权纠纷等案件中，因大多数用户单个点评信息“属于简单描述客观事实或观点，其表达方式非常有限”，所以单个数据质量较低（不具有著作权法意义上的独创性），故法院最终未支持数据抓取方侵犯单个数据著作权的主张。

2. 结构性数据是否属于汇编作品。对于独创性不高的结构性数据（例如电商网站的主体信息、产品介绍、用户评价等），如果权利人以侵犯汇编作品著作权为由对数据抓取方提起诉讼，显然有利于节约维权成本。但是，我国《著作权法》要求汇编作品的“选择或者编排”具有一定的独创性。例如，在大众点评网诉爱帮网侵犯著作权纠纷案中，二审法院完全推翻了一审法院的认定，认为“大众点评网对于网友点评文字系按照时间顺序排列，排列方式是常见的排列方式，并不具有独创性”，所以大众点评网中餐馆的介绍及网友点评文字整体上不构成汇编作品，故法院最终未支持数据抓取方侵犯整体数据汇编作品著作权的主张。

3. 搜索引擎等抓取数据是否应当承担侵权责任。根据《信息网络传播权保护条例》《最高人民法院关于审理侵害信息网络传播权民事纠纷案件适用法律若干问题的规定》，搜索引擎等网络服务提供者在提供自动接入、自动传输、信息存储空间、搜索、链接、文件分享技术等网络服务时抓取数据的，如果不会实质替代其他网站向公众提供相关作品的，不构成侵权。例如，在泛亚公司诉百度 MP3 著作权纠纷一案，最高人民法院认为，“百度网站提供的 MP3 搜索服务是一种网络技术服务，只有在明知或者应知所搜索链接到的作品为侵权作品仍然提供搜索链接的情况下才需要对第三方网站的侵权行为承担连带责任……在此过程中，百度网站是基于技术的安排，自动地提供服务，并未对搜索结果进行主动干预，其无从知晓搜索结果是否侵犯他人著作权。”相反的，在美亚长城诉精伦电子侵犯著作权纠纷案中，法院认为精伦电子在抓取数据后“对这些信息进行了编辑、分类、排行、评分、推荐……行为主观上具有过错，构成侵权”。此外，北京市高级人民法院在《关于涉及网络知识产权案件的审理指南》中，对于搜索引擎等承担责任的构成要件作出了详细规定，值得参考。

（三）侵犯著作权承担刑事责任的情形

案例：2014 年 3 月，被告人何某设立“车城小说”网站，其通过租赁海外服务器并运行其从互联网上下载的“关关采集”抓取软件，在未获被害单位起点中文网许可的情况下，擅自抓取复制 650 部文字作品，存储于自己的服务器上，供“车城小说”网站用户免费阅读。何某通过在“车城小说”网站网页内刊登广告获取广告收益，非法营利数额达人民币 19 万余元。

案例评析：我国《刑法》第 217 条明确规定了侵犯著作权罪的构成要件：以

营利为目的；数额较大或情节严重；具体的侵权行为。具体分析如下：

1. 关于以营利为目的。常见的表现形式为抓取数据后对外销售，除此之外，司法实践中下列情形通常也被认定为具有营利目的：收取会员费，刊登收费广告，捆绑他人作品获利，获取竞争优势或交易机会等情形。

2. 关于数额较大或情节严重。侵犯著作权罪的追诉起点为违法所得数额三万元或者非法经营数额五万元；即便未达到上述金额，但抓取他人数据符合下列情节的，仍然应当追究：传播他人作品的数量合计 500 件以上；侵权作品实际被点击数达到 5 万次以上；侵权网站注册会员达到 1000 人以上；等等。

3. 关于具体的侵权行为。通常表现为复制、发行，其中发行包括总发行、批发、零售、通过信息网络传播以及出租、展销等活动。抓取别人网站数据并在自己网站使用的行为，属于典型的"信息网络传播"，即以有线或者无线方式向公众提供作品，使公众可以在其个人选定的时间和地点获得作品的方式。

在本案中，何某通过广告的方式获利，抓取并通过信息网络传播作品的数量高于法定追诉标准的 500 件，且营利数额超过 5 万元，构成侵犯著作权罪，判处有期徒刑 1 年，并处罚金 10 万元。

（四）爬数据构成不正当竞争的情形

案例：大众点评诉百度地图不正当竞争案，乐视网诉爱奇艺、优酷不正当竞争案，大众点评诉爱帮网不正当竞争案［注：（2011）一中民终字第 7512 号］。

案例评析：通常，当抓取的数据因缺乏独创性无法以单个作品或者汇编作品获得著作权法上的保护时，权利人会寻求获得《反不正当竞争法》上的保护。其好处是，无需证明数据的独创性及是否获得数据的独占、排他性权利。但是，要获得《反不正当竞争法》上的保护必须满足如下条件：

1. 数据是否构成法律上权利或利益。我国《反不正当竞争法》第二章列举了大量具体的权利或利益，同时第 2 条还笼统的规定了经营者的竞争优势也属于一种利益。具体到案例，例如在大众点评诉爱帮网不正当竞争案中，法院认为"大众点评网的商户简介和用户点评，是汉涛公司搜集、整理和运用商业方法吸引用户注册而来。汉涛公司为此付出了人力、财力、物力和时间等经营成本，由此产生的利益应受法律保护。"

2. 双方具有竞争关系。双方具有竞争关系，是判断市场竞争秩序是否破坏，权利人利益是否受损的前提条件。例如在大众点评诉百度地图不正当竞争案中，百度地图认为"地图本身是导航服务，大众点评提供的是数据点评类服务，二者业务没有直接竞争关系。"另外，在大众点评诉爱帮网不正当竞争案中，法院认为"爱帮网和大众点评网都是提供分类信息查询服务的网站，爱帮科技公司和汉涛公司存在直接竞争关系，应受反不正当竞争法调整。" 此外，北京市高级人民法院在《关于涉及网络知识产权案件的审理指南》中，明确规定产品具有替代关系、交叉关系、依存关系或关联关系的，可以认定为具有竞争关系。

3. 权利人利益受到实际损害。不正当竞争行为本质上是一种侵权行为，侵权责任的承担以实际损害发生为前提，在此类案件中，双方争议的一个焦点即为利益是否受到实际损害。例如，在大众点评诉百度地图不正当竞争案中，百度地图认为百度的数据抓取及展示行为不但没有给大众点评带来损害，反而是为大众点评带来了利益，所以不构成不正当竞争。

4. 抓取行为导致服务被替代构成不正当竞争。北京市高级人民法院在《关于涉及网络知识产权案件的审理指南》中明确规定，未经许可且无正当理由，抓取能够为原告增加交易机会和竞争优势的他人网站内容，并足以替代消费者访问他人网站的，可以认定为反不正当竞争法第 2 条规定的不正当竞争行为。例如，在大众点评诉爱帮网不正当竞争案中，法院认为"爱帮网对大众点评网的点评内容使用，已达到了网络用户无需进入大众点评网即可获得足够信息的程度，超过了适当引用的合理限度，事实上造成爱帮网向网络用户提供的涉案点评内容对大众点评网的相应内容的市场替代，对汉涛公司的合法利益产生实质性损害。"所以，最终法院认定爱帮网构成不正当竞争，判决其停止侵权并赔偿 50 万元。

5.《反不正当竞争法》修正为打击抓取数据提供新契机。2019 年《反不正当竞争法》修正稿明确增加了一种不正当竞争行为，即"影响用户选择、干扰其他经营者正常经营的行为"。其中根据第 12 条第 4 款规定，经营者抓取他人网站数据"干扰或者破坏他人合法提供的网络应用服务的正常运行的，构成不正当竞争。例如在乐视网诉爱奇艺、优酷不正当竞争案中，乐视网认为，爱奇艺、优酷未经许可，抓取乐视网视频的播放窗口，屏蔽了乐视网的视频网页界面（优酷还屏蔽了乐视网网址、商标），并通过设置网页广告、赚取网络流量和点击量牟利，构成不正当竞争。

（五）爬数据构成非法获取计算机信息系统数据等罪的情形

案例：南京同享网络法定代表人张某、副总经理沈某组织员工编写模拟程序，非法获取掌门科技"WIFI 万能钥匙"数据库内的 WIFI 热点密码数据，构成非法获取计算机信息系统数据罪，判刑三年（缓刑）；周某某利用 Cookie 劫持的方式，绕过圆通快递金刚系统权限认证爬取快递单信息，构成非法获取计算机信息系统数据罪，判刑三年三个月；王某非法获取中国兽医执业资格考试网站的考生注册信息数据刑事案件，判刑三十个月；陈某等非法获取福建省公安厅交通警察总队的计算机系统的违法车主信息刑事案件，判刑三十六个月。

案例评析：根据我国《刑法》第285条规定，违反规定侵入国家事务、国防建设、尖端科学技术领域的计算机信息系统的，不论情节严重与否，构成非法侵入计算机信息系统罪。《刑法修正案（七）》首次规定，违反规定侵入普通的计算机信息系统或者采用其他技术手段，获取该计算机信息系统中存储、处理或者传输的数据的，情节严重的，构成非法获取计算机信息系统数据罪。关于本罪理解：

1. 犯罪行为人通过绕开管理权限或技术措施，仅实施了获取（复制、抓取）他人网站数据的行为；如果采用植入病毒、埋伏数据炸弹、直接删除、随意修改等行为则可能还构成破坏计算机系统等罪。

2. 本罪中的数据，包括信息、文字、图片、影音资料、专有的程序或者软件等，但往往是不具有著作权法意义上的作品的独创性要求，否则构成侵犯著作权等罪。

3. 本罪要求的情节严重，是指多次、大量获取他人计算机数据的行为。即为获取数据数量多、对比较多的计算机信息系统实施了非法获取行为、犯罪行为加重了计算机信息系统的工作负担、犯罪行为人获取的计算机数据有很重要意义、犯罪行为人取得了较大利益等等。

4. 单位犯本罪的，对单位判处罚金，并对其直接负责的主管人员和其他直接责任人员，依照该规定定罪处罚。

七、数据“杀熟”的合规要求

（一）数据“杀熟”概述

数据“杀熟”，是指利用用户画像等大数据分析方式，判断用户的价格敏感度、购买能力、消费习惯等因素，从而对用户的购买行为予以预测。举例说明，当消费者浏览特定商品时，经营者根据用户画像，对价格敏感度低、购买意愿强、用户粘性强等特征的消费者显示较高的价格，而对价格敏感度高，购买意愿较弱的“新客”显示较低的价格，从而促进成交。

上述行为构成经济学意义上的价格歧视，且为典型的一级价格歧视。经济学上将价格歧视分为三级：第一级为完全的价格歧视，商家针对每一个消费者的特性予以不同定价，大部分数据“杀熟”即为此种样态；第二级歧视一般是指商家根据消费者的购买量大小予以差异定价，第三级歧视则是商家在不同的销售市场和销售地域予以差异定级。相较于第一级的价格歧视，后两级价格歧视具有一定的合理性，系商业判断的结果，在实践中争议不大。但就利用大数据分析采取第一级价格歧视，可能存在着反垄断、侵犯消费者知情权、公平交易权、侵犯消费者个人信息权等诸多法律风险。

（二）数据“杀熟”的法律风险

1.《数据安全管理办法（征求意见稿）》的法律风险

2019 年 5 月 28 日公布的《数据安全管理办法（征求意见稿）》第 13 条提出，网络运营者不得依据个人信息主体是否授权收集个人信息及授权范围，对个人信息主体采取歧视行为，包括服务质量、价格差异等。第 23 条第 2 款提出，网络运营者开展定向推送活动应遵守法律、行政法规，尊重社会公德、商业道德、公序良俗，诚实守信，严禁歧视、欺诈等行为。虽未直接对大数据杀熟作出明确规定，但条文中明确禁止定向推送中的歧视和欺诈行为。

2.《电子商务法》的法律风险

2019 年 1 月 1 日正式实施的《电子商务法》第 18 条第 1 款规定：“电子商务经营者根据消费者的兴趣爱好、消费习惯等特征向其提供商品或者服务的搜索结果的，应当同时向该消费者提供不针对其个人特征的选项，尊重和平等保护消费者合法权益。”该条针对禁止个性化的搜索结果存在歧视现象，在解释上基于大数据杀熟的现象亦有可能被纳入条文文义涵摄范围内。

3.《反垄断法》的法律风险

根据《反垄断法》第 17 条第 6 款规定，“没有正当理由，对条件相同的交易相对人在交易价格等交易条件上实行差别待遇”系滥用市场支配地位的行为。但该条的适用的前提是经营者被认定为具有市场支配地位。在实践中，市场支配地位的认定条件十分严格，需要综合考量经营者在相关市场的市场份额、竞争状况、财力、技术水平等因素。因此，在《反垄断法》领域，电商被认为市场支配地位也需要符合诸多条件。

4.《消费者权益保护法》的法律风险

《消费者权益保护法》规定了消费者享有知情权和公平交易权。该法第 8 条第 2 款规定：“消费者有权根据商品或者服务的不同情况，要求经营者提供商品的价格、产地、生产者、用途、性能、规格、等级、主要成份、生产日期、有效期限、检验合格证明、使用方法说明书、售后服务，或者服务的内容、规格、费用等有关情况。”第 10 条第 2 款规定：“消费者在购买商品或者接受服务时，有权获得质量保障、价格合理、计量正确等公平交易条件，有权拒绝经营者的强制交易行为。”

5.《价格法》的法律风险

《价格法》第13条规定："经营者销售、收购商品和提供服务，应当按照政府价格主管部门的规定明码标价。"《禁止价格欺诈行为的规定》第3条规定："价格欺诈行为是指经营者利用虚假的或者使人误解的标价形式或者价格手段，欺骗、诱导消费者或者其他经营者与其进行交易的行为。"

6. 其他

此外，《网络安全法》《个人信息安全规范》等规定都要求收集、使用个人信息的合法、正当、必要原则。利用收集、获取的个人信息建立用户画像，从而制定差异定价，很有可能被认定为违反个人信息使用的正当性要求、告知义务、最小使用原则等规定。

八、数据合规项目中的前期调研

数据已经逐渐成为企业的核心业务资产，数据质量和合法性，不仅是企业投融资、IPO等重点关注的问题，同时也是监管部门日常监管的重要问题。因此，我们建议企业应当定期开展数据审查项目，确保企业建立合规的数据管理制度及业务流程。

根据我们的经验，为了有效地推进数据合规项目，较为有效的步骤包括但不限于：

（一）步骤一：动员培训

很多企业在网安合规项目伊始，各部门重视程度不够，必然导致后期配合度不高，项目推进阻碍重重。因此，我们建议项目启动之初，就开展面向涉网和涉数据的部门负责人，开展网安合规的必要性、指引性培训。具体培训内容方面：

首先，培训网安合规项目的必要性：一是法律规定层面，《网络安全法》及刑事法律等明确法律责任的承担主体，除了企业本身外，还会涉及"主管人员""直接责任人员"；二是执法案例层面，近段时间以来，越来越多的企业因网安违规被约谈、处罚，甚至是涉及刑事责任风险；三是介绍同行、竞争对手对目前开展类似项目的进度和经验，以供参考。总之，网安合规不仅仅是企业满足合法性的要求，更重要的是企业帮助员工免受不法行为侵害的重要举措。

其次，培训网安合规项目的进度表及主要方法，进而消除其他部门的误解和困惑，为其他部门准备基础性工作底稿和资料提供指引和答疑，为后期项目推进扫除不必要的障碍。

（二）步骤二：预备谈话

预备性谈话有利于快速了解企业的业务模式、网络结构、数据类型、涉网场景等基本情况。预备性谈话涉及的部门不需要多，一般以 IT 或运维部门负责人为主做一个初步的梳理。

预备性谈话内容主要围绕：（1）网络架构及主要涉网产品、场景；（2）涉网产品的开发、运维情况；（3）网络及数据流动内部审计现状；（4）企业网络接入情况；（5）企业涉网业务部门及人员；（6）个人信息的收集、存储、分享场景、产品及部门；（7）企业等保实施及行标认证等情况；（7）如涉外企业，还需了解网络及数据跨境情况；（8）企业网安合规主要风险点预判；等等。

根据预备性谈话了解的初步情况，设计相对完备的、充分的调研问卷及访谈清单。考虑到一些企业涉及多条业务线，还可以根据预备性谈话情况，修正后期进度表及尽调重心。

（三）步骤三：调研问卷

为有效、完整反馈企业网安现状，充分理解客户需求信息，调研问卷应尽量简洁、清晰，针对性强，符合客户业务实际，并且尽量以勾选菜单的形式呈现。

参照《网络安全法》《个人信息安全规范》及 ISO27001 等规范、指引和标准的合规触点列阵，结合预备性访谈了解的企业业务模式，调研问卷内容包括但不限于：

1. 企业现有涉网、涉数据有关的产品或场景，尤其包括个人信息收集、使用、分享等的场景、目的、范围和方式等；

2. 现有网络安全有关的技术措施、业务流程等；

3. 现有网络安全有关的管理制度；

4. 现有网络安全有关的岗位及人员设置；

5. 现有网络安全有关的政府性备案、调查、处罚等情况；

6. 特殊行业的监管政策执行情况。

调研问卷发放后，应当及时与各部门信息收集人员沟通、协调，了解调研问卷填报情况及问题，及时解决他们的疑问，必要时可以召开临时现场会议或电话会议加强沟通，保证调研问卷的填写质量。

（四）步骤四：现场访谈

现场访谈是网安与数据合规项目尽调的一个主战场，也是整个项目的一个关键步骤。现场访谈不仅有利于核查问卷调研结果的充分性、客观性，同时也有利于提高后期整改方案、合规成果的针对性和可执行性。

通常来说，根据前期预备性方案及调研问卷，现场访谈应当根据企业业务条线，可以采取分部门单独访谈，也可以多部门交叉问询，以准确的理解客户的现状及需求。

现场访谈应当仅仅围绕调研问卷及访谈清单的内容，充分挖掘、理解客户的需求，了解各合规触点的现状、原因及未来整改的技术路径等。尤其是针对未来可能的整改方案，应当与业务部门充分沟通法律依据、执法现状、同业实践经验及技术可能性，以保证未来合规成果的可执行性。

根据现场访谈情况，再向客户不同业务部门出具针对性的文档、材料提供清单，并明确各自分工及部门对接人。

至此，律师已经初步了解了企业的网安及数据现状，并结合前期工作底稿及材料清单，出具有针对性的合规审查报告、整改方案、系列配套制度 / 文本撰写 / 修订、项目实施培训等工作。

九、特殊行业的数据合规

（一）医疗行业

2016 年 6 月 21 日，国务院办公厅发布了《促进和规范健康医疗大数据应用发展的指导意见》，首次系统的就医疗大数据的行业发展和规范应用提出原则性的要求和建议。2018 年 4 月 25 日，国务院办公厅发布了《关于促进“互联网 + 医疗健康”发展的意见》，推进以“互联网 +”为中心的医疗服务、公共卫生服务、家庭医生签约服务、药品供应保障服务、医疗保障结算服务、医学教育和科普服务、人工智能应用服务等全方位的互联网医疗。在诸多政策引导下，传统医疗行业和互联网医疗的医疗大数据使用逐渐走上了规范化的道路。医疗机构收集、使用医疗数据的，自然要符合一般数据合规的要求，但同时，医疗行业也有如下特殊的合规要点：

1. 互联网诊疗的合规需求

2018 年 7 月，国家卫生委员会、国家中药管理局发布了《互联网诊疗管理办法（试行）》《互联网医院管理办法（试行）》《远程医疗服务管理规范（试行）》，对互联网医疗的电子病历、在线处方、信息安全和患者隐私保护等方面做出了要求，此外，互联网医疗机构的设备设施、信息系统、技术人员以及信息安全系统也应满足相应技术要求，并确定了互联网医疗机构实施第三级信息安全等级保护的要求。

2. 人口健康信息管理的要求

根据《人口健康信息管理办法（试行）》的规定，采集人口健康信息的，应应当按照“一数一源、最少够用”的原则。所采集的人口健康信息，应当实行分级存储，建立人口健康信息容灾备份工作机制，定期进行备份和恢复检测，确保数据能够及时、完整、准确恢复存。特别需要注意的是，该规定要求禁止将人口健康信息在境外的服务器中存储，不得托管、租赁在境外的服务器。

3. 健康医疗大数据标准、安全和服务的合规要求

2018 年 7 月 12 日，国家卫生健康委员会发布了《国家健康医疗大数据标准、安全和服务管理办法（试行）》，就健康医疗大数据的标准管理、安全管理、服务管理做出了具体的规定。其中，需要医疗机构特别注意的有：（1）应落实网络安全等级保护制度；（2）建立健全实名认证访问控制机制；（3）应建立可靠的数据容灾备份工作机制，定期进行备份和恢复检测；（4）健康医疗大数据相关系统的产品和服务提供者应当遵守国家有关网络安全审查制度，不得中断或者变相中断合理的技术支持与服务；（5）应当依法依规使用健康医疗大数据有关信息，提供安全的信息查询和复制渠道；等等。

4. 人类遗传资源的合规要求

根据1998年颁布的《人类遗传资源管理暂行办法》以及2019年5月28日公布，2019 年 7 月 1 日正式生效的《人类遗传资源管理条例》的规定，涉及采集、保藏、利用、对外提供我国人类遗传资源，需要进行伦理审查和行政审批等一系列特别要求。

人类遗传资源分类

人类遗传资源材料	人体基因组、基因等遗传物质的器官、组织、细胞等遗传材料
人类遗传资源信息	利用人类遗传资源材料产生的数据等信息资料

（二）物流行业

2015 年 10 月 23 日，国务院发布了《关于促进快递业发展的若干意见》，其中强调了物流行业应当建立信息溯源追查制度，依法严格保护个人信息安全。2019 年 6 月 26 日，国家邮政局和商务部共同发布了《关于规范快递与电子商务数据互联共享的指导意见》（以下简称《指导意见》），旨在建立完善电子商务与快递数据互联共享规则。此外，在现有法律法规体系中，《邮政法》《快递暂行条例》《快递业务经营许可管理办法》等规定中均对快递业的数据安全提出了合规要求，较一般行业，物流行业的特别合规要求有：

1. 身份核验义务

根据《快递暂行条例》的规定，经营快递业务的企业收寄快件，应当对寄件人身份进行查验，并登记身份信息，但不得在快递运单上记录除姓名(名称)、地址、联系电话以外的用户身份信息。寄件人拒绝提供身份信息或者提供身份信息不实的，经营快递业务的企业不得收寄。

2. 定期销毁快递运单

根据《快递暂行条例》的规定，经营快递业务的企业应当建立快递运单及电子数据管理制度，妥善保管用户信息等电子数据，定期销毁快递运单，采取有效技术手段保证用户信息安全。

3. 报告义务

根据《快递暂行条例》的规定，当发生或者可能发生用户信息泄露的，经营快递业务的企业应当立即采取补救措施，并向所在地邮政管理部门报告。

4. 提前通知义务

根据《指导意见》的规定，电子商务经营者和经营快递业务的企业因约定期满等正当理由中断数据传输的，应当提前通知对方。通知后，双方应当就数据传输进行充分协商，对后续事项做出妥善安排。双方不能协商一致且可能对用户和消费者造成重大影响的，应事先将有关情况及时报告商务主管部门和邮政管理部门。电子商务经营者和经营快递业务的企业应当及时将相关情况向用户、平台内经营者等主体公示。

5. 建立数据中断风险评估制度

根据《指导意见》的规定，鼓励电子商务经营者和经营快递业务的企业建立数据中断风险评估制度，实现数据互联自动检查、全程监控。电子商务经营者、经营快递业务的企业不得恶意中断数据传输。

（三）金融行业

2019年9月，中国人民银行公布了《金融科技（FinTech）发展规划（2019—2021年）》，明确规定建立金融信息安全风险防控长效机制，研究制定金融信息全生命周期管理制度和标准规范，定期组织对易发生金融信息泄露的环节进行排查，保障身份、财产、账户、信用、交易等数据资产安全。此外，规划还明确规定："打通金融业数据融合应用通道，破除不同金融业态的数据壁垒，化解信息孤岛，制定数据融合应用标准规范，发挥金融大数据的集聚和增值作用。"

2018年5月21日，中国银行保险监督管理委员会公布了《银行业金融机构数据治理指引》（以下简称《指引》），明确了中国境内设立的银行业金融机构数据治理、数据管理和数据质量控制合规要求。除此，《银行业金融机构反洗钱现场检查数据接口规范（试行）》《金融信用信息基础数据库个人声明业务规程》《期货公司柜台系统数据接口规范》等规范标准也对金融行业的数据合规提出了具体要求，较一般行业，金融行业的特别合规要求有：

1. 建立数据治理组织机构

根据《指引》的要求，银行业金融机构应当建立组织架构数据治理架构，明确董事会、监事会、高级管理层和相关部门的职责分工。其中，董事会应当制定数据战略，审批或授权审批与数据治理相关的重大事项，督促高级管理层提升数据治理有效性。监事会负责对董事会和高级管理层在数据治理方面的履职尽责情况进行监督评价。高级管理层负责建立数据治理体系，确保数据治理资源配置，制定和实施问责和激励机制，建立数据质量控制机制，组织评估数据治理的有效性和执行情况，并定期向董事会报告。

2. 建立数据管理制度

根据《指引》的要求，银行业金融机构应当制定与监管数据相关的监管统计管理制度和业务制度，及时发布并定期评价和更新，报银行业监督管理机构备案。制度出现重大变化的，应当及时向银行业监督管理机构报告。此外，银行业金融机构应当建立数据治理自我评估机制，明确评估周期、流程、结果应用、组织保障等要素的相关要求。评估内容应覆盖数据治理架构、数据管理、数据安全、数据质量和数据价值实现等方面，并按年度向银行业监督管理机构报送。

3. 建立数据质量控制制度

根据《指引》的要求，银行业金融机构应当确立数据质量管理目标，建立控制机制，确保数据的真实性、准确性、连续性、完整性和及时性。在具体措施上，包括但不限于：（1）业务制度涉及指标的应对含义清晰明确，取数规则统一，并根据业务变化及时更新；（2）加强数据源头管理，确保将业务信息的及时录入和异常预警；（3）建立覆盖数据全生命周期的数据质量监控体系；（4）每年至少一次开展数据质量现场检查；（5）建立数据质量考核评价体系，并将考核结果纳入绩效考核体系；（6）建立数据质量整改机制；（7）建立监管数据质量管控制度，包括但不限于：关键监管指标数据质量承诺、数据异常变动分析和报告、重大差错通报以及问责等；（8）按照监管要求报送法人和集团的相关数据。

（四）征信行业

2016 年 11 月 24 日，中国人民银行发布了《关于加强征信合规管理工作的通知》，重点对征信行业的用户设置、登录账户和密码管理、查询权限、异常查询监测、接口查询系统功能等方面自查自纠，2017 年 8 月 2 日，中国人民银行办公厅发布了《关于加强征信系统查询用户信息管理的通知》、重点要求金融机构对征信系统中的用户信息的安全合规性审查。2018 年 5 月 21 日，中国人民银行发布了《关于进一步加强征信信息安全管理的通知》，再次就征信信息安全管理作出更为具体的要求。

在当前的法律法规体系中，《征信业管理条例》《个人信用信息基础数据库管理暂行办法》《征信系统数据质量量化考评达标制方案》等法律法规均对征信行业提出了特殊的数据合规需求，其中重点需要征信行业注意的有：

1. 禁止采集的个人信息

根据《征信业管理条例》的规定，征信机构绝对禁止采集个人的宗教信仰、基因、指纹、血型、疾病和病史信息以及法律、行政法规规定禁止采集的其他个人信息。相对禁止采集个人的收入、存款、有价证券、商业保险、不动产的信息和纳税数额信息。但是，征信机构明确告知信息主体提供该信息可能产生的不利后果，并取得其书面同意的除外。

2. 收集、存储不良信息的要求

根据《征信业管理条例》的规定，信息提供者向征信机构提供个人不良信息，应当事先告知信息主体本人。但是，依照法律、行政法规规定公开的不良信息除外。此外，征信机构对个人不良信息的保存期限为 5 年，超过 5 年的应当予以删除。在不良信息保存期限内，信息主体可以对不良信息作出说明，征信机构应当予以记载。

3. 设置查询权限

根据《征信业管理条例》的规定，征信机构应当对其工作人员查询个人信息的权限和程序作出明确规定，对工作人员查询个人信息的情况进行登记，如实记载查询工作人员的姓名，查询的时间、内容及用途。

4. 数据本地化要求

根据《征信业管理条例》的规定，除征信机构在中国境内采集的信息应在境内存储，上述信息的整理、加工等行为也应当在中国境内进行。

5. 为信息主体提供异议的渠道

根据《征信业管理条例》的规定，征信机构在收到信息主体的异议后，应当收到异议之日起 20 日内进行核查和处理，并将结果书面答复异议人。经核查，确认相关信息确有错误、遗漏的，信息提供者、征信机构应当予以更正；确认不存在错误、遗漏的，应当取消异议标注；经核查仍不能确认的，对核查情况和异议内容应当予以记载。

6. 定期测评信用信息系统

根据《征信机构管理办法》的规定，征信机构应当按照国家信息安全保护等级测评标准，对信用信息系统的安全情况进行测评。征信机构信用信息系统安全保护等级为二级的，应当每两年进行测评；信用信息系统安全保护等级为三级以及以上的，应当每年进行测评。

附：本章相关法律法规

立法部门	规范名称	时间
全国人民代表大会和全国人民代表大会常务委员会	《民法典人格权编（草案）》	2019.08.27
	《反不正当竞争法》	2019.04.23
	《电子商务法》	2019.01.01
	《社会保险法》	2018.12.29
	《广告法》	2018.10.26
	《旅游法》	2018.10.26
	《刑事诉讼法》	2018.10.26
	《公共图书馆法》	2018.10.26
	《反恐怖主义法》	2018.04.27
	《民法总则》	2017.10.01
	《测绘法》	2017.07.01
	《网络安全法》	2017.06.01
	《刑法修正案（九）》	2015.11.01
	《邮政法》	2015.04.24
	《消费者权益保护法》	2014.03.15
	《出境入境管理法》	2013.07.01

续表

立法部门	规范名称	时间
	《关于加强网络信息保护的决定》	2012.12.28
	《居民身份证法》	2012.01.01
	《著作权法》	2010.04.01
	《统计法》	2010.01.01
	《刑法修正案（七）》	2009.02.28
	《反垄断法》	2008.08.01
	《护照法》	2007.01.01
	《价格法》	1998.05.01
最高人民法院、最高人民检察院	《关于办理侵犯公民个人信息刑事案件适用法律若干问题的解释》	2017.06.01
最高人民法院、最高人民检察院、公安部	《关于办理电信网络诈骗等刑事案件适用法律若干问题的意见》	2016.12.19
最高人民法院、最高人民检察院、公安部、工业和信息化部、中国人民银行、中国银行业监督管理委员会	《关于防范和打击电信网络诈骗犯罪的通告》	2016.09.23
最高人民法院	《关于审理利用信息网络侵害人身权益民事纠纷案件适用法律若干问题的规定》	2014.10.10
	《关于审理侵害信息网络传播权民事纠纷案件适用法律若干问题的规定》	2013.01.01
北京市高级人民法院	《关于涉及网络知识产权案件的审理指南》	2016.04.13

续表

立法部门	规范名称	时间
国务院和国务院办公厅	《人类遗传资源管理条例》	2019.07.01
	《快递暂行条例》	2019.03.02
	《国务院办公厅关于压缩不动产登记办理时间的通知》	2019.02.26
	《国务院办公厅关于促进“互联网 + 医疗健康”发展的意见》	2018.04.25
	《科学数据管理办法》	2018.03.17
	《国务院办公厅关于推进电子商务与快递物流协同发展的意见》	2018.01.02
	《国务院关于进一步扩大和升级信息消费持续释放内需潜力的指导意见》	2017.08.13
	《国务院办公厅关于加强个人诚信体系建设的指导意见》	2016.12.23
	《促进和规范健康医疗大数据应用发展的指导意见》	2016.06.21
	《电信条例》	2016.02.06
	《居住证暂行条例》	2016.01.01
	《地图管理条例》	2016.01.01
	《关于促进快递业发展的若干意见》	2015.10.23
	《促进大数据发展行动纲要》	2015.08.31
	《征信业管理条例》	2013.03.15
	《信息网络传播权保护条例》	2013.03.01
	《互联网信息服务管理办法》	2011.01.08
	《人类遗传资源管理暂行办法》	1998.06.10
公安部，北京市网络行业协会	《互联网个人信息安全保护指南》	2019.04.10

续表

立法部门	规范名称	时间
公安部	《户口居民身份证管理工作规范（公开征求意见稿）》	2018.12.29
	《互联网安全保护技术措施规定》	2006.03.01
工业和信息化部	《关于开展互联网信息服务备案用户真实身份信息电子化核验试点工作的通知》	2019.04.01
	《电信和互联网用户个人信息保护规定》	2013.09.01
	《互联网电子邮件服务管理办法》	2006.03.30
中共中央网络安全和信息化委员会办公室	《金融信息服务管理规定》	2019.02.01
国家互联网信息办公室	《儿童个人信息网络保护规定》	2019.10.01
	《个人信息出境安全评估办法（征求意见稿）》	2019.06.13
	《数据安全管理办法（征求意见稿）》	2019.05.28
	《网络安全审查办法（征求意见稿）》	2019.05.21
	《关键信息基础设施安全保护条例（征求意见稿）》	2017.07.10
国家市场监督管理总局，国家发展和改革委员会，工业和信息化部，公安部，商务部，海关总署，国家互联网信息办公室，国家邮政局	《2019网络市场监管专项行动（网剑行动）方案的通知》	2019.06.17

续表

立法部门	规范名称	时间
国家市场监督管理总局	《明码标价和禁止价格欺诈规定（征求意见稿）》	2019.05.30
	《网络交易监督管理办法（征求意见稿）》	2019.04.30
	《消费者权益保护法实施条例（征求意见稿）》	2016.08.05
	《网络交易管理办法》	2014.03.15
国家发展和改革委员会	《禁止价格欺诈行为的规定》	2002.01.01
财政部	《企业会计信息化工作规范》	2014.01.06
中国人民银行	《关于进一步加强征信信息安全管理的通知》	2018.05.02
	《征信业管理条例》	2018.05.02
	《条码支付业务规范（试行）》	2018.04.01
	《银行业金融机构反洗钱现场检查数据接口规范（试行）》	2017.12.29
	《关于加强征信系统查询用户信息管理的通知》	2017.08.02
	《中国人民银行关于落实个人银行账户分类管理制度的通知》	2016.11.25
	《关于加强征信合规管理工作的通知》	2016.11.24
	《非银行支付机构网络支付业务管理办法》	2016.07.01
	《金融信用信息基础数据库个人声明业务规程》	2015.02.06
	《关于银行业金融机构做好个人金融信息保护工作的通知》	2011.05.01
	《征信系统数据质量量化考评达标制方案》	2010.08.11

续表

立法部门	规范名称	时间
	《个人信用信息基础数据库管理暂行办法》	2005.10.01
中国银行保险监督管理委员会	《银行业金融机构数据治理指引》	2018.05.21
中国银行保险监督管理委员会，工业和信息化部，公安部，国家互联网信息办公室	《网络借贷信息中介机构业务活动管理暂行办法》	2016.08.17
中国证券监督管理委员会	《期货公司柜台系统数据接口规范》	2017.02.07
国家医疗保障局	《关于开展医保基金监管“两试点一示范”工作的通知》	2019.05.21
国家卫生健康委员会，国家中医药管理局	《互联网诊疗管理办法（试行）》	2018.07.17
	《互联网医院管理办法（试行）》	2018.07.17
	《远程医疗服务管理规范（试行）》	2018.07.17
国家卫生健康委员会	《国家健康医疗大数据标准、安全和服务管理办法（试行）》	2018.07.12
	《人口健康信息管理办法（试行）》	2014.05.05
交通运输部	《网络平台道路货物运输经营管理暂行办法》	2019.03.29
	《快递业务经营许可管理办法》	2019.01.01
交通运输部，工业和信息化部，公安部，商务部，国家工商行政管理总局（已撤销），国家质量监督检验检疫总局（已撤销），国家互联网信息办公室	《网络预约出租汽车经营服务管理暂行办法》	2016.11.01
国家广播电视总局	《未成年人节目管理规定》	2019.04.30

续表

立法部门	规范名称	时间
国家广播电视总局，工业和信息化部	《网络出版服务管理规定》	2016.03.10
国家邮政局，商务部	《关于规范快递与电子商务数据互联共享的指导意见》	2019.06.12
海关总署	《海关监管作业场所（场地）监控摄像头设置规范》	2019.04.22
全国信息安全标准化技术委员会	《信息技术 安全技术 生物特征识别信息的保护要求（征求意见稿）》	2019.06.25
	《信息安全技术 个人信息安全影响评估指南》	2018.06.11
	《信息安全技术 基于可信环境的远程人脸识别认证系统技术要求（征求意见稿）》	2018.06.11
	《网络安全实践指南—移动互联网应用基本业务功能必要信息规范》	2019.06.01
	《移动互联网应用程序（App）收集个人信息基本规范（草案）》	2019.10.24
	《信息安全技术 基于生物特征识别的移动智能终端身份鉴别技术框架（征求意见稿）》	2018.04
	《信息安全技术 数据出境安全评估指南（征求意见稿）》	2017.08.30
	《信息安全技术 个人信息去标识化指南（征求意见稿）》	2017.08.25
国家标准化管理委员会	《信息安全技术 个人信息安全规范》	2018.05.01
	《公共安全 人脸识别应用 图像技术要求》	2018.07.10
	《安全防范视频监控人脸识别系统技术要求》	2015.12.01

续表

立法部门	规范名称	时间
	《信息技术 生物特征识别数据交换格式 第5部分：人脸图像数据》	2014.12.05
App违法违规收集使用个人信息专项治理工作组	《App违法违规收集使用个人信息行为认定方法（征求意见稿）》	2019.05.05
	《App违法违规收集使用个人信息自评估指南》	2019.03.03

第四章　电子商务

第一节　电子商务法律概论

本节以《电子商务法》为核心，在解读电子商务及电子商务法的内涵的基础上，主要分析电子商务法的调整对象与适用范围，同时还将梳理中国现有电子商务监管机构及立法体系，帮助读者建立中国电子商务合规的基本概念。

一、关于电子商务活动

（一）电子商务的法律概念

《电子商务法》第 2 条是关于该法适用范围的规定，其中同时定义了“电子商务”的具体概念，即：是指通过互联网等信息网络销售商品或者提供服务的经营活动。

法律、行政法规对销售商品或者提供服务有规定的，适用其规定。金融类产品和服务，利用信息网络提供新闻信息、音视频节目、出版以及文化产品等内容方面的服务，不适用本法。

（二）电子商务的构成要件

根据《电子商务法》前述定义及监管实践，满足以下各项构成要件的交易行为，应当被认定为法律规定的电子商务活动，应当适用《电子商务法》：

特征	情况列举
在中国境内经营	1. 网络运营主体在境内的（中国法人或自然人）； 2. 网络渠道在境内办理 ICP 备案、公安联网备案等行政备案手续的； 3. 服务器在中国境内的（域名指向的 IP 地址在中国境内）； 4. 主要面向中国市场的（例如，平台使用的语言文字、支付方式 / 货币与配送方式等交易诸方面均明确指向中国境内用户的）

续表

特征	情况列举
使用网络渠道经营	1. 网络包括但不限于：互联网、通信网、物联网、广播电视网等信息网络； 2. 终端或业态包括但不限于：PC 网站，手机 APP、小程序，电视购物，自动售货机等
开展销售商品或者提供服务的经营活动	1. 商品包括有形产品和无形产品（如数字音乐、电子书等信息产品）； 2. 服务包括交易对象为服务的（如商务信息服务、生活信息服务、旅游服务及咨询服务、设计服务等）和为交易提供支撑的媒介性服务（如物流、支付平台等）
属于经营活动	指以取得利润为目持续性、稳定性经营行为的，不包括： 1. 自然人偶然利用网络出售闲置物品； 2. 以物易物活动； 3. 公益捐款活动； 但是，为自然人提供上述活动的平台经营者通过扩大流量获取广告收入等，则属于经营活动
不属于《电子商务法》所列的排除情形	1. 金融类产品和服务； 2. 新闻信息、音视频节目、出版以及文化产品等

（三）《电子商务法》法律适用的实务问题

1. 并非只有互联网网站才适用《电子商务法》

通过互联网网站经营电子商务，是最为常见的形态，但绝非全部。

事实上，随着移动互联网、物联网、广电网技术的日趋成熟，越来越多的网络购物形态出现，例如 APP、小程序，电视购物、自动售货机等，都属于电商法调整的网络形态。所以，企业通过上述网络形态经营电子商务的，也适用《电子商务法》，应当遵守电商法规定的明证亮照、协议规则、营销竞争等合规要求。

当然，实践中通过不同的网络形态经营电商，可能也会有一些合规要点差异。例如通过 APP 经营电商虽然属于自建网站经营者，但不需要办理 ICP 备案；通过小程序经营电商，根据小程序的不同技术架构，分别属于自建网站经营者或者平台内经营者。

2. 不具有交易功能的网站可能也适用《电子商务法》

很多人认为，只有能够完成浏览、下单、支付等整个交易闭环的网站（含其他网络形态，下同），才属于电商法意义上的电商网站，这绝对是个误读。

诚然，部分企业门户网站、资讯活动网站，仅仅介绍企业情况或市场活动情况，或者仅仅提供一些行业资讯信息，此类网站不属于电商网站，不适用电商法。

但是，若该网站完整展示了商品资料、价格信息及购买渠道等信息，对购买人订立产品产生实质影响，或者符合要约邀请、要约要件，或者实质目的是吸引或引导购买人购买商品的，即便最终无法在该网站完成下单、支付等功能，但仍属于电商网站（自营或平台），即应当符合电商法的合规要求。

例如，某些企业的APP、公众号、小程序等不具有交易功能，但具有完整的商品浏览、搜索、定价、预约等功能，或者引流至官网商城或淘宝、京东旗舰店的，应当适用电商法。

此外，利用网络为电子商务提供延伸服务的，例如信用评价、网店设计、精准营销等的，尽管没有交易功能，也可能适用电商法。

3. 并非所有网络销售行为一律适用《电子商务法》

（1）通过网络销售商品是电子商务的本质特征，但并非所有的网络销售行为均适用电商法。通过网络销售在线视音频、游戏，或者金融产品等的，不适用电商法。

（2）自然人利用网络零星的、偶发的交易二手物品、闲置物品的，因不具有经营性，不适用电商法。但为这些零星的、偶发的交易提供服务的平台，适用电商法。

（3）部分网络销售的延伸行为，例如企业内部对账系统、供应商管理系统等，即使通过网络进行，也不属于电商法的调整范围。

4. 平台模式也可能不属于“电子商务平台经营者”

电子商务平台经营者是电商法规范调整的重点，合规触点也最多最细。但实务中，并非所有采用平台模式的网站都属于电子商务平台经营者。

（1）集中竞价、做市商、标准化合约、交易所模式的网络交易平台及金融借贷平台等，不属于电商法意义上的电子商务平台经营者，不适用电商法。

（2）微信、微博、抖音等社交、视频平台，虽然可能会被注册用户用作销售商品的平台，但因其主要目的和功能是社交和视频服务，不属于电子商务平台经营者。但该等注册用户，仍然属于电子商务经营者，适用电商法。

（3）部分网络基础平台，例如应用商店、云服务提供商、域名注册服务商等，也不属于电子商务平台经营者。根据其业务模式，但其本身可能会属于电子商务经营者。

5. 集团网站销售子公司商品的可能属于"电子商务平台经营者"

集团化、多品牌集中网络经营，有利于聚集、激化用户资源，节约运营成本。但集团公司成立专门的电商公司或设立统一网站，集中销售子公司、子品牌商品的，可能会根据其具体业务模式，评定是否属于电子商务平台经营者，进而决定其电商法适用及牌照许可资质（例如 EDI）。具体的：

（1）若集中经营的网站运营主体买进再卖出的，开票主体为该运营主体的，尽管商品品牌并不属于该运营主体，仍然属于自营模式，并非电子商务平台经营者。

（2）若集中经营的网站运营主体仅提供网络运维服务，开票主体为各子公司或品牌公司的，尽管各子公司或品牌公司属于同一集团，仍然属于平台模式，即运营主体为电子商务平台经营者。

6. 视频、游戏、互金等网站可能也需适用《电子商务法》

电商法排除了内容服务及金融产品销售，但并不是说视频、游戏、互金等网站一律不适用《电子商务法》。

（1）越来越多的互联网企业开展多元化经营，例如视频、游戏、互金等网站同时开展电商业务（包括自营或者为商户提供入驻服务的），仍然会在该业务板块、栏目或频道适用电商法。

（2）视频、游戏、互金等网站提供积分商城服务的，该业务板块、栏目或频道适用电商法。

（3）即便视频、游戏、互金等网站不适用电商法，但通过该视频、游戏、互金等网站销售商品或提供服务的用户，仍然使用电商法。

7. 境外电商经营者可能也须适用《电子商务法》

境外电商经营者是否使用《电子商务法》，这是一个被广泛误读的问题。事实上，不同的跨境电商模式，适用中国电商法的范围和主体各不一样，具体的：

（1）若满足下列任一条件的，则仍然可能适用中国电商法：网站运营主体在境内的；主域名在境内办理 ICP 备案的；服务器在中国境内的；主要面向中国市场的（例如，平台使用的语言文字、支付方式 / 货币与配送方式等交易诸方面均明确指向中国境内用户的）。

（2）即便境外的电商平台不适用中国电商法，但在该平台入驻的中国境内经营者，仍然使用中国电商法。相应的，只要电商平台在中国境内，入驻该电商平台的境外经营者，仍然使用中国电商法。

（3）境外的电商经营者不适用中国电商法，仍然可能适用中国其他法律，例如进出口及检疫检验、消费者保护、网络安全、涉外法律适用等法律法规。

8. To B 电商同样适用《电子商务法》

电商法主要规范面向 C 端消费者的电商模式，但并不全是，这主要是考虑到 To B 电商模式中应当更加尊重交易各方的意思自治，减少法律干预。电商法第 46 条即明确规定了 To B 电商模式的法律适用性。值得注意的是，电商法第 46 条规定了其他法律、法规的补充适用，而不是排除电商法的适用。

开展电商法合规检视项目，一个重要的环节，就是要识别具体某个合规触点是否适用 To C 或 To B 模式。一个主要的识别办法是，若电商法某个条款限定了“消费者”的，则该条款主要适用面向 C 端消费者的电商模式，例如电商法第 49 条第 2 款；若电商法某个条款使用的是“用户”的，则该条适用可能包括了 To C 和 To B 两种模式，例如电商法第 49 条第 1 款。

9. 已有单行法律规范的行业可能还须适用《电子商务法》

电商法有大量的准用性规范，最重要的就是第 2 条第 3 款的前半段：“法律、行政法规对销售商品或者提供服务有规定的，适用其规定。”关于这段话的理解，有人认为是法律、法规有单行、专门规范的（例如网约车、网络餐饮、网络教育等）就不再适用电商法，这实际上是一种误读。

实际上，要正确理解这句话，这涉及法律的冲突适用问题。具体规则应当参照：

（1）针对不同位阶的法律渊源适用，上位法应优先于下位法。例如《电子商务法》与《网络交易管理办法》关于平台交易记录保存期限不一致的，优先适用《电子商务法》（3 年）。

（2）针对同一位阶的法律渊源适用，特殊法应优先于一般法。例如《电子商务法》与《食品安全法》关于网络食品平台责任的规定，优先适用《食品安全法》（连带责任）。

（3）针对同一位阶中同一立法主体而言，在同一调整内容方面，后法应优先于先法。例如《网络安全法》与《电子商务法》关于个人信息保护的规定，优先适用《电子商务法》（增加了注销权利）。

二、关于电子商务法

（一）关于电子商务法的范围

电子商务法有广义与狭义之分。狭义的电子商务法指 2019 年 1 月 1 日生效的《中华人民共和国电子商务法》。

但是，在对电子商务行为的规范方面，不论是从执法依据还是电商经营者合规的角度，不能仅依靠《电子商务法》，而应当通过《电子商务法》和其他法律相互配合、共同作用，即广义的电子商务法律、规范体系。比如《电子商务法》应与《合同法》《电子签名法》等相关法律法规共同完成对电子合同行为的规范，与《反不正当竞争法》《反垄断法》等相关法律法规共同完成对电子商务经营者经营竞争行为的规范，等等。

其中与广义电子商务法有关的规范体系包括：

1. 从整体逻辑的角度看，电子商务法包括内容如下：

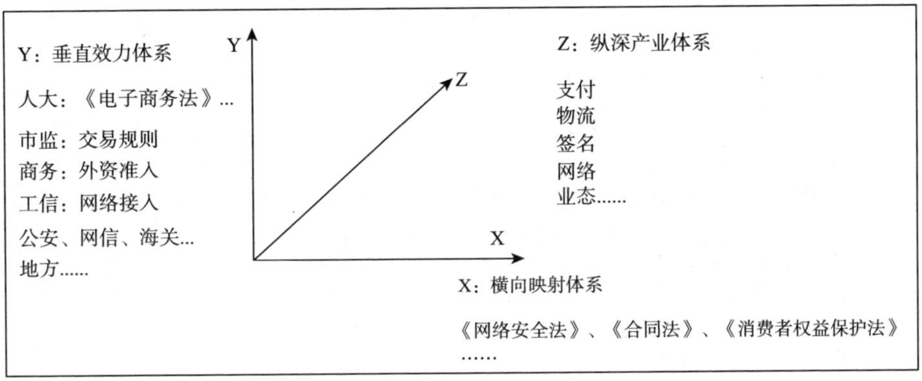

2. 从横向映射的角度看，电子商务法包括内容如下：

纵深产业体系	横向映射体系 （包括但不限于以下法规）	涉及的监管部门 （包括但不限于以下部门）
电子商务一般规定	《电子商务法》； 《网络交易管理办法》； 《网络商品和服务集中促销活动管理暂行规定》； 《网络零售第三方平台交易规则制定程序规定（试行）》； 《第三方电子商务交易平台服务规范》； 《商务部关于网上交易的指导意见（暂行）》； 《商务部关于促进网络购物健康发展的指导意见》； 《商务部关于规范网络购物促销行为的通知》； 《商务部关于利用电子商务平台开展对外贸易的若干意见》	市场监督部门； 公安部门； 税务部门； 网络信息化部门； 工业信息化部门； 商务部门； 海关； 人民银行； 邮政管理部门

续表

纵深产业体系	横向映射体系 （包括但不限于以下法规）	涉及的监管部门 （包括但不限于以下部门）
资格准入	《网络交易监督管理办法（征求意见稿）》； 《市场监管总局关于电子营业执照亮照系统上线运行的公告》； 《电信业务经营许可管理办法》； 《非经营性互联网信息服务备案管理办法》； 《计算机信息网络国际联网安全保护管理办法》	市场监督部门； 公安部门； 工业信息化部门； 商务部门
电商协议	《网络安全法》； 《消费者权益保护法》； 《合同违法行为监督处理办法》； 《网络交易平台合同格式条款规范指引》； 《网络购买商品七日无理由退货暂行办法》； 《APP违法违规收集使用个人信息自评估指南》； 《数据安全管理办法（征求意见稿）》	市场监督部门； 公安部门； 网络信息化部门
网络价格合规	《消费者权益保护法》； 《价格法》； 《明码标价和禁止价格欺诈规（征求意见稿）》； 《关于商品和服务实行明码标价的规定》； 《禁止价格欺诈行为的规定》； 《市场价格行为提醒书》（北京，2019）	市场监督部门； 公安部门； 商务部门
商品及服务信息披露合规	《消费者权益保护法》； 《网络交易监督管理办法（征求意见稿）》； 《网络交易平台合同格式条款规范指引》	市场监督部门； 网络信息化部门
网络广告合规	《广告法》； 《消费者权益保护法》； 《反不正当竞争法》； 《APP违法违规收集使用个人信息行为认定方法（征求意见稿）》； 《市场轻微违法违规经营行为免罚清单》（上海，2019）	市场监督部门； 公安部门； 网络信息化部门； 工业信息化部门
反不正当竞争合规	《反不正当竞争法》； 《网络交易监督管理办法（征求意见稿）》	市场监督部门； 商务部门

续表

纵深产业体系	横向映射体系（包括但不限于以下法规）	涉及的监管部门（包括但不限于以下部门）
个人信息保护合规	《网络安全法》； 《消费者权益保护法》； 《个人信息安全规范》； 《APP 违法违规收集使用个人信息自评估指南》； 《数据安全管理办法（征求意见稿）》	市场监督部门； 公安部门； 网络信息化部门
商业预付卡管理合规	《单用途商业预付卡管理办法（试行）》； 《非银行支付机构网络支付业务管理办法》	市场监督部门； 人民银行
跨境电商经营合规	《关于完善跨境电子商务零售进口监管有关工作的通知》； 《海关总署关于跨境电子商务零售进出口商品有关监管事宜的公告》； 《消费者权益保护法》	市场监督部门； 公安部门； 税务部门； 商务部门； 海关
电子合同、电子签名	《合同法》； 《合同法》司法解释（一）（二）； 《电子签名法》	市场监督部门； 人民银行
知识产权合规	《著作权法》； 《商标法》； 《反不正当竞争法》； 《广告法》	市场监督部门； 公安部门； 商务部门
物流	《合同法》； 《邮政法》； 《快递暂行条例》	市场监督部门； 海关； 邮政管理部门
支付	《电子支付指引（第一号）》； 《电子银行业务管理办法》； 《非金融机构支付服务管理办法》	市场监督部门； 公安部门； 人民银行

（二）《电子商务法》的立法背景

2018 年 8 月 31 日，第十三届全国人民代表大会常务委员会第五次会议表决通过了《中华人民共和国电子商务法》，自 2019 年 1 月 1 日起施行。

《电子商务法》是我国电子商务领域的第一部综合性、基础性法律。该法的颁布，对于充分发挥立法的引领和推动作用，保障电子商务各方主体的合法权益，规范电子商务行为，促进电子商务持续健康发展，具有重要意义。

我国电子商务迅速发展，但由于在我国总体起步较晚，仍面临着发展不平衡、不充分问题，地区差异、城乡差异明显，法律政策环境和市场治理模式有待完善。近年来，国家出台一系列政策、法规，例如，2005 年出台了《国务院办公厅关于加快电子商务发展的若干意见》（国办发〔2005〕2 号），2015 年出台了《国务院办公厅关于促进跨境电子商务健康快速发展的指导意见》（国办发〔2015〕46 号）和《国务院办公厅关于促进农村电子商务加快发展的指导意见》（国办发〔2015〕78 号）。2005 年银监会颁布了《电子银行业务管理办法》，2009 年商务部发布了《网络交易服务规范》（SB/T 10519-2009），2014 年国家工商行政管理总局出台了《网络交易管理办法》，2015 年中国人民银行颁布了《非银行支付机构网络支付业务管理办法》，2018 年国务院颁布了《快递暂行条例》，这些规定对促进电子商务健康发展，规范电子商务市场秩序发挥着重要作用。

就总体而言，相关规定比较分散，有的层级较低，难以充分满足促进电子商务发展需要和规范电子商务市场秩序的需要。近年来，不少部门、地方政府、专家学者都建议加快制定电子商务法，电子商务企业也期待国家通过立法鼓励和促进电子商务的发展，广大消费者希望通过立法加强消费者权益保护，许多全国人大代表都提出制定电子商务法的议案和建议。

2013 年 9 月，中央批准十二届全国人大常委会立法规划，电子商务法列为立法项目，由全国人大财政经济委员会负责牵头起草；2013 年 12 月，全国人大财政经济委员会牵头组织成立由国务院十二个部门参加的电子商务法起草组。经过近三年的调研、论证，形成电子商务法草案；2016 年 4 月，电子商务法起草领导小组会议讨论并原则同意草案。此后，将草案发到各省区市人大财经委，广泛听取当地有关部门、企业、专家，特别是全国人大代表、地方人大代表的意见，根据各地意见对草案进行了修改完善；2016 年 7 月，全国人大财政经济委员会召开第 49 次全体会议，审议并原则通过草案，之后又根据委员意见进行了修改。

2016 年 12 月，《中华人民共和国电子商务法（草案）》提请十二届全国人大常委会第二十五次会议审议。草案分总则、电子商务经营主体、电子商务交易与服务、电子商务交易保障、跨境电子商务、监督管理、法律责任和附则，共八个章节九十四条。2017 年 10 月，十二届全国人大常委会第三十次会议对草案进行了第二次审议；2018 年 6 月，十三届全国人大常委会第三次会议对草案进行了第三次审议；2018 年 8 月 31 日，十三届全国人大常委会第五次会议审议通过了《中华人民共和国电子商务法》。

电子商务法立法引起社会广泛关注，从起草组第一次会议到草案审议通过历时近五年，经全国人大常委会四次审议，三次向社会公开征求意见，各方积极参与、充分讨论，其间关于立法模式和具体条文的争议引起了社会的广泛关注，并持续贯穿至草案的五次修订过程。

（三）《电子商务法》的特点

相较于一般的民商事行为，电子商务的行为主体、行为内容、行为模式、行为后果均有其特殊性，因此，作为电子商务领域的专门立法，《电子商务法》通过总结电子商务行为的特点，根据一般法律的原则，对电子商务行为提出了更为特别和具体的要求，弥补已有法律的不足。

《电子商务法》的特点在于，从立法技术的角度来看，第一，将原有的规范电子商务活动的行政法规、规章所规定的内容升格为法律，这些行政法规、规章包括《网络交易管理办法》《网络交易平台合同格式条款规范指引》和《第三方电子商务交易平台服务规范》，等等；第二，将散见于各个部门法中关于电商活动的规定通过《电子商务法》大而化之地链接在一起，包括但不限于网安法、消费者权益保护法、侵权法、合同法、进出口监管等部门法中，关于监管、准入、法律客体、法律责任的相关规定；第三，对电商活动中普遍涉及的主体、对象和行为等概念加以提炼和定义，比如，电子商务经营者、搭售、押金、不合理条件、治理公示、自营标识、平台责任、广告标注，等等。

此外，从价值取向的角度来看，一方面，强调保护网络消费者的利益；另一方面，重视电商活动中的信息披露问题，例如，光是“公示”一次就在《电子商务法》中出现了 14 次，此外还规定了各类“提供、报送、报告”的义务。

三、电子商务监管机构

根据我国现有法律体系，电子商务监管涉及多个横向部门，由此给企业电子商务合规带来了极大挑战。仅以《电子商务法》为例，涉及的尽管机构包括但不限于：

监管机构	监管内容列举 （包括但不限于以下内容）	《电子商务法》依据 （包括但不限于以下条款）
市场监督部门	1. 应当办理工商登记 2. 应当依法公示、及时更新营业执照及许可信息 3. 应当提前公示终止情况 4. 应当完整披露交易标的有关的信息，禁止虚假宣传 5. 应当确保搜索结果客观、科学，应当依法推送商业广告 6. 应当明示搭售信息	第 10、15、16、17、18、19 条
公安部门	1. 应当办理必要的行政备案及许可（公安联网备案、等保备案） 2. 应当确保交易标的合法	第 12、13 条
税务部门	1. 应当依法纳税 2. 应当依法提供发票或单据	第 11、14 条
网络信息化部门	1. 应当依法收集与使用个人信息 2. 应当依法保护个人信息主体之控制权 3. 数据出境合规	第 23、24 条
工业信息化部门	1. 应当办理必要的行政备案及许可（ICP 备案、EDI 许可…） 2. 网络接入合规	第 12 条
商务部门	外资电商行业准入合规	第 12 条
海关	从事跨境电子商务，应当遵守进出口相关规定	第 26 条
人民银行	应当依法提供电子支付服务	第 55 条
邮政管理部门	应当依法提供快递物流服务	第 52 条

第二节　电子商务合规重点与企业自查清单

本节以《电子商务法》为基础，以广义的电子商务法规范体系为补充，在总结我们企业电商合规项目经验的基础上，针对企业电商合规提出实务操作建议，帮助企业开展合规自查，解答企业关于电子商务法落地的各类疑问。

一、《电子商务法》合规要点清单

（一）《电子商务法》规定的电商经营者合规要点 40 条

序号	合规要点	说明	法条依据
1	应当办理工商登记	1. 依法办理市场主体登记； 2. 下列情形除外： （1）销售自产农副产品的个人； （2）销售家庭手工业产品的个人； （3）利用自己的技能从事依法无须取得许可的便民劳务活动的个人； （4）利用自己的技能从事依法无须取得许可的零星小额交易活动的个人； （5）依照法律、行政法规不需要进行登记的其他情形	第 10 条
2	应当依法纳税	1. 依法履行纳税义务； 2. 无需办理工商登记的，在首次纳税义务发生后，应当依法申请办理税务登记，并如实申报纳税	第 11 条
3	应当办理必要的行政备案及许可	应依法取得相关行政许可及备案，如 ICP 备案、公安联网备案、等保备案、电信业务许可、食品经营许可、药品信息服务许可等	第 12 条
4	应当确保交易标的安全	1. 确保商品或服务应当符合保障人身、财产安全的要求，如： （1）应当履行消费者权益保护义务，保证其提供的商品或者服务符合保障人身、财产安全的要求； （2）应当履行产品质量保障义务，不得掺杂、掺假，不得以假充真、以次充好，不得以不合格产品冒充合格产品； （3）保证产品和服务符合国家有关强制标准。 2. 应当履行环境保护义务，使用环保包装材料，实现包装材料的减量化和再利用	第 13 条

续表

序号	合规要点	说明	法条依据
5	应当确保交易标的合法	不得销售或者提供法律、行政法规禁止交易或需要持牌交易的商品或者服务，如： 1. 性、毒品、枪支、珍惜野生动植物等禁止交易的标的； 2. 烟、酒、烟花爆竹等限制交易的标的	
6	应当依法提供发票或单据	1. 出具纸质发票或者电子发票等购货凭证； 2. 提供交易有关的服务单据，例如提货单、出库单等。	第 14 条
7	应当依法公示营业执照及许可信息	在首页显著位置持续公示下列信息： 1. 营业执照信息或电子亮照标志； 2. 无营业执照的，应当说明不需要办理营业执照的理由； 3. 业务有关的行政许可信息或其标识，如 ICP\EDI\WWW\AVSP\ 药品信息服务许可等	第 15 条
8	应当及时更新营业信息的变更信息	及时更新发生变更的需公示的营业信息及许可信息。	
9	应当提前公示终止情况	终止从事电子商务活动的，应当提前 30 日在首页显著位置持续公示终止日期、终止后处理等信息	第 16 条
10	应当完整披露交易标的有关的信息	全面、真实、准确、及时地披露商品或服务信息，如； 1. 商品的价格、产地、生产者、用途、性能、规格、等级、主要成份、生产日期、有效期限、检验合格证明、使用方法说明书、售后服务； 2. 服务的内容、规格、费用等； 3. 促销有关的期间、规则，有关的优惠券抵用券使用规则等	第 17 条
11	禁止虚假宣传	1. 不得虚构交易欺骗、误导消费者； 2. 不得编造用户评价欺骗、误导消费者； 3. 开展促销活动时，不得利用虚构原价、虚假优惠折价、不履行价格承诺等手段，诱骗消费者	

续表

序号	合规要点	说明	法条依据
12	应当确保搜索结果客观、科学	1. 应当为消费者提供多样化规则的搜索结果排序方式； 2. 根据消费者的兴趣爱好、消费习惯等特征向其提供搜索结果的，应同时向该消费者提供不针对其个人特征的其他搜索排序方式。	第 18 条
13	应当依法推送商业广告	1. 向消费者推送商业广告的，应：经消费者许可，未经许可或其拒绝的，不得推送，应当区分商业广告及服务信息，不得非法捆绑订阅，非法利用用户画像精准推送； 2. 应当显著标明关闭或退订标志，确保便捷关闭和退订； 3. 不得使用绝对化的广告用语、引证内容应当真实、不得恶意贬低竞争对手； 4. 不得违法使用驰名商标、专利标号等； 5. 符合广告法的其他规定。	
14	应当明示搭售信息	1. 搭售商品或者服务时应当以显著方式提请消费者注意； 2. 不得将搭售商品或者服务作为默认同意的选项。	第 19 条
15	应当依法承担运输风险	1. 按照承诺或者与消费者约定的方式、时限向消费者交付商品或者服务； 2. 默认快递物流方式的，承担商品运输中的风险和责任； 3. 在消费者另行选择快递物流服务提供者时，无须承担商品运输中的风险和责任。	第 20 条
16	应当依法收取与退还押金	1. 根据业务需要，可以向消费者收取押金； 2. 明示告知消费者押金退还的方式、程序及规则； 3. 对押金退还设置条件的，须保证条件的合理性； 4. 收取定金、担保金等，依照相关法律执行。	第 21 条
17	应当及时退还押金	1. 消费者有权按照规则申请退还押金； 2. 审核是否符合押金退还条件及规则； 3. 符合退还条件及规则的，应当及时退还；不符合的，应当告知理由及争议解决方式。	
18	禁止排除、限制竞争	1. 具有市场支配地位的电子商务经营者，不得滥用市场支配地位，排除、限制竞争； 2. 不得实施或者帮助他人实施网络虚假宣传、刷单炒信、违规促销、违法搭售等行为；（例如通过组织非法寄递空包裹等方式，帮助电商经营者刷单炒信等）； 3. 不得虚构、篡改交易数据及评价信息，不得非法获取他人电商数据。	第 22 条

续表

序号	合规要点	说明	法条依据
19	应当依法收集与使用个人信息	1. 不得未经同意收集、使用、过度收集或泄露、非法出售、非法向他人提供个人信息； 2. 不得未经用户重新同意的超出原授权范围使用用户信息； 3. 隐私政策形式和内容应当合规（例如，应单独成文、位置突出、APP 查询点击不得超过 4 次；应逐次征得用户同意；业务功能与所收集个人信息类型应一一对应、应含有用户权益保障条款，等等）； 4. 应当依法对代理商、合作商的数据收集使用行为进行监督管理，应审核合作方网络安全资质、与其签署数据安全协议； 5. 利用用户数据和算法推送新闻信息、商业广告等，应当以明显方式标明“定推”字样的，并提供有效拒绝接收途径的	第 23 条
20	应当依法保护个人信息控制需求	1. 用户有权查询、更正或删除其个人信息以及注销账户； 2. 通过显著方式（例如在用户个人中心设置具体选项）明示告知用户查询、更正、删除信息以及注销的方式、程序及规则	第 24 条
21	应当确保用户信息查询、更正及删除的响应程序合法	1. 对用户查询、更正、删除信息设置条件的，须保证条件的合理性； 2. 收到用户上述申请后应当核实用户身份； 3. 核实身份后及时提供查询、更正或删除其信息	
22	应当确保用户注销的响应程序合法	1. 对用户注销账户设置条件的，须保证条件的合理性； 2. 用户注销后应当立即删除该用户的信息； 3. 删除是指使用户信息保持不可被访问、不可被检索的状态	
23	应当正确履行信息提供协助责任	在有关主管部门根据法律规定要求提供有关电子商务数据信息时，应当审查需求方的身份及法律依据、手续等，必要时予以提供	第 25 条

续表

序号	合规要点	说明	法条依据
24	应当确保交易标的进出口合规	1. 从事跨境电子商务，应当遵守进出口监督管理的法律、行政法规和国家有关规定，如： （1）进口食品应当符合我国食品安全国家标准； （2）进口食品应当经出入境检验检疫机构检验合格并随附合格证明材料； （3）首次进口的保健食品应当经食药监注册。 2. 跨境电商经营者应依法在海关办理注册登记手续，向海关申报交易信息； 3. 跨境电商经营者应依法设立境内服务商； 4. 跨境电商经营者应当通过网站向消费者提供商品中文电子标签的； 5. 跨境电商经营者应当确保跨境交易实现三单对碰； 6. 应当依法从事代购经营的	第 26 条
25	应当依法向平台提供身份及联系信息	通过平台开展电商业务的，应当向平台履行实名验证程序并提供必要的联系方式、许可信息、纳税信息等，并配合平台核验	第 27 条
26	应当依法参与平台服务协议、交易规则协商	按照平台公示的方式参与协商平台服务协议及交易规则发布、修改，不接受的应当退出平台	第 34 条
27	不得违反平台服务协议及交易规则	1. 应当审查平台服务协议及交易规则内容，不得违反平台服务协议及交易规则； 2. 如有违反的，可能面临平台的警示、暂停或终止用户资格的处罚； 3. 必要时，可以参与听证程序或争议解决程序	第 36 条
28	应当依法提起、参与知识产权投诉	1. 应当按照平台规则提起平台内知识产权投诉，并依法提供身份证明及权利基础等信息； 2. 平台未及时处理或者拒绝处理的，应当及时提起投诉或诉讼； 3. 投诉错误或恶意投诉的，应当承担相应的赔偿责任； 4. 收到第三方侵权投诉时，应当按照平台规则参与平台内知识产权投诉答辩，并依法提供身份证明及不侵权的初步证据	第 42、43 条

续表

序号	合规要点	说明	法条依据
29	不得参与特殊交易类型	不得通过平台参与集中竞价、做市商等集中交易，不得参与标准化合约交易	第46条
30	应当对电子合同负责	应当对使用自动信息系统订立或者履行的合同承担相应的法律责任	第48条
31	禁止格式条款滥用	1. 不得以格式条款等方式约定消费者支付价款后合同不成立； 2. 不得利用格式条款免除或者减轻自己的主要责任，排除或者限制消费者的主要权利，加重消费者的责任	第49条
32	应当确保在线合同订立程序合规	1. 应当清晰、全面、明确地告知用户订立合同的步骤、注意事项、下载方法等事项； 2. 保证用户能够便利、完整地阅览和下载上述内容	第50条
33	应当确保订单更正的权利	保证用户在提交订单前可以更正输入错误	
34	应当审核快递物流服务提供者资质并明确收货人	1. 采用快递物流方式交付商品的，应当审核快递物流服务提供者的资质； 2. 应当尽量明确收货人，要求快递物流服务提供者交付商品时提示收货人当面查验	第52条
35	应当审核电子支付服务提供者资质并核对支付指令	1. 采用电子支付方式支付价款的，应当审核电子支付服务提供者的资质； 2. 发出支付指令前，应当核对支付指令完整信息，如金额、收款人等	第55条
36	应当妥善保管电子支付安全工具	1. 采用电子支付方式支付价款的，应当妥善保管交易密码、电子签名数据等安全工具； 2. 安全工具遗失、被盗用的，应当及时通知电子支付服务提供者	第57条

续表

序号	合规要点	说明	法条依据
37	应当正确使用电子支付方式	1. 发现未经授权的支付的，应当及时通知电子支付服务提供者； 2. 过错导致未经授权的支付造成损失的，承担相应的责任	第 57 条
38	应当建立争议解决机制	1. 建立便捷、有效的投诉、举报机制，如设立投诉电话，建立争议解决部门等； 2. 公开投诉、举报方式等信息	第 59 条
39	应当及时解决争议	收到投诉、举报的，应当及时受理并处理，通常建议 15 天内反馈	
40	应当协助提供资料	1. 在电子商务争议处理中，应当提供原始合同和交易记录； 2. 不得丢失、伪造、篡改、销毁、隐匿或者拒绝提供上述资料	第 62 条

（二）《电子商务法》规定的电子商务平台合规要点 80 条

序号	合规要点	说明	法条依据
1	应当审查平台是否使用电商法	1. 电商法仅适用于产品或服务交易。 2. 电商法不适用于内容（文字、图片、视音频、程序等）发布与递送、搜索引擎、即时通信等平台。 3. 电商法不适用于互联网金融平台（互联网借贷、保险、众筹、基金等）。 4. 电商法不适用于持牌交易所模式的电商	第 2 条、第 46 条
2	应当审查业务模式是否符合一般法律原则和商业道德	平台应当遵循自愿、平等、公平、诚信的原则，遵守法律和商业道德，公平参与市场竞争	第 5 条

续表

序号	合规要点	说明	法条依据
3	建议积极加入行业组织并参与标准建设	为了加强行业话语权，建议积极加入有关行业协会或组织，积极参与行业标准建设	第 8 条
4	应当遵守一般电子商务经营者合规要点	应遵守一般电子商务经营者应当遵守的合规要点，详见第（一）部分	
5	应当登记、核验平台内经营者信息	1. 平台内所有用户应当落实实名制。 2. 登记并核验（必要时可以委托第三方核验）平台内经营者的身份、地址、联系方式、行政许可等真实信息，必要时可以使用官方对接系统。 3. 根据行业规范审查平台内经营者的其他资质或条件，例如违法犯罪记录等	第 27 条
6	应当建立平台内经营者信息档案	1. 应当建立平台内经营者信息登记档案。 2. 应当依法保管、留存登记档案材料。 3. 应当依法备查、提供登记档案材料	
7	应当定期核验更新平台内经营者信息	1. 定期更新核验平台内经营者的名称、地址、联系方式、行政许可等信息的真实性、有效性。 2. 针对不同的用户类型建立不同的核验频率和机制。 3. 发现上述经营者信息发生变更时，应及时更新	
8	应当向市场监督管理部门报送平台内经营者信息	1. 应当向属地市场监督管理部门报送平台内经营者（不含消费者）的身份、地址、联系方式等身份信息。 2. 要求报送信息超过法定范围的（例如交易信息、其他消费者信息等），有权拒绝	第 28 条
9	应当提示、协助经营者办理工商登记	1. 定期提示未办理工商登记的经营者依法办理工商登记。 2. 提示信息应当以可以证据留痕的有效方式送达。 3. 为经营者办理工商登记提供合理的、可行的便利	

续表

序号	合规要点	说明	法条依据
10	应当向税务部门报送经营者信息	1. 根据落地政策向属地税务部门报送平台内经营者的身份信息。 2. 根据落地政策向税务部门报送平台内经营者纳税有关的信息。 3. 要求报送信息超过法定范围的（例如逐笔交易信息、其他消费者信息等），有权拒绝	
11	应当提示经营者办理税务登记	1. 定期提示不需要办理工商登记的平台内经营者办理税务登记。 2. 提示信息应当以可以证据留痕的有效方式送达	
12	应当处置经营者违法经营行为	1. 应当依法处置无证经营行为。 2. 应当依法处置安全隐患商品或违禁商品、服务。 3. 处置行为必须有效并留痕，例如中止、限制、终止交易等	第 29 条
13	应当向报送主管部门报送违法经营行为	1. 根据相关规定确定报送的时间及频率。 2. 根据违法类型确定报送的不同主管部门	
14	应当采取保障网络安全的措施	1. 履行网安法等规定的网络安全保障义务，采取必要的、可留痕的措施保证网络安全、稳定运行，如防火墙手段、数据加密等。 2. 发生网络安全事件的，应当根据网安法等规定采取应对措施	第 30 条
15	应当制定网络安全事件应急预案	1. 根据网安法等规定制定合理有效的网络安全事件应急预案。 2. 根据网安法等规定定期培训、演练网络安全事件应急预案。 3. 发生网络安全事件时，立即启动应急预案，采取补救措施，并向有关主管部门报告	
16	应当审查交易数据记录的合规性	应当依法记录平台上发布的商品和服务信息、交易信息，确保前述信息的完整性、保密性、可用性	第 31 条

续表

序号	合规要点	说明	法条依据
17	应当审查交易数据保存的合规性	1. 保存平台上发布的商品和服务信息、交易信息，保存时间自交易完成之日起不少于三年。 2. 保存其他数据（例如网络日志等）的期限遵守网安法及其他法律规定	
18	应当制定平台协议并审查合规性	1. 应当制定平台协议，明确约定平台与平台内交易双方的权利义务。 2. 平台协议应当独立于交易双方的买卖 / 服务合同。 3. 根据具体业态，建议分别制定面向卖方的协议和面向买方的协议。 4. 应当在平台协议中明确定义平台服务的内容和形式	第 32 条
19	应当制定交易规则并审查合规性	1. 根据具体业态，应当制定适用于交易双方的交易规则。 2. 交易规则是交易双方买卖 / 服务合同的补充	
20	应当依法公示平台协议及交易规则	1. 在首页显著位置（通常为 head/foot 文件中）持续公示平台协议及交易规则或上述信息的链接。 2. 确保交易双方能够便利、完整地阅览和下载平台协议及交易规则。 3. 应当确保平台协议和交易规则的版本证据留痕	第 33 条
21	应当建立修改平台协议及交易规则的协商程序	1. 修改平台协议及交易规则，应在首页显著位置公开征求意见，征求意见的期限无强制要求。 2. 采取合理措施确保各方能够及时充分表达意见； 3. 修改内容至少在实施前七日予以公示，公示期间使用老规则	第 34 条
22	协商不成的，不得阻止平台内经营者退出	1. 在平台内经营者不接受修改内容的情况下，不得阻止平台内经营者退出； 2. 应按照修改前的服务协议和交易规则承担相关责任	

续表

序号	合规要点	说明	法条依据
23	禁止不合理的限制交易、附加条件、附加费用等经营行为	1. 对平台内经营者的交易、交易价格、交易条件设置限制的，应当确保限制具有合理性。 2. 符合行业惯例、经过充分协商、对其有利，是确定“合理性”的重要参考因素	第 35 条
24	应当公示经营者违法行为	1. 有权依据平台服务协议和交易规则对平台内经营者违反法律、法规的行为实施的警示、暂停或者终止服务等措施； 2. 实施的警示、暂停或者终止服务等措施的，应当及时通过合理的方式、在合理的位置公示	第 36 条
25	应当显著区分自营与他营业务	应当以显著方式标记自营业务	第 37 条
26	应当对自营业务承担责任	应当对自营业务依法承担商品销售者或者服务提供者的民事责任，包括但不限于三包、质量担保、安全保障等	
27	应当对安全隐患的商品采取必要的措施	1. 应当建立商品或服务日常巡查机制，必要时可以委托第三方机构巡查。 2. 发现不符合安全标准的商品或服务，或其他侵害消费者合法权益的，应当采取必要的、证据留痕的措施。 3. 必要的措施包括但不限于中止、限制交易或者下架商品等	第 38 条
28	应当建立重点商品审查清单及审查制度	1. 应当建立重点商品或服务审查清单（关系消费者生命健康的商品或者服务），对清单商品重点巡查。 2. 清单内商品，应当对其经营者的资质资格进行重点审核并定期核验。 3. 应当对负面清单内商品或服务的消费者采取特别安全响应及保障机制。 4. 商业模式本身存在较大风险的，应当建立专门的安全部门、岗位和人员	

续表

序号	合规要点	说明	法条依据
29	应当建立并公示信用评价制度	1. 应当建立健全信用评价制度，但不得非法提供征信服务。 2. 应当公示信用评价制度。 3. 应当为消费者提供对平台内销售的商品或者提供的服务进行评价的途径。 4. 评价涉及评论、点评功能的，还应当遵守交互式网站有关的备案、管理规定	第 39 条
30	不得删除消费者评价	非因法定理由，不得删除消费者对其平台内销售的商品或者提供的服务的评价	
31	应当确保搜索结果客观、科学	1. 提供搜索服务的，应当根据商品或者服务的价格、销量、信用等以多种方式向消费者显示搜索结果。 2. 提供有偿搜索结果或竞价排名等服务的，可能会影响平台的电信业务牌照。	第 40 条
32	应当确保搜索结果的广告合规	1. 应当在竞价排名的商品或者服务上显著标明“广告”。 2. 应当审查广告内容、广告主的合规性	
33	应当依法建立知识产权保护规则	1. 应当依法建立知识产权保护规则，包括但不限于通知移除规则等。 2. 应当为知识产权权利人提供必要的投诉、联络等机制	第 41 条
34	应当依法处理知识产权侵权投诉	1. 应当建立有效的投诉渠道。 2. 接到知识产权权利人侵权投诉后，及时根据规则采取必要措施，包括但不限于：删除、屏蔽、断开链接、终止交易和服务等。 3. 应当及时将侵权投诉转送给被投诉人	第 42 条
35	应当依法处理侵权反通知	1. 应当建立有效的反通知渠道。 2. 接到被投诉人的反通知后，应当将该通知转送至投诉人，并告知投诉人可以向有关主管部门投诉或者向人民法院起诉。 3. 在转送反通知到达投诉人后十五日内，未收到权利人已经投诉或者起诉通知的，应当及时终止所采取的措施，包括但不限于恢复链接	第 43 条

续表

序号	合规要点	说明	法条依据
36	应当公示知识产权投诉处理信息	应及时以合理的方式、在合适的位置公示处理知识产权侵权纠纷中涉及的投诉通知、答辩声明及处理结果等信息	第 44 条
37	应当建立知识产权过滤及审查机制	1. 应当建立知识产权过滤、审查、巡查机制，及时处理明显侵权的信息。 2. 应当重点审查提供广告、排序、推荐、置顶、销售分成等服务的商品的知识产权。 3. 侵犯知识产权的，应当采取删除、屏蔽、断开链接、终止交易和服务等必要措施	第 45 条
38	应当审查附属服务的合规性	1. 提供仓储、物流、支付结算、交收等附属服务的，应当制定服务协议和交易规则。 2. 应当审查附属服务的合规性	第 46 条
39	不得以电商名义提供交易所服务	1. 不得采取集中竞价、做市商等集中交易方式进行交易。 2. 不得进行标准化合约交易	
40	应当审查交易担保机制合规性	1. 应当依法审查平台交易担保机制的合规性。 2. 应当明确约定保证金提取、管理、使用和退还的办法	第 58 条
41	应当协助消费者维权	1. 应积极协助消费者解决消费者与平台内经营者之间的争议，包括但不限于提供经营者身份信息、联系方式等。 2. 积极建立 ODR 机制，公示 ODR 规则	第61条、第 62 条

二、电商渠道营业及许可信息公示合规

（一）工商亮照合规

1. 法律依据

根据《电子商务法》第 15 条规定，电子商务经营者应当在其首页显著位置，持续公示营业执照信息、与其经营业务有关的行政许可信息、属于依照本法第 10 条规定的不需要办理市场主体登记情形等信息，或者上述信息的链接标识。

根据《电子商务法》第 76 条规定，电子商务经营者违反本法规定，未在首页显著位置公示营业执照信息、行政许可信息、属于不需要办理市场主体登记情

形等信息，或者上述信息的链接标识的，由市场监督管理部门责令限期改正，可以处一万元以下的罚款。

另外，根据《市场监管总局关于电子营业执照亮照系统上线运行的公告》规定，经营者可以使用电子营业执照登录亮照系统，按系统提示输入亮照信息后，系统即生成该市场主体电子营业执照的展示链接和标识图标。市场主体将电子营业执照展示链接及图标嵌入网页，便可实现营业执照网上自主公示。

2. 合规建议

原则上，所有适用于《电子商务法》的网络渠道都应当公示营业执照信息。但是部分新业态，如微信公众号、小程序等电商渠道尚未形成相关实施细则和行业惯例，也未见同类处罚案例。因此，目前大多数企业也正在等待相关细则或主管部门指导意见出台后另行整改。

（二）ICP 备案合规

1. 法律依据

根据《互联网信息服务管理办法》第 12 条规定，互联网信息服务提供者应当在其网站主页的显著位置标明其经营许可证编号或者备案编号。

根据《互联网信息服务管理办法》第 19 条规定，违反本办法的规定，未履行备案手续，擅自从事非经营性互联网信息服务，或者超出备案的项目提供服务的，由省、自治区、直辖市电信管理机构责令限期改正；拒不改正的，责令关闭网站。根据第 22 条规定，违反本办法的规定，未在其网站主页上标明其经营许可证编号或者备案编号的，由省、自治区、直辖市电信管理机构责令改正，处 5000 元以上 5 万元以下的罚款。

2. 合规建议

因此，企业应当依法完成 ICP 备案，并在网站显著位置展示备案编号。

另外，根据《工业和信息化部关于规范互联网信息服务使用域名的通知》等规定，以及相关主管部门、主流 ISP 服务商咨询意见，在中国办理 ICP 备案需要满足：

（1）备案主体必须在境内依法注册；

（2）备案主体和备案域名持有主体（或其子公司）一致；

（3）备案域名注册服务机构在境内，或为主管机构认可的境外服务机构；

（4）备案域名直接指向的服务器 IP 地址在境内。

ICP 备案、变更时应当开展备案信息与域名注册信息一致性核验。

根据《互联网信息服务管理办法》规定，互联网信息服务提供者变更服务项目、网站网址等事项的，应当提前 30 日向原审核、发证或者备案机关办理变更手续。

个别企业存在域名注册者与ICP备案主体不一致的情况，可能会因此影响其将来办理ICP变更或新增备案程序，建议相关企业尽快变更为同一主体。

（三）公安联网备案合规

1. 法律依据

根据《计算机信息网络国际联网安全保护管理办法》第12条规定，互联单位、接入单位、使用计算机信息网络国际联网的法人和其他组织（包括跨省、自治区、直辖市联网的单位和所属的分支机构），应当自网络正式联通之日起三十日内，到所在地的省、自治区、直辖市人民政府公安机关指定的受理机关办理备案手续。

《计算机信息网络国际联网安全保护管理办法》第23条规定：“违反本办法第11条、第12条规定，不履行备案职责的，由公安机关给予警告或者停机整顿不超过六个月的处罚。”

2. 合规建议

因此，企业应当依法完成公安联网备案，并在网站显著位置展示备案编号。

另外，公安联网备案的网站类别分为“交互式”和“非交互式”，所谓交互式服务，是指为用户提供向社会公众发布文字、图片、音视频服等信息的服务，包括但不限于论坛、社区、贴吧、文字或者音视频聊天室、微博客、博客、即时通信、分享存储、第三方支付、移动应用商店等互联网信息服务。

其中，“交互式”网站可能涉及公安部门的现场检查，请企业根据实际情况填报网站类别。

此外，部分地区对于通过APP开展电子商务的，还需要在当地开展APP安全专项备案。

（四）公安等保备案合规

1. 法律依据

根据《网络安全法》第21条等规定，国家实行网络安全等级保护制度。网络运营者应当按照网络安全等级保护制度的要求，履行安全保护义务。《信息安全等级保护管理办法》规定，已运营（运行）的第二级以上信息系统，应当在安全保护等级确定后30日内，由其运营、使用单位到所在地设区的市级以上公安机关办理备案手续。

根据《网络安全法》《信息安全等级保护管理办法》并参考当前监管执法实践，企业未通过网络安全保护等级备案、测评及年度检查的，会被处以罚款、停机整顿等处罚。

2. 合规建议

因此，企业应当依法为其网站服务器（包括电商网站服务器、会员系统，以及企业内部的员工操作系统、财务系统等）办理等级保护定级、备案及测评手续。办理机关通常为企业实际办公地点所在公安机关。

参考《信息安全技术网络安全等级保护测试评估技术指南》《信息安全技术信息系统安全等级保护测评要求》《信息安全技术 信息系统等级保护安全设计技术要求》等规范要求及等级保护测评实践要求，等保测评对象主要涉及信息发布与展示系统、会员系统、服务器等设施设备、管理人员及管理制度等；等保测评方法包括现场访谈、检查及联网测试。因此，若信息系统、服务器设施不在中国境内的，无法通过等级保护测评与定级备案。

（五）电商平台行政许可合规

1. 法律依据

根据《电信条例》《电信业务经营许可管理办法》等规定，我国对于经营性在线交易处理服务实行许可制度。

《电信业务目录》B21 项规定："在线数据处理与交易处理业务在线数据处理与交易处理业务是指利用各种与公用通信网或互联网相连的数据与交易 / 事务处理应用平台，通过公用通信网或互联网为用户提供在线数据处理和交易 / 事务处理的业务。在线数据处理与交易处理业务包括交易处理业务、电子数据交换业务和网络 / 电子设备数据处理业务。"

2. 合规建议

因此，满足以下条件之一的电商平台应视为满足经营性条件，依法应当取得增值电信业务经营许可证（在线数据处理与交易处理业务）：

（1）除自营电商外，还开展平台型电商业务；

（2）向入驻平台商户收取信息服务费、技术服务费或者向使用平台的用户收取上述费用、会员费等；

（3）发布商业性广告，并收取广告费等；等等。

平台如果还存在其他业态涉及经营增值电信业务的，可能还需要办理其他相关增值电信业务经营许可证。比如用户提供第三方广告或服务推送、信息搜索查询、社区平台、即时交互服务等的，需要取得 B25 类项下信息服务业务的许可。

（六）其他行政许可

其他未取得相关行政许可不得经营的特殊商品和服务包括但不限于：民用爆炸物品的生产、经营，危险化学品生产、经营，医疗器械生产、经营，药品经营，食品经营，出版物经营，血液制品的经营，主要农作物和主要林木的商品种子经营，种畜禽生产经营，煤炭经营，烟草经营，文物经营，民用枪支制造、配售，成品油批发、零售、仓储，食盐经营，特种设备，其他物品，等等。

（七）电商网站许可、备案及其公示概览

类型	亮照 / 链接	ICP 备案	公网备案	等保	电信牌照
自建网站（自营）	√	√	√	√	?
电商平台	√	√	√	√	√
台内店铺	√	电商平台应依法办理上述手续			
APP	√	×	√	√	平台则需
小程序	√	提供服务及数据的网站应依法办理上述手续			
公众号	√	×	社交平台应依法办理上述手续		

注：“√”：需要办理；“×”：不需要办理；“？”：应结合业务模式具体判断。

三、电商网站网络协议合规

（一）电子商务的隐私政策合规特殊性

根据《电子商务法》《个人信息安全规范》《APP 违法违规收集使用个人信息自评估指南》和《数据安全管理办法（征求意见稿）》等文件，电子商务经营者应当依法向用户提供隐私政策。其中，个人信息收集应当遵守最少必要原则。但是，很多企业不知该如何判断其业务收集的个人信息是否为必要，为此，根据《网络安全实践指南—移动互联网应用业务功能个人信息收集必要性规范》，以“网上购物”业务为例，列出该业务功能必要信息，供企业自查参考：

收集信息	使用要求
手机号码	仅用于用户注册，满足注册用户实名认证要求
账号信息 1. 账号 2. 口令	仅用于标识网上购物用户和保障账号信息安全

续表

收集信息	使用要求
收货人信息 1. 姓名 2. 地址 3. 手机号码	仅用于网上购物收货时识别收货人、送达货物和联系收货人
交易信息 1. 订单价格 2. 订单商品 3. 下单时间 4. 订单商户 5. 订单编号 6. 订单状态	仅用于实现网上购物的订单交易和处理用户纠纷，满足电子商务法相关要求
第三方支付信息 1. 支付账号或交易流水号 2. 支付状态	仅用于实现网上购物的订单支付功能，通常由网上购物业务功能调用第三方支付服务间接获取

同时，企业还应当遵守法律、法规等关于隐私政策内容及形式的其他合规要求。例如，根据《网络交易监督管理办法（征求意见稿）》，网络交易经营者收集、使用消费者个人信息的，应当逐次征求消费者同意，不得采取一次性授权方式获得消费者同意，不得因消费者不同意收集与该网络交易活动无关的个人信息而拒绝向其销售商品或者提供服务。

（二）电子商务合同合规

1. 电子签名 / 电子合同的法律效力

《最高人民法院关于互联网法院审理案件若干问题的规定》第 11 条规定：当事人提交的电子数据，通过电子签名、可信时间戳、哈希值校验、区块链等证据收集、固定和防篡改的技术手段或者通过电子取证存证平台认证，能够证明其真实性的，互联网法院应当确认。《最高人民法院关于审理买卖合同纠纷案件适用法律问题的解释》第 4 条规定：人民法院在按照合同法的规定认定电子交易合同的成立及效力的同时，还应当适用电子签名法的相关规定。

《合同法》第 11 条规定：书面形式是指合同书、信件和数据电文（包括电报、电传、传真、电子数据交换和电子邮件）等可以有形地表现所载内容的形式。《电子签名法》第 14 条规定：可靠的电子签名与手写签名或者盖章具有同等的法律效力。

根据上述规定，符合条件的电子签名签署的电子合同与手写签名或者盖章的合同具有同等法律效力。符合条件，是指达到“可靠的”“能够证明真实性的”的标准，法律理论上一般要求至少符合如下条件：

（1）专有性：电子签名制作数据用于电子签名时，属于电子签名人专有，或者能够证明签名行为唯一指向电子签名人本人。例如通过CA认证、活体验证等。

（2）可控性：签署时电子签名制作数据仅由电子签名人控制，电子签名是其真实意思表示，例如通过电子签名人设置签名密码、在线登录账户等。

（3）不可篡改性：签署后对电子签名 / 电子合同的任何改动能够被发现，例如通过第三方存证、可信时间戳、区块链技术等，证明电子签名 / 电子合同在一个时间点已经存在、完整、可验证且具有可靠性。

另外，电子签名 / 电子合同的效力已在司法实践中获得普遍认可，但需满足“可靠性”标准。法院往往通过电子签名 / 电子合同供应商的资质、电子数据的生成方式、认证方式、电子数据的内容等方面，确定电子签名的“可靠性”，从而认定电子合同的有效性。一般而言，除非有反证，通过电子合同服务平台，经有资质的第三方机构认证后签署的电子合同通常会被认定具有法律效力。

2. 电商平台格式合同合规

电商平台服务协议和交易规则是平台运营的重要基石。电商平台经营者应与平台内入驻企业及消费者明确权利义务划分，建立交易问题解决机制。下表列出了《电子商务法》及相关法规关于电商平台格式合同的特殊合规要点，供企业自查整改参考：

要点	说明	法律责任
制定平台协议	1. 制定平台协议，明确约定平台与平台内交易双方的权利义务，定义平台服务的内容和形式； 2. 平台协议应当独立于交易双方的买卖 / 服务合同； 3. 根据具体业态，建议分别制定面向卖方的协议和面向买方的协议	由市场监督管理部门责令限期改正，可以处二万元以上十万元以下的罚款；情节严重的，处十万元以上五十万元以下的罚款

续表

要点	说明	法律责任
制定交易规则	1. 根据具体业态，应当制定适用于交易双方的交易规则； 2. 交易规则是交易双方买卖 / 服务合同的补充	—
依法公示平台协议及交易规则	1. 在首页显著位置（通常为 head/foot 文件中）持续公示平台协议及交易规则或上述信息的链接； 2. 确保交易双方能够便利、完整地阅览和下载平台协议及交易规则； 3. 应当确保平台协议和交易规则的版本证据留痕	
建立修改平台协议及交易规则的协商程序	1. 修改平台协议及交易规则，应在首页显著位置公开征求意见，征求意见的期限无强制要求； 2. 采取合理措施确保各方能够及时充分表达意见； 3. 修改内容至少在实施前七日予以公示，公示期间使用老规则	
建立并公示信用评价制度	1. 应当建立健全信用评价制度，但不得非法提供征信服务； 2. 应当公示信用评价制度； 3. 应当为消费者提供对平台内销售的商品或者提供的服务评价的途径； 4. 评价涉及评论、点评功能的，还应当遵守交互式网站有关的备案、管理规定	
提前公示终止经营信息	自行终止从事电子商务的，应当提前三十日在首页显著位置持续公示有关信息	
依法建立知识产权保护规则	1. 应当依法建立知识产权保护规则，包括但不限于通知移除规则等； 2. 应当为知识产权权利人提供必要的投诉、联络等机制； 3. 明知或应知侵权的，应采取必要措施； 4. 及时公示通知、声明及处理结果	限期改正；逾期不改正的，处五万元以上五十万元以下的罚款；情节严重的，处五十万元以上二百万元以下的罚款

3. 电商合同生效条款合规

《电子商务法》实施后，仍然有很多电商经营者在用户协议、交易规则中约定可以随意取消消费者提交成功的订单，或者拒绝履行标价错误及利用规则或系统漏洞薅羊毛的订单，俗称“砍单”，实践中存在较大法律风险。之前北京消协就该问题展开专项调查，东航、拼多多也爆出类似事件引起社会广泛关注。

因此，建议电商企业全面修订电商渠道的用户协议、销售条款及交易规则等，包括但不限于：（1）区别对待消费者和其他用户；（2）区分合理消费需求和非消费需求；（3）拆分订单；（4）区别合同成立及履行；（5）不得以格式条款等方式约定消费者支付价款后合同不成立等。

4. 用户转售刷单场景合规实务

某些用户以转售为目的，使用刷单软件等方式多次下单重复购买、抢购商品，影响其他正常用户的购买机会（下称转售刷单）。实践中，经营者希望取消此类订单。

《电子商务法》规定，电子商务经营者不得以格式条款等方式约定消费者支付价款后合同不成立；格式条款等含有该内容的，其内容无效。《网络安全法》规定，任何个人和组织不得从事非法侵入他人网络、干扰他人网络正常功能、窃取网络数据等危害网络安全的活动。

根据上述规定，企业有证据表明相关用户存在转售刷单行为的，其购买行为并非基于正常合理的消费需求，因此，该相关用户不属于法律规定的“消费者”范畴。另外，相关用户使用刷单软件抢购商品，可能涉及非法侵入贵司网络、干扰贵司网络正常功能等危害贵司网络安全的情况。

基于以上分析，企业取消此类订单，具有其合理性，未违反电商法规定。

但是，企业应注意不得在证据不充分的情况下将用户正常购买行为定义为转售刷单行为，否则，即使企业在相关销售条款中约定享有此类订单的取消权，该约定仍存在被认定为无效格式条款的法律风险。一旦被认定为无效，企业可能需要继续履行交货义务或者承担违约责任。

根据以上分析，并结合同行实践经验，为降低合规风险，对企业作出以下建议：

（1）修改用户协议 / 销售条款，限制“消费者”的范围，将下列情形排除在上述法律规定的范畴之外：以企业名义（发票主体）购买的用户；以转售为目的，使用刷单软件多次下单重复购买、抢购商品的用户；超过正常合理消费需求（可以列明商品限购的具体数量）的用户。

（2）修改用户协议 / 销售条款，将有证据表明使用刷单软件抢购商品的行为定义为危害企业网络系统安全、侵犯第三方用户平等交易权的行为，企业有权采取拒绝交易或取消订单等措施。

（3）企业通过技术手段建立内部黑名单，限制名单内用户注册、下单等功能，等等。

5. 经营者超售 / 缺货合规实务

某些企业因电商超售、库存无法及时统计等原因，存在用户下单付款后库存不足无法及时发货或者不能发货的情况。

根据《网络交易管理办法》第 17 条规定，网络商品经营者、有关服务经营者在经营活动中使用合同格式条款的，应当符合法律、法规、规章的规定，按照公平原则确定交易双方的权利与义务，采用显著的方式提请消费者注意与消费者有重大利害关系的条款，并按照消费者的要求予以说明。网络商品经营者、有关服务经营者不得以合同格式条款等方式作出排除或者限制消费者权利、减轻或者免除经营者责任、加重消费者责任等对消费者不公平、不合理的规定，不得利用合同格式条款并借助技术手段强制交易；第 52 条规定，违反本办法第 17 条规定的，按照《合同违法行为监督处理办法》的有关规定处罚。根据《合同违法行为监督处理办法》规定，当事人违反本办法第 6 条、第 7 条、第 8 条、第 9 条、第 10 条、第 11 条规定，法律法规已有规定的，从其规定；法律法规没有规定的，工商行政管理机关视其情节轻重，分别给予警告，处以违法所得额三倍以下，但最高不超过三万元的罚款，没有违法所得的，处以一万元以下的罚款。

若企业通过页面文案、用户协议等格式条款约定自身享有合同单方解除权，则存在被认定为以合同格式条款等方式作出排除或者限制消费者权利、减轻或者免除经营者责任、加重消费者责任等对消费者不公平、不合理的规定的法律风险。

一旦被认定为无效，企业可能需要继续履行交货义务或者承担违约责任。另外，还有相关行政执法案例（关于上海 X 浪游网络科技有限公司违法格式条款案等）就同类事件对网络经营者处以警告、罚款处罚。

为降低被认定为无效格式条款的风险，建议企业在发生真实缺货情况时，尽快通知用户并争取协商一致取消相关缺货订单。

但是，尽管采取如上方法降低风险，由于各地行政 / 司法人员对无效格式条款的理解与认定可能存在差别，仍不能消除上述风险。

（三）用户协议等的程序及形式合规

用户协议等是企业与消费者之间的基本合同，是确立双方权利义务的基本规范。但是，由于网络环境的特殊性，消费者无法有效参与合同订立谈判。因此，为尽可能的防止用户协议等通过格式条款损害消费者的利益，避免企业损害消费者的知情权和选择权，《电子商务法》《消费者权益保护法》《个人信息安全规范》等都对用户协议等的程序及形式提出了明确的合规要求。实践中，很多电商企业的用户协议等的制定和修订未经公示程序，其展示位置不规范、不显著，用户同意机制名存实亡。

因此，建议电商企业应当建立用户协议等的形式审查机制，包括但不限于：（1）建立用户协议等的定期审查机制；（2）建立用户协议等的制定、修订及发布程序指引；（3）应当为用户提供查阅、下载的便捷方式及指引；（4）建立版本管理及证据留痕机制等。

四、电商数据合规

（一）企业数据流动中的合规审查与监管责任

1. 获取上游数据合规

很多电商企业出于精准营销、数据分析等目的会从第三方渠道获取用户数据，电商企业在获取上游供应商提供的用户信息时，应当建立一套的识别与分级机制，推行“分级管理、分层合规”，制定识别分级合规手册，有利于后续采取针对性的审查及动态管理体系。根据前期识别与分级工作，可以差别化的采取形式审查、实质审查、第三方评估测评等方式进行合规审查：

（1）形式审查，又称为文本审查。实践中常见的方式，例如要求上游就数据的合法性出具单独的《承诺函》，或者在合作协议中加入数据合规的专门条款等。

（2）实质审查，审查的内容主要包括五个方面：资质、来源、授权、用户通知、责任能力审查。

（3）第三方评估测评：对于那些用户信息数量巨大、频繁获取且是企业的核心商业模式的，企业还可以要求上游提供有资质的测评机构出具的评估报告（例如等保测评报告等），并依此开展数据合规审查。

企业还应当建立完善的网络安全合规体系，通过采取相关技术措施并制定内部管理制度，依法留存用户数据，加强内部合规培训，有针对性地对获取的用户数据采取匿名化、去标识化等数据处理措施，建立用户数据使用审计制度。同时，根据用户信息获取的频率，建立动态的审查措施。

2. 向下游提供数据合规

电商企业向下游经销商、物流、支付等合作方提供用户信息的，因个人信息的可复制性、易流通性等特征，会导致用户对其个人信息的控制力的减弱，需要企业承担的审查与监管责任更大。企业向下游提供用户信息时的合规要点包括：

（1）告知用户并取得明示同意是核心，可以根据前期识别与分级工作情况采取概括告知、反向追认、单独告知等方式；

（2）动态监管是关键，实践之中，考虑到企业的管理效率和成本，同时兼顾促进数据流动的目的考虑，企业在数据分享后的监管责任包括但不限于：

①形式监管：要求第三方出具书面承诺，或者在数据共享合同中加入单独条款。

②实质监管：通过共同设立项目组，共管数据库权限，发送动态询证函，动态调整 / 更新 API 接口等方式，加强下游获取方的监管。此外，企业还应当保持与下游的有效联络，及时沟通用户数据的应用情况，一旦发生信息安全事件，能够及时依法采取处置和并履行报告义务。企业还应当制定针对数据共享的应急预案等。

③引入第三方审计测评：还可以要求第三方定期提供测评机构出具的评估报告（例如等保测评报告）。

此外，企业如何根据《个人信息安全规范》等规定，建立不同层面的评估机制（例如必要性评估、安全性评估、跨境评估等）；借鉴第二部分的内容，建立有效的、分层的下游审查机制；并依法、准确记录和保存个人信息的共享、转让的情况，包括共享、转让的日期、规模、目的，以及数据接收方基本情况等。

（二）电商数据存储合规

《电子商务法》规定，在电子商务争议处理中，电子商务经营者应当提供原始合同和交易记录。结合民事诉讼时效相关规定，该资料至少应当保留三年。此外，电子商务平台经营者应当记录、保存平台上发布的商品和服务信息、交易信息（含有用户信息），保存时间自交易完成之日起不少于三年（根据《网络交易管理办法》，平台内经营者的营业执照或者个人真实身份信息记录保存时间从经营者在平台的登记注销之日起不少于两年）。

此外，《网络安全法》《反恐怖主义法》等法律法规还规定了在发生网络安全事件、违法信息传播事件等情形下，信息控制者的保存责任（暂无期限）；《电子商务法》等还规定了用户评价信息的禁止删除责任。

根据《食品安全法》《消费者权益保护法》及《侵权责任法》等法律法规中，在著作权、名誉权、消费者保护等侵权案件中，网络平台还必须提供侵权人的身份信息，否则存在连带责任的法律风险。

因此，电商企业应当建立数据存储指引，明确哪些数据需要依法存储、存储期限、数据调取权限和数据提供审批流程等内容。

（三）电商终止经营后数据处理合规

入驻电商平台的企业或者自建电商企业根据商业规划决定关闭平台内店铺或者关闭自建电商网站的，应当依法开展关店期间的数据备份和处理工作，避免数据泄露、丢失等风险。

为此，企业应当建立关店数据备份和处理项目指引，至少包括以下内容：

1. 设立数据备份和处理项目组，负责关店期间的数据备份和处理工作，项目组由项目管理人、数据安全负责人和项目执行人等成员组成；

2. 开展项目调研，了解目前已备份的数据，明确除已备份的外，还需备份哪些数据。同时，对数据进行识别和分类；

3. 从技术和法律角度评估数据备份和处理的安全性；

4. 开展数据处理，方式包括但不限于加密、匿名化、去标识化、删除，等等；

5. 书面通知供应商终止经营后如何处理从企业处获取的数据；

6. 除项目成员外，收回其他人员的电商店铺账户访问权限；

7. 针对用户提出的个人信息查询、删除要求制定用户响应指引；

8. 制定网络安全事件应急预案；

9. 书面记录上述各个程序中关于个人信息的处理活动情况。

五、电商消费者权益保护合规

（一）七日无理由退货合规

1. 七日无理由退货的适用范围

“七日无理由退货”制度主要是为了解决消费者通过网络、电视、电话、邮购等方式购买商品，可能面临信息不对称、无法货比三家等问题，而赋予消费者的一种“后悔权”。根据《消费者权益保护法》《网络购买商品七日无理由退货暂行办法》等规定，满足以下条件的商品交易，应当适用七日无理由退货：

条件	说明
采用网络、电视、电话、邮购等方式销售商品	不一定要在上述渠道中完成交易闭环，只要交易过程中有一个环节（包括但不限于预定、下单、支付）是在上述渠道中完成的，都被认定为采用上述渠道。例如线上下单，线下提货的新零售模式

续表

条件	说明
排除适用的情形	直接排除适用的： 1. 消费者定作的商品； 2. 鲜活易腐的商品； 3. 在线下载或者消费者拆封的音像制品、计算机软件等数字化商品； 4. 交付的报纸、期刊； 经消费者在购买时确认后，可以排除适用的： 1. 拆封后易影响人身安全或者生命健康的商品，或者拆封后易导致商品品质发生改变的商品； 2. 一经激活或者试用后价值贬损较大的商品； 3. 销售时已明示的临近保质期的商品、有瑕疵的商品
消费者需承担的义务	1. 退货的商品应当完好； 商品能够保持原有品质、功能，商品本身、配件、商标标识齐全的，视为商品完好。 消费者基于查验需要而打开商品包装，或者为确认商品的品质、功能而进行合理的调试不影响商品的完好。 2. 支付退货运费

除上述排除适用的情形外，如果经营者利用格式合同规定其他商品不适用“七日无理由退货”的，存在被认定为无效格式条款的风险。

2. 跨境电商七日无理由退货适用问题

《关于完善跨境电子商务零售进口监管有关工作的通知》规定：“第四条(一)跨境电商企业，2. 承担消费者权益保障责任，包括但不限于商品信息披露、提供商品退换货服务、建立不合格或缺陷商品召回制度、对商品质量侵害消费者权益的赔付责任等。”因此，从法律规定的角度，并未免除跨境电商经营者履行七日无理由退货规定的义务。

但是，行业实践中，大部分跨境电商平台对跨境商品未统一实施七日无理由退货规定。不适用的商品，均在商品加购页面以显著方式告知用户。同时，跨境商品由于商品清关、配送等原因，适用七日无理由退货存在政策和操作方面的实际困难。

因此，在执法实践过程中，如果经营者以显著方式告知消费者相关跨境商品不适用七日无理由退货规定的，通常不会对其苛以行政处罚。但是，因为该实践做法暂缺乏有效的法律依据，在极端个案情况下，仍然存在被认定为违反关于七日无理由退货规定的法律风险。

（二）商品价格展示合规

根据《电子商务法》《价格法》及《关于〈禁止价格欺诈行为的规定〉有关条款解释的通知》的规定，电商企业可能存在的价格违法情形有：

价格违法行为	合规要求
以虚假的“清仓价”“甩卖价”“最低价”“优惠价”或者其他欺骗性价格表示销售商品或服务	应确保宣传价格与实际价格一致
虚构商品原价 * 原价，是指经营者在该次活动前七日内在同一交易场所成交，有交易票据的最低交易价格； 如果前七日内没有交易，以活动前最后一次交易价格作为原价	应真实披露商品原价（原价有特殊限定范围的，应当标明适用范围）

（三）商品及服务信息披露合规

<table>
<tr><th colspan="3">适用于电商产品上架前审核</th></tr>
<tr><td rowspan="3">合规要点</td><td>要点</td><td>说明</td></tr>
<tr><td>披露信息内容</td><td>经营者应通过用户协议、网页文案及产品详页向消费者披露包括但不限于如下信息：
1. 经营主体；
2. 经营地址、联系方式；
3. 履行期限和方式；
4. 支付形式；
5. 退换货方式；
6. 售后服务；
7. 争议解决方式</td></tr>
<tr><td>商品信息</td><td>应在产品详页全面、真实、准确、及时地披露商品信息，如产地、数量、质量、规格、成分、价款、物流等；不得采取大数据杀熟等方式价格歧视，或者损害消费者的公平交易权</td></tr>
</table>

续表

适用于电商产品上架前审核		
	其他相关信息	应向消费者披露产品安全注意事项和风险警示、会员与积分规则等信息； 产品若为跨境电商渠道进口的商品的，还应当披露适用的标准，并提供中文标签链接，商品不得二次销售等
	披露信息涉及广告	相关要求参见第五部分
	披露信息存储	应当保留披露信息存储期限不得少于三年
	商品所有权属性	若采取平台模式的，应当清晰标明是自营还是非自营产品，以及是否为跨境电商商品

（四）押金退还合规

网上订酒店、骑共享单车等，往往需要消费者先交纳部分押金，但随着电子商务发展，押金退还问题逐渐凸显出来。有些品牌的共享单车押金难退的问题，受到了全国各地多家媒体的关注。

根据《电子商务法》第 21 条规定，电子商务经营者按照约定向消费者收取押金的，应当明示押金退还的方式、程序，不得对押金退还设置不合理条件。消费者申请退还押金，符合押金退还条件的，电子商务经营者应当及时退还。违反上述规定者，由有关主管部门责令限期改正，可以处五万元以上二十万元以下的罚款；情节严重的，处二十万元以上五十万元以下的罚款。

此前，交通运输部等出台了《关于鼓励和规范互联网租赁自行车发展的指导意见》《交通运输新业态用户资金管理办法（试行）》，针对押金问题进行了专门规定，加强了对消费者押金资金安全的监管。《交通运输新业态用户资金管理办法（试行）》规定，网络预约出租汽车、汽车分时租赁和互联网租赁自行车等企业，原则上不得收取用户押金。此外，运营企业在扣除押金前，要及时告知用户。汽车分时租赁、互联网租赁自行车押金最长退款周期分别不超过 15 个工作日、2 个工作日。同时，要求预付资金建立备付金制度，预付资金专用存款账户留存资金不得低于运营企业预付资金余额的 40%，可提取部分预付资金只能用于运营企业与服务用户有关的主营业务。

（五）产品搭售合规

根据《电子商务法》第 19 条规定，电子商务经营者搭售商品或者服务，应当以显著方式提请消费者注意，不得将搭售商品或者服务作为默认同意的选项。而违反此条规定的，由市场监督管理部门责令限期改正，没收违法所得，可以并处五万元以上二十万元以下的罚款；情节严重的，并处二十万元以上五十万元以下的罚款。

搭售行为主要在生活服务类电商平台集中出现。该条对电商“商品搭售”的现象作出了有针对性的规定，很大程度上维护了消费者的知情权和监督权。但是，该条文并非禁止一切套餐式销售，而是不得采取消费者默认勾选的方式。

（六）大数据杀熟合规

随着大数据技术的发展，电子商务经营者可以基于自己过往收集的数据，精准地对每一个用户进行画像，根据消费者的兴趣爱好、消费习惯、消费能力对其进行相关的商品或服务推送，从而导致大数据杀熟现象屡屡发生。

根据《电子商务法》第 18 条规定，电子商务经营者根据消费者的兴趣爱好、消费习惯等特征向其提供商品或者服务的搜索结果的，应当同时向该消费者提供不针对其个人特征的选项，尊重和平等保护消费者合法权益。电子商务经营者向消费者发送广告的，应当遵守《广告法》的有关规定。

根据《电子商务法》第 82 条规定，电子商务平台经营者违反本法第 35 条规定，对平台内经营者在平台内的交易、交易价格或者与其他经营者的交易等进行不合理限制或者附加不合理条件，或者向平台内经营者收取不合理费用的，由市场监督管理部门责令限期改正，可以处五万元以上五十万元以下的罚款；情节严重的，处五十万元以上二百万元以下的罚款。

上述关于精准营销以及消费者平等对待权的问题，电子商务经营者在提供搜索结果的时候，必须提供另外一个选项，该选项所展示的结果是不针对个人特征的自然搜索结果，任何人进行搜索都能得到相同的结果，其实是要求商家把选择权和知情权还给消费者。

六、电商广告营销合规

（一）电商广告内容与形式合规

电子商务经营者通过网络发布广告（包括新媒体广告内容，官网、第三方电子商务平台 banner；具有广告性质的产品介绍；电子邮件广告；搜索引擎广告等）前应当审查广告内容合规：

	要点	说明
合规要点	广告管理制度	应当建立广告管理制度，设立广告审查的岗位和人员，建立相应的责任机制； 应建立广告服务商管理制度，审查其业务资质及能力，签订正式的服务合同，明确约定服务内容及验收机制
	标明广告内容	内容具有广告性质的，应当标明广告性质
	广告内容真实	广告应当真实、合法，不得含有虚假或者引人误解的内容，不得欺骗、误导消费者； 广告中不得使用虚构、伪造或者无法验证的科研成果、统计资料、调查结果、文摘、引用语等信息作证明材料的
	禁用绝对化用语及其他违法用语	广告中不得使用如“国家级”“最高级”“最佳”“顶级”“唯一”等绝对化用语，不得使用违反广告法第 9 条规定的其他禁止性内容
	引证内容真实、准确	广告中引用数字、统计资料、调查结果、文摘等引证内容的，应当依法确保内容的准确性、客观性，并注明引证内容的来源，具体的： 1. 若引证内容由第三方提供，可在页面底端、引证内容附近，以星号方式标注引证内容的出处，如来源的网站地址、报刊、机构或者作者名称等； 2. 若数据、统计资料和调查结果是由企业自行取得的（包括委托第三方取得的）：企业应具备自行或委托第三方开展试验、调查的相关证明材料；企业应作出有关数据由贵司自行取得的说明； 3. 引证内容有适用范围和有效期限的，应明确表示； 4. 不得断章取义、以易导致消费者误解的方式使用引证内容
	禁止恶意比价、贬低	广告中不得含有贬低其他商家的商品或服务的内容，不得将自身产品与其他品牌产品进行恶意比较
	专利标注规范	广告中涉及专利产品或专利方法的，应当标明专利号和专利种类，尚未取得专利权的，不得在广告中称取得专利权
	运动、健康产品广告	广告中不得含有医疗性功效的断言或保证； 不得声称或者暗示广告商品为保障健康所必需

续表

要点	说明
肖像与名称权	广告中使用他人名义或者形象的，应当事先取得其书面同意； 广告中不得商标性使用他人的名称和商标，不得引人误解、傍名牌
未成年人广告	不得利用不满十周岁的未成年人作为广告代言人； 广告内容不得损害未成年人身心健康
禁止影响网络使用	发布的广告不得影响消费者正常使用网络； 不得恶意遮挡第三方的品牌名称或著作权署名等； 不得干扰他人系统、网络的正常使用
确保一键关闭	以弹出等形式发布的广告，应当显著标明关闭标志，确保一键关闭，不得以伪装关闭等方式诱使用户点击广告
商业广告订阅与推送	未经用户主动订阅且在隐私政策中明示，不得向用户推送商业广告；应当为用户提供拒绝渠道，用户明确表示拒绝的，不得向其发送商业广告
搜索结果合规	为用户提供个性化搜索结果页面的，应当为用户提供取消个性化搜索结果的渠道，能够有效展示自然搜索结果
使用用户个人信息开展精准营销	应当开展个人信息安全影响评估； 使用该等个人信息不得超过隐私政策列明的目的、范围； 开展数据融合项目的，应当确保第三方数据来源合法，且具备开展该等业务的资质； 使用用户的敏感个人信息（例如面部特征等）开展精准营销的，应当严格管理数据的收集、使用及存储流程
商品或服务点评管理	不得虚构用户点评，不得虚构使用效果； 不得删除用户的点评
广告内容素材	参见第六部分

（二）日常网络营销合规

电子商务经营者开展网络日常营销活动（例前活动券、满减等），应当开展下列专项合规审查：

	要点	说明
合规要点	活动规则	应当建立营销活动审查机制，设立相应的岗位和人员； 营销活动规则应真实、清晰、全面、合法，并以显著的方式（包括弹窗、交易必经过程页面）提前公示，并方便用户查阅； 不得在活动规则中剥夺消费者的下列核心权利： 1. 依法变更或者解除合同的权利； 2. 请求支付违约金的权利； 3. 请求损害赔偿的权利； 4. 解释格式条款的权利； 5. 就格式条款争议提起诉讼的权利； 6. 消费者依法应当享有的其他权利。 具备条件的，建议以有效的方式（例如网络存证、时间戳等）保留活动规则的不同版本
	活动信息	营销活动规则或文档应当包括完整的活动信息，包括但不限于活动范围、活动期限、参加条件、活动品类等信息； 活动商品的价格、积分等核心条款与普通商品不一致的，应当以显著的方式提示用户
	活动商品	商品的名称、数量、质量、价格、用途、性能、产地、规格、等级、说明、标识、标准及实物样品等信息应当真实、一致； 不得因营销活动降低商品质量
	活动内容合规	参见第（四）部分内容
	活动价格	不得以虚假的“清仓价”“甩卖价”“最低价”“优惠价”或者其他欺骗性价格表示销售商品或服务； 开展营销活动的，应真实披露商品原价（原价有特殊限定范围的，应当标明适用范围）； 若活动前无交易的，不得标注原价。 * 原价，是指经营者在该次活动前七日内在同一交易场所成交，有交易票据的最低交易价格； 如果前七日内没有交易，以活动前最后一次交易价格作为原价
	活动缘由	不得虚构打折，不得虚构清仓、拆迁、停业、歇业、转行等事由开展促销活动

续表

要点	说明
活动商品质量	不得谎称正品销售“处理品”“残次品”“等外品”等商品
退换货	适用无理由退货的商品，不得故意拖延或无理拒绝
有奖销售	抽签、摇号等偶然性的抽奖式有奖销售，最高奖的金额不得超过 5 万元； 建议公示中奖概率等信息； 不得采取投入法定货币等形式获取抽奖机会
赠品	附赠的商品的应当： 1. 明示所赠商品的品种、规格、数量、期限和方式等； 2. 满足质量要求，不得因促销降低商品质量； 3. 附赠的商品也应提供“三包”服务； 4. 不得附赠现金、有价证券
活动券	活动中使用纸质券 / 电子券的应当： 1. 只能发行单用途券； 2. 应当依法办理代金券备案； 3. 应当审查券面内容及券章程合规； 4. 券不能回兑法定货币；等等
活动素材	详见第六部分内容
联合营销	应当审查第三方合作伙伴经营资质； 应当避免贵司别认定为实质联合开展第三方业务（例如游戏、信用卡等）； 应当避免贵司被认定为提供经营性网络广告、导流服务（需要持牌 ICP）
解释权	营销活动中不得标注“最终解释权归 XX 所有”，单方规定享有解释权，排除消费者的合法权益

（三）网络集中促销活动合规

电商商务经营者开展专项集中促销（例如 6.18、11.11 等）前，除需满足第二项中的合规审查要点外，还需满足下述合规要点：

	要点	说明
合规要点	审查平台集中促销规则	审查平台集中促销规则中的排他条款、价格限制、品类限制等条款； 审查相关的补贴、发票等条款
	公示合规	应当在网店显著位置以显著方式公示贵司参与集中营销活动的期限、方式和规则； 应当说明贵司参加营销的商品或者服务的名称、种类、数量、质量、价格、运费、配送方式、支付形式、退换货方式等主要信息
	积分、优惠券规则	平台或贵司在促销活动中赠送消费积分或者发放优惠券的，应当标明消费积分或者优惠券的使用条件、方法、期限等规则； 改变上述规则的，应当征得消费者同意，增加有利于消费者权益的变更除外
	定金、退换货	企业不得设置订金不退、预售商品不适用七日无理由退货、自行解释商品完好、增加限退条件等格式条款
	砍单、库存	不得未经消费者许可随意砍单； 活动的商品或者服务销售完毕的，应在活动宣传页面、购买页面及时告知消费者

（四）电商新媒体营销内容 / 活动合规审查

适用于新媒体，以软文、短视 / 音频等形式开展的营销内容 / 活动：

	要点	说明
合规要点	审查新媒体服务供应商资质及合同条款	审查新媒体服务供应商（例如微信公号、小红书、头条等，下称“供应商”）具有 ICP/SP、AVSP 等资质，并依法履行了 ICP、PSB 等备案； 审查供应商合同中的内容著作权归属、内容使用许可、数据使用与限制、内容违规处罚与责任等条款是否存在重大不利条款； 审查供应商平台交易规则、开放平台协议及政策中的相关合同是否存在重大不利条款

续表

要点	说明
审查新媒体运维服务商资质及合同条款	审查新媒体运维服务商（例如公号运维、广告商、技术过滤等，下称“服务商”）具有与其业务相适应的资质，并具备相适应的网络安全与数据安全能力； 审查服务商合同中的服务内容与验收、内容知识产权担保、数据使用与限制、违法违规追责等约定是否存在重大不利条款
加强新媒体营销内容/活动准入审查	新媒体营销内容涉及如下准入许可/限制行业的，应当审查自身是否具有开展该等业务的资质： 1. 网络视音频、网络游戏、网络出版、网络新闻等； 2. 网络餐饮食品、医疗医药信息等； 3. 互联网金融（例如信用卡、保险等联合营销，虚拟货币、区块链发币等）
加强新媒体营销内容合规审查	建议企业自行或委托第三方建立新媒体营销内容合规审查“先审后发”机制，设立相应的岗位和人员，保留相应的审查记录，制定相应的责任机制： 1. 不得损害国家的尊严或者利益，泄露国家秘密，不得非法使用国旗、国徽、地区名、地图等，不得使用或者变相使用国家机关、国家机关工作人员的名义或者形象； 2. 不得妨碍社会安定，损害社会公共利益，不得煽动非法聚会或游行； 3. 不得危害人身、财产安全，不得泄露个人隐私和个人信息； 4. 不得妨碍社会公共秩序或者违背社会良好风尚，不得使用低俗的内容、网络语言、“雷人雷语”，不得不当使用革命领袖、英雄烈士姓名、肖像、烈士事迹和精神； 5. 不得使用含有淫秽、色情、赌博、迷信、恐怖、暴力的内容； 6. 不得使用含有民族、种族、宗教、性别歧视的内容； 7. 不得含有损害未成年人和残疾人的身心健康的内容； 8. 不得含有损害他人合法利益的内容； 9. 使用的语言文字符合国家语言文字规范；等等
加强新媒体事件营销管理	事件营销不得： 1. 直接或间接隐射商业机构、竞争对手，诋毁他人商誉，侵犯他人名誉； 2. 违规披露他人隐私或个人信息，违规使用他人肖像； 3. 未经许可使用他人知识产权（包括截图、片段等）； 4. 事件内容可能会造成不良影响（涉黄涉暴涉政治等），或者违反国家法律规定；等等

续表

	要点	说明
	加强新媒体营销中的代言人、KOL等管理	应当与相关人员及其经纪公司签署正式商业合同，审查背景及资质，明确各方权责； 应当与相关人员签署内容和言行合法、合规承诺函； 应当建立突发事件应急机制
	营销内容属于广告的，还应当符合互联网广告有关规定	具体参见第（一）部分

七、电商知识产权合规

（一）下表适用于网络营销内容 / 活动素材的知识产权合规审查：

	要点	说明
合规要点	字库、作品	使用第三方计算机软件、商业字库、文字作品、美术作品（含照片、截图、建筑外观等）及视、音频等作品的，应依法取得授权，且授权范围（线上 / 地区 / 时间 / 主体等）符合需要； 企业享有知识产权的作品，应当根据需要办理版权登记或存证； 使用第三方创意及数据信息的，应当经法务部门个案评估
	姓名、肖像	使用第三方（含员工）姓名（含艺名）或肖像的，应依法取得授权，且授权范围（线上线下、地区、时间、主体等）符合商业需要
	商标、企业名称	使用的标识、特定品名及活动名称等应当依法申请注册商标或取得授权； 不得商标性使用第三方 LOGO、商标、企业名称（描述性、指示性使用除外）； 不得将第三方商标、企业名称作为搜索引擎、应用商店的搜索关键词

续表

要点	说明
商业秘密	不得非法获取他人的商业秘密； 不得违法披露、使用他人的商业秘密； 不得教唆、劝诱他人非法获取、使用第三方的商业秘密
其他知识产权	建议建立专利等知识产权的个案审查制度； 平台经营者还应依法提供知识产权争议解决规则，落实知识产权保护“通知—删除”等法律规定的义务

（二）电商平台的“避风港原则”与“红旗原则”

对于当下电商市场中屡有发生的知识产权侵权问题,《电子商务法》落实了《侵权责任法》中的相关规定，要求电商平台在对侵权不知情的情况下遵循“避风港原则”，也就是在接到权利人的侵权通知后，应及时向平台内经营者转送该等通知并在有初步证据的情况下采取删除、屏蔽、断开链接、终止交易和服务等必要措施维护权利人权利。

另一方面，对于电商平台知道或应当知道的侵权行为，则适用“红旗原则”，要求电商平台主动采取必要措施停止明显侵权行为。对于平台内经营者实施侵犯知识产权行为未依法采取必要措施的电商平台，可被处五万元以上二百万元以下的罚款（《电子商务法》第 84 条）。根据我们的项目经验及司法案例统计情况，下列情形可能会被认定电商平台知道或应当知道：（1）侵权信息位于网站首页、栏目首页或者其他明显可见位置；（2）平台主动进行了编辑、选择、整理、排名、推荐或者修改等；（3）相同网络卖家就同一权利的重复侵权行为；（4）被控侵权交易信息中存在网络卖家的侵权自认；（5）以明显不合理的价格出售或者提供知名商品或者服务；（6）从被控侵权交易行为中直接获得经济利益；等等。

《电子商务法》的上述相关规定为电商平台处理知识产权侵权争议提供了一套完整而明确的规则。对于电商平台合规建设而言，首先要建立完善的投诉和处理机制，并在与平台内商家签订的服务条款中明确电商平台对于涉嫌侵权行为的处理流程及权限：在收到权利人的侵权通知后，应当及时将通知转送平台内商家并采取删除、屏蔽、断开链接、终止交易和服务等必要措施；接到侵权通知的平台内商家向电商平台提交不侵权的声明以及初步证据的，电商平台有义务将该不侵权声明转送给权利人；转送的十五日内，如果电商平台未收到权利人已经投诉或者起诉的通知，则应当及时终止所采取的措施。

此外，电商平台应在合理范围内加强平台中内容的主动审查，及时对明显侵权的产品采取必要措施。

八、2019年八部委电子商务“网剑行动”解读与应对

2019年6月17日，市监总局、公安部、网信办、商务部及海关总局等八部委联合发布《2019网络市场监管专项行动（网剑行动）方案》（以下简称《方案》），正式启动电子商务违法违规检查与打击的专项行动，推进《电子商务法》落实落地。这是《电子商务法》正式实施以来首次全面执法检查专项行动，其检查重点及执法标准具有重要的参考意义。

《方案》着力规范电子商务主体资格，强化打击网络市场突出问题，落实落地电子商务经营者责任，维护良好健康的网络市场秩序。结合《方案》主要内容及近期电商、网安有关的立法趋势、监管执法行动，本书整理了本次执法行动中电商违法违规自查清单，以备电商企业自查整改。

执法重点	违法违规行为示例	自评依据
资格准入合规	1. 平台经营者未依法取得相关增值电信业务许可； 2. 电子商务经营者未办理市场主体登记；平台经营者核验、登记、建档其主体资质信息； 3. 经营者未做好亮照、亮证、亮标工作： ·网站未公示营业执照、ICP备案、公安联网备案及相关行政许可信息； ·APP未公示营业执照、公安联网备案及相关行政许可信息； 4. 经营者营业执照登记的经营范围未能涵盖现有业务内容；等	《电子商务法》； 《网络交易监督管理办法（征求意见稿）》； 《关于完善跨境电子商务零售进口监管有关工作的通知》； 《市场监管总局关于电子营业执照亮照系统上线运行的公告》； 《电信业务经营许可管理办法》； 《非经营性互联网信息服务备案管理办法》； 《计算机信息网络国际联网安全保护管理办法》；等

续表

执法重点	违法违规行为示例	自评依据
电商协议合规	1. 隐私政策形式和内容不合规（例如，未单独成文、位置不突出、查询点击超过 4 次；未逐次征得用户同意；业务功能与所收集个人信息类型未一一对应、缺乏用户权益保障条款，等等）； 2. 平台经营者修改平台服务协议和交易规则，未在其首页显著位置公开征求意见； 3. 经营者未明确地告知用户订立合同的步骤、注意事项、下载方法等； 4. 经营者利用格式条款免除自己主要责任，加重消费者责任的（例如违法规定商品不适用 7 天无理由退货等）；等	《电子商务法》； 《网络安全法》； 《消费者权益保护法》； 《合同违法行为监督处理办法》； 《网络交易平台合同格式条款规范指引》； 《网络购买商品七日无理由退货暂行办法》； 《App 违法违规收集使用个人信息自评估指南》； 《数据安全管理办法（征求意见稿）》；等
网络价格合规	1. 经营者开展促销活动时，利用虚构原价、虚假优惠折价、不履行价格承诺等手段，诱骗消费者的； 2. 差异化价格未标明适用情形；标价与结算价格不一致；附带服务未明码标价；明码标价形式不合规或者拆分标价；比价不合规； 3. 误导性价格促销；赠品、积分或礼券等规则不清晰，价格促销规则不透明；捏造、散布涨价信息，哄抬价格； 4. 对拒绝接受营销推广信息的用户实施价格歧视等损害消费者的合法权益的；等	《消费者权益保护法》； 《价格法》； 《明码标价和禁止价格欺诈规定（征求意见稿）》； 《关于商品和服务实行明码标价的规定》； 《禁止价格欺诈行为的规定》； 《市场价格行为提醒书》（北京，2019）；等
商品及服务信息披露合规	1. 未依法、完整披露商品及服务有关的信息（例如未提供商品使用注意事项、安全提示等）； 2. 优惠券及抵用券的使用规则不清晰，容易造成误解（尤其在网络集中促销期、节假日等重要时间节点）； 3. 押金收取及退还等交易规则不明；	《电子商务法》； 《消费者权益保护法》； 《网络交易监督管理办法（征求意见稿）》； 《网络交易平台合同格式条款规范指引》；等

续表

执法重点	违法违规行为示例	自评依据
	4. 平台经营者未以多种方式（价格、销量、信用等）向消费者显示商品或者服务的搜索结果的；等	
网络广告合规	1. 未经用户许可擅自推送商业信息，不区分商业广告及服务信息，非法捆绑订阅，非法利用用户画像精准推送，未提供有效的退订方式； 2. 使用绝对化的广告用语、引证内容不真实、恶意贬低竞争对手的； 3. 违法使用驰名商标、专利标号等； 4. 金融、教育、房地产等广告违反行业广告管理规定； 5. 广告内容侵犯他人知识产权的； 6. 平台经营者对于竞价排名的商品或者服务，未显著标明“广告”的；等	《电子商务法》； 《广告法》； 《消费者权益保护法》； 《反不正当竞争法》； 《App违法违规收集使用个人信息行为认定方法（征求意见稿）》； 《市场轻微违法违规经营行为免罚清单》（上海，2019）；等
反不正当竞争合规	1. 实施或者帮助他人实施网络虚假宣传、刷单炒信、违规促销、违法搭售等行为；（例如通过组织非法寄递空包裹等方式，帮助电商经营者刷单炒信等） 2. 虚构、篡改交易数据及评价信息，非法获取他人电商数据的； 3. 平台经营者限制平台内经营者参与其他第三方电子商务平台经营活动等行为； 4. 平台经营者未建立信用评价制度，未提供有效的公开评价、投诉的途径；等	《电子商务法》； 《反不正当竞争法》； 《网络交易监督管理办法（征求意见稿）》；等
个人信息保护合规	1. 未经同意收集、使用、过度收集或泄露、非法出售、非法向他人提供个人信息； 2. 未经用户重新同意的超出原授权范围使用用户信息； 3. 未依法对代理商、合作商的数据收集使用行为进行监督管理，未审核合作方网络安全资质、签署数据安全协议； 4. 利用用户数据和算法推送新闻信息、商业广告等，未以明显方式标明“定推”字样的，未提供有效拒绝接收途径的；等	《电子商务法》； 《网络安全法》； 《消费者权益保护法》； 《个人信息安全规范》； 《App违法违规收集使用个人信息自评估指南》； 《数据安全管理办法（征求意见稿）》；等

续表

执法重点	违法违规行为示例	自评依据
商业预付卡管理合规	1. 经营者未依法办理网络销售单用途商业预付卡备案手续； 2. 预存预付违反国家网络支付及其他金融监管规定的；等	《单用途商业预付卡管理办法（试行）》； 《非银行支付机构网络支付业务管理办法》；等
跨境电商经营合规	1. 跨境电商经营者未依法在海关办理注册登记手续，未依法向海关申报交易信息的； 2. 跨境电商经营者未设立境内服务商的； 3. 跨境电商经营者未通过网站向消费者提供商品中文电子标签的； 4. 违规经营无法完成三单对碰的跨境交易的； 5. 非法从事代购经营的； 6. 平台经营者未以明显标识对跨境电商零售进口商品和非跨境商品予以区分的；等	《关于完善跨境电子商务零售进口监管有关工作的通知》； 《消费者权益保护法》； 等
知识产权合规	1. 经营者销售侵权商品，发布侵权假冒有害信息的； 2. 平台经营者未依法提供知识产权争议解决规则，未落实知识产权保护“通知—删除”等法律规定义务的；等	《著作权法》； 《商标法》； 《反不正当竞争法》； 《广告法》；等
其他侵犯消费者权益的行为	……	……

第三节　电子商务新兴领域的主要问题

一、网络消费积分的主要法律问题

当前互联网经济中，一种用户忠诚度计划被商家广泛使用：用户消费（或满一定额度）后即可获赠一定的积分（下称积分），用户可以用获赠的积分在线兑换商品、抽奖，或者抵扣消费，部分网络平台还支持积分通兑或积分金融。

但实践中，由于我国并未出台专门的积分监管法规，积分的诸多法律问题还存在较多争议。

（一）关于积分的法律性质

1. 积分应参照网络游戏虚拟货币由文化部体系管理

这种观点的理由很简单，积分的技术属性与网络游戏虚拟货币最为接近，且目前我国关于网络游戏虚拟货币的管理规定较为成熟，部分地区通管局持此种观点。但实践中，积分参照网络游戏虚拟货币监管并未得到文化部确认，同时也与积分的根本目的冲突，具体详见后文分析。

2. 积分应认定为虚拟货币由人民银行体系管理

这种观点认为，在积分交易、兑换、金融等场景下，积分因具有了法定货币的支付、增值等功能，这对现有金融秩序具有较大影响，所以应当按照虚拟货币由人民银行体系监管。

但是，目前人民银行没有专门的虚拟货币准入、发行、交易有关的管理规定，而在《关于防范比特币风险的通知》中，也明确将比特币的性质定位为“虚拟商品”而不是“虚拟货币”。

3. 积分应认定为虚拟财产无需特别监管

尤其是在《民法总则》出台后，明确规定了网络虚拟财产权，这一观点更为盛行。按照此观点，既然积分是用户的虚拟财产，那么用户就有权自行处分（包括兑换、交易，或者用于金融增值）。作为平台，也可以根据法不禁止即为自由的原则，自由从事积分有关商业场景运营。

（二）关于积分通兑通用

1. 积分是否可以通兑通用

如前所述，积分是否可以通兑（积分之间互相兑换）通用（可兑换第三方商品），取决于积分性质的认定。若积分被认定参照网络游戏虚拟货币管理，则根据《网络游戏管理暂行办法》《文化部关于规范网络游戏运营加强事中事后监管工作的通知》《关于规范网络游戏经营秩序查禁利用网络游戏赌博的通知》等规定：

（1）从事“网络游戏虚拟货币发行服务”和“网络游戏虚拟货币交易服务”业务的，由文化部审批后方可运营；

（2）不得提供游戏积分交易、兑换，或以“虚拟货币”等方式变相兑换现金、财物的服务，不得提供用户间赠予、转让等游戏积分转账服务。

但显然，这与积分的根本目的相冲突，将极大地限制积分的使用场景，最终其回馈用户、提高用户忠诚度的目的难以实现。

一旦积分不被认定为网络游戏虚拟货币，在现有法律体系下，则其通兑通用不存在法律障碍。实践中，目前也存在平安万里通、万达非凡等积分通兑通用平台。

2. 通兑通用是否会被认定为网络支付

如前所述，目前人民银行没有专门的虚拟货币准入、发行、交易有关的管理规定，但这并不意味着积分通兑通用就不会触发人民银行的其他监管机制。

一个不可忽视的问题是，在通兑通用商业场景下，若积分具备了网络替代支付功能，且通兑通用平台经手了商户资金或实质提供了商户资金结算的，根据人民银行《关于加强银行卡收单业务外包管理的通知》《关于开展违规“聚合支付”服务清理整治工作的通知》等规定，通兑通用平台存在被认定为非法从事网络支付的可能性。

3. 通兑通用平台是否需要办理增值电信业务经营许可

网络商家为自有用户提供消费积分发放、商品兑换等服务而建立自有积分平台的，属于销售附随行为，一般不会被认定为经营性增值电信业务行为，无需办理增值电信业务经营许可。

但若网络服务提供者建立积分的通兑通用平台（例如平安万里通、集分宝等），根据商业模式不同，可能会分属《电信业务分类目录》的 B21 或 B25 项增值电信业务，分别应当办理 EDI 或者 ICP 经营许可。

（三）网络积分发行的四条红线

根据最新监管实践及监管部门答复意见，企业发行网络积分不得突破如下四条红线：

1. 网络积分发行必须基于实际消费场景。即，企业仅能向已有用户、会员客群发行网络积分，不得向非客群的不特定对象发行。会员仅能基于实际消费场景（包括通过线上线下方式获取商品或服务，例如电商、空旅、打车等）获取网络积分，不能用现金购买 / 投资，更不能以“囤货返利”“人头返利”等传销方式获取积分。

2. 网络积分仅能在平台内部发行，不能跨平台发行通兑通用的“超级积分”，同一企业集团不得以跨企业补贴为手段发行网络积分。跨平台“超级积分”因已经具备了代币、结算等支付功能，应当依法取得相应的行业准入牌照。

3. 网络积分发行规模不能无限放大，应当严格限制在合理的营销费用范围内小额发行，并应当设定积分的有效期。

4. 网络积分发行平台应当依法取得与其业务模式相适应的增值电信业务经营许可证。

（四）网络积分使用的四条红线

为了防止网络积分使用、流通冲击现有金融秩序，避免不法分子将网络积分用于洗钱、赌博或其他非法交易活动，监管部门划定了网络积分使用的四条红线，具体包括：

1. 网络积分不得回兑为法定货币，也不能变相兑换为其他具有支付、结算功能的通用卡券、有价证券、红包等。

2. 网络积分不得在用户之间交易、转让或以其他方式变相流通。

3. 网络积分不得具有金融属性，不能作为结算工具，不能提供基于持有期限的利息或其他增值收益。

4. 提供用网络积分兑换网络文化产品（例如漫画、音乐、游戏、影视剧等）的，平台应当依法取得相关网络文化经营许可证。

（五）关于积分兑换的商品

如前所述，消费积分发放是一种销售附随行为，或者是一种变相促销行为。那么，积分商城里的商品或者服务，是否可以不用满足普通销售中的产品质量担保或标签标注等要求呢？

笔者认为消费者利用积分兑换商品，不同于一般的销售附赠产品行为。如前所述，积分在某种程度上具备了“虚拟货币”的现金价值，或者属于消费者的虚拟财产，消费者利用积分价值兑换商品与用现金购买商品没有本质的区别。所以，积分商城里的商品或者服务，仍然应当满足《消费者权益保护法》和《产品质量法》等强制性要求。

退一步讲，根据《网络商品和服务集中促销活动管理暂行规定》《消费者权益保护法实施条例（征求意见稿）》等文件，附赠的商品也应当符合《产品质量法》的规定，不得附赠国家明令禁止销售的商品。

（六）关于利用积分抽奖

为用户提供多样化的积分使用渠道，鼓励用户利用积分参与抽奖小游戏，已经成为越来越多的商家提高用户体验的重要手段，但其中的法律问题也较多。主要的合规要点包括：

1. 应当明示使用消费积分抽奖的条件、方法和期限；

2. 不得虚构奖品数量和质量，不得进行虚假抽奖或者操纵抽奖；

3. 奖品的金额不得超过法律法规允许的限额；

4. 开设使用消费积分押输赢、竞猜等游戏的，要设置用户每局、每日游戏积分输赢数量最高限额；

5. 提供给用户抽奖、消耗积分的游戏若具有联网功能的，应当取得网络游戏上线运营许可（版号）及备案。

（七）网络积分监管的四大原则

根据监管部门的最新政策动向，明确了网络积分监管“严密监测、鉴定属性、分类指导、穿透监管”的四大原则。尤其是针对那些以打着网络积分的幌子开展数字货币发行、网络传销、网络赌博等违法行为，监管部门明确采取“穿透”模式，对存在的违规行为，应会同有关部门停止其业务，责成尽快整改；对于突破监管红线的，坚决禁止并依法追究相关行政、刑事责任。

二、跨境电商监管新规解读

2018 年 11 月 28 日，商务部、海关总署、市场监管总局等六部委发布《关于完善跨境电子商务零售进口监管有关工作的通知》（以下简称新规），详细规范了电商平台在境内、经营者在境外的进口跨境电商各方的权利义务及合规要点。本书详细解读了新规的适用范围，跨境电商各方法律关系，以及对跨境电商企业的影响和对策。

（一）新规的适用范围

值得注意的是，并非所有的跨境电商模式均适用新规。根据新规明确的适用范围，适用新规的跨境电商应当符合如下特点：

1. 平台类跨境电商，且平台在境内落地的，例如网易考拉、小红书等。平台未在境内落地的，或者其他自营类境外电商企业，暂不适用新规。

2. 电子商务经营者（卖方）属于境外企业。

3. 电商平台与海关联网，能够实现三单比对。未联网的，应当由境内受托服务商承担相应的责任并提供数据。

4. 进口的是属于《跨境电子商务零售进口商品清单（2018 年版）》内、限于个人自用的商品。

跨境电商主要模式及新规适用

落地注册	模式一	模式二	模式三	模式四
境外	平台、卖家	卖家	自建网站	平台
境内		平台		卖家

上表中，模式二是新规项下的标准的跨境电商模式，实践中有模式一、三有参照新规执行的先例，而模式四通常用于跨境电商出口模式。

（二）跨境电商各方法律关系及责任

根据之前海关监管实践，新规将跨境电商各方主体定义为跨境电商平台、跨境电商企业、境内服务商、消费者。各方的法律关系如下图所示：

根据之前海关监管实践，新规将跨境电商各方主体定义为跨境电商平台、跨境电商企业、境内服务商、消费者。各方的法律关系如下图所示（跨境电商各方法律关系示意图）：

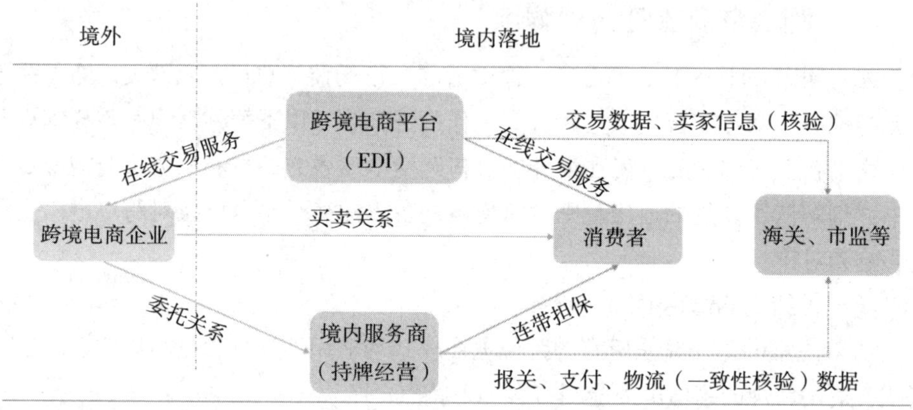

首先，跨境电商平台因为在境内落地，应当遵守《电子商务法》规定的电子商务经营者及电子商务平台经营者有关的全部合规要点，包括但不限于新规规定的工商登记、用户身份核验、不良信息管理、商品合法性核验、制定交易规则等。除此之外，新规还增加了平台的分区责任（应建立相互独立的区块或频道区分跨境电商企业和国内电商企业，或以明显标识对跨境电商零售进口商品和非跨境商品予以区分）、二次销售风控及先行赔付等责任。

其次，关于跨境电商经营者，因其为境外注册实体，为了确保其履行商品销售者的责任，新规要求其必须委托一家境内服务商“背锅”。此外，新规还规定了跨境电商经营者的详细信披义务，应当在“订购网页或其他醒目位置”向消费者披露相应的风险提示（包括产品标签标注、适用标准、禁止二次销售等）。

最后，关于境内服务商，因其为境内落地实体，作为境内监管机构的“抓手”，属于新规中的最大“背锅侠”。相应的背锅责任包括但不限于：（1）为卖家的商品质量及广告合规等承担连带责任；（2）对支付、物流及报关等数据的真实性承担责任；（3）为消费者纳税担保等。

（三）新规对跨境电商的影响及对策

实际上，新规中的很多内容已经在海关监管实践中逐步推行，我们也正在协助部分企业按照新规的监管逻辑开展相应的合规项目。为了降低新规对跨境电商的影响，我们建议：

1. 未在中国落地的海外跨境电商平台，尽量不要为了满足 CDN 等技术要求，在中国境内开展 ICP 备案，否则 ICP 备案主体可能会被认定为跨境电商平台的实际经营者，进而属于在中国落地的电商平台。

2. 将中国落地的跨境电商平台转移到境外（含香港），可能逃避了《电子商务法》和新规的合规要求，但是可能会违反《网络安全法》等关于数据跨境的限制性规定。

3. 跨境电商各主体（尤其是关联公司之间）应当签订明确的、具体的合作协议，明确各自的责任范围，并确保合同及资金流向匹配。

4. 境内服务商的法律风险较高，建议合理安排交易结构。

5. 新规对以海外代购模式为主业的企业影响较大，较好的衔接了《电子商务法》的相关规定，堵住了之前的制度漏洞。

6. 新规再次明确了“网购保税 + 门店自提”模式的违法性。

三、社交电商传销风险分析

社交电商是推动我国电子商务创新发展的重要形式之一。依据商务部发布的《社交电商经营规范（征求意见稿）》，社交电商是基于人际关系网络，利用互联网社交工具，从事商品交易或服务提供的经营活动，涵盖信息展示、支付结算以及快递物流等电子商务全过程的新型电子商务。

社交电商变革了电商零售模式，但也正是因为其社交属性，容易落入传销的范畴，因此社交电商涉嫌传销的指控一直如影随形。

根据《禁止传销条例》，传销具有三个特征：入门费、拉人头和层级式团队计酬。

1. 入门费，即要求被发展人员以交纳费用或者以认购商品等方式变相交纳费用，取得加入或者发展其他人员加入的资格。

2. 拉人头，即发展会员，而且要求会员不断发展下线会员。为激励各级会员不断发展新会员加入，新会员的直接或间接的上线以及经营者可以从新会员入门费中获得分成利益。

3. 层级团队计酬，即会员与被其发展的会员组成上下线关系，并且以其下线会员的业绩（如发展新会员和销售商品）计算上线会员的报酬。

根据《禁止传销条例》及《刑法》的有关规定，构成传销的，承担停止违法行为、没收非法财物、没收违法所得、罚款等行政责任；构成犯罪的，依法追究刑事责任，情节严重的，处五年以上有期徒刑或者拘役，并处罚金。

近期如“云集微店”网络购物平台、“花生日记”APP、“未来集市”APP，被市场监管局认定多层级发展会员并形成上下线、“交入门费”“拉人头”的行为构成开展网络传销行为，被处高额罚款；“云联商城”以设置层级奖励等为诱饵，引诱参加者继续发展他人参加而骗取财物，相关责任人被认定犯组织、领导传销活动罪，判处有期徒刑及罚金。

在运营的过程中，社交电商平台经营者可以采取如下措施来规避传销风险：

1. 收取会员费时注意提供充足的对价，如提供有一定价值的宣传、营销等培训服务，提供店铺等技术服务，或者提供符合市场公允价值的商品，并且允许7天无理由退货；

2. 限制计酬的层级，尽量避免出现三层及以上的会员层级，禁止上级会员以下下级的销售收入为依据进行复式层级计酬；

3. 发展下级会员的奖励上，仅限于推广的老会员和入会的新会员可以获得奖励，避免将全部会员费或会员费的利润作为奖励。

附：本章相关法律法规

立法部门	规范名称	时间
全国人民代表大会和全国人民代表大会常务委员会	《商标法》	2019.11.01
	《电子签名法》	2019.04.23
	《反不正当竞争法》	2019.04.23
	《电子商务法》	2019.01.01
	《产品质量法》	2018.12.29
	《食品安全法》	2018.12.29
	《广告法》	2018.10.26
	《反恐怖主义法》	2018.04.27
	《刑法》	2017.11.04
	《民法总则》	2017.10.01

续表

立法部门	规范名称	时间
	《著作权法》	2017.08.28
	《网络安全法》	2017.06.01
	《邮政法》	2015.04.24
	《消费者权益保护法》	2014.03.15
	《侵权责任法》	2010.07.01
	《反垄断法》	2008.08.01
	《合同法》	1999.10.01
	《价格法》	1998.05.01
最高人民法院	《最高人民法院关于互联网法院审理案件若干问题的规定》	2018.09.07
	《最高人民法院关于审理买卖合同纠纷案件适用法律问题的解释》	2012.07.01
国务院	《快递暂行条例》	2019.03.02
	《电信条例》	2016.02.06
	《国务院办公厅关于促进农村电子商务加快发展的指导意见》	2015.10.31
	《互联网信息服务管理办法》	2011.01.08
	《禁止传销条例》	2005.11.01
	《国务院办公厅关于加快电子商务发展的若干意见》	2005.01.08
国家市场监督管理总局，国家发展和改革委员会，工业和信息化部，公安部，商务部，海关总署，国家互联网信息办公室，国家邮政局	《2019网络市场监管专项行动（网剑行动）方案》	2019.06.17

续表

立法部门	规范名称	时间
国家市场监督管理总局	《市场监管总局关于电子营业执照亮照系统上线运行的公告》	2019.06.06
	《明码标价和禁止价格欺诈规定（征求意见稿）》	2019.05.30
	《网络交易监督管理办法（征求意见稿）》	2019.04.30
	《网络购买商品七日无理由退货暂行办法》	2017.03.15
	《消费者权益保护法实施条例（征求意见稿）》	2016.08.05
	《网络商品和服务集中促销活动管理暂行规定》	2015.10.01
	《网络交易平台合同格式条款规范指引》	2014.07.30
	《网络交易管理办法》	2014.03.15
	《合同违法行为监督处理办法》	2010.11.13
商务部，国家发展和改革委员会，财政部，海关总署，国家税务总局，国家市场监督管理总局	《关于完善跨境电子商务零售进口监管有关工作的通知》	2019.01.01
商务部	《社交电商经营规范（征求意见稿）》	2018.07.06
	《第三方电子商务交易平台服务规范》	2016.08.18
	《单用途商业预付卡管理办法（试行）》	2016.08.18
	《网络零售第三方平台交易规则制定程序规定（试行）》	2015.04.01

续表

立法部门	规范名称	时间
	《商务部关于利用电子商务平台开展对外贸易的若干意见》	2012.03.12
	《商务部关于规范网络购物促销行为的通知》	2011.01.06
	《商务部关于促进网络购物健康发展的指导意见》	2010.06.24
	《网络交易服务规范》	2009.04.02
	《商务部关于网上交易的指导意见（暂行）》	2007.03.06
工业和信息化部	《电信业务分类目录（2015年版）》	2019.06.06
	《工业和信息化部关于规范互联网信息服务使用域名的通知》	2018.01.01
	《电信业务经营许可管理办法》	2017.09.01
	《非经营性互联网信息服务备案管理办法》	2005.03.20
中国人民银行，工业和信息化部，中国银行保险监督管理委员会，中国证券监督管理委员会	《关于防范比特币风险的通知》	2013.12.03
中国人民银行	《关于开展违规“聚合支付”服务清理整治工作的通知》	2017.01.22
	《非银行支付机构网络支付业务管理办法》	2016.07.01
	《关于加强银行卡收单业务外包管理的通知》	2015.06.28
	《非金融机构支付服务管理办法》	2010.09.01
	《电子支付指引（第一号）》	2005.10.26

续表

立法部门	规范名称	时间
中国银行保险监督管理委员会	《电子银行业务管理办法》	2006.03.01
国家发展和改革委员会	《关于〈禁止价格欺诈行为的规定〉有关条款解释的通知》	2015.06.15
	《禁止价格欺诈行为的规定》	2002.01.01
	《关于商品和服务实行明码标价的规定》	2001.01.01
公安部，国家保密局，国家密码管理局，国务院信息化工作办公室（已撤销）	《信息安全等级保护管理办法》	2007.06.22
公安部	《计算机信息网络国际联网安全保护管理办法》	2011.01.08
	《计算机信息网络国际联网安全保护管理办法》	2011.01.08
交通运输部，中共中央宣传部，中共中央网络安全和信息化委员会办公室，国家发展和改革委员会，工业和信息化部，公安部，住房和城乡建设部，中国人民银行，国家市场监督管理总局，文化和旅游部	《关于鼓励和规范互联网租赁自行车发展的指导意见》	2017.08.01
交通运输部，中国人民银行，国家发展和改革委员会，公安部，国家市场监督管理总局，中国银行保险监督管理委员会	《交通运输新业态用户资金管理办法（试行）》	2019.06.01
国家互联网信息办公室	《数据安全管理办法(征求意见稿)》	2019.05.28

续表

立法部门	规范名称	时间
财政部，国家发展和改革委员会，工业和信息化部，生态环境部，农业农村部，商务部，中国人民银行，海关总署，国家税务总局，国家市场监督管理总局，国家药品监督管理局，国家密码管理局，国家濒危物种进出口管理办公室	《跨境电子商务零售进口商品清单（2018 年版）》	2019.01.01
海关总署	《海关总署关于跨境电子商务零售进出口商品有关监管事宜的公告》	2019.01.01
北京市工商行政管理局	《市场价格行为提醒书》	2019.05.22
上海市司法局，上海市市场监督管理局，上海市应急管理局	《市场轻微违法违规经营行为免罚清单》	2019.03.15
App 违法违规收集使用个人信息专项治理工作组	《APP 违法违规收集使用个人信息行为认定方法（征求意见稿）》	2019.05.05
	《APP 违法违规收集使用个人信息自评估指南》	2019.03.03
国家市场监督管理总局，国家标准化管理委员会	《信息安全技术 网络安全等级保护测试评估技术指南》	2019.04.01
	《信息安全技术 信息系统安全等级保护测评要求》	2012.10.01
	《信息安全技术 信息系统等级保护安全设计技术要求》	2011.02.01
全国信息安全标准化技术委员会	《信息安全技术 个人信息安全规范》	2019.06.25

附：网络安全与个人信息违法处罚案例

处罚对象	执法机关	违规行为	处罚措施
连云港某网络公司	连云港警方	连云港某网络公司在提供互联网服务过程中未履行网络安全保护义务，未采取监测、记录网络运行状态、网络安全事件的技术措施，未按照规定留存相关的网络日志等。在收到3警方依法责令该公司限期整改以及警告后拒不整改	对单位予以罚款5万元，对该公司法人予以罚款2万元，并责令其落实网络安全等级保护制度
泰州某事业单位	泰州警方	未采取有效管理措施、技术防护措施，导致集中监控系统遭黑客攻击破坏	对该单位予以6万元罚款，对相关责任人予以2万元罚款，同时责令该单位停机整顿，开展定级备案、测评整改等网络安全等级保护工作
义乌某公司	义乌警方	公司运营的义乌某酒店官网自2012年6月投入使用后未完成信息安全等级测评	警告，责令限期完成信息安全等级测评
南通市某水利工程管理所	南通警方	其主机系统存在3个高风险漏洞，其中主机漏洞1处、弱口令2处。该所运营的港闸为国家大型水闸，承担南通地区697平方公里挡潮排涝、360万亩农田灌溉任务，相关系统被公安部、水利部列入国家关键信息基础设施目录。 此外，经调查，该水利工程管理所未制定与网络运营相关的内部安全管理制度和操作规程，未有效采取防范计算机病毒和网络攻击、网络侵入等技术措施	警告，责令限期整改，落实网络安全等级保护制度

续表

处罚对象	执法机关	违规行为	处罚措施
“热拉”(上海初生网络科技有限公司)	上海网安支队	未落实公安备案、未建立安全保护管理制度及未采取安全保护技术措施	停机整顿6个月
广州荔支、三人网络科技、动景计算机、阿里云	广东省通信管理局	未尽到管理义务、未落实网络安全等级保护制度、未履行网络安全保护义务、未履行实名制验证	警告、责令改正、罚款并对其进行全面检查
忻州市某省直事业单位	山西忻州市、县两级公安机关网	未按照网络安全等级保护制度的要求，采取防范计算机病毒和网络攻击、网络侵入等危害网络安全行为的技术措施	警告并责令改正
今日头条旗下内涵段子	国家广电总局	“内涵段子”客户端软件和相关公众号存在导向不正、格调低俗等突出问题	责令永久关停“内涵段子”客户端及公众号
舆情日报网、人民新闻视频网	河北省互联网信息办公室指导邯郸市互联网信息办公室	在未取得互联网新闻信息服务许可资质的情况下，大量转载时政类新闻，未落实网站主体责任	责令整改
K歌达人APP及网站	上海网安	未依法落实网络安全管理措施，未对委托其发布的信息内容进行审核	停机整顿六个月
“快手”“火山小视频”直播短视频平台	国家网信办	未对委托其发布的信息内容进行审核，并传播涉未成年人低俗不良信息	责令“快手”“火山小视频”暂停有关算法推荐功能，并将违规网络主播纳入跨平台禁播黑名单，禁止其再次注册直播账号
许昌某网络科技有限公司	河南警方	网站论坛版块因未按要求履行违法信息处置义务，造成网站存在大量违法有害信息	警告，并责令限期整改

续表

处罚对象	执法机关	违规行为	处罚措施
“内涵网”“胜品网”“突破极限”“信息导航网”“九娱游戏”等共49家违法违规网站	安徽网信办	违法传播大量色情低俗信息、非法开展网络赌博活动、相关游戏画面低俗，违背社会公德	注销备案、停止接入、关闭网站
秦安信息网、五营生活、乡土甘肃、秦安城市网、秦安同城生活网等五家微信公众号	秦安县网信办、县公安局网安大队	多次发布有关违规信息	依法约谈微信公众号相关负责人，责令立即停止违规发布信息行为，关停删除违规信息，限期进行全面整改，对屡教不改的启动行政执法程序依法进行严肃查处，并与违规微信公众号负责人签订《秦安县网站和新媒体平台网络信息安全承诺书》
今日头条、凤凰新闻	北京网信办	传播违法内容，“标题党”、违规提供新闻信息	约谈并暂停更新
A站、新浪微博、凤凰网	网信办、广电总局	传播违法内容，违规提供视频内容	责令关停频道
梨视频	北京网信办、公安局、文化执法总队	传播违法内容，违规提供新闻信息	责令改正

续表

处罚对象	执法机关	违规行为	处罚措施
哆咪直播、猫咪直播和女神直播三家网站	上海市网信办	肆意传播淫秽色情及赌博类违法信息，且有大量计时收费直播栏目，社会影响十分恶劣	采取注销备案、停止网站和移动应用程序接入服务，以及将网站负责人纳入黑名单等强制措施
“华商二三里”应用程序	陕西网信办	存在违规转载新闻信息、转发未经核实信息和稿源不规范等问题	责令该应用程序立即纠正错误，开展自查，全面清理网上违规内容，并按要求限期整改完毕，若整改不到位，或者整改期间继续出现违法违规行为，将依法严肃查处
“韩城乡村情”微信公众号	韩城市网信办联合市公安局网安大队	内容审核把关不严、内容与标题不符、信息来源不明、“标题党”等问题，破坏了网络传播秩序，造成不良社会影响	约谈，责令其负责人对照相关法律法规进行严肃整改，加强内容审核把关，严格依法依规运营
腾讯	广东网信办	对违规内容未尽到管理义务	50 万元罚款
淘宝网、同花顺、蘑菇街、虾米、配音秀	浙江网信办	内容违规，未履行实名制验证	警告并责令改正以及展开专项调查等
江阴市某数据中心	无锡警方	在提供云主机租赁服务过程中，个别服务器多次为境外违法网站提供网络跳转服务。经查，该公司疏于内部人员安全管理，未采取相关技术保护措施，导致境外违法网站跳转接入，出现大量赌博、色情等违法信息，且未及时发现、处置、上报	警告，没收违法所得 1407 元，并责令限期整改

续表

处罚对象	执法机关	违规行为	处罚措施
徐州市某网络科技公司	徐州警方	平台涉嫌为网络游戏外挂程序提供交易支付和自动发货服务。经查，该马对犯罪嫌疑人利用其经营的平台兜售游戏外挂程序并不知情，但因疏于对平台管理，未采取必要的安全保护技术措施，未落实重要数据日志备份，导致部分涉案证据灭失	对企业罚款 4 万元，对负责人罚款 1 万元
常州某文化传媒有限公司	常州警方	不动产平台存在弱口令风险，平台存储的公民信息及身份证验证照片极易被不法分子入侵窃取	警告
宿迁某传媒广告有限公司	宿迁警方	论坛管理制度和技术保护措施缺失，未履行用户真实身份信息核验义务，向没有提供真实身份信息的 31 万余名论坛注册用户提供互联网服务	对该公司予以罚款 5 万元，对公司负责人予以罚款 1 万元
南通某网络技术有限公司	南通警方	公司网络安全意识淡薄，管理制度缺失。同时，承担网站运维的某网络技术有限公司明知网站多次遭黑客入侵，未将网站存在的安全缺陷、漏洞等风险及时告知用户和主管部门，且不按规定操作导致日志丢失	对公司予以罚款 5 万元，对直接主管人员予以罚款 1 万元
某软件公司	北京公安专案组	利用恶意软件绕过正常验证机制非法抢占“京医通”挂号平台中北京部分知名医院号源	公司主要负责人李某某等 4 名犯罪嫌疑人已被抓获
磐安县某事业单位	磐安警方	磐安县某事业单位运营的网站自 2011 年 11 月份开办以来，至今未向当地公安机关履行备案职责	警告，并责令限期备案
浦江某网络科技公司	浦江警方	公司运营的论坛在注册过程中未要求用户提供真实身份信息，且未履行管理用户发布信息的职责，致使用户名为“群英荟萃 500 区”发布了违法信息，造成不良影响	警告，并责令改正

续表

处罚对象	执法机关	违规行为	处罚措施
郑州某食品有限公司	河南警方	因网络安全管理制度和技术防护措施落实不到位，造成业务系统网站被不法分子攻击破坏后发布有害信息，造成恶劣影响	对公司处以罚款一万元、直接责任人罚款五千元的行政处罚
南京某装饰工程有限公司法人王某某	徐州警方	为拓展公司在徐州地区业务，花费3000余元从网上购买徐州多个小区业主个人信息计3946条。后该王将购得的业主信息分发给员工用以推销装修装饰业务	对法人罚款10万元
支付宝（中国）网络技术有限公司	公安部网络安全保卫局	信息安全管理不严格	罚款18万元
支付宝（中国）网络技术有限公司、芝麻信用管理有限公司	国家网信办	“支付宝年度账单事件”用户个人信息收集使用规则、使用目的告知不充分	责令整改，要求充分保障用户知情权和选择权
京东商城、航旅纵横、滴滴出行、携程网、淘宝、高德地图、新浪微博、支付宝、微信、百度地图	网信办、工信部、公安部、国标委	网络产品和服务的隐私条款内容、展示方式和征得用户同意方式不规范	经评审及沟通，10家企业签订了个人信息保护倡议书，承诺尊重用户知情权、用户控制权；遵守用户授权，强化自我约束；联合抵制黑色产业链；接受社会监督等
南京某科技公司以及南京某图书文化公司	南京警方	采集用户个人信息时均未履行明示告知义务	警告，责令限期整改

续表

处罚对象	执法机关	违规行为	处罚措施
无锡某信息科技有限公司	无锡警方	公司运营的某定位找人APP存在超范围收集用户信息情况，经鉴定，超范围采集的部分用户信息不属公民个人信息	对该公司予以警告并处罚款2万元，对公司负责人予以罚款1万元
“八点半茶商”等12人	东阳市公安局	通过多种网络聊天软件贩卖户籍、名下车辆档案、名下手机号等各类公民个人信息，并从中获利。一些并不直接掌握公民信息的中间商通过向下接单、向上购买，从中赚取差价获利	先后抓获犯罪嫌疑人12人，涉案金额高达500余万元，涉及公民个人信息30余万条

第五章　网络文化产业

第一节　网络文化概览

一、关于网络文化

根据《互联网文化管理暂行规定》，网络文化是指通过互联网生产、传播和流通的文化产品，具体形态包括但不限于网络音乐娱乐、网络游戏、网络演出剧（节）目、网络表演、网络艺术品、网络动漫等。本书为行文需要，还将网络出版、网络教育相关内容纳入本章中一并介绍。

网络文化是中国信息消费市场的重要组成部分。2017 年 8 月 13 日，国务院发布《关于进一步扩大和升级信息消费持续释放内需潜力的指导意见》，明确提出重点发展“面向文化娱乐的数字创意内容和服务”。

近年来，网络文化有关的立法也逐步完善。法律法规层面，《网络安全法》、全国人民代表大会常务委员会《关于维护互联网安全的决定》《电影产业促进法》及《互联网信息服务管理办法》等，全面规定了网络文化产业的安全及产业发展政策。单行规范性文件层面，因网络文化涉及网络游戏、网络视听、网络音乐、网络出版、网络表演、网络教育等多个领域，国务院多个部门分别负责前述不同领域的监管，主要涉及的部门有中共中央宣传部出版局、文化和旅游部、广播电视总局（以下简称广电总局）、教育部、工业和信息化部（原信息产业部，以下简称工信部）和国家互联网信息办公室（以下简称网信办）等。

二、网络文化监管体系

我国网络文化实行内容与产业二元监管体系。按照国务院《关于授权国家互联网信息办公室负责互联网信息内容管理工作的通知》及中共中央办公厅、国务院办公厅《关于进一步深化文化市场综合执法改革的意见》等规定，网络信息内容有关的监管由网信办体系负责；而涉及网络文化领域内的游戏、视听、音乐、出版及教育等产业政策，分别属于国家不同部委体系监管。

而在产业政策监管层面，随着国家部委改革，相关的监管体系也发生了多次变更。以网络视听监管为例，先后经历了国家广播电影电视总局（以下简称原广电总局）、国家新闻出版广电总局（整合了国家新闻出版总署与原广电总局职责），2018 年国家机构改革后，再次调整为国家广播电视总局；网络出版管理，也先后经历了国家新闻出版总署、国家新闻出版广电总局和现在的中宣部出版局；网络游戏监管更是经历了多次更迭调整。

三、网络文化产业资本准入

我国对网络文化产业实行相对严格的资本准入限制。

首先，根据《自由贸易试验区外商投资准入特别管理措施（负面清单）（2019 年版）》规定，禁止外商投资互联网新闻信息服务、网络出版服务、网络视听节目服务、互联网文化经营和广播电视节目制作经营等。一个例外是，网络音乐暂不属于禁止行列，但目前没有外资投资网络音乐的准入细则。

其次，部分领域还对民资有一定的限制。例如，根据《互联网视听节目服务管理规定》规定，申请从事互联网视听节目服务的资本条件必须是“国有独资或国有控股单位”。

此外，国家发布了《深化文化体制改革实施方案》推出了国有特殊管理股制度。2017 年 1 月，中共中央办公厅、国务院办公厅《关于促进移动互联网健康有序发展的意见》指出，“在互联网新闻信息服务、网络出版服务、信息网络传播视听节目服务等领域开展特殊管理股试点”。2017 年 5 月，网信办发布《互联网新闻信息服务管理规定》指出，“符合条件的互联网新闻信息服务提供者实行特殊管理股制度”。2018 年，趣头条在上市之前曾向人民网旗下基金、澎湃新闻发行优先股，也是尝试通过这种特殊安排满足牌照监管的需要。

四、关于《网络文化经营许可证》

根据《互联网文化管理暂行规定》等规定，企业经营网络文化的，应当依法取得《网络文化经营许可证》。其中，关于经营性的理解，包括但不限于通过用户收费、电子商务、广告、赞助等方式获取利益。

根据原文化部《关于下放经营性互联网文化单位行政许可审批工作的通知》等规定，自 2010 年 7 月开始，设立经营性互联网文化单位许可的行政审批事项将下放至省、自治区、直辖市人民政府文化行政部门负责。

根据文化和旅游部办公厅《关于调整〈网络文化经营许可证〉审批范围 进一步规范审批工作的通知》等规定，调整后的《网络文化经营许可证》许可经营范围包括：网络音乐、网络演出剧（节）目、网络表演、网络艺术品、网络动漫和展览、比赛活动。其中，网络表演指以网络表演者个人现场进行的文艺表演活动等为主要内容，通过互联网、移动通讯网、移动互联网等信息网络，实时传播或者以音视频形式上载传播而形成的互联网文化产品。

电商类、教育类、医疗类、培训类、金融类、旅游类、美食类、体育类、聊天类等直播不属于网络表演。

网络演出剧（节）目是指以在舞台场景下现场进行的文艺表演活动等为主要内容，通过互联网、移动通讯网、移动互联网等信息网络，实时传播或者以音视频形式上载传播而形成的互联网文化产品。

第二节　网络游戏

本节主要帮助读者了解网络游戏的法律概念和范畴，网络游戏行业的准入政策，以及与网络游戏有关的监管合规。

本书成书之际，尽管网络游戏的监管机构和法律体系发生了较大变化，但是考虑到新的法律体系和监管细则并未出台，我们仍按照会前的法律规范及监管实践行文本节。

一、关于网络游戏

（一）法律定义简析

根据《网络游戏管理暂行办法》（已失效，下同）及其配套的政策，网络游戏是指由软件程序和信息数据构成，通过互联网，移动通信网等信息网络提供的游戏产品和服务。

尽管有上述规定，然而在具体监管实践中，“由软件程序和信息数据构成”的认定标准仍存在较大的困惑，很难将网络游戏与普通应用程序区分开来。在此情况下，需要综合不同产品的内容、形式、文案等综合判断该产品是否属于网络游戏。

此外，2016年《关于移动游戏出版服务管理的通知》为移动游戏的认定也提供了一定的参考。该通知明确，移动游戏是指以手机等移动智能终端为运行载体，通过信息网络供公众下载或者在线交互使用的游戏作品。其中还将移动游戏区分为：（1）不涉及政治，军事，民族，宗教等题材内容，且无故事情节或者情节简单的消除类，跑酷类，飞行类，棋牌类，解谜类，体育类，音乐舞蹈类等休闲益智类国产移动游戏；（2）其他移动游戏。

（二）网络游戏认定标准

常见的端游、页游及移动益智类游戏属于网络游戏，争议不大。但实践中，部分传统企业开展营销活动时推出的用户交互类小游戏、小程序是否属于网络游戏，则存在一定的法律适用困难。根据我们的理解及监管实践，在含有以下特征的情况下，被认定为网络游戏的风险较高：

1. 具有完整的情节或背景 IP；

2. 非临时性运营，为长期运营产品；

3. 名称含有“游戏”，产品内容中含有“关卡”“副本”“战斗”“竞技”等字样；

4. 开放充值或内部道具购买系统；

5. 具有较强娱乐性，或符合主流游戏类型特征（如角色扮演）等。

实践中，在产品不属于目前常见的网络游戏类型的情况下，为避免常规营销手段被认定为网络游戏，企业可采取以下措施降低产品被认定为网络游戏的可能性：

1. 建议避免在官方网站、用户协议、隐私政策或相关介绍、法律条款中，将产品定性为网络游戏产品；

2. 建议在官方网站介绍、用户协议、隐私政策、产品文案等公开信息或法律文件中，将产品定义为网络信息服务或其他非游戏类服务，以尽可能强化本项目的非网络游戏属性；

3. 建议避免在宣传文案、应用名称、介绍文字、系统文字、程序文档中直接使用“游戏”“关卡”“副本”“对战”“竞技”等游戏化术语，以尽可能弱化本项目的游戏及娱乐性属性；

4. 建议避免将产品投放至各运营渠道的游戏频道，或者在游戏类平台、媒体发布广告或者宣传；

5. 建议避免在本项目中直接开放收费系统，避免向用户直接贩卖虚拟道具，或者直接向用户发行、兑换虚拟货币，以尽可能降低本项目的经营性属性；

6. 建议避免在本项目中直接开放独立的用户注册系统，尤其避免开通站内信、聊天或者其他具有社交功能的交互系统，以尽可能降低本项目的联网交互属性。

二、网络游戏监管政策最新变化

（1）探索阶段：在2010年以前，我国网络游戏监管基本处于初步探索阶段。在这个阶段多个部委均参与了网络游戏有关的监管。例如：2005年7月，文化部、原信息产业部发布了《关于网络游戏发展和管理的若干意见》；2007年4月，原新闻出版总署、中央文明办、教育部等联合发布《关于保护未成年人身心健康实施网络游戏防沉迷系统的通知》；2009年6月，原文化部、商务部发布《关于加强网络游戏虚拟货币管理工作的通知》，等等。

（2）二分模式：后来，因魔兽世界游戏审批引发的监管混乱问题彻底暴露出来。2010年左右，《对文化部、广电总局、新闻出版总署〈“三定”规定〉中有关动漫、网络游戏和文化市场综合执法的部分条文的解释》《进一步加强网络游戏前置审批和进口网络游戏审批管理的通知》《文化部关于改进和加强网络游戏内容管理工作的通知》及《网络游戏管理暂行办法》等先后发布，基本明确了网络游戏准入及监管的“一证一备”模式，相对清晰的理清了文化部和原新闻出版总署的监管边界。

至此，网络游戏上线运营需要满足“三证一备”的要求，即应当获得《网络文化经营许可证》《增值电信业务经营许可证》、游戏出版前置许可（版号）和网络游戏备案。从监管层面来说，即：每一款经营性网络游戏联网运营，需要至少受到工信部、文化部及新闻出版广电总局三方的监督，尤其是后二者。

（3）统一模式：2018年国家机构改革，原文化部、国家旅游局职责整合，组建文化和旅游部，并发布《文化和旅游部办公厅关于调整〈网络文化经营许可证〉审批范围 进一步规范审批工作的通知》，通知明确了文化和旅游部不再承担网络游戏行业管理职责，不再审批核发网络游戏相关的《网络文化经营许可证》。同时，自2018年6月起，文化部备案网已暂时关闭国产游戏备案功能。经咨询上海市、北京市及广东省监管部门，实践中，网络游戏运营主体不再需要取得《网络文化经营许可证》，也无需完成游戏备案。根据监管部门答复，原文化部退出网络游戏监管，原新闻出版广电总局负责的新闻出版（含游戏出版前置审批）工作也归口于中央宣传部，因此，未来网络游戏行业的监管部门统一为中央宣传部。

但是，文化和旅游部于2019年7月15日发布了《游戏游艺设备管理办法（征求意见稿）》，该文件明确了文化和旅游部部针对游戏游艺设备的管理和监督责任，更进一步地完善了调整后的国内游戏监管权限分配。

三、网络游戏准入制度

1. 网络游戏企业准入

我国网络游戏监管实行“开发”与“运营”区别监管原则。其中“网络游戏开发”没有资本及资质准入限制，而“网络游戏运营”则有明确资本及资质准入条件。

（1）外资（独资、合资）不得从事网络游戏运营。

（2）内资从事网络游戏运营的注册资本不得低于1000万元。

（3）运营企业应当具有增值电信业务经营许可证（ICP）：在线运营网络游戏属于经营性互联网信息服务的一种，运营主体应当依法取得B25类增值电信业务经营许可证（ICP）。实践中，运营主体申请版号时，或者入驻国内安卓/IOS平台运营时，均需要提交ICP许可证作为申请材料。

（4）运营企业应当具有《网络出版服务许可证》，未取得《网络出版服务许可证》的企业应当与其他持牌机构（例如电子出版社）联合出版，等等。

2. 网络游戏准入

根据《网络出版服务管理规定》《关于移动游戏出版服务管理的通知》及《关于废止〈网络游戏管理暂行办法〉和〈旅游发展规划管理办法〉的决定》等规定及网络游戏版号申请实践，网络游戏上线运营前应依法取得：

（1）著作权登记证书：尽管我国著作权不以登记生效，但实践中，运营主体申请版号时，或者入驻国内安卓/IOS平台运营时，均需要提交著作权登记证书作为申请材料。若未办理著作权登记手续的，可以提交相关公证，或者游戏著作权人明确的自我声明（承诺），其中游戏著作权人须为中国公民或内资企业。

（2）版号：版号俗称网络游戏的“出生证”，实际上包括出版局批文和ISBN号两部分，是网络游戏上线运营的必备前置审批程序，由中宣部出版局审批。根据现有政策，版号申请时需要提交的材料包括但不限于：①所在地省级出版管理部门报国家新闻出版署的请示文件；②《出版国产电脑网络游戏作品申请书》或《出版国产移动游戏作品申请表》；③著作权证明材料及著作权人相关证明文件；④运营机构企业法人营业执照及ICP证（复印件）；⑤游戏画面截图；⑥游戏作品中文脚本全文及游戏屏蔽词库；⑦游戏防沉迷系统功能设置说明；⑧用于内容审查的“管理人员”账号及游戏防沉迷系统测试账号，分高、中、低等级；⑨游戏审查辅助材料；⑩包含所有申报文字材料的电子文档及游戏演示视频的电子光盘。

版号申请中的审批审查较为复杂，相关工作流程如下图所示：

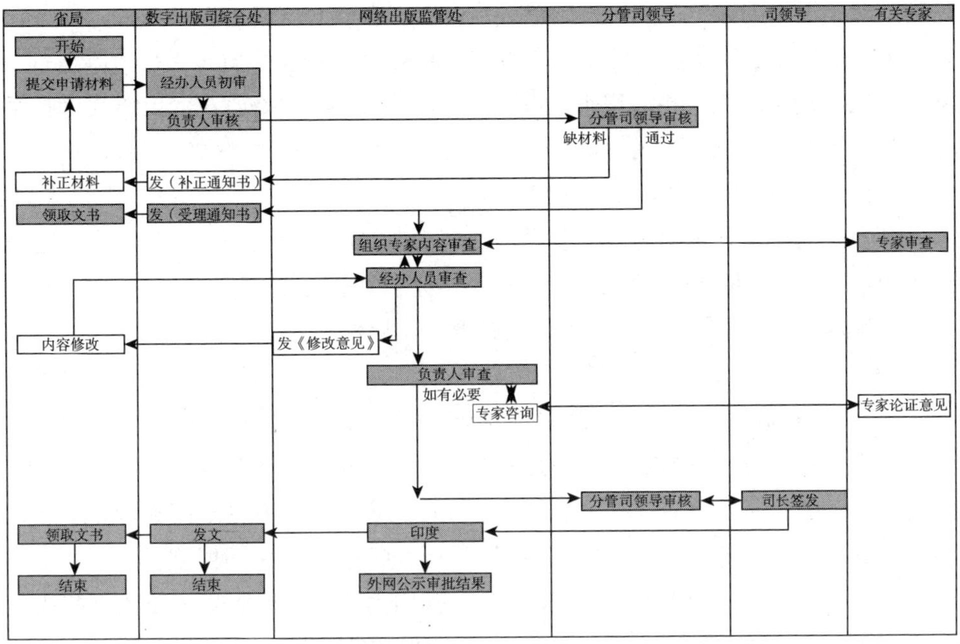

（3）游戏作品符合《出版管理条例》《互联网信息服务管理办法》《网络出版服务管理规定》等法律法规规章规定。

（4）游戏必须符合国家有关保护未成年人的相关规定以及其他关于游戏运营活动的规定。

四、版号交易面临的法律风险

由于网络游戏市场准入制度严格，前置审批流程较长，且审批时间不稳定，为便于游快速上线，部分企业为了能够尽快上线运营新游戏，常见的做法包括裸奔，或者盗用版号、购买版号（含版号授权）、套用老版号等。

其中，盗用版号、购买版号（含版号授权）、套用老版号都属于套用版号，即新游戏套用已经获得版号的旧游戏（别人的游戏或者自己的老游戏，通常已经下线或者停更，但是版号没有注销）名称、版号等材料，提交给国内渠道（安卓和 IOS 等）上线过审。

但是，根据《关于移动游戏出版服务管理的通知》《关于规范网络游戏运营加强事中事后监管工作的通知》等规定，以及与监管部门的沟通经验，已经批准出版的移动游戏的升级作品及新资料片（指故事情节、任务内容、地图形态、人物性格、角色特征、互动功能等发生明显改变，且以附加名称，即在游戏名称不变的情况下增加副标题，或者在游戏名称前增加修饰词，如《新 × ×》，或者在游戏名称后用数字表明版本的变化，如《× ×2》等进行推广宣传）视为新作品，依其所属类别重新履行相应审批手续；已经获得版号的网络游戏变更游戏出版服务单位、游戏名称或主要运营机构，应提交有关变更材料，经省级出版行政主管部门审核后报国家版署办理变更手续。

所以，套用其他网络游戏的版号的，视为游戏内容发生根本变化，应当重新申请版号；且运营机构已经发生变化，应当办理变更手续。未按照上述要求办理的，“一经发现，相关出版行政执法部门将按非法出版物查处”。

除了上述行政监管法律风险外，版号交易（购买、授权）还存在如下法律风险：

（1）商标许可纠纷法律风险：一般情况下，出让方都有将旧游戏名称注册为商标。在实践中，很多版号交易合同仅有版号购买、授权的约定，但没有与游戏名称有关的附属注册商标有关的转让、许可约定，更没有办理商标转让、许可备案手续，出让方随时可能存在“反咬”受让方商标侵权的法律风险。

（2）著作权归属纠纷法律风险：为了套用出让方游戏版号，受让方游戏名称必须命名为出让方游戏名称，而该游戏名称之前已经在国家版权登记中心登记为出让方名下，未来存在著作权纠纷的较大法律风险。

（3）侵犯第三方权益的法律风险：因大多数版号交易项目并未做完整的法律尽调，完全不清楚出让方的游戏之前是否存在商标侵权、著作权侵权等情况，若受让方贸然套用原版号后继续运营新游戏，存在游戏名称商标侵权，甚至“继受”旧游戏内容侵权的法律风险。

（4）无法打击第三方侵权的法律风险：因受让方游戏的著作权登记证书、版号等官方文件均是登记在出让方名下，因此一旦发生第三方侵权案件，受让方可能无法有效证明权利人身份，需要出让方配合侵权打击行动。

（5）运营分成纠纷的法律风险：为了规避监管及渠道审核，部分版号交易项目存在套用出让方主体资质及银行账户等情形，未来还存在新游戏运营分成纠纷的法律风险；此外，部分旧游戏存在收入分成约定的情况（尤其是 IP 授权分成约定），套用版号后的新游戏是否会被第三方主张分成，存在一定的法律风险。

（6）其他法律风险：因套用版号，企业还存在投资欺诈、上市阻碍、信披不充分等法律风险。

五、网络游戏运营合规

（1）关于网络游戏运营

根据《关于规范网络游戏运营加强事中事后监管工作的通知》及监管实践，以下情形属于网络游戏运营行为：

①开放网络游戏用户注册并向网络游戏用户收费的；或，

②提供网络游戏下载并向网络游戏用户收费的；或，

③其他实质提供网络游戏服务并向网络游戏用户收费的。

其中，通过电子商务、广告、赞助等方式获取利益的，视为向用户收费。

实践中，部分企业利用政策漏洞，通过如下两种方式规避网络游戏运营资质，逃避监管要求的路径，存在较大的法律风险：

①以测试运营代替正式运营逃避监管的：监管实践中，只要满足如下任一条件的，就不再是测试运营，而应当属于正式运营：A. 开放公开注册的；B. 开通用户付费的；C. 公开发布运营广告的（文化部之前批复）。正式运营的游戏及游戏企业，必须满足准入要求。

②以为游戏运营提供第三方服务规避准入限制的：相关政策明确规定，为网络游戏提供注册、支付、宣传、下载等第三方服务，并参与了游戏运营收入分成的，也属于网络游戏（联合）运营行为。

其中，上述第二点对网络游戏行业影响非常重大，这就意味着众多为网络游戏提供第三方服务的企业（例如应用商店、CPS 广告、点卡支付等），若采取收入分成模式的，就会被认定为从事了网络游戏运营，除了应当办理联合运营备案外，其股权结构不得具有任何外资成分，且应当办理文网文许可证。否则，文化执法大队可以按照《互联网文化管理暂行规定》第 27 条、第 28 条予以查处。

为降低此类风险，未实际参与游戏运营的合作企业可采取以下措施，避免被认定为网络游戏的发行方、运营方、联合运营方或其他关联方：

①避免签署“游戏委托开发协议”“游戏联合运营合同”等可能会被是指认定为游戏运营方的合同；

②于游戏运营商签署的“品牌植入协议”或类似协议中，明确企业利用游戏植入自身品牌广告的行为，强化企业自身的广告主地位；

③避免在本公司官方网站、公众账号等位置提供游戏用户注册、游戏下载等服务；

④尽可能采取跳转至第三方或者消费者能够明显感知的链接、嵌入方式；

⑤强化产品宣传文案、产品界面的标识，明确提示游戏的实际运营主体；

⑥避免在合作游戏中大量直接使用本公司的名称或商标；

⑦避免直接提供游戏活动奖励、游戏道具或游戏虚拟货币。

（2）关于虚拟货币与虚拟道具

在现有监管政策实践的基础之上，我们梳理了虚拟货币及虚拟道具有关的监管实践政策：

①企业开展网络游戏虚拟货币发行及交易的，不再需要办理网络文化经营许可证；

②具备代币功能的虚拟道具，按照虚拟货币备案、汇报等有关监管政策执行；

③对于被誉为网游企业“印钞机”的大转盘等通过随机抽取方式提供虚拟道具的玩法，监管实践中的合法性规则：

a. 不得投币（法定货币及虚拟货币）获得随机抽取机会；

b. 公示随机的概率、随机的物品、随机的结果；

c. 随机获得的物品必须还可以通过其他途径（兑换、养成等）获得；

d. 禁止虚拟货币、虚拟道具反向兑换（回兑）成法定货币，堵住变相网络赌博行为。

违反上述规定的，按照《网络游戏管理暂行办法》（现已废止）规定，由文化执法大队没收违法所得并罚款。

六、网络游戏内容合规

根据有关规定，网络游戏内人物、道具、文字、任务及场景，游戏营销内容等，不得含有如下违法违规内容：

1. 反对宪法确定的基本原则的内容；
2. 危害国家统一、主权和领土完整的内容；
3. 泄露国家秘密、危害国家安全或者损害国家荣誉和利益的内容；
4. 煽动民族仇恨、民族歧视，破坏民族团结，或者侵害民族风俗、习惯的内容；
5. 宣扬邪教、迷信的内容；
6. 散布谣言，扰乱社会秩序，破坏社会稳定的内容；
7. 宣扬淫秽、赌博、暴力或者教唆犯罪的内容；
8. 侮辱或者诽谤他人，侵害他人合法权益的内容；
9. 危害社会公德或者民族优秀文化传统的内容；
10. 诱发未成年人模仿违反社会公德的行为和违法犯罪的行为的内容，以及恐怖、残酷等妨害未成年人身心健康的内容；

11. 有法律、行政法规和国家规定禁止的其他内容；

12. 其他有重要影响的因素。

此外，《网络游戏内容审查规范》（DB44/T 1181–2013）列举了网络游戏内容合规的更加详细规范。

七、关于网络游戏涉嫌赌博的问题

实践中，如何避免网络游戏落入网络赌博，是游戏运营企业关注的重点。根据《关于办理赌博刑事案件具体应用法律若干问题的解释》《关于办理网络赌博犯罪案件适用法律若干问题的意见》《关于规范网络游戏经营秩序查禁利用网络游戏赌博的通知》等规定，网络赌博是指利用互联网、移动通讯终端等传输赌博视频、数据，组织赌博活动以及明知是赌博网站而为其提供服务或者帮助的。

因此，网络游戏若具有如下情形的，涉嫌赌博的风险较高：

1. 游戏内容或游戏功能具有赌博、博彩属性，满足“射幸”特征，未公布概率、未限制次数的大转盘、房卡内棋牌的；

2. 游戏内的虚拟货币、虚拟道具可以直接或间接（含币商模式）兑换为法定货币或实物的；

3. 游戏运营者的收入全部或部分依赖游戏玩家的输赢、押注等，俗称抽头；

4. 游戏存在多级代理、多级分成模式的；等等。

实践中，涉嫌赌博游戏的开发者、运营者和代理商，一般以开设赌场罪处罚；其他提供下列帮助行为的，一般按照共犯处理：

1. 为赌博网站提供互联网接入、服务器托管、网络存储空间、通讯传输通道、投放广告、发展会员、软件开发、技术支持等服务，收取服务费数额在2万元以上的；

2. 为赌博网站提供资金支付结算服务，收取服务费数额在1万元以上或者帮助收取赌资20万元以上的；

3. 为10个以上赌博网站投放与网址、赔率等信息有关的广告或者为赌博网站投放广告累计100条以上的。

第三节 网络直播与电子竞技

一、网络直播的定义、准入及合规要点

（一）关于网络直播

根据《互联网直播服务管理规定》等规定，网络直播是指基于互联网、移动网等，以视频、音频、图文等形式向公众持续发布实时信息的活动。

根据2017年版的《互联网视听节目服务业务分类目录（试行）》规定，直播包括两种：（1）通过互联网对重大政治、军事、经济、社会、文化、体育等活动或事件进行的视音频实况直播服务（第一类）；（2）通过互联网对一般社会性、团体性文化活动、体育赛事等向公众进行实况视音频直播的服务（第二类）。当前互联网业态中的常见网络表演即是第二种。

与网络直播相关的一个法律概念是网络表演。根据《网络表演经营活动管理办法》规定，网络表演是指以现场进行的文艺表演活动等为主要内容，通过互联网、移动通讯网、移动互联网等信息网络，实时传播或者以音视频形式上载传播而形成的互联网文化产品。

（二）网络直播的准入制度

根据《互联网直播服务管理规定》等规定，通过网络表演、网络视听节目等提供互联网直播服务的，还应当依法取得法律法规规定的相关资质。网络直播作为互联网信息服务的一种，应当依法在取得相应的行政许可后运营。根据我们的理解及相关项目经验，相关许可包括但不限于如下：

1. 增值电信业务许可证/ICP许可证：直播平台为单位或个人用户发布音视频等信息提供平台服务，属于经营性互联网信息服务的一种，运营主体应当依法取得B25类增值电信业务经营许可证（ICP）。

2. 网络文化经营许可证/文网文：运营直播平台属于经营性网络文化的一种，运营主体应当依法取得网络文化经营许可证。值得注意的是，电商类、教育类、医疗类、培训类、金融类、旅游类、美食类、体育类、聊天类等直播不属于网络表演。无需取得网络文化经营许可证。

3. 信息网络传播视听节目许可证（AVSP）：直播平台从事互联网视听节目服务，应当依照相关法律法规取得第二类《信息网络传播视听节目许可证》。

4. 互联网新闻服务许可证：若直播平台提供线上互联网新闻服务的，则直播平台作为线上新闻直播服务的提供者，应当取得《互联网新闻信息服务许可证》。

然而，经本所律师有限调查，截至 2019 年 4 月，目前已获得该许可证的直播服务提供单位仅 6 家（详见附图）。

获得互联网新闻信息服务许可的网络直播名单

2019年04月23日 17:32:36　来源：中国网信网　分享到：　【打印】【纠错】

获得互联网新闻信息服务许可的网络直播名单

八、获得互联网新闻信息服务许可的网络直播名单（共6个）

序号	服务名称	单位名称	许可证编号
1	“青年之声直播厅”	中青网新媒体科技（北京）有限公司	10120170007
2	“中国青年报直播”	北京中青在线网络信息技术有限公司	10120170015
3	“小康网点直播”	《小康》杂志社	10120170037
4	“人民直播”	人民日报社	10120180018
5	“时客”	人民日报数字传播有限公司	10120180027
6	“现场云”	新华新媒文化传播有限公司	10120190002

（三）网络直播合规要点

根据《互联网直播服务管理规定》《网络表演经营活动管理办法》等规定，企业开展经营性表演类网络直播服务的，相关合规要求包括但不限于：

1. 应当参照《网络文化经营单位内容自审管理办法》等有关规定，加强内容合规性，并根据互联网直播的内容类别、用户规模等实施分级分类管理，对图文、视频、音频等直播内容加注或播报平台标识信息，对互联网新闻信息直播及其互动内容实施先审后发管理。同时还应当应当加强对评论、弹幕等直播互动环节的实时管理，配备相应管理人员。此外，还应当建立内部巡查监督管理制度，对网络直播进行实时监管，并应当记录全部网络表演视频资料并妥善保存，资料保存时间不得少于 60 日，并在有关部门依法查询时予以提供。

2. 应当按照“后台实名、前台自愿”的原则，对用户进行基于移动电话号码等方式的真实身份信息认证，并采取面谈、录制通话视频等有效方式进行核实。同时还应当向所在地省、自治区、直辖市互联网信息办公室分类备案，并在相关执法部门依法查询时予以提供。

3. 应当与互联网直播服务使用者签订服务协议，明确双方权利义务，要求其承诺遵守法律法规和平台公约。

4. 应当在其网站主页的显著位置标明《网络文化经营许可证》及其他许可证照的编号。

5. 应当建立未成年人保护机制。

6. 未经批准，不得为境外直播表演者开通表演频道。为境内直播表演者开通表演频道的，应当于表演者开展表演活动之日起 10 日内，将表演频道信息向文化部备案；等等。

二、电子竞技的合规要点

根据《网络表演经营活动管理办法》规定，将网络游戏技法展示或解说的内容，通过互联网、移动通讯网、移动互联网等信息网络，实时传播或者以音视频形式上载传播的经营活动视同网络表演，应当遵守相应的规定。

近年来随着电竞产业的快速发展，国务院办公厅发布了《关于加快发展健康休闲产业的指导意见》，明确规定推动电子竞技项目健康发展，培育相关市场；此外，国家发改委等 24 部委联合发布的《关于促进消费带动转型升级行动方案》，明确规定加强组织协调和监督管理，以企业为主体，举办全国性或国际性电子竞技活动。

而在近期，2019 年 5 月 20 日，中共上海市委宣传部、文化和旅游局以及体育局联合发布了《关于促进上海电子竞技产业健康发展的若干意见》，着力促进本地电竞生态发展。在 2019 年电竞大会举办期间，《电竞场馆建设规范》和《电竞场馆运营服务规范》正式发布。于此同时，上海浦东宣布电竞产业最新扶持政策，为电竞行业的推动提出了更具体的方案，针对达成不同标准的企业（如在主板及科创板成功挂牌上市的、被认定为顶级俱乐部、直转播、赛事运营公司的、在世界顶级电竞比赛取得优异成绩的），提供最高 500 万的奖励。

但是，电竞产业立法、司法实践大幅滞后于产业发展，电竞产业基本立法及促进政策暂不明朗。本书将简单介绍目前现有的电竞行业准入及监管制度，仅供参考。

（一）电竞游戏

电竞比赛、电竞直播等活动中的核心要素网络游戏本身即有较高的合规要求。根据前文所述，目前用于电竞直播的游戏，应当满足以下要求：拥有合规的营业执照经营范围，相关企业拥有增值电信业务/ICP许可证，互联网出版许可证、游戏拥有版号等合规要求。具体的，可参考本书第三节“网络游戏及其监管、准入制度”。

（二）电竞直播

电竞直播作为直播行业的其中的一个小分支，应当满足直播行业所应取得的行政许可，如增值电信业务经营许可证、网络文化经营许可证、信息网络传播视听节目许可证等。详细的，可参考前文“网络直播的准入制度”。

同时，根据新闻出版广电总局发布《关于进一步完善网络剧、微电影等网络视听节目管理的补充通知》（2014年1月2日），电竞直播平台自制电竞视听节目的，还应依法取得广播电视节目制作经营许可证，且应当在节目上网播出前完成节目信息备案。

（三）电子竞技赛事运营及表演活动组织

企业组织、制作、运营电竞赛事，并在该过程中进行票务经营管理，涉及从事演出营销等经营活动，属于营业性演出票务经营单位，依据《文化部关于规范营业性演出票务市场经营秩序的通知》，应当作为演出经纪机构进行监管。2011年，文化部印发《关于加强演出市场有关问题管理的通知》中要求演出票务经营应当按照《营业性演出管理条例》及其实施细则关于设立演出经纪机构的规定，取得营业性演出许可证。目前已成功上市的电竞企业如上海网映文化传播股份有限公司（NEOTV）、上海耀宇文化传媒股份有限公司（MarsTV）、广州虎牙信息科技有限公司以及武汉斗鱼网络科技有限公司等企业均持有《营业性演出许可证》。

（四）电竞企业融资或上市主要法律障碍

1. 耀宇股份（MarsTV）上市案例

上海耀宇文化传媒股份有限公司（MarsTV）在申请挂牌上市时，股转中心主要关注的法律问题包括但不限于：

（1）MarsTV从事电竞直播是否取得了ICP、文网文、AVSP、互联网出版、广播电视节目制作等证照（MarsTV曾因未获得AVSP而从事互联网视听节目经营，被上海市文化市场行政执法总队做出行政处罚）；

（2）MarsTV 实际控制人控制的其他公司开展的业务（电竞直播、电竞俱乐部、广告等）与 MarsTV 存在同业竞争的问题；

（3）MarsTV 在主播使用、赛事转播、广告等合作过程中存在关联交易合法性及独立性问题；

（4）MarsTV 与未获得 AVSP 许可证的火猫 TV 合作的合法性问题；MarsTV 电竞游戏、直播节目、电竞周边产品等是否存在侵权法律风险（MarsTV 与斗鱼直播存在直播侵权纠纷）。

2. 网映股份（NEOTV）上市案例

上海网映文化传播股份有限公司（NEOTV）在申请挂牌上市时，股转中心主要关注的法律问题包括但不限于：

（1）NEOTV 是否有实际参与游戏运营及虚拟货币发行，并取得了相应的资质证照；

（2）NEOTV 从事电竞直播是否取得了 ICP、文网文、AVSP、互联网出版、广播电视节目制作等证照；

（3）NEOTV 的电竞游戏、直播节目、艺人及电竞周边产品等是否存在侵权法律风险；

（4）NEOTV 与电竞选手、直播艺人的合作模式及可能的劳动法律风险。

3. 雨神电竞上市案例

成都雨神电竞科技股份有限公司在申请挂牌上市时，股转中心主要关注的法律问题包括但不限于：

（1）雨神电竞是否取得了 ICP、WWW 互联网出版等证照；

（2）雨神电竞使用的游戏是否取得了游戏“一证一备“等相关资质；

（3）雨神电竞的游戏授权运营、股权收购等关联交易的合法性问题；

（4）雨神电竞主营收入依赖单一游戏的持续经营能力问题。

4. 虎牙赴美上市案例

虎牙（境内实体：广州虎牙信息科技有限公司）在申请挂牌上市时，主要关注的法律问题包括但不限于：

（1）虎牙在中国境内是否取得了 ICP、广播电视节目制作经营许可证、文网文等证照；

（2）虎牙未取得互联网视听节目许可证对其持续经营的影响；

（3）更新后的《外商投资法》对虎牙合规成本及公司治理的影响；

（4）虎牙与电竞选手、直播艺人、中介管理机构的合作模式的合法性及持续性问题；

（5）虎牙全球化运营的合法性问题；

（6）虎牙直播内容审查制度及其合规性，以及内容违规对公司运营的影响。

第四节　网络视听节目

一、关于网络视听节目

根据《互联网视听节目服务管理规定》规定，互联网视听节目服务，是指制作、编辑、集成并通过互联网向公众提供视音频节目，以及为他人提供上载传播视听节目服务的活动。

根据《互联网视听节目服务业务分类目录（试行）（2017年）》规定，互联网视听节目服务包括第一类互联网视听节目服务（广播电台、电视台形态的互联网视听节目服务）、第二类、第三类、第四类互联网视听节目服务。

其中常见的第二类视听节目服务包括但不限于：（一）时政类视听新闻节目转载服务；（二）文艺、娱乐、科技、财经、体育、教育等专业类视听节目的主持、访谈、报道、评论服务；（三）文艺、娱乐、科技、财经、体育、教育等专业类视听节目的制作（不含采访）、播出服务；（四）网络剧（片）的制作、播出服务；（五）电影、电视剧、动画片类视听节目的汇集、播出服务；（六）文艺、娱乐、科技、财经、体育、教育等专业类视听节目的汇集、播出服务；（七）一般社会团体文化活动、体育赛事等组织活动的实况视音频直播服务。

实践中，企业自行制作的企业专题片、访谈纪录片、广告营销专题、内部培训专题等视频内容，是否属于第二类视听节目服务中的第（六），监管与执法实践中存在不同的理解。

二、网络视听节目监管历史沿革

1999年10月1日，原广电总局发布了《关于加强通过信息网络向公众传播广播电影电视类节目管理的通告》（以下简称1号令，现已废止），首次就境内单位和个人利用各种信息网络传播广播电影电视类节目的行为出台行政规范。

2003年至2004年，原广电总局两次公布《互联网等信息网络传播视听节目管理办法》（以下简称15号令与39号令，现均已废止），并在两部法令中界定了“信息网络”“视听节目”以及“信息网络传播视听节目”等概念。2007年，原广电总局联合原信息产业部发布《互联网视听节目服务管理规定》（以下简称56号令），这是目前关于视听节目管理的综合性单行法律文件。

2015年，国务院办公厅发布《关于印发〈三网融合推广方案〉的通知》，全面推进三网融合，将广电、电信业务双向进入扩大到全国范围，电信网、广电网、互联网彼此互相兼容，各种视听新业务迅速发展。在此背景下，原新闻出版广电总局发布《专网及定向传播视听节目服务管理规定》（以下简称6号令），同时废止了39号令。目前，6号令与56号令已涵盖了通过专网、公网等不同信息网络定向、非定向传播视听节目的各种服务类型，视听新媒体监管体系基本形成。

三、网络视听节目监管体系与业务资质

（一）网信办监管条线

2014年国务院《关于授权国家互联网信息办公室负责互联网信息内容管理工作的通知》基本确立了网信办的互联网信息内容管理及执法地位。因此，网信办有权在职责范围内制定我国网络视听节目内容管理的有关规章及政策性文件，并参与互联网内容的微观监督及执法。

根据《互联网新闻信息服务管理规定》，以视听节目形式提供互联网新闻信息服务的，如提供时政类视听新闻服务或提供主持、访谈、报道类视听服务的，应当依法取得《互联网新闻信息服务许可证》。

（二）工信部监管条线

根据《电信条例》《互联网信息服务管理办法》《电信业务经营许可管理办法》《外商投资电信企业管理规定》等规定，互联网企业开展经营性（包括但不限于通过用户收费、电子商务、广告、赞助等方式获取利益）网络视听节目服务的，应当依法办理增值电信业务经营许可证（ICP）。

（三）文化与旅游部监管条线

根据《互联网文化管理暂行规定》等规定，互联网企业开展网络视听节目（含直播）等经营性网络文化活动的，应当依法办理《网络文化经营许可证》。此外，《网络表演经营活动管理办法》还明确规定，为表演者开通表演频道的，应依法向原文化部办理表演频道信息备案。

（四）广电总局监管条线

作为网络视听节目的“娘家”，原广电总局最早在1999年的1号令中就对信息网络传播广播影视剧的行为进行规制，进入新世纪后，又先后发布了15号令、

39号令、56号令以及6号令。

15号令中首次提出了“通过信息网络向公众传播视听节目”必须持有《网上传播视听节目许可证》，但在39号令中将“《网上传播视听节目许可证》”变更为“《信息网络传播视听节目许可证》”，自此，一直沿用“《信息网络传播视听节目许可证》”的说法。从而，根据现行有效的56号令及6号令，专网及定向传播视听节目、开展互联网视听节目服务的，均须依法取得《信息网络传播视听节目许可证》。

此外，从事主持、访谈、报道类视听服务、自办网络剧（片）类服务的，还应当根据《广播电视节目制作经营管理规定》依法取得《广播电视节目制作经营许可证》。涉及网络出版的，如将原创视听作品在网络平台首次发布，还需取得《网络出版服务许可证》。

为了明确、落实有关政策要求，广电总局也陆续发布一系列政策性文件，包括但不限于《关于做好〈信息网络传播视听节目许可证〉申报审核工作有关问题的通知》《关于互联网视听节目服务许可证管理有关问题的通知》《关于加强有关广播电视节目、影视剧和网络视听节目制作传播管理的通知》《关于进一步加强网络视听节目创作播出管理的通知》《关于进一步规范网络视听节目传播秩序的通知》《关于推动广播电视和网络视听产业高质量发展的意见》，等等。

四、网络视听节目分类监管合规

随着广电总局陆续发布专门的规范性文件对不同类型的视听节目实施监管，网络视听节目的监管逐步走向细化和深入，分类监管合规格局初步形成。

（一）时政新闻类视听节目

我国对时政新闻类视听节目的监管比其他类型的视听节目要严格，最早在15号令及39号令中就提出开办新闻类视听节目的网络传播业务须有国务院新闻办公室授予的网上发布新闻的资格，且传播的新闻类视听节目限于境内广播电台、电视台、广播电视台制作、播放的节目。

56号令中对时政新闻类视听节目做出了更加详细的规定，明确已获得相应业务资质的单位播出的时政类新闻视听节目，应当是地（市）级以上广播电台、电视台制作、播出的节目和中央新闻单位网站登载的时政类视听新闻节目，并且，不得允许个人上载时政类视听新闻节目。

以视音频形式从事互联网新闻信息采编发布服务（主体限定为新闻单位及其控股单位）、转载服务、传播平台服务（主要指微博客、公众账号、即时通信工具等平台）的还需符合网信办《互联网新闻信息服务管理规定》及配套的《互联网新闻信息服务许可管理实施细则》监管要求。

（二）网络剧、微电影

2012 年，原广电总局与网信办联合发布《关于进一步加强网络剧、微电影等网络视听节目管理的通知》，重点明确了网络剧、微电影“谁办网谁负责”及“先审后播”原则。2014 年，原新闻出版广电总局发布《关于进一步完善网络剧、微电影等网络视听节目管理的补充通知》，进一步加强了对网络剧、微电影的监管，同时新增个人制作上传网络剧、微电影时服务提供者的责任；自审自播网络剧、微电影节目信息备案及备案号标注责任等内容。

（三）影视剧

在三网融合背景下，影视剧（含境内外电影片、电视剧、动画片及相应的音像制品）传播媒介从广电网延伸到互联网，2007 年，原广电总局发布《关于加强互联网传播影视剧管理的通知》对监管主体、用于互联网传播的影视剧及内容管理提出了监管要求。

就境外影视剧引进而言，2014 年，原新闻出版广电总局发布《关于进一步落实网上境外影视剧管理有关规定的通知》，按照“总量调控、内容审核、发放许可、统一登记”的管理思路，加强网上引进节目管理。

（四）直播节目

随着网络直播迅速发展、不少网络直播平台开始涉足视听节目直播服务，原新闻出版广电总局 2016 年 9 月出台了《关于加强网络视听节目直播服务管理有关问题的通知》，对直播服务应具备的条件、准入政策、备案制度、弹幕和主持人管理等提出明确要求。

（五）专业类视听节目

15 号令中首次提出对网络视听节目实施分类管理制度，其中专业类视听节目包括科技、教育、医疗、财经、气象、军事、法制等，《互联网视听节目服务业务分类目录（试行）（2017 年）》中列举的专业类视听节目主要有文艺、娱乐、科技、财经、体育、教育等。2009 年，原广电总局联合证监会就专业性视听节目服务联合发布《关于加强互联网证券期货讯息、广告宣传等专业性视听节目服务管理的通知》。2018 年，广电总局就文艺类视听节目发布《关于进一步加强广播电视和网络视听文艺节目管理的通知》。

（六）娱乐类视听节目

近年来，真人秀综艺节目越来越热，已成为一个重要的视听节目类型，在此背景下，原新闻出版广电总局于2015年发布《关于加强真人秀节目管理的通知》，从内容设置、节目引进、嘉宾人选、节目价值等方面对真人秀节目作出规范。

五、网络视听节目内容合规要点

（一）网络视听节目内容监管一般性要求

内容监管一直是信息网络传播视听节目的监管重点，6号令与56号令中均规定了视听节目中的禁止内容。同时，网络视听节目内容也要满足国务院《互联网信息服务管理办法》中对互联网内容发布的要求。

2009年，原广电总局发布《关于加强互联网视听节目内容管理的通知》专门对互联网视听节目内容提出监管要求。同时，中国网络视听节目服务协会2017年审议通过《网络视听节目内容审核通则》，明确先审后播及审核到位原则并详细列明94条内容审核标准。

（二）短视频内容审核要求

2019年1月9日，中国网络视听节目服务协议发布《网络短视频内容审核标准细则》及《网络短视频平台管理规范》，《网络短视频内容审核标准细则》列举了21个审查大类，100项内容审核细则确定了短视频内容审核的行业标准。《网络短视频平台管理规范》对网络短视频平台的节目内容审核提出了相应要求。

（三）未成年人节目管理

2019年3月29日，广电总局出台《未成年人节目管理规定》，从鼓励与禁止两方面详细列举鼓励类及禁止类未成年人节目内容。前文提及的《网络短视频内容审核标准细则》及《网络短视频平台管理规范》也涉及未成年人相关内容，并将对未成年人节目管理工作纳入对平台的管理之中。

六、《信息网络传播视听节目许可证》有关的实务问题

（一）哪些业务需要获取《信息网络传播视听节目许可证》

根据56号令及6号令，无论从事专网及定向传播视听节目服务，还是互联网视听节目服务（即制作、编辑、集成并通过互联网向公众提供视音频节目，以及为他人提供上载传播视听节目服务的活动），均需取得《信息网络传播视听节目许可证》（以下简称AVSP），但二者的主体准入条件不同。《互联网视听节目服务业务分类目录（试行）（2017年）》规定，AVSP实行分类授予、分类监管模式（不含专网及定向传播视听节目服务的业务分类），企业开展互联网视听节目服务的，不仅要取得AVSP，还必须在AVSP载明的业务许可范围内开展相

应的服务，严禁私自变更使用范围或者超范围提供视听节目服务。

此外，就“视听节目”具体概念而言，实践中，广电总局及部分地方局一般认为“一切连续的视频、音频内容”都属于56号令所称的“视听节目”。只不过，监管实践中，对那些具有文学的、艺术的、时政的视听节目从严监管、从严执法。

（二）微博、微信用户上传视听节目要求

《关于进一步加强网络剧、微电影等网络视听节目管理的通知》及其补充通知、《关于加强微博、微信等网络社交平台传播视听节目管理的通知》中对（1）利用微博、微信等各类社交应用开展互联网视听服务的网络平台；（2）使用微博账号、微信公众号等各类社交应用开展互联网视听节目服务机构及个人的AVSP要求如下表：

<table>
<tr><th colspan="2">主体</th><th>相关要求</th></tr>
<tr><td colspan="2">网络平台</td><td>应取得AVSP，并在AVSP载明的业务范围内开展业务</td></tr>
<tr><td rowspan="2">机构</td><td>已持有AVSP</td><td>应在自有AVSP载明的业务范围内开展业务</td></tr>
<tr><td>未持有AVSP</td><td rowspan="2">1. 应在网络平台AVSP载明的业务范围内开展业务；
2. 网络平台承担审查视听节目内容、落实个人实名制等管理责任</td></tr>
<tr><td colspan="2">个人（无法取得AVSP）</td></tr>
</table>

（三）《信息网络传播视听节目许可证》申请、变更实践

1. 申请资本限制

2008年1月31日实施的56号令中首次提出了申请AVSP的须为国有独资或国有控股单位，56号令实施之后的机构无法通过正常途径申请AVSP 。而56号令实施之前已取得AVSP的，不影响许可证续办及展期。目前，监管机构已在全国范围内基本停止受理申请AVSP的通道，广电总局原则上已不再公开受理AVSP申请，截至2017年12月31日，全国一共有586家企业获得AVSP。（数据来源http：//www.sapprft.gov.cn/sapprft/govpublic/6955/362247.shtml，最后访问日期9月27日。）

2. 股权收购障碍

由此一来，收购AVSP持证主体成为企业取得AVSP的唯一路径，但相关价格已经水涨船高，单一业务范围的裸证价格（不含其他资产价格）已经高达数千万元人民币左右。

目前，根据我们与广电总局及部分地方局沟通的情况，通过股权收购的路径取得 AVSP 仍然可行。只不过，企业在工商变更（股权变更、法定代表人变更等）之前要取得广电总局的前置审批，广电总局审查 AVSP 持证主体股权变更时，一般不会按照 56 号令要求满足国资控股要求。

具体案例方面，2017 年 11 月，因不具备 AVSP 而被处罚的 Acfun 收购北京赛瑞思动文化传播有限公司，后者控股的游艺星际（北京）科技有限公司持有 AVSP，因此，Acfun 曲线获得 AVSP。此外，Acfun 已于 2018 年 6 月被快手整体收购。无独有偶，2018 年 12 月，小米科技成为北京聚爱聊网络科技有限公司唯一股东，实际控制成都分享信息传播有限公司，而后者运营的九维宽频网站拥有 AVSP。

七、网络视听节目产业案例报告

（一）上市公司案例

1. 重广传媒首发被否案例

重庆广电数字传媒股份有限公司首发未通过，发审委提出询问的主要问题包括但不限于：

（1）重广传媒不直接拥有《信息网络传播视听节目许可证》。经重庆广播电视集团（总台）独家授权，重广传媒拥有重庆 IPTV 分平台牌照和重庆网络广播电视台牌照中有关经营性业务的运营权。若重广传媒无法获得重庆广播电视台集团的授权或独家授权，是否能够保证业务延续。

（2）重广传媒实际控制人下属的重庆有线取得的《信息网络传播视听节目许可证》，重广传媒 IPTV 业务与重庆有线业务终端用户与提供服务内容相同：

①重庆有线互联网视听节目服务业务的开展情况；

②重庆有线互联网视听节目服务业务与 IPTV 内容集成运营业务是否存在同业竞争；

③重广传媒的关联方是否已取得宽带业务资格；如果取得该资格，是否会对重广传媒经营产生重大影响。

2. 互动娱乐（300043）收购趣丸网络案例

星辉互动娱乐股份有限公司在收购广州趣丸网路科技有限公司时，深交所重组问询函主要关注的法律问题包括但不限于：

（1）趣丸网络的移动视频直播业务尚未取得《信息网络传播视听节目许可证》的原因；

（2）趣丸网络尚未取得《信息网络传播视听节目许可证》的主要障碍；

（3）趣丸网络未取得《信息网络传播视听节目许可证》对未来经营的影响，可能存在的法律风险和处罚风险。

（二）监管部门行政处罚案例

处罚时间	执法机关	处罚对象	违规行为	处罚措施
2014.04	全国“扫黄打非”工作小组办公室	新浪网	在其读书频道和视频节目中传播淫秽色情信息	吊销《互联网出版许可证》和AVSP，依法停止其从事互联网出版和网络传播视听节目的业务，并处以5至10倍于违法金额的罚款
2017.02	北京网信办、市公安局、市文化市场行政执法总队	梨视频	在未取得互联网新闻信息服务资质、AVSP情况下，非法经营时政类视听新闻信息服务	立即停止违法违规行为进行全面整改
2017.06	原新闻出版广电总局	新浪微博、AcFun、凤凰网等网站	在不具备AVSP的情况下开展视听节目服务，并且大量播放不符合国家规定的时政类视听节目和宣扬负面言论的社会评论性节目	关停网站上的视听节目服务，并进行全面整改
2017.12	北京市网信办	今日头条、凤凰新闻APP	持续传播色情低俗信息、违规提供互联网新闻信息服务等问题	约谈企业负责人，责令企业立即停止违法违规行为
2018.04	广电总局	今日头条、快手	播出有违社会道德节目、长期无视法规训诫，在不具备AVSP的情况下持续顶风拓展视听节目服务，扰乱网络视听行业秩序	全面整改，采取包括下架违规视频、重置封禁违规账户、加强审核管理等整改措施

续表

处罚时间	执法机关	处罚对象	违规行为	处罚措施
2018.04	广电总局	今日头条旗下内涵段子	“内涵段子”客户端软件和相关公众号存在导向不正、格调低俗等突出问题	责令永久关停“内涵段子”客户端软件及公众号
2019.05	上海市文化市场行政执法总队	喜马拉雅FM	在不具备AVSP的情况下擅自从事视听节目服务	警告、罚款
2019.06	网信办	吱呀、Soul、语玩、一说FM等26款音频平台	传播历史虚无主义、淫秽色情内容	分别采取了约谈、下架、关停服务等阶梯处罚
2019.07	上海“扫黄打非”办协调上海市文化市场行政执法总队	蜻蜓FM	通过提供互联网视听节目服务，在移动客户端软件“蜻蜓FM”上登载《【风流逐声】俊男坊第1集》《恶魔总裁的宠物老婆》等互联网视听节目，传播低俗等危害社会公德内容	责令改正，并罚款人民币3万元

从上述行政处罚案例不难看出，我国对网络视听节目监管主要呈现如下趋势：

1. 内容合规审查将成为网络视听节目服务企业的头等合规问题，内容涉及时政类“政治禁区”话题的合规风险陡增，其次是内容涉恐、涉黄、涉暴；

2. 随着网络视听节目行业野蛮生长终结，行业整顿已然来到，“裸奔”时代将终结，无证经营或者超范围经营将成为近期监管执法的重点，名为“合作”实为“借牌”的模式也逐渐被监管机构和上市审查机构关注。

第五节 网络音乐

一、关于网络音乐

2006年，原文化部在《关于网络音乐发展和管理的若干意见》中首次明确了网络音乐的法律内涵，即网络音乐是音乐产品通过互联网、移动通信网等各种有线和无线方式传播，其主要特点是形成了数字化的音乐产品制作、传播和消费模式。

此外，原文化部在2009年《关于加强和改进网络音乐内容审查工作的通知》中进一步明确了网络音乐的定义和范围，明确指出网络音乐是指用数字化方式通过互联网、移动通信网、固定通信网等信息网络，以在线播放和网络下载等形式进行传播的音乐产品，包括歌曲、乐曲以及有画面作为音乐产品辅助手段的MV等。

可见，网络音乐是以数字化方式通过各类信息网络传播的新类型音乐产品，其特点是没有物质实体，是信息网络传播技术与音乐内容相结合的产物。网络音乐不仅包括通常意义上的歌曲、乐曲等数字化的音乐产品，还包括表现音乐产品内容而辅以画面的MV、Flash等。

二、网络音乐监管体系与准入

（一）工信部监管条线

从事经营性（包括但不限于通过用户收费、电子商务、广告、赞助等方式获取利益）网络音乐服务的，应当根据《电信条例》《互联网信息服务管理办法》《电信业务经营许可管理办法》《外商投资电信企业管理规定》等规定，办理增值电信业务经营许可证（ICP/SP）。

（二）网信办监管条线

网信办主要对网络音乐内容实施监管，主要体现在对网络音乐经营者运营的网站及APP内用户评论、昵称、头像及群组等内容的监管，监管依据包括但不限于《互联网用户账号名称管理规定》《互联网论坛社区服务管理规定》《互联网跟帖评论服务管理规定》《互联网群组信息服务管理规定》《互联网用户公共账号信息服务管理规定》等。

（三）广电总局监管条线

广电总局对网络音乐的监管主要体现在其对网络视听节目的监管中，网络视听节目包括了网络视频内容与网络音频内容，而网络音频包含了网络音乐。因此，从事网络音乐服务的，理论上还需要依照 56 号令及《互联网视听节目服务业务分类目录（试行）》的要求取得 AVSP，但实践中较少企业按照该标准执行。

（四）原文化部监管条线

原文化部系网络音乐的主要监管机构，最早在 2003 年的《互联网文化管理暂行规定》中要求从事经营性网络音乐服务的，需申请《网络文化经营许可证》，并在 2011 年修订后的《互联网文化管理暂行规定》将《网络文化经营许可证》的有效期限定为 3 年，届满可申请续办。值得注意的是，根据《自由贸易试验区外商投资准入特别管理措施（负面清单）（2019 年版）》规定，网络音乐暂不属于外商投资禁止行列，但目前没有外资投资网络音乐的准入细则。

此外，从事网络音乐出版服务，即通过信息网络向公众提供网络音乐的，根据《网络出版服务管理规定》，还需取得《网络出版服务许可证》。这里的网络出版不仅仅包括首次通过信息网络发布数字化的音乐作品，还包含了将已线下出版的音像制品数字化处理后，再通过信息网络向公众提供。

三、网络音乐内容审核

（一）内容审查制度历史沿革

原文化部在 2006 年的《关于网络音乐发展和管理的若干意见》中对网络音乐产品提出了具体的内容监管要求，特别是进口网络音乐产品。该意见规定了通过信息网络传播的国产音乐产品必须经原文化部备案；进口网络音乐产品必须经原文化部内容审查后，方可投入运营。已经原文化部内容审查的进口音像制品（含正式出版发行）通过信息网络传播的，还必须向原文化部办理相应手续。

2009 年，原文化部再次发布《关于加强和改进网络音乐内容审查工作的通知》进一步加强进口网络音乐管理，明确了进口网络音乐产品概念并详细规定进口网络音乐产品报审单位、进口授权合同、报审材料及程序等内容。同时，要求网络音乐经营单位建立内容自审制度，设置专门部门负责音乐内容的自审自查。

随着转变政府职能和简政放权的要求，2013 年，原文化部实施《网络文化经营单位内容自审管理办法》，要求网络音乐经营者建立健全内容管理制度，设立专门的内容管理部门，配备适应审核工作需要的人员，按照原文化部编印的《网络音乐内容审核工作指引》对音乐内容进行事先审核。

2015 年，原文化部发布《关于进一步加强和改进网络音乐内容管理工作的通知》进一步明确了对网络音乐内容管理实行企业自主审核，原文化部建立事中事后监管的管理制度。自此，不再区分进口与国产，网络音乐产品均进入企业自主审核阶段。2018 年，文化和旅游部发布《全国文化市场黑名单管理办法》，修订了 2016 年的《文化市场黑名单管理办法（试行）》，构建以信用监管为核心的事中事后监管体系。

原文化部网络音乐内容审查制度变化详见下表：

<table>
<tr><th>时间</th><th>法规</th><th>国产网络音乐产品</th><th>进口网络音乐产品</th></tr>
<tr><td>2006.11.20</td><td>《关于网络音乐发展和管理的若干意见》</td><td rowspan="2">原文化部备案（企业内容自审）</td><td rowspan="2">原文化部内容审查</td></tr>
<tr><td>2009.08.18</td><td>《关于加强和改进网络音乐内容审查工作的通知》</td></tr>
<tr><td>2013.12.01</td><td>《关于实施〈网络文化经营单位内容自审管理办法〉的通知》</td><td colspan="2" rowspan="2">企业事先自主审核，原文化部事中事后监管</td></tr>
<tr><td>2016.01.01</td><td>《关于进一步加强和改进网络音乐内容管理工作的通知》</td></tr>
<tr><td>2018.06.19</td><td>《全国文化市场黑名单管理办法》</td><td colspan="2">建立信用监管制度，加强文化市场事中事后监管</td></tr>
</table>

（二）内容审核要点

国务院《互联网信息服务管理办法》对互联网内容提出了九条禁止性要求，原文化部在《互联网文化管理暂行规定》中也专门针对网络文化内容（含网络音乐）提出十条禁止性要求。根据前述规定，原文化部在 2015 年集中排查网络音乐产品，首次公布 120 首网络音乐产品黑名单，并要求下架该等内容违规的网络音乐产品。同时，网络音乐经营者在向公众提供网络音乐服务前，还应当按照原文化部发布的《网络音乐内容审核工作指引》《网络文化经营单位内容自审管理办法》等标准规范，开展网络音乐内容审核工作。

网络音乐属网络视听作品范畴，因此，网络音乐内容还需满足《关于加强互联网视听节目内容管理的通知》《专网及定向传播视听节目服务管理规定》《互联网视听节目服务管理规定》以及《网络视听节目内容审核通则》等关于视听节目内容审核的要求。

四、网络音乐产业监管案例概览

处罚时间	执法机关	处罚对象	违规行为	处罚措施
2017.08	浙江省网信办	虾米音乐网	存在违法违规账号注册	立即开展自查自纠，全面清理有害信息，关闭相应违规账号，要求网站尽快健全信息审核、应急处置、技术支撑等方面的制度机制并限期提交整改报告
2018.06	全国“扫黄打非”工作小组办公室	网易云音乐、百度网盘、B站、猫耳FM、蜻蜓FM等	存在以ASMR（中文译称“自发性知觉经络反应”，主要产品为声音内容，用于放松、助眠）形式传播低俗甚至淫秽色情的问题	要求各平台大力清理涉色情低俗问题的ASMR内容，加强对相关内容的监管和审核
2018.08	原文化部	18家主要网络音乐平台	提供含有宣扬法西斯和军国主义等禁止内容的网络音乐产品	下线涉嫌违规网络音乐产品4664首、视频10万余条，清理歌单891个，删除违规用户评论4300余条，清理昵称、头像等违规用户信息4500余条
2019.06	网信办	网易云音乐	传播所谓“色系神曲”，宣扬“二次元文化”“亚文化”	下架30天

第六节　网络出版

一、关于网络出版

根据《出版管理条例》及原新闻出版广电总局与工信部联合发布的《网络出

版服务管理规定》(以下简称5号令),网络出版服务是指通过信息网络向公众提供网络出版物,而网络出版物是指通过信息网络向公众提供的、具有编辑、制作、加工等出版特性的数字化作品,具体范围包括:

1. 文学、艺术、科学等领域内具有知识性、思想性的文字、图片、地图、游戏、动漫、音视频读物等原创数字化作品;

2. 与已出版的图书、报纸、期刊、音像制品、电子出版物等内容相一致的数字化作品;

3. 将上述作品通过选择、编排、汇集等方式形成的网络文献数据库等数字化作品;

4. 国家新闻出版广电总局认定的其他类型的数字化作品。

由于5号令定义下的"网络出版物"及"网络出版服务"范围较宽泛,几乎包含了通过信息网络发行的所有内容。实践中,企业的内部刊物、电子期刊、产品手册等是否属于网络出版物的范畴,监管政策并不明朗。值得注意的是,5号令并未将争议较大的网络软件、应用商店等业务明确纳入网络出版范畴。

二、网络出版监管体系与业务资质

从事网络出版服务的,根据5号令要求,需经原新闻出版广电总局批准,取得《网络出版服务许可证》。此外,其他互联网行业监管部门对网络出版服务经营活动提出了监管要求与准入资质,具体包括:

1. 企业开展经营性(包括但不限于通过用户收费、电子商务、广告、赞助等方式获取利益)网络出版服务的,属于从事经营性信息服务,需要根据工信部《电信条例》《互联网信息服务管理办法》《电信业务经营许可管理办法》等规定,依法办理增值电信业务经营许可证(ICP);

2. 企业开展音乐、游戏、直播等经营性网络出版服务属于提供经营性"互联网文化活动",需要根据原文化部《互联网文化管理暂行规定》,依法取得《网络文化经营许可证》;

3. 网络出版经营者发布新闻信息的,需要根据网信办《互联网新闻信息服务管理规定》,依法取得《互联网新闻信息服务许可证》。

三、网络出版物内容合规

5号令对网络出版物提出十条禁止性要求,内容与原文化部《互联网文化管理暂行规定》中对网络文化产品内容要求一致。此外,5号令还特别规定了网络出版服务单位的编辑责任制度，按照“谁登载、谁负责”“网上、网下相一致”的原则，进一步明确网络出版服务单位的内容审核责任。同时特别增加了未成年人权益保护的内容。

原文化部同时就网络游戏内容管理出台了系列政策性文件，包括但不限于《关于加强网络游戏产品内容审查工作的通知》《关于规范进口网络游戏产品内容审查申报工作的公告》《关于立即查处“黑帮”主题非法网络游戏的通知》《关于改进和加强网络游戏内容管理工作的通知》。

四、《网络出版服务许可证》有关实务问题

（一）哪些业务需要获得许可

如本章第一部分所述，网络出版服务概念较宽泛，所有通过信息网络向公众提供具有编辑、制作、加工等出版特征的数字化作品的行为都纳入网络出版服务范围，5 号令对实践中以下几点争议较大的问题回应如下：

1. 通过自有平台提供行业信息或企业产品介绍

若所提供的信息符合 5 号令中“网络出版物”范围，那么企业在自有的网站或 APP 上提供相关行业信息或企业产品介绍的，则属于从事网络出版服务。此外，需要注意的是，与 AVSP 一致，个人也无法申请《网络出版服务许可证》。

2. 依托第三方平台发布自媒体内容

在微信、微博公众号上开设“自媒体”的个人或者机构，属于网络信息内容的创作者或生产者，不属于从事网络出版服务；实际提供网络出版服务的是微博、微信等网络平台服务单位，需要取得《网络出版服务许可证》。

3. 网络文献数据库

5 号令明确将通过选择、编排、汇集原创的或已出版的数字化作品所形成的“网络文献数据库”列为“网络出版物”的一种。因此，中国常见的专业领域的在线文献数据库很可能被认定为“网络出版物”，从而需要取得《网络出版服务许可证》。若通过信息网络进口境外数字文献数据库的，根据《出版物进口备案管理办法》，还需由具有相应资质的出版物进口经营单位进口。

（二）网络出版资质申请条件

1. 出版人员要求

根据 5 号令及相关监管实践，申请《网络出版服务许可证》的，法定代表人必须是在境内长久居住的具有完全行为能力的中国公民，法定代表人和主要负责人至少 1 人应当具有中级以上出版专业技术人员职业资格；此外，还需要 8 名

具有原新闻出版广电总局认可的出版及相关专业技术职业资格的专职编辑出版人员。根据原新闻出版广电总局相关负责人的解读，这样安排系因为网络出版本质上与一般出版无异，均需要必要数量规模的专业编辑出版人员来保障内容质量。

2. 域名及服务器要求

根据5号令及相关监管实践，申请者必须有确定的从事网络出版业务的网站域名、智能终端应用程序，此外从事网络出版服务的相关服务器和存储设备存放在中华人民共和国境内。

此外，从上述规定不难看出，监管层越来越强调互联网管理的本地化要求，即必须在境内收集、存储、处理用户个人信息及重要数据。

3. 外资准入限制

根据《自由贸易试验区外商投资准入特别管理措施（负面清单）（2019年版）》规定，禁止外商投资网络出版服务。

5号令还规定外资与网络出版服务单位进行“项目合作”的，应当报原新闻出版广电总局前置审批，但并未明确界定“项目合作”含义。

五、网络出版产业案例报告

（一）上市公司案例

1. 快定网络（837172）上市案例

杭州快定网络股份有限公司（现已终止挂牌）在申请挂牌上市时，股转中心主要关注的法律问题包括但不限于：

（1）公司提供游戏下载业务是否需要取得网络出版业务许可资质，公司是否具有经营业务所需的全部资质、许可、认证、特许经营权；

（2）公司是否存在超越资质、范围经营的情况，是否存在相应的法律风险；

（3）公司所涉业务资质是否存在无法获取或续期的风险，对公司持续经营的影响；

（4）公司对提供下载的游戏自身相应资质的审查情况、是否存在提供未取得资质的游戏的下载以及公司存在的相应的法律风险，是否影响公司业务的合规性。

2. 全通教育收购巴九灵案例

全通教育集团（广东）股份有限公司在收购杭州巴九灵文化创意股份有限公司股份时，深交所问询函主要关注的法律问题有：

（1）巴九灵是否具备从事互联网新闻信息服务、网络出版服务等资质，相关业务是否需要获得《增值电信业务许可证》《网络出版服务许可证》《互联网新闻信息服务许可证》《信息网络传播视听节目许可证》；

（2）巴九灵“吴晓波频道” 等微信公众号是否符合国务院《关于非公有资本进入文化产业的若干决定》等多项规定，本次交易是否需要获取网信办等行业主管部门的批准；

（3）巴九灵旗下各微信公众号是否有注册在关联公司名下的情形，是否存在经营风险。

3. 时代出版（600551）收购江苏明通案例

时代出版传媒股份有限公司在收购江苏明通股份时，上交所上市公司监管部主要关注的法律问题包括但不限于：

（1）江苏名通目前办理《网络出版服务许可证》的进展，是否存在法律障碍及预计办毕时间；

（2）如未取得《网络出版服务许可证》，对江苏名通开展经营业务将有何影响。

（二）监管部门行政处罚案例

处罚时间	执法机关	处罚对象	违规行为	处罚措施
2016.12	北京市文化市场行政执法总队	360 网站	经营网站“360 安全中心网”的“360 小说”频道，提供 14 部含有淫秽、色情内容的互联网出版作品在线阅读服务	罚款 10 万元
2018.03	市新闻出版局、市文化执法总队	“TapTap”网站及移动端应用程序（APP）	通过所开办的网站及移动端应用程序，在境内为大量未经总局审批的境外网络游戏作品提供下载和宣传推广，其中包括涉嫌含有教唆犯罪、宣扬淫秽色情和血腥暴力等违法违规内容的《铁血刺客——中世纪传奇 RPG》等游戏作品。属于非法出版活动，且涉及的非法出版物数量极大，情节恶劣	停业整顿 3 个月，罚款 31.86 万元

续表

处罚时间	执法机关	处罚对象	违规行为	处罚措施
2019.04	上海市文化市场行政执法总队对	沪江网	未经行政部门批准，擅自将《洛丽塔》《他又回来了》等电子出版物上载至网站论坛版块，供用户在线浏览和使用	对擅自从事网络出版服务的行为予以取缔，处罚款人民币2万元
2019.05	市文化市场行政执法总队、市公安局治安管理总队、市委网信办、市新闻出版局、市通信管理局	晋江文学城网站	晋江文学城网站登载的网络作品中，《不知悔改的男人》《妖孽养成日记》等作品涉嫌传播淫秽色情内容，对公众特别是未成年人的身心健康有毒害	责令立即整改，配合执法机关调查，全面清查网络出版物内容，完善审核编辑制度，对存在问题立行立改
2019.06	上海市文化市场行政执法总队	“追书神器”网	“追书神器”登载的多部网络出版物涉嫌含有危害社会公德的禁止内容，以及涉嫌未经批准擅自从事网络出版服务	对“追书神器”网擅自从事网络出版服务的违法行为予以取缔，对传播含有危害社会公德的禁止内容的网络出版物行为责令改正，作出罚款20000元的行政处罚
2019.07	北京市、上海市“扫黄打非”办公室联合网信、新闻出版和文化执法等部门	晋江文学城、番茄小说、米读小说	传播网络淫秽色情出版物	停止更新、停止经营性业务，在首页登载整改公告

第七节　网络教育

一、关于网络教育

教育部等十一部门《关于促进在线教育健康发展的指导意见》指出“在线教育是运用互联网、人工智能等现代信息技术进行教与学互动的新型教育方式”。教育部办公厅、国家市场监管总局办公厅、应急管理部办公厅《关于健全校外培训机构专项治理整改若干工作机制的通知》（以下简称10号文）提到“在线培训”是“利用互联网技术在线实施培训教育活动”。此外，教育部等六部门《关于规范线上培训的实施意见》（以下简称8号文）中指出“校外线上培训”是指“面向中小学生、利用互联网技术实施的学科类校外线上培训活动”。

可见，“在线教育”“在线培训”抑或“线上培训”（本文均以“网络教育”代称）是指利用各类互联网技术实施的教育活动。

二、网络教育准入及监管体系

国务院办公厅在2018年8月发布的《关于规范校外培训机构发展的意见》中提到“网信、文化、工业和信息化、广电部门在各自职责范围内配合教育部门做好线上教育监管工作”。同时，主要监管网络教育的两部规范性文件《关于规范线上培训的实施意见》及《关于引导规范教育移动互联网应用有序健康发展的意见》也是由教育部会同中央网信办、工业和信息化部、公安部、广电总局、全国“扫黄打非”工作小组办公室、民政部、市场监管总局等共同发布。

可见，教育部主要牵头负责网络教育的监管，工信、广电、宣传、网信、公安等部门共同参与监管。

（一）教育部监管条线

2016年，国务院印发《关于第二批取消152项中央指定地方实施行政审批事项的决定》，取消教育网站和网校的审批许可。2017年，教育部印发《关于教育网站网校审批取消后加强事中事后监管工作的通知》，明确加强对网络教育的事中事后监管。因此，目前网络教育监管已由审批制改为备案审查制。

2018年以来，教育部陆续发布的《关于健全校外培训机构专项治理整改若干工作机制的通知》、《关于严禁有害APP进入中小学校园的通知》、《关于规范线上培训的实施意见》、《关于引导规范教育移动互联网应用有序健康发展的意见》、《教育移动互联网应用程序备案管理办法》均对网络教育的各个方面提出了备案要求，具体如下：

法规名称	文号	备案内容	备案主体
《关于健全校外培训机构专项治理整改若干工作机制的通知》	教基厅〔2018〕10号	学科类培训班的名称、培训内容、招生对象、进度安排、上课时间等	面向中小学生的校外网络教育机构
《关于严禁有害APP进入中小学校园的通知》	教基厅函〔2018〕102号	进入校园的学习类APP	进校APP的选用者、主管者
《关于规范校外线上培训的实施意见》	教基函〔2019〕8号	校外线上培训机构备案	面向中小学生的学科类校外网络教育机构
		学科类培训内容备案	
		学科类培训人员备案	
《关于引导规范教育移动互联网应用有序健康发展的意见》	教技函〔2019〕55号	教育业务备案	网络教育APP提供者
《教育移动互联网应用程序备案管理办法》	教技厅〔2019〕3号	移动应用提供及使用备案	提供者、使用者

（二）工信部监管条线

根据《电信条例》《互联网信息服务管理办法》《电信业务经营许可管理办法》《外商投资电信企业管理规定》等规定，提供经营性（包括但不限于通过用户收费、电子商务、广告、赞助等方式获取利益）网络教育服务的，应当依法办理增值电信业务经营许可证（ICP）。

此外，增值电信业务经营许可证同时也是相关网络教育机构根据《关于规范线上培训的实施意见》及《关于引导规范教育移动互联网应用有序健康发展的意见》进行备案提交材料之一。

（三）广电总局监管条线

网络教育活动中往往还涉及提供录播的课程视频或音频，由于《互联网视听节目服务管理规定》中规定的“视听节目”几乎涵盖了一切连续的视频、音频内容。

因此，提供具有一定科学、艺术性的音视频产品的网络教育机构，理论上还需要依照《互联网视听节目服务管理规定》及《互联网视听节目服务业务分类目录（试行）》的要求取得《信息网络传播视听节目许可证》。但实践中，是否将该类录播视音频课程认定为视听节目，不同地区的监管部门可能有不同的理解。

（四）宣传部监管条线

网络教育活动中，通过互联网提供教材、图书、资料、音像制品等教育类出版物的，根据《网络出版服务管理规定》，还需经过宣传部批准，取得《网络出版服务许可证》。这里的网络出版不仅仅包括首次通过信息网络提供教育类出版物，还包含了将已线下出版的教育类出版物数字化处理后，再通过信息网络向公众提供。

（五）网信办监管条线

网信办对网络教育的监管主要体现在内容监管方面，具有论坛、社区、留言等功能的网络教育网站及 APP 应当依据《互联网用户账号名称管理规定》《互联网论坛社区服务管理规定》《互联网跟帖评论服务管理规定》《互联网群组信息服务管理规定》《互联网用户公共账号信息服务管理规定》等加强内容管理。

（六）公安部监管条线

根据《关于规范线上培训的实施意见》《关于引导规范教育移动互联网应用有序健康发展的意见》等要求，公安部负责监管利用网络教育传播淫秽色情、网络赌博等违法有害信息的行为；利用网络教育窃取公民个人信息、盗窃、诈骗等违法犯罪活动以及对网络教育平台的网络安全监管。

此外，《关于规范线上培训的实施意见》和《关于引导规范教育移动互联网应用有序健康发展的意见》项下的备案制度，均要求网络教育机构在备案时提供网络安全等级保护定级备案的证明、等级测评报告，可见国家对网络教育系统的安全性有较高的要求。备案的证明、等级测评报告，可见国家对网络教育系统的安全性有较高的要求。

三、校外网络教育

随着互联网应用的深入，面向中小学生的校外培训机构逐渐从线下发展到线上，教育部在《关于规范校外培训机构发展的意见》基础上，发布了《关于规范线上培训的实施意见》以规范线上校外培训机构。需要明确的是，不管是《关于规范校外培训机构发展的意见》还是《关于规范线上培训的实施意见》所规范的校外培训或校外教育重点规范的都是学科类课程，即语文、数学、英语及物理、化学、生物等课程。

（一）备案审查与排查整改

《关于规范线上培训的实施意见》中明确校外网络教育的规范流程为“申请备案—开展排查—进行整改”，并对每一流程提出了时间要求，具体如下：

申请备案：校外网络机构应当通过“全国校外线上培训管理服务平台”向所在地的省教育厅提交备案材料、申请备案，已开展校外网络教育的机构应当在2019年10月31日前完成申请。对符合条件和规定的校外网络教育机构予以备案并公示。此外，备案内容发生变更的，还要提交变更材料。目前，各地都在紧锣密鼓地制定备案细则，广东省于9月25日公布《广东省校外线上培训备案管理实施细则（征求意见稿）》，北京市也于10月8日发布《北京市校外线上培训备案实施细则（施行）》。

开展排查：2019年12月底前，各地完成对本省申请备案的校外网络教育机构的排查，并对存在的问题提出整改意见。

进行整改：2020年6月底前，排查发现问题的校外网络教育机构应当按整改意见进行整改，并重新提交相关材料。

此外，《关于规范线上培训的实施意见》明确要求网络教育机构申请备案时提交相关证照，如ICP备案、电信业务经营许可（涉及经营电信业务的）、网络安全等级保护定级备案的证明、等级测评报告。《关于规范线上培训的实施意见》给出的一年缓冲期给网络教育企业办理上述资质证照留出了充分的时间。

（二）日常监管要求

因《关于规范线上培训的实施意见》是在《关于规范校外培训机构发展的意见》基础上对线下类型的校外培训机构的进一步规范，其监管要求与《关于规范校外培训机构发展的意见》大致相同，但同时也提出了网络环境特有的一些要求，具体如下表：

监管方向	线下校外培训机构（《关于规范校外培训机构发展的意见》）要求	线上校外培训机构（《关于规范线上培训的实施意见》）要求
培训内容	·不得超出相应的国家课程标准 ·培训班次必须与招生对象所处年级相匹配 ·培训进度不得超过所在县域中小学同期进度	·不得超出相应的国家课程标准 ·须与招生对象所处年级相匹配 ·培训内容和培训数据信息须留存1年以上，其中直播教学的影像须留存至少6个月

续表

监管方向	线下校外培训机构（《关于规范校外培训机构发展的意见》）要求	线上校外培训机构（《关于规范线上培训的实施意见》）要求
培训时长	· 培训时间不得和当地中小学校教学时间相冲突 · 培训结束时间不得晚于 20：30	· 直播培训时间不得与中小学校教学时间相冲突 · 面向境内义务教育阶段学生的直播类培训活动结束时间不得晚于 21：00 · 每节课持续时间不得超过 40 分钟，课程间隔不少于 10 分钟 · 校外线上培训平台应当具备护眼功能和家长监管功能
作业要求	· 不得留作业	· 面向小学 1–2 年级的培训不得留作业
教师资格	· 相对稳定的师资队伍 · 不得聘用中小学在职教师 · 从事学科知识培训的教师必须具有相应的教师资格 · 聘用外籍人员须符合国家有关规定	· 师资队伍相对稳定 · 不得聘用中小学在职教师 · 从事学科知识培训的人员应具有国家规定的相应教师资格 · 聘用外籍人员须符合国家有关规定 · 在培训平台和课程界面的显著位置公示培训人员姓名、照片和教师资格证等信息，公示外籍培训人员的学习、工作和教学经历
场所 / 信息安全	· 符合安全条件的固定场所	· 落实三项安全保护制度，具有完善的安全保护技术措施 · 按照“后台实名、前台自愿”的原则，进行实名认证 · 做好信息和数据安全防护，防止泄露学生隐私 · 用户行为日志须留存 1 年以上

续表

监管方向	线下校外培训机构（《关于规范校外培训机构发展的意见》）要求	线上校外培训机构（《关于规范线上培训的实施意见》）要求
规范收费	·收费时段与教学安排应协调一致 ·不得一次性收取时间跨度超过3个月的费用 ·收费项目及标准应当向社会公示	·收费时段与教学安排应协调一致 ·不得收取超过60课时或3个月的费用 ·在培训平台显著位置公示收费项目、标准及退费办法
黑白名单制度	·白名单：通过审批登记的 ·黑名单： 建立负面清单，对已审批的有负面清单所列行为的校外培训机构，从白名单上清除并列入黑名单； 未经批准登记、违法违规举办的校外培训机构，予以严肃查处并列入黑名单； 同时，将黑名单信息纳入相关信用系统及平台，严肃对相关企业的惩戒。	·白名单：符合相关规定的 ·灰名单：存在违规行为的列入灰名单并限期整改 ·黑名单： 拒不整改或逾期未完成整改的列入黑名单； 对列入黑名单的校外线上培训机构依法依规严肃处理； ·黑白名单由省级教育厅利用全国校外线上培训管理服务平台对外公布，及时更新。

四、教育移动互联网应用程序

教育移动互联网应用程序（以下简称教育APP）是“互联网+教育”的重要载体，2018年，教育部印发《关于严禁有害APP进入中小学校园的通知》对中小学学习类APP乱象进行了集中治理。各地也相继印发相关规范性文件规范进校学习类APP，如陕西省教育厅办公室《关于严禁有害APP进入中小学校园的通知》、合肥市教育局《关于严禁有害APP进入中小学校园的通知》、青岛市教育局等《关于规范有关活动进入中小学校和幼儿园的通知》、广东省《面向中小学生校园学习类APP管理暂行办法》。

随着工作深入，不止中小学学习类APP需要规范，学校管理、服务等工作的教育APP也需要引导规范。在这样的背景下，2019年8月教育部印发《关于引导规范教育移动互联网应用有序健康发展的意见》全面规范各类教育APP，2019年11月教育部还发布了《教育移动互联网应用程序备案管理办法》明确备案程序。

（一）界定教育APP范围

《关于引导规范教育移动互联网应用有序健康发展的意见》提出教育APP是

"以教职工、学生、家长为主要用户，以教育、学习为主要应用场景，服务于学校教学与管理、学生学习与生活以及家校互动等方面的互联网移动应用"。《关于引导规范教育移动互联网应用有序健康发展的意见》规范的教育 APP 大致分为三类：（1）市场竞争提供、师生自主选用；（2）学校企业合作、学校组织应用；（3）学校自主开发、部署校内使用。

（二）明确准入程序

《关于引导规范教育移动互联网应用有序健康发展的意见》从供给侧出发，对教育 APP 提供者提出了四项要求。

1. 建立备案制度

教育业务备案将按照"国家统一标准、各省分头实施、企业属地备案"的原则开展，即由教育部统一制定《教育移动互联网应用程序备案管理办法》，符合要求的教育 APP 提供者向所在地的省级教育行政部门申请备案，而小程序、企业号等平台第三方应用统一到平台方提交备案信息，并由平台方向教育部共享备案信息。提供者申请备案时要求提交的资质证照与《关于规范线上培训的实施意见》中的校外网络教育机构备案一致，即 ICP 备案、电信业务经营许可（涉及经营电信业务的）、网络安全等级保护定级备案的证明、等级测评报告等。此外，上新新应用前，还要更新相关信息。

提供者备案实行"一省备案，全国有效"。提供者在注册地备案后，在其他地区开展业务无需重复备案。各子公司（分公司）或分支机构开发的教育移动应用，由总公司统筹汇总并向总公司注册地的省级教育行政部门进行备案。

此外，《教育移动互联网应用程序备案管理办法》还规定了使用者备案。即根据"逐级管理、分级负责"的原则，学校和所属单位的使用者备案由其主管教育行政部门进行确认，教育行政部门的使用者备案由上级教育行政部门进行确认。其中，自主开发、自主选用和上级部门要求使用的教育移动应用均应进行使用者备案。

由于《关于引导规范教育移动互联网应用有序健康发展的意见》要求在 2019 年底前完成备案工作，而《教育移动互联网应用程序备案管理办法》要求 2020 年 1 月 31 日前完成现有 APP 备案工作，这期间备案的 APP 可以暂不用提交 ICP 备案和等保备案。

2. 加强内容建设

具有论坛、社区、留言等功能的教育 APP 可能成为有害、低俗信息的传播渠道，《关于引导规范教育移动互联网应用有序健康发展的意见》要求该类教育 APP 建立信息审核制度，尤其是面向未成年人用户的教育 APP，要对内容严格把关，同时限制未成年人用户使用时长，明确适龄范围。

3. 规范数据合规

教育 APP 提供者可接触和掌握大量的个人信息，《关于引导规范教育移动互联网应用有序健康发展的意见》对其提出了数据合规要求，要求教育 APP 提供者建立覆盖个人信息收集、储存、传输、使用等环节的数据保障机制，依法合规收集使用个人信息，第三方 APP 采集个人信息的要与学校签订数据安全协议，严格限制采集个人生物识别信息。此外，若收集儿童个人信息的，需要遵循《儿童个人信息网络保护规定》的规定，相关内容可参见本书《网络实名制度及儿童个人信息网络保护》章节。

4. 保障网络安全

《关于引导规范教育移动互联网应用有序健康发展的意见》要求教育 APP 提供者落实网络安全主体责任，教育 APP 和后台系统统一落实网络安全等级保护基本要求、安全设计技术要求、测评要求。并且对应用商店等移动应用分发平台提供者也提出相应要求，要求其加强教育 APP 上架审核管理，建立开发者实名登记制度，开展教育 APP 安全审核以及及时处理违法违规教育 APP。

（三）规范应用管理

为解决教育 APP 泛滥以及广告泛滥、利益裹挟、应用垄断等问题，压实教育行政部门和学校在教育 App 自主开发、推荐、选用及运维中的责任，教育部从以下两方面加强统筹管理、治理应用乱象。

1. 教育 APP 统筹管理

第一、按照“谁主管谁负责、谁开发谁负责、谁选用谁负责”的原则建立管理责任体系，同时，要求自主开发教育 APP 并要求学生使用的，必须经过学校批准立项，不得擅自开发；第二、省教育厅根据地方实践，探索建立教育 APP 的推荐机制；第三、制定选用机制，选用的教育 APP 应征求师生家长意见，并经教育行政部门、学校集体决策；第四、促进整合共享，面向师生提供管理和服务的教育 APP，应当整合为互联互通、业务协同、信息共享的综合性 APP，严格控制本单位教育 APP 数量，避免应用泛滥的问题。

2. 教育 APP 商业行为规范

《关于引导规范教育移动互联网应用有序健康发展的意见》对教育 APP 商业行为明确提出“强制的不商业，商业的不强制”要求，“强制的不商业”要求统一使用的教育 APP 不得向学生及家长收取费用，不得植入商业广告和游戏。“商业的不强制”要求推荐使用的教育 APP 遵循自愿原则，不得与教学管理行为绑定，不得以学分、成绩和评优挂钩。提供广告的，还应当与提供的服务相契合。

五、网络教育产业监管案例概览

处罚时间	执法机关	处罚对象	违规行为	处罚措施
2018.10	北京市“扫黄打非”部门	“互动作业”APP	存在大量危害未成年人身心健康的低俗色情互动信息，并存在未经许可擅自开展网络出版服务等问题	责令立即停止运营服务、罚款
2018.10	上海市“扫黄打非”部门	教育类网站及 APP“纳米盒”	存在未经批准，擅自从事网络出版活动，在其经营的互联网站及 APP 内登载网络出版物供用户浏览、下载和使用，且部分网络出版物涉嫌含有诱发未成年人模仿违反社会公德内容	约谈相关负责人、责令立即整改、删除相关内容
2019.01	江苏省“扫黄打非”办公室、昆山“扫黄打非”部门	学习类 APP“作业神助手”	传播有害信息	责令改正违法行为、罚款
2019.02	工信部	“帮你写作业”“暑假作业帮”“边走边听英语”、“校内外“四款 APP	强行捆绑推广其他应用软件或擅自收集使用用户信息	下架
		“猿题库”APP	未公示用户个人信息收集使用规则等问题	督促整改

随着《关于严禁有害 APP 进入中小学校园的通知》《关于规范线上培训的实施意见》《关于引导规范教育移动互联网应用有序健康发展的意见》的出台，

教育部协同其他部门将开展网络教育的专项清理行动，建议相关企业在被主管部门查处之前，自行或委托专业机构启动合规自查自评程序，严格杜绝违规信息采集、信息泄露，传播色情、低俗信息，过度娱乐化、性暗示内容泛滥，推送网络游戏广告、影视网红明星导流等信息，教育应用泛滥、利益绑架等合规问题。

附：本章相关法律法规

发文机关	文件名称	时间	主要监管内容
全国人大常委会	《网络安全法》	2017.06.01	网络安全
	《电影产业促进法》	2017.03.01	电影产业促进
	《关于维护互联网安全的决定》	2009.08.27	网络安全
国务院	《关于进一步激发文化和旅游消费潜力的意见》	2019.08.12	网络文化产业发展促进及监管
	《关于规范校外培训机构发展的意见》	2018.08.06	校外培训机构管理
	《关于进一步扩大和升级信息消费持续释放内需潜力的指导意见》	2017.08.13	网络文化产业发展促进及监管
	《电信条例》	2016.02.06	电信管理
	《外商投资电信企业管理规定》	2016.02.06	电信管理
	《出版管理条例》	2016.02.06	出版管理
	《关于第二批取消152项中央指定地方实施行政审批事项的决定》	2016.02.03	取消网络教育审批
	《关于加强互联网领域侵权假冒行为治理的意见》	2015.10.26	网络音乐版权管理
	《关于印发〈三网融合推广方案〉的通知》	2015.08.25	网络视听三网融合
	《关于授权国家互联网信息办公室负责互联网信息内容管理工作的通知》	2014.08.26	网络信息内容管理
	《互联网信息服务管理办法》	2011.01.08	网络信息服务管理

续表

发文机关	文件名称	时间	主要监管内容
中共中央办公厅、国务院办公厅	《关于促进移动互联网健康有序发展的意见》	2017.01.15	特殊管理股
	《关于进一步深化文化市场综合执法改革的意见》	2016.04.04	网络文化产业发展促进及监管
发改委、商务部	《自由贸易试验区外商投资准入特别管理措施（负面清单）》	2019.07.30	外商准入负面清单
工信部	《电信业务经营许可管理办法》	2017.09.01	电信业务经营许可
文化和旅游部	《关于废止〈网络游戏管理暂行办法〉和〈旅游发展规划管理办法〉的决定》	2019.07.10	网络游戏综合管理
	《文化市场综合执法管理条例（征求意见稿）》	2019.07.05	文化市场执法管理
	《关于调整〈网络文化经营许可证〉审批范围 进一步规范审批工作的通知》	2019.05.14	网络文化内容管理
	《全国文化市场黑名单管理办法》	2018.06.19	网络文化内容管理
原文化部	《互联网文化管理暂行规定》	2017.12.15	网络文化内容管理
	《关于规范网络游戏运营加强事中事后监管工作的通知》	2017.05.01	网络游戏运营管理
	《网络表演经营活动管理办法》	2017.01.01	网络表演管理
	《关于加强网络表演管理工作的通知》	2016.07.01	网络表演管理
	《关于进一步加强和改进网络音乐内容管理工作的通知》	2016.01.01	网络音乐内容管理
	《关于加强网络游戏宣传推广活动监管的通知》	2015.03.19	网络游戏推广活动管理
	《网络文化经营单位内容自审管理办法》	2013.12.01	网络文化管理

续表

发文机关	文件名称	时间	主要监管内容
	《关于清理第三批违规网络音乐产品的通告》	2011.08.19	网络音乐产品管理
	《关于清理第二批违规网络音乐产品的通告》	2011.03.18	网络音乐产品管理
	《关于清理违规网络音乐产品的通告》	2011.01.07	网络音乐产品管理
	《关于集中清理整治一批违规网络音乐网站的通知》	2010.12.13	网络音乐网站管理
	《关于下放经营性互联网文化单位行政许可审批工作的通知》	2010.07.30	网络文化经营许可
	《关于查处违法网络音乐网站的通知》	2010.07.09	网络音乐网站管理
	《关于加强和改进网络音乐内容审查工作的通知》	2009.08.18	网络音乐内容管理
	《关于立即查处“黑帮”主题非法网络游戏的通知》	2009.07.24	网络游戏准入及内容管理
	《关于加强网络游戏虚拟货币管理工作的通知》	2009.06.04	网络游戏虚拟货币管理
	《关于规范进口网络游戏产品内容审查申报工作的公告》	2009.04.24	网络游戏准入及内容管理
	《关于网络音乐发展和管理的若干意见》	2006.11.20	网络音乐管理
	《关于网络游戏发展和管理的若干意见》	2005.07.12	网络游戏发展
	《关于加强网络游戏产品内容审查工作的通知》	2004.05.14	网络游戏准入及内容管理
广电总局	《关于推动广播电视和网络视听产业高质量发展的意见》	2019.08.11	网络视听产业发展
	《未成年人节目管理规定》	2019.04.30	未成年人节目管理
	《关于进一步加强广播电视和网络视听文艺节目管理的通知》	2018.10.31	网络视听文艺节目管理

续表

发文机关	文件名称	时间	主要监管内容
原新闻出版广电总局	《关于进一步规范网络视听节目传播秩序的通知》	2018.03.16	网络视听节目传播秩序管理
	《关于进一步加强网络视听节目创作播出管理的通知》	2017.06.01	网络视听节目创作播出管理
	《互联网视听节目服务业务分类目录（试行）》	2017.03.10	互联网视听节目服务管理
	《出版物进口备案管理办法》	2017.03.01	出版物进口管理
	《关于加强微博、微信等网络社交平台传播视听节目管理的通知》	2016.12.16	微博、微信等网络社交平台面向公众传播视听节目管理
	《关于顺延〈关于移动游戏出版服务管理的通知〉有关工作时限的通知》	2016.09.19	网络游戏出版前置审批管理
	《关于加强网络视听节目直播服务管理有关问题的通知》	2016.09.02	互联网直播服务管理
	《关于进一步加快广播电视媒体与新兴媒体融合发展的意见》	2016.07.02	广播电视媒体与新兴媒体融合发展
	《关于移动游戏出版服务管理的通知》	2016.07.01	网络游戏出版前置审批管理
	《专网及定向传播视听节目服务管理规定》	2016.06.01	专网及定向传播视听节目管理
	《网络出版服务管理规定》	2016.03.10	网络出版服务管理
	《关于大力推进我国音乐产业发展的若干意见》	2015.11.17	网络音乐产业发展
	《关于加强真人秀节目管理的通知》	2015.07.14	真人秀节目管理
	《关于加强有关广播电视节目、影视剧和网络视听节目制作传播管理的通知》	2014.09.28	网络视听节目制作传播管理
	《关于进一步落实网上境外影视剧管理有关规定的通知》	2014.09.02	信息网络传播境外影视剧管理

续表

发文机关	文件名称	时间	主要监管内容
	《关于进一步规范出版境外著作权人授权互联网游戏作品和电子游戏出版物申报材料的通知》	2014.04.18	网络游戏出版前置审批管理
	《关于进一步完善网络剧、微电影等网络视听节目管理的补充通知》	2014.01.02	网络剧、微电影
原广电总局	《互联网视听节目服务管理规定》	2015.08.28	互联网视听节目服务管理
	《广播电视节目制作经营管理规定》	2015.08.28	广播电视节目制作经验
	《关于做好〈信息网络传播视听节目许可证〉申报审核工作有关问题的通知》	2015.08.28	《信息网络传播视听节目许可证》管理
	《关于进一步加强网络剧、微电影等网络视听节目管理的通知》	2012.07.06	网络剧、微电影等网络视听节目内容管理
	《关于互联网视听节目服务许可证管理有关问题的通知》	2009.09.15	《信息网络传播视听节目许可证》管理
	《关于加强互联网证券期货讯息、广告宣传等专业性视听节目服务管理的通知》	2009.08.31	专业性视听节目管理
	《关于加强互联网视听节目内容管理的通知》	2009.03.30	互联网视听节目内容管理
	《关于加强互联网传播影视剧管理的通知》	2007.12.28	互联网传播影视剧管理
原新闻出版总署	《关于启动网络游戏防沉迷实名验证工作的通知》	2011.07.01	网络游戏防沉迷实名认证管理
	《关于贯彻落实国务院〈“三定”规定〉和中央编办有关解释，进一步加强网络游戏前置审批和进口网络游戏审批管理的通知》	2009.09.28	网络游戏出版前置审批管理
	《关于保护未成年人身心健康实施网络游戏防沉迷系统的通知》	2007.04.15	网络游戏未成年人保护

续表

发文机关	文件名称	时间	主要监管内容
网信办	《微博客信息服务管理规定》	2018.03.20	微博客信息服务
	《互联网群组信息服务管理规定》	2017.10.08	互联网群组管理
	《互联网用户公共账号信息服务管理规定》	2017.10.08	互联网用户公共账号管理
	《互联网论坛社区服务管理规定》	2017.10.01	互联网论坛社区管理
	《互联网跟帖评论服务管理规定》	2017.10.01	互联网跟帖评论管理
	《互联网新闻信息服务管理规定》	2017.06.01	互联网新闻信息服务管理
	《互联网新闻信息服务许可管理实施细则》	2017.05.22	互联网新闻信息服务管理
	《互联网直播服务管理规定》	2016.12.01	互联网直播服务管理
	《互联网用户账号名称管理规定》	2015.03.01	互联网用户账号名称管理
教育部	《关于教育网站网校审批取消后加强事中事后监管工作的通知》	2017.03.17	网络教育监管
	《关于促进在线教育健康发展的指导意见》	2019.09.19	网络教育产业发展促进及监管
	《关于引导规范教育移动互联网应用有序健康发展的意见》	2019.08.10	教育移动应用
	《关于规范校外线上培训的实施意见》	2019.07.12	校外网络教育
	《关于严禁有害 APP 进入中小学校园的通知》	2018.12.25	进校教育移动应用
	《关于健全校外培训机构专项治理整改若干工作机制的通知》	2018.11.20	校外培训机构
	《教育移动互联网应用程序备案管理办法》	2019.11.11	教育 APP 备案
北京市教委	《北京市校外线上培训备案实施细则（施行）》	2019.10.08	校外网络教育

续表

发文机关	文件名称	时间	主要监管内容
广东省教育厅等	《广东省面向中小学生校园学习类APP管理暂行办法》	2019.06.01	进校教育移动应用
青岛市教育局等	《关于规范有关活动进入中小学校和幼儿园的通知》	2019.03.05	进校教育移动应用
合肥市教育局	《关于严禁有害APP进入中小学校园的通知》	2019.02.28	进校教育移动应用
陕西省教育厅办公室	《关于严禁有害APP进入中小学校园的通知》	2019.01.11	进校教育移动应用
全国“扫黄打非”工作小组办公室、工信部、公安部、文化和旅游部、广电总局、网信办	《关于加强网络直播服务管理工作的通知》	2018.08.01	互联网直播服务管理
公安部、原信息产业部、原文化部、原新闻出版总署	《关于规范网络游戏经营秩序查禁利用网络游戏赌博的通知》	2007.01.25	网络游戏赌博
中央机构编制委员会	《对文化部、广电总局、新闻出版总署〈“三定”规定〉中有关动漫、网络游戏和文化市场综合执法的部分条文的解释》	2009.09.07	网络游戏出版前置审批管理
国家版权局	《关于责令网络音乐服务商停止未经授权传播音乐作品的通知》	2015.07.08	网络音乐版权管理
最高院、最高检、公安部	《关于办理网络赌博犯罪案件适用法律若干问题的意见》	2010.08.31	网络游戏赌博
最高院、最高检	《关于办理赌博刑事案件具体应用法律若干问题的解释》	2005.05.13	网络游戏赌博
深交所	《深圳证券交易所创业板行业信息披露指引第5号——上市公司从事互联网游戏业务》	2015.09.02	上市公司从事网络游戏业务管理
	《深圳证券交易所创业板行业信息披露指引第6号——上市公司从事互联网视频业务》	2015.09.02	上市公司从事互联网视频业务管理

续表

发文机关	文件名称	时间	主要监管内容
中国网络视听节目服务协会	《网络短视频内容审核标准细则》	2019.01.09	网络短视频内容管理
	《网络短视频平台管理规范》	2019.01.09	网络短视频平台管理
	《网络视听节目内容审核通则》	2017.06.30	网络视听节目内容管理
中国音像与数字出版协会	《移动游戏内容规范（2016年版）》	2016.05.24	网络游戏准入及内容管理

第六章　新兴信息技术

第一节　人工智能

一、人工智能监管体系

（一）《新一代人工智能发展规划》

2017年07月20日，国务院印发《新一代人工智能发展规划》（国发〔2017〕35号）。国务院《新一代人工智能发展规划》是我国在人工智能领域进行的第一个系统性规划与政策文件，重点对我国新一代人工智能发展的总体思路、战略目标和主要任务、保障措施进行系统的规划和部署。

国务院《新一代人工智能发展规划》明确提出，充分利用已有资金、基地等存量资源，发挥财政引导和市场主导作用，形成财政、金融和社会资本多方支持新一代人工智能发展的格局，并从法律法规、伦理规范、重点政策、知识产权与标准、安全监管与评估、劳动力培训、科学普及等方面提出相关保障措施。

此外，国务院《新一代人工智能发展规划》还决定成立人工智能规划推进办公室，办公室设在科学技术部（以下简称科技部），具体负责推进规划实施。成立人工智能战略咨询委员会，研究人工智能前瞻性、战略性重大问题，对人工智能重大决策提供咨询评估。2019年，为促进新一代人工智能健康发展，加强人工智能法律、伦理、社会问题研究，积极推动人工智能全球治理，新一代人工智能发展规划推进办公室成立了国家新一代人工智能治理专业委员会。

此后，国务院发布了《关于印发新一代人工智能发展规划的通知》、科技部发布了《新一代人工智能重大科技项目实施方案》等落地文件。国家新一代人工智能治理专业委员会也于今年发布了《新一代人工智能治理原则——发展负责任的人工智能》。

（二）《“互联网 +”人工智能三年行动实施方案》

2016 年 5 月 18 日，为落实《国务院关于积极推进“互联网 +”行动的指导意见》（国发〔2015〕40 号），加快人工智能产业发展，国家发展和改革委员会（以下简称发改委）、科技部、工业和信息化部（以下简称工信部）、国家互联网信息办公室（以下简称网信办）制定了《“互联网 +”人工智能三年行动实施方案》（以下简称方案）。

方案明确提出，建设人工智能领域融合标准体系，建立并完善基础共性、互联互通、行业应用、网络安全、隐私保护等技术标准，开展人工智能系统智能化水平评估。

方案还提出，充分利用“互联网 +”部际联席会议制度，加强人工智能监管的部际联络机制。

随后，工信部发布了《促进新一代人工智能产业发展三年行动计划（2018–2020 年）》，明确提出开展人工智能相关政策和法律法规研究，并着重在智能网联汽车、智能服务机器人、智能无人机、智能医疗影像辅助诊断系统、智能图像身份识别系统、智能语音交互系统、智能翻译系统、智能家居产品等领域取得突破性发展，充分发挥工业转型升级（中国制造 2025）等现有资金以及重大项目等国家科技计划（专项、基金）的引导作用，给予必要的资金及政策支持。

（三）其他

教育部还于 2018 年发布了《高等学校人工智能创新行动计划》，为我国人工智能产业发展提供人才支撑。

同时，各地方也纷纷出台推动人工智能行业发展的计划，如上海市《关于本市推动新一代人工智能发展的实施意见》《关于加快推进上海人工智能高质量发展的实施办法》，浙江省《促进新一代人工智能发展行动计划（2019–2022 年）》等。

2018 年初，国家标准化管理委员会（以下简称“国标委”）宣布成立国家人工智能标准化总体组、专家咨询组，负责全面统筹规划和协调管理我国人工智能标准化工作。根据同期发布的《人工智能标准化白皮书（2018）》，人工智能是“利用数字计算机或者数字计算机控制的机器模拟、延伸和扩展人的智能，感知环境、获取知识并使用知识获得最佳结果的理论、方法、技术及应用系统。”同时，白皮书还发布了以下人工智能近期急需研制的标准明细总计 31 项：

序号	一级分类	二级分类	标准名称	采用标准号及采用程度	状态
1	基础	术语	信息技术 人工智能 术语	—	拟研制
2		参考架构	信息技术 人工智能 参考架构	—	拟研制
3		测试评估	信息技术 人工智能 等级要求及评估指南	—	拟研制
4	平台 / 支撑	人工智能平台	信息技术 人工智能 平台任务调度及资源管理能力要求	—	拟研制
5			信息技术 人工智能 基本服务接口规范	—	拟研制
6			信息技术 人工智能 平台计算框架能力要求	—	拟研制
7			信息技术 人工智能 平台通用要求	—	拟研制
8		边缘智能计算	边缘智能计算参考架构	—	拟研制
9		智能芯片	智能芯片性能评估指南	—	拟研制
10	关键技术	机器学习	信息技术 神经网络表示与模型压缩	—	拟研制
11			信息技术 学习模型性能评估规范	—	拟研制
12		计算机视觉	信息技术 计算机视觉 术语	—	拟研制
13			智能监控 结构化视频 数据交换格式	—	拟研制
14			智慧传媒 智能分析元数据规范	—	拟研制
15			视频图像身份识别系统技术要求	—	拟研制
16		人机交互	信息技术 智能语音交互系统 第 1 部分：通用规范	—	拟研制
17			信息技术 智能语音交互评测 第 1 部分：语音处理	—	拟研制
18			信息技术 智能语音交互评测 第 2 部分：识别	—	拟研制

续表

序号	一级分类	二级分类	标准名称	采用标准号及采用程度	状态
19			信息技术 智能语音交互评测 第 3 部分：语义理解	—	拟研制
20			信息技术 智能语音交互评测 第 4 部分：合成	—	拟研制
21			信息技术 智能语音交互评测 第 5 部分：语音评测	—	拟研制
22			信息技术 语音交互应用 第 1 部分：通用系统规范	—	拟研制
23			信息技术 智能音箱评估指南	—	拟研制
24		VR/AR	信息技术 虚拟现实头戴式显示设备舒适度测试方法	—	拟研制
25			信息技术 虚拟现实头戴式显示设备安全测试方法	—	拟研制
26			增强现实人脸结构定位与特效数据格式规范	—	拟研制
27	产品	机器人	智能客服机器人通用技术规范	—	拟研制
28	应用 / 服务	智能家居	信息技术 智能家居通信交互协议规范	—	拟研制
29			信息技术 智能家居人机交互界面要求	—	拟研制
30		智能医疗	医学影像辅助诊断系统技术要求	—	拟研制
31	安全		信息技术 人工智能 安全态势感知技术要求	—	拟研制

二、人工智能横向法律规范

传统行业“+ 人工智能”会产生很多创新商业模式，该模式是否会被认定为一个新兴行业，进而触发行业准入监管，一直是很多创新行业非常关注的问题。例如人工智能诊断是否需要特殊许可？智能投顾是否属于持牌业务？自动驾驶是否需要准入批准等。

关于这些问题，目前我国立法层面并没有明确的定性规定，但在具体监管实践中，主要采用的是“产品与工具二分监管模式”。即，若人工智能技术实质就是产品，则按照穿透监管原则，应当按照产品所处的传统行业准入；若人工智能技术仅仅是为传统行业提供辅助的工具，则按照包容审慎监管原则，无需取得特殊准入许可，但很多时候需要向主管部门备案技术细节。

如何确立人工智能技术背景下的复合产品责任主体，也是一直困扰行业监管及司法实践的一个重要难题。所谓复合产品，是指传统行业“+人工智能”后可能导致的多元产品或服务叠加。实践中，产品的形式逻辑、法律协议、资金流向等因素，成为确立人工智能技术背景下的复合产品的责任主体的重要参考因素，也是各主体间规避法律责任的重要策略。

就具体法律规定层面，目前在数据安全、电子商务、智能医疗、智能投顾、自动驾驶行业已经有个别、零星的法律条文，具体包括但不限于以下几种：

（一）数据安全

根据《数据安全管理办法（征求意见稿）》规定，企业利用用户数据和算法推送新闻信息、商业广告等，应当以明显方式标明“定推”字样，为用户提供停止接收定向推送信息的功能；企业利用大数据、人工智能等技术自动合成新闻、博文、帖子、评论等信息，应以明显方式标明“合成”字样；不得以谋取利益或损害他人利益为目的自动合成信息。

根据2019年6月《个人信息安全规范（征求意见稿）》规定，个人信息控制者业务运营所使用的信息系统，具备自动决策机制且能对个人信息主体权益造成显著影响的，应在规划设计阶段或首次使用前开展个人信息安全影响评估，并依评估结果采取有效的保护个人信息主体的措施；在使用过程中定期（至少每年一次）开展个人信息安全影响评估，并依评估结果改进保护个人信息主体的措施；向个人信息主体提供针对自动决策结果的申诉渠道，并对自动决策结果进行人工复核。

（二）电子商务

根据《电子商务法》第18条规定，电子商务经营者根据消费者的兴趣爱好、消费习惯等特征向其提供商品或者服务的搜索结果的，应当同时向该消费者提供不针对其个人特征的选项，尊重和平等保护消费者合法权益。本条回应了智能算法结合大数据杀熟的规范需求。企业使用人工智能算法，对消费者的兴趣爱好、消费习惯及消费能力等信息进行分析计算并建构定价模型，对同样的商品或服务实行不同定价的，应当遵守上述规定。

此外，根据《网络交易监督管理办法（征求意见稿）》规定，网络交易经营者根据消费者的兴趣爱好、消费习惯、浏览历史等个人特征向其提供商品或者服务的搜索结果或者展示商业性信息的，应当同时以显著方式向消费者提供不针对其个人特征的选项，尊重和平等保护消费者的合法权益。

（三）智能医疗

随着图像识别、神经网络、深度学习等关键技术的突破，数据密集、知识密集的医疗行业与人工智能的融合越来越紧密，人工智能在医疗领域全面落地的时间已迫近。

2018 年 4 月国务院办公厅发布的《关于促进“互联网 + 医疗健康”发展的意见》明确了支持加快“互联网 + 医疗健康”的政策。2018 年 8 月，国家药品监督管理局发布的《医疗器械分类目录》中提到，“诊断功能软件风险程度按照其采用算法的风险程度、成熟程度、公开程度等为判断依据，不仅仅依据处理对象（如：癌症、恶性肿瘤等疾病的影像）为判定依据。”若诊断软件通过其算法提供诊断建议，仅具有辅助诊断功能，不能直接给出诊断结论，按照第二类医疗器械管理；若诊断软件通过其算法对病变部位进行自动识别，并生成明确的诊断提示，按照第三类医疗器械管理——需通过临床试验。

此外，原国家卫生和计划生育委员会于 2017 年 2 月发布的《人工智能辅助诊断技术管理规范（2017 年版）》和《人工智能辅助治疗技术管理规范（2017 年版）》还对医疗机构及其医务人员应用 AI 辅助诊断和治疗技术提出了要求，包括医务人员的资质、医疗机构的硬件设施以及技术管理和培训管理制度等。

（四）智慧金融

根据中国人民银行《金融科技（FinTech）发展规划（2019—2021 年）》（银发〔2019〕209 号）（以下简称规划）规定，根据不同场景的业务特征创新智能金融产品与服务，探索相对成熟的人工智能技术在资产管理、授信融资、客户服务、精准营销、身份识别、风险防控等领域的应用路径和方法，构建全流程智能金融服务模式，推动金融服务向主动化、个性化、智慧化发展，助力构建数据驱动、人机协同、跨界融合、共创分享的智能经济形态。

规划同时还强调，加强金融领域人工智能应用潜在风险研判和防范，完善人工智能金融应用的政策评估、风险防控、应急处置等配套措施，健全人工智能金融应用安全监测预警机制，研究制定人工智能金融应用监管规则，强化智能化金融工具安全认证，确保把人工智能金融应用规制在安全可控范围内。

围绕运用人工智能开展金融业务的复杂性、风险性、不确定性等特点，整合多学科力量加强人工智能金融应用相关法律、伦理、社会问题研究，推动建立人工智能金融应用法律法规、伦理规范和政策体系。

此外，2018年3月28日，中国人民银行、银行保险监督管理委员会（以下简称银保监会）、证券监督管理委员会（以下简称证监会）、国家外汇管理局（以下简称外汇局）联合发布了《关于规范金融机构资产管理业务的指导意见》（以下简称资管新规）。对人工智能在金融领域的应用进行了规制，从资质要求、投资者适当性以及信息披露方面对智能投顾中的算法进行穿透式监管。

资管新规规定，运用人工智能技术开展投资顾问业务应当取得投资顾问资质。金融机构运用人工智能技术开展资产管理业务不仅要遵守前述一般性规定，还应当履行特定的披露义务，如向金融监督管理部门报备人工智能模型的主要参数以及资产配置的主要逻辑，为投资者单独设立智能管理账户，充分提示人工智能算法的固有缺陷和使用风险，明晰交易流程，强化留痕管理，严格监控智能管理账户的交易头寸、风险限额、交易种类、价格权限等。

另一方面，资管新规并未要求为金融机构开发、提供智能投顾算法、系统或辅助技术支持的外部机构持有相关金融业务牌照。仅强调金融机构委托外部机构开发智能投顾算法时，应当要求开发机构根据不同产品投资策略研发对应的智能投顾算法，避免算法同质化加剧投资行为的顺周期性。因算法同质化、编程设计错误、对数据利用深度不够等人工智能算法模型缺陷或者系统异常，导致羊群效应、影响金融市场稳定运行的，金融机构应当采取人工干预措施，强制调整或者终止智能投顾业务。

（五）自动驾驶

2018年，百度公司获得了北京市首批自动驾驶测试试验用临时号牌；同年，腾讯在深圳、阿里在杭州也拿到了首张自动驾驶测试试验用临时号牌。

2019年9月，百度、海梁科技、深兰科技在武汉拿到全国首张自动驾驶商用牌照。差不多同一时期，上汽、宝马、滴滴获得了上海市有关部门颁发的智能网联汽车示范应用牌照，意味着自动驾驶监管迈进关键一步。

监管规范层面，工信部、国标委会同有关单位组织开展了《国家车联网产业标准体系建设指南》系列文件编制工作，包括总体要求、智能网联汽车、信息通信、电子产品和服务等部分。

类别	发布机关	文件名称	发布时间	主要内容
国家政策	工信部、发改委、科技部	《汽车产业中长期发展规划》	2017.04	将智能网联汽车（即自动驾驶汽车）列为重点任务之一，并提出要加快推进智能网联汽车法规体系建设，明确安全责任主体界定、网络安全保障等法律要求
	工信部	《促进新一代人工智能发展三年行动计划（2018—2020 年）》	2017.12	智能网联汽车位于拟重点培育的八大智能产品的首位，到 2020 年建立可靠、安全、实时性强的智能网联汽车智能化平台，形成平台相关标准，支撑高度自动驾驶（HA 级）
		《车联网（智能网联汽车）产业发展行动计划》	2018.12	突破关键技术，推动产业化发展；完善标准体系，推动测试验证与示范应用；合作共建，推动完善车联网产业基础设施；发展综合应用，推动提升市场渗透率；技管结合，推动完善安全保障体系
规定与标准	工信部、国标委	《国家车联网产业标准体系建设指南（总体要求）》	2018.06	提出车联网产业的整体标准体系结构、建设内容，指导车联网产业标准化总体工作

续表

类别	发布机关	文件名称	发布时间	主要内容
		《国家车联网产业标准体系建设指南（智能网联汽车）》	2017.12	确定智能网联汽车标准体系中定义、分类等基础方向，人机界面、功能安全与评价等通用规范方向，环境感知、决策预警、辅助控制、自动控制、信息交互等产品与技术应用相关标准方向
		《国家车联网产业标准体系建设指南（信息通信）》	2018.06	面向车联网信息通信技术、网络和设备、应用服务进行标准体系设计，着力研究LTE-V2X、5G eV2X等新一代信息通信技术，支撑车联网应用发展的相关标准化需求和重点方向
		《国家车联网产业标准体系建设指南（电子产品与服务）》		针对支撑车联网产业链的汽车电子产品、车载信息系统、车载信息服务和平台相关的标准化工作，明确车联网电子产品和车载信息服务的标准化发展方向

2018年4月3日，工信部、公安部与交通运输部三部门联合发布了国家层面的路测规定《智能网联汽车道路测试管理规范（试行）》，目前已有包括北京、上海、重庆等11个省市发布当地的路测管理办法。

以上海为例，对测试申请主体、测试人、测试车辆具体要求如下表：

对象	具体要求
申请主体	1. 在中国境内注册的独立法人
	2. 具备智能网联汽车相关业务能力
	3. 对测试造成的损害具备赔偿能力
	4. 具有自动驾驶功能测试评价规程
	5. 具备对测试车辆进行实时远程监控的能力
	6. 具备对测试事件进行记录、分析和重现的能力
测试人	1. 取得准驾车型驾驶证并有 3 年以上驾驶经历
	2. 最近连续 3 个记分周期内无满分记录
	3. 最近 1 年内无超速 50% 以上、违反交通信号等通行等严重交通违法行为
	4. 无酒后或醉驾记录，无服用管制类药品记录
	5. 无致人死亡或者重伤的交通事故责任记录
	6. 经驾驶培训，熟悉测试规程，掌握测试方法，具备紧急状态下应急处置能力
	7. 驾驶人员每连续工作满 2 小时，应当休息 0.5 小时，且每个测试驾驶人每日累计进行测试的时间不得超过 6 小时
测试车辆（包括乘用车、商用车，不包括低速汽车、摩托车）	1. 未办理机动车注册登记
	2. 满足除耐久性以为的强制性检验项目要求
	3. 具备人工操作和自动驾驶两种模式
	4. 具备车辆状态记录、存储及在线监控功能
	5. 在封闭道路等特定区域进行了充分的实车测试
	6. 自动驾驶功能经由第三方检测机构检测验证
	7. 由第三方机构安装监控并实时向第三方平台传输数据
	8. 车身以醒目的颜色标示“自动驾驶测试”字样
	9. 已有交通事故责任强制险、不低于五百万元的交通事故责任保险或不少于五百万元的事故赔偿保函

测试主体申请通过后，向公安部门申领临时行驶车牌，测试时间不得超过6个月，可申请延期一次（不超过6个月），若需进行跨省市测试的，除其他省市同意的情形外，需另行申请并重新办理临时行驶车牌。

针对路测过程中发生的交通事故，应按照现行道路安全法律法规处理。此外，造成人员重伤或死亡、车辆损毁的，测试主体应在24小时内将事故情况上报省、市政府相关主管部门。事故责任认定后5个工作日内，应以书面方式将事故原因、责任认定结果及完整的事故分析报告上报省、市政府相关主管部门。

三、人工智能企业融资或IPO主要法律问题

结合人工智能在各产业的实践，本书选取以下较有代表性的三个头部企业，展示融资过程中，监管机构或投资人所关注的法律风险。益盟股份主要使用智能算法开发操盘软件、提供荐股服务；美林数据通过融合数据技术和算法为用户提供数据挖掘、数据可视化等服务；像素数据通过自行研发的生物识别技术提供人脸识别、智能门禁等服务。

（一）益盟股份案例

上海益盟软件技术股份有限公司在申请挂牌时，股转中心主要关注的法律问题包括但不限于：

1. 益盟股份从事荐股业务是否取得证券投资咨询资格、完成私募投资基金管理人登记；

2. 益盟股份通过互联网向终端用户展示行情信息是否取得相关交易所行情经营许可证；

3. 益盟股份从事互联网信息服务是否取得增值电信业务许可证；

4. 益盟股份所开发证券交易软件、证券研究软件的软件著作权、商标权问题。

（二）美林数据案例

西安美林数据技术股份有限公司在申请挂牌时，股转中心主要关注的法律问题包括但不限于：

1. 美林数据从事数据价值发现、数据分析、数据挖掘和数据可视化、计算机系统集成；

2. 计算机技术服务等业务是否具备相应业务许可及经营资质；

3. 美林数据从事数据价值发现、数据分析、数据挖掘和数据可视化业务所使用的数据是否符合相关法律法规、是否存在违法经营行为；

4. 美林数据从事数据相关业务是否涉及保密事项、是否需要具备相应的保密

资质或办理相关手续。

（三）像素数据案例

广州像素数据技术股份有限公司在申请挂牌时，股转中心主要关注的法律问题包括但不限于：

1. 像素数据从事图像采集与检测处理、人脸识别技术、销售自主研发的软硬件产品、软件定制开发业务是否具有经营业务所需的全部资质、许可、认证、特许经营权；

2. 像素数据所使用的知识产权是否涉及其他单位的职务发明或职务成果，是否存在潜在纠纷，核心技术（业务）人员是否违反与原就职单位的竞业禁止约定；

3. 像素数据销售自主研发的软硬件产品是否符合相关质量标准。

四、人工智能产业司法判例报告

（一）AI 换脸技术的法律风险

2017 年，网名“换脸哥”的 B 站博主上传了一段运用境外 deepfakes 工具将《射雕英雄传》中原本饰演“黄蓉”的朱茵变成了杨幂的视频，这是 AI 换脸技术在国内的初次公开应用，虽然换脸哥早已删除相关视频并公开道歉，但其他给明星换脸的图片、影视作品甚至色情影片仍在网络上流传。AI 换脸引起了广泛的社会关注和法律讨论。

2019 年 9 月，陌陌旗下的换脸软件 ZAO 爆红网络，但也很快因设置不合理的用户协议及过度收集个人敏感信息被广泛批评，引起了社会各界对换脸技术的新讨论，其中涉及以下诸多法律问题：

1. 涉嫌侵犯他人肖像权

参照《民法典人格权编（草案）》，任何组织或者个人不得以丑化、污损，或者利用信息技术手段伪造等方式侵害他人的肖像权。草案特别强调信息技术手段这一表述，将 PS、deepfakes 等新兴技术列为可能侵犯他人肖像权的手段。同时草案提出，未经肖像权人同意，不得制作、使用、公开肖像权人的肖像，拟取消“以营利为目的”的构成要件，因此单纯使用 AI 换脸等工具制作他人肖像也存在侵犯肖像权的风险。

2. 涉嫌侵犯制片者著作权

根据《著作权法》的规定，著作权人享有保护作品完整权，即保护作品不受歪曲、篡改的权利。北京知产法院（2015）京知民终字第 811 号判决确认了法律对于保护作品完整权的规定不以“有损作者声誉”为要件，即不论使用者是否出于恶意，只要对作品的使用客观上起到歪曲、篡改的效果，改变了作品的内容、观点、形式，就应判定构成对作品完整权的损害。尽管把视频中的朱茵换成杨幂不会损害著作权人的声誉，但客观上改变了作品的外在表现形式，涉嫌侵犯著作权。

3. 涉嫌侵犯他人名誉权

AI 换脸技术正推动色情行业的变革，将成人影片的女主角替换成女明星早已是制作成人影片的常用手法，让“寡姐”斯嘉丽、“神奇女侠”盖尔·加朵等一众女星深受其扰。使用 AI 换脸技术让女星“下海”显然会让公众对其产生误解，降低其社会评价，因此涉嫌侵犯被换脸人的名誉权。

（二）AI 生成内容著作权案

早在 2017 年，微软小冰在经过上万次训练，学习了 500 多位诗人的现代诗后创作诗集《阳光失去了玻璃》时，社会各界就对 AI 作品的著作权问题展开了激烈讨论。

2019 年 5 月 8 日，北京互联网法院对全国首例计算机软件智能生成内容的著作权纠纷进行了一审宣判，标志着司法实践在 AI 时代著作权方向的初探，本案中相关法律问题分析如下：

1. AI 生成报告的过程具有一定的独创性

法院认为，从分析报告生成过程看，选定相应关键词，使用“可视化”功能自动生成的分析报告，其内容涉及对电影娱乐行业的司法分析，符合文字作品的形式要求，涉及的内容体现出针对相关数据的选择、判断、分析，具有一定的独创性。

2. AI 不是适格的著作权主体

根据相关法律规定，文字作品应由自然人创作完成。涉案分析报告的生成过程中，软件开发环节和使用环节有自然人参与。但是软件开发者没有进行检索等活动，该分析报告并未传递开发者的思想、感情的独创性表达；软件用户仅提交了关键词进行搜索，使用“可视化”功能自动生成的分析报告亦也非传递用户思想、感情的独创性表达，所以涉案报告不能认定为由开发者或使用者创作完成。虽然计算机软件智能生成的此类“作品”在内容、形态，甚至表达方式上日趋接近自然人，为在现行法律的权利保护体系内可以对此类软件的智力、经济投入予以充分保护，则不应突破民法的基本规范。

综上，虽然法院肯定了计算机 AI 软件的价值，但仍保守住著作权创作和权利主体的底线。有学者指出，涉案报告的背后并没有通用人工智能（Artificial

General Intelligence）通过自动感知、学习生成成果，其报告仍然是依赖自然人对计算机输入一定指令，计算机软件经过运算得出的结果，实际并没有体现出能与著作权中“创作”“表达”等含义相对应的“智能”，但判决中关于人工智能创作内容的性质、权属、利益分配等的问题，依然能够在未来真的遇到“人工智能”著作权问题时，提供借鉴与参考。

五、人工智能伦理道德

2019 年 4 月 8 日，欧盟委员会发布了由欧盟人工智能高级专家组撰写的《可信赖人工智能道德准则》的正式生效文本（Ethics Guidelines for Trustworthy AI），提出了实现可信赖人工智能全生命周期的框架，并具体阐述了“可信赖 AI 全生命周期框架”的三个基本要素、可信赖 AI 的基础原则、评估可信赖 AI 的关键要求及其实现等业内高度关注的问题。可信赖 AI 的四条伦理准则包括：尊重人的自主性、预防伤害、公平性和可解释性；七个关键要素包括：人类的能动性和监督、技术的鲁棒性和安全性、隐私和数据管理、透明度、多样性非歧视性和公平性、社会和环境福祉及问责制。本书翻译相关内容如下：

（一）人类的能动性和监督

基于人类自治原则，人工智能系统应当支持人类自治和决策。人工智能系统既可以通过支持使用者施为来推动社会的民主、繁荣、公平，又能够促进基本权利的行使，同时允许人类监督。

（二）技术的鲁棒性和安全性

技术鲁棒性要求人工智能系统采取可靠的预防性措施防范风险，即尽量减少无意和意外伤害，并防止不可接受的伤害。这一要求也适用于人工智能操作环境发生潜在变化的情况，或以攻击方式与系统交互的其他智能体（人类和人工）出现的情况，同时应确保人类的身心健康。

（三）隐私和数据管理

隐私权是受人工智能系统影响极大的基本权利，防止对隐私的损害需要根据人工智能系统实现的领域、其访问协议及处理数据的能力进行数据管理，包括使用数据的质量和完整性。

（四）透明度

包括数据、系统和商业模型的可追溯性、可解释性和可通讯性。

（五）多样性、非歧视性和公平性

在整个人工智能系统的生命周期中实现包容性和多样性，即除了在整个流程中考虑所有受影响的利益相关者外，还需要通过包容性设计和平等待遇确保平等访问。

（六）社会和环境福祉

鼓励人工智能系统的可持续性和生态责任，将更广泛的社会、芸芸众生和环境视为利益相关者，并将此研究纳入人工智能解决方案以解决全球关注的领域，理想情况下，人工智能系统应用于使所有人类（包括后代）受益。

（七）问责制

指建立机制以确保人工智能系统及其成果在开发、开发和使用前后的责任和问责。

随后，6月8日，二十国集团（G20）在日本举行的部长级会议中表决通过了《关于贸易和数字经济的G20部长声明》，声明提出了“G20人工智能原则”，包括“负责任地管理可信赖AI的原则”和“实现可信赖AI的国家政策和国际合作”。可信赖AI原则包括：包容性增长、可持续发展及福祉、以人为本的价值观及公平性、透明度和可解释性、鲁棒性安全性和保障性、问责制。

我国国家新一代人工智能治理专业委员会于6月17日发布《新一代人工智能治理原则——发展负责任的人工智能》，指出人工智能发展相关各方应遵循的原则：和谐友好、公平公正、包容共享、尊重隐私、安全可控、共担责任、开放协作及敏捷治理。随着人工智能产业的多样化，人工智能的伦理道德要求也将不断细化。

第二节　大数据热点问题

一、大数据政策梳理

（一）国家立法与政策

2015年8月31日，国务院发布了《促进大数据发展行动纲要》，首次提出“数据已成为国家基础性战略资源”。根据《促进大数据发展行动纲要》，大数据是以容量大、类型多、存取速度快、应用价值高为主要特征的数据集合。目前，大数据正快速发展为对数量巨大、来源分散、格式多样的数据进行采集、存储和关联分析，从中发现新知识、创造新价值、提升新能力的新一代信息技术和服务业态。

《促进大数据发展行动纲要》还明确提出了我国大数据监管的基本政策框架，即：

1. 落实信息安全等级保护、风险评估等网络安全制度，建立健全大数据安全保障体系。

2. 建立大数据安全评估体系。

3. 切实加强关键信息基础设施安全防护，做好大数据平台及服务商的可靠性及安全性评测、应用安全评测、监测预警和风险评估。明确数据采集、传输、存储、使用、开放等各环节保障网络安全的范围边界、责任主体和具体要求，切实加强对涉及国家利益、公共安全、商业秘密、个人隐私、军工科研生产等信息的保护。

4. 妥善处理发展创新与保障安全的关系，审慎监管，保护创新，探索完善安全保密管理规范措施，切实保障数据安全。

随后，为了落实《促进大数据发展行动纲要》内容，各职能部门先后发布了以下一些单行规定：

发布机关	文件名称	时间	主要内容
国务院	《科学数据管理办法》	2018.04.02	提出深刻把握大数据时代科学数据发展趋势，充分借鉴国内外先进经验和成熟做法，加强科学数据全生命周期管理；把确保数据安全放在首要位置，建立数据共享和对外交流的安全审查机制；按照“开放为常态、不开放为例外”的共享理念，明确为公益事业无偿服务的政策导向，充分发挥科学数据的重要作用。
银保监会	《银行业金融机构数据治理指引》	2018.05.21	—
网信办、发改委、工信部	《公共信息资源开放试点工作方案》	2018.01.05	—

续表

发布机关	文件名称	时间	主要内容
公安部	《关于深入开展"大数据+网上督察"工作的意见》	2017.09.08	—
水利部	《关于推进水利大数据发展的指导意见》	2017.05.02	—
工信部	《大数据产业发展规划（2016—2020年）》	2016.12.18	—
农业部	《农业农村大数据试点方案》	2016.10.14	—
交通运输部	《关于推进交通运输行业数据资源开放共享的实施意见》	2016.08.25	—
原国家林业局	《关于加快中国林业大数据发展的指导意见》	2016.07.13	—
原国土资源部	《关于促进国土资源大数据应用发展的实施意见》	2016.07.04	—
原环境保护部	《生态环境大数据建设总体方案》	2016.03.08	—
发改委	《关于组织实施促进大数据发展重大工程的通知》	2016.01.20	重点支持大数据示范应用，重点支持大数据共享开放，重点支持基础设施统筹发展，重点支持数据要素流通

（二）地方经验与探索

此外，我国各地先后也发布了一系列促进大数据发展的地方性政策性文件，如《上海市大数据发展实施意见》《浙江省促进大数据发展实施计划》等。

在大数据产业发展和法制化建设方面，贵州省都走在地方前列，在2016年，贵州省就出台了首个地方性法规《贵州省大数据发展应用促进条例》。2017年，贵州省设立全国首个省级大数据发展管理局。

2019 年 9 月，贵州省还发布了《贵州省大数据安全保障条例》，全面系统的规范大数据发展，保障大数据安全。该条例主要内容包括但不限于：

1. 首次从法规层面定义了大数据的概念，即“以容量大、类型多、存取速度快、应用价值高为主要特征的数据集合，是对数量巨大、来源分散、格式多样的数据进行采集、存储和关联分析，发现新知识、创造新价值、提升新能力的新一代信息技术和服务业态。”该定义基本延续了《促进大数据发展行动纲要》的基本路径。

2. 首次从法规层面详细规定了网信部门、公安机关、大数据发展管理部门、通信管理部门、保密行政管理部门、密码管理等行业主管部门在大数据安全保障及监管工作中的职责权限。

3. 首次围绕数据全生命周期确定了大数据安全责任人责任。

4. 还规定了在公共场所设置数据采集设施、设备采集信息的，应当设置明显标识，并报当地公安机关备案；开展互联网平台和数据空间等租赁业务的，出租人应当将租赁信息依法报通信管理部门备案，通信管理部门应当将备案信息与公安机关共享。

（三）行业标准

2019 年发布的等级保护 2.0 体系中，《网络安全等级保护基本要求》原计划将大数据作为扩展单独成章，但最后正式版中仅作为资料性附录，详细介绍了大数据的业务场景及参考安全控制策略。

二、从案例角度看大数据的几个法律实务问题

数据的法律性质、权利属性问题直接影响到对数据的获取、分析、处理和应用，明确数据的法律定位有助于打击数据黑产、促进数据交易的正当化。

目前对数据法律性质的认定，学界主要有邻接权客体说、财产权客体说及数字资产说；对数据权利属性的认定分为个人信息和个人信息外的其他数据两部分。其中，其他数据是否纳入财产权保护范围及其属于物权或债权的问题，一直存在争议；就权利归属而言，主流观点认为应根据某项数据是否经过处理及具体使用场景来判断权利的归属。

本书中，结合当前大数据企业相关的典型案例，展示监管实践及司法实践中关于大数据有关的几个基本法律问题的共识：

（一）上交所终止对木瓜移动的科创板发行上市审核

木瓜移动是一家依靠自主研发技术进行大数据处理分析的公司，主要利用全球大数据资源和大数据处理分析技术提供海外营销服务。

上交所在审核问询中主要关注了木瓜移动的行业定位及归类的准确性，要求木瓜移动结合相关部门出具的产业目录及指南、公司具体从事的经营活动内容、大数据的来源及获取、技术的应用场景、木瓜移动从事的业务与大数据之间的关系、主营业务与可比公司的相似度情况等。回复问询后，木瓜移动申请撤回发行上市申请，该案例表明交易所对数据方面的信息披露愈发重视，对大数据企业的数据权属、利益审核愈加谨慎。

（二）淘宝诉美景案

淘宝诉美景一案［（2018）浙 01 民终 7312 号］是近年来关于数据权利归属问题的重要参考案例。在经营过程中，淘宝公司发现美景公司运营的“咕咕互助平台”及“咕咕生意参谋众筹”网站，以提供远程登录服务的方式，招揽、组织、帮助他人获取淘宝“生意参谋”数据产品中的数据内容，并从中获取利益。“生意参谋”大数据产品的表现形式是对于产品购买者开展商业活动而言具有相当参考意义的趋势图等，具体包括如行业、产品、属性、品牌粒度下的热销商品榜、流量店铺榜等流量指数、交易指数与搜索人气的排行数据，各类商品关键词的搜索人气与点击率排行数据及趋势图，各类商品交易数、流量数、搜索人气排行数据，商品人群的性别、年龄、职业、支付习惯的占比数等数据。

法院在审理本案中认为：

1. 在无法律规定或合同特别约定的情况下，网络运营者对于单个用户信息尚无独立的财产权或财产性权益可言。

2. 原始网络数据的内容仍未脱离原网络用户信息范围，网络运营者只能依其与网络用户的约定享有对原始网络数据的使用权。

3. 网络大数据产品不同于原始网络数据，已独立于网络用户信息、原始网络数据之外，是与网络用户信息、原始网络数据无直接对应关系的衍生数据。网络运营者对于其开发的大数据产品，应当享有自己独立的财产性权益。

对于淘宝公司诉称其对涉案“生意参谋”数据产品享有竞争性财产权益的诉讼主张，法院予以支持，但对于淘宝公司诉称其对涉案“生意参谋”数据产品享有财产所有权的诉讼主张，事关民事法律制度的确定，限于我国法律目前对于数据产品的权利保护尚未作出具体规定，基于“物权法定”原则，故对淘宝公司该项诉讼主张，法院最终没有确认，这也给我国后续大数据立法和司法留下了重要的实践空间。

结合上述案例，越来越多的司法实践回应了大数据权利归属及利益分配问题。综合目前案例来看，司法实践对于大数据产品，并未赋予大数据收集者独立的财产所有权，而是在网络运营者付出一定人力、财力、物力后，赋予其财产性权益，通过不正当竞争的路径实现权益保护。

（三）大数据对于个人信息及隐私保护的挑战

我国现有法律制度关于个人信息的保护主要建立在“明示 + 同意”的基本规则基础之上。但是，大数据发展对上述规则框架带来了新的挑战，原因是用户所同意的个人信息收集范围不再有确定的界限。利用大数据技术很容易推导出公民不愿意公开的信息或不泄露的隐私，例如从公共数据中推导出私人信息，从个人信息中推导出和个人有关的其他人员（如朋友、亲人、同事）信息（在线行为、人际关系等）。这类信息超出了最初个人同意披露的个人信息范围。

因此，大数据时代我们需要反思“明示 + 同意”规则的实现路径。首先，相关政策、法律和标准应直接对数据的收集和使用进行规制，建立与其业务相适应的信息披露制度，而不能仅仅征得数据主体的同意；其次，应当建立实用、可执行的、适应于不同使用场景的标准流程、参照规范或指引，以供设计者和开发者保护数据来源的隐私；再次，对于利用大数据可能推导出超过数据主体最初同意披露的信息的行为应该进行必要的限制，确保数据主体的信赖利益。最后，政策、法律和标准对于个人数据管理应该采取延伸式保护，鼓励发展差分隐私等相关技术，强化大数据利用监管与安全可控。

第三节 物联网

一、物联网发展促进与监管政策概览

2010 年，国务院《关于加快培育和发展战略性新兴产业的决定》出台，首次明确将物联网作为新一代信息技术里面的重要一项，成为国家首批加快培育的七个战略性新兴产业。

2013 年，国务院发布《关于推进物联网有序健康发展的指导意见》。该意见规定，强化安全意识，注重信息系统安全管理和数据保护。加强物联网重大应用和系统的安全测评、风险评估和安全防护工作，保障物联网重大基础设施、重要业务系统和重点领域应用的安全可控。

2017 年，工信部发布《物联网发展规划 2016-2020 年》，明确提出加强政策制定和统筹协调，破解物联网与行业深度融合的体制机制障碍，支持车联网、

健康服务等物联网应用创新发展。推动跨部门的物联网数据资源开放、共享和协同，发展物联网开环应用，推进智慧城市建设。开展数据安全和个人信息保护的政策法规研究。合理规划和分配频率、标识、码号等资源，促进物联网基础设施建设。

同期，工信部办公厅发布《关于全面推进移动物联网（NB-IoT）建设发展的通知》，通知明确应当大力推进 NB-IoT 网络部署和拓展行业应用，加快 NB-IoT 的创新和发展。

2018 年年底，工信部批准江苏通信管理局开展物联网安全监管手段试点，具体包括通过试点实现对物联网基础资源管理、数据安全管理、设备/终端定位溯源、物联网码号管理、日志留存、安全监测预警等。

2019 年发布的等级保护 2.0 体系中，专门扩展了物联网等级保护要求，具体包括《网络安全等级保护基本要求》《信息系统等级保护安全设计技术要求》等，将于 2019 年 12 月 1 日起正式生效。

目前，与物联网相关的标准也在相继研究、制定和发布中，具体包括但不限于：

1.《信息安全技术 物联网感知层接入通信网的安全要求》；

2.《信息安全技术 物联网安全参考模型及通用要求》；

3.《信息安全技术 物联网数据传输安全技术要求》；

4.《信息安全技术 物联网感知层网关安全技术要求》；

5.《信息安全技术 物联网感知终端应用安全技术要求》；

6.《信息安全技术 物联网安全体系架构》；

7.《物联网安全技术体系》；

8.《信息安全技术 物联网视频监控智能终端信息安全规范》；等等

二、物联网应用中的网络安全与个人信息保护

因物联网生态系统架构复杂，网络安全风险可能存在于不同层面的供应链的各个节点，且安全威胁具有侵入性和突发性，难以仅从用户端阻断，事前防范尤为重要。相关事前防范主要包括网络安全层面和个人信息保护层面：

（一）网络安全层面

规定	合规要点
《网络安全法》	总体要求（包括等级保护、CII）
《信息安全技术 网络安全等级保护定级指南（征求意见稿）》	将设备感知层、连接网络层、数据处理层、增值应用层作为整体进行等级保护定级
《GB/T 22239.4-XXXX 信息安全技术 网络安全等级保护基本要求 第4部分 物联网安全扩展要求》	建设与网络安全等级保护以及物联网特点相适应的安全保护制度，针对不同逻辑层的特性，制定内部安全管理制度和操作流程，确定网络安全负责人； 综合考虑设备互联模式、各种形态的攻击方式、安全事件种类等因素制定应急预案
《关键信息基础设施安全保护条例（征求意见稿）》	将应用环节中所涉及的网站、网络设施（硬件）、业务系统、数据存储（云）以及服务器等网络设施和信息系统作为一个整体综合考虑，判断整体或一个网络设施、信息系统是否属于CII

（二）个人信息保护层面

<table>
<tr><th>业务层</th><th>业务形态</th><th>行为</th><th>风险</th><th>合规要点</th></tr>
<tr><td>设备感知层</td><td>智能设备</td><td>收集</td><td>信息来源复杂；
信息种类、形式多样</td><td>经授权收集信息；
在授权范围内收集信息；
经授权转让信息</td></tr>
<tr><td>连接网络层</td><td>互联网、5G等</td><td>传输</td><td>跨地域监管</td><td>信息跨境传输</td></tr>
<tr><td>数据处理层</td><td>物联网平台</td><td rowspan="2">使用</td><td rowspan="2">多主体控制信息，责任不明确；
APP与设备接入平台；</td><td rowspan="2">使用受让的信息经授权；
在授权范围内使用信息；
第三方接入管理；
符合删除、存储要求</td></tr>
<tr><td>增值应用层</td><td>物联网APP</td></tr>
</table>

此外，实际业务场景中需注重对个人敏感信息的保护。物联网设备收集个人

敏感信息（如面部信息、位置信息等），因不同行业的敏感程度不同，相关的监管合规要求也各有差异。一个值得参考的最佳实践是，2019 年 9 月 19 日，国际互联网协会（ISOC）发布《物联网隐私保护的政策建议》。根据该建议，为解决消费者物联网隐私保护面临的挑战，报告建议：

一是加强用户控制，加强对物联网设备和服务的用户控制，完善用户查询、更正、删除相关个人信息的渠道和方式；

二是提高透明度，隐私政策应清晰、准确、相关且适当详细，以提高透明度；

三是紧跟技术发展，更新隐私法律和政策，以应对传感器和监控等新技术发展；

四是加强多利益相关者对物联网隐私保护的力量，增强新闻媒体的监督，扩大物联网治理讨论的参与者范围，应对物联网带来的风险和收益，例如开展广泛的对话，重视消费者的声音等。

三、物联网业务的电信业务许可

由于业务新颖性、业态多样性等原因，物联网业务应当如何满足电信业务许可合规，成为业界普遍关注的热点法律问题，2019 年初工信部对 IoT 业务有关的电信业务许可也开展过一轮内部交流培训。以下就企业在经营物联网业务中涉及的电信业务许可识别、申请实务、行业案例及解决方案等问题做简要分析：

（一）物联网涉及的电信业务许可类别

业务层	业务逻辑	业务形态实例	可能涉及的电信业务许可
设备感知层	硬件的设计、开发及销售	传感设备、芯片 / 模组、网关设备、车载终端	/ * 但入网设备可能涉及其他审批
连接网络层	连接各设备终端的通信网络	互联网 /5G/LTE/ V2X 等网络接入	网络接入服务业务（ISP）； ……
数据处理层	提供在线的数据处理、存储业务	设备控制业务 IoT 管理平台 云服务 其他智能化数据分析与处理业务	在线数据处理业务（EDI）； 互联网数据中心业务（IDC）； ……

续表

业务层	业务逻辑	业务形态实例	可能涉及的电信业务许可
增值应用层	内容资源分发平台； 电子商务交易平台； 多方通信及呼叫中心； 其他应用网站、APP 等	娱乐、资讯、广告、在线导航等服务； 应用 APP 运营	信息服务业务（SP/ICP）； 在线数据处理与交易处理业务（EDI）； 多方通信、呼叫中心业务； ……

（二）行业案例

物联网主要涉及数据的采集、存储及分析、信息交互服务，并且目前主要通过移动通信网提供服务，因此大部分物联网企业至少含有在线数据处理与交易处理业务（EDI）、信息服务业务（SP）许可等。以车联网企业为例，如原中移德电（现中移智行）、图迅丰达、安吉星等外商投资企业，以及四维图新、天泽信息、车网互联等内资企业。另外，部分企业根据其具体业务模式及服务内容，还分别获得了信息服务业务（ICP）、数据中心业务（IDC）、呼叫中心业务（CC）等许可。

第四节　其他新兴技术

一、区块链

2016 年 12 月 15 日，国务院发布《“十三五”国家信息化规划》，将区块链纳入新技术基础研发和前沿布局，标志着从中央政府层面开始推动区块链技术的研发和应用的发展。

2018 年以来，全国 30 余个省市两级政府颁布了 40 多项政策措施，支持区块链应用，带动地方区块链产业发展。其中，力度最大的当属广州，于 2017 年 12 月，广州出台第一部关于区块链产业的政府扶植政策《广州市黄埔区广州开发区促进区块链产业发展办法》，全面支持、促进区块链发展。至此，以区块链技术为基础，在贸易、通讯、大数据、人工智能及金融科技等多方面正在全面探索落地路径，各大机构和平台围绕物流和供应链、跨境贸易、信用体系建设和反欺诈、资产管理等业务纷纷布局。

2018年5月，工信部正式发布官方版《2018年中国区块链产业发展白皮书》。白皮书系统地分析了我国区块链产业发展现状，对我国当前区块链产业的生态构成进行了解析，总结我国区块链产业发展特点，特别是对于区块链技术在金融领域和实体经济的落地应用进行了深入研究，并汇总了我国当前区块链相关的政策。

2019年10月24日，中共中央政治局就区块链技术发展现状和趋势进行第十八次集体学习。中共中央总书记习近平在主持学习时强调，区块链技术的集成应用在新的技术革新和产业变革中起着重要作用，要把区块链作为核心技术自主创新的重要突破口，着力攻克一批关键核心技术，加快推动区块链技术和产业创新发展。

区块链仅仅是个技术路径，依赖这个技术的不同落地商业场景，面临不同的法律风险。具体的包括但不限于：

（一）区块链发币

区块链诞生之初，最好的落地商业模式就是发币。但我国对于虚拟货币发行有着严格的监管限制。

2017年8月，中国人民银行通过互联网金融风险专项整治工作领导小组办公室印发了《关于进一步开展比特币等虚拟货币交易场所清理整顿的通知》，将以区块链技术为基础衍生的虚拟货币以及相关交易场所纳入互联网金融风险专项整治。

2017年9月4日，中国人民银行等七部委发布《关于防范代币发行融资风险的公告》，将代币发行融资定性为一种未经批准的非法公开融资行为，涉嫌非法发售代币票券、非法发行证券以及非法集资、金融诈骗、传销等违法犯罪活动，并要求各类代币发行融资活动应当立即停止，已完成代币发行融资的组织和个人应当做出清退等安排。政策一出，国内区块链发币及交易平台等产业哀鸿一片。2018年年初代币融资（ICO）又以“出口转内销”或花样变形的方式暗度陈仓，通过代理投资等中间商进行相关募资活动。

为了进一步防范相关风险，中国人民银行营业管理部、中国互联网金融协会等机构频频发声，国内的监管措施持续加码，2018年8月24日，银保监会与公安部等五部委发布《关于防范以“虚拟货币”“区块链”名义进行非法集资的风险提示》，随后全国的代币融资（ICO）和比特币等虚拟货币交易场所因涉嫌非法集资、非法证券活动，基本全部实现了退出。

此外，根据《关于防范比特币风险的通知》、中国人民银行营业管理部《关于开展为非法虚拟货币交易提供支付服务自查整改工作的通知》等规定，“严禁为虚拟货币交易提供服务，并采取有效措施防止支付通道用于虚拟货币交易”。与此同时，中国互联网金融协会发布《关于防范变相代币发行融资（ICO）活动的风险提示》，要求会员单位“不参与任何涉及ICO或炒作‘虚拟货币’的行为”。

而关于区块链发币的个案认定，目前，深圳国际仲裁院认定比特币能被人为支配和控制，具有财产属性及经济价值；杭州互联网法院分别从价值性、稀缺性、可支配性方面论证了比特币具有财产作为权利客体需具备的属性，与《关于防范比特币风险的通知》中相同，将比特币认定为虚拟货币。

（二）区块链信息服务

2019年1月，网信办颁布了《区块链信息服务管理规定》（以下简称《管理规定》），正式将通过区块链系统或者技术向公众提供信息服务的行为，纳入了互联网信息安全监管范畴。截至目前，网信办正式受理了多家企业的区块链信息服务备案（下称BCP）工作。2019年4月，网信办发布了中国首批197个BCP编号，2019年10月，网信办发布了中国第二批309个BCP编号，两次备案企业主要为互联网巨头、金融科技、区块链头部企业、政府机构等，产品涉及BaaS、浏览器、溯源、存证、供应链等技术及应用。

1. 备案义务的法律依据

根据《管理规定》规定，区块链信息服务提供者应当在提供服务之日起十个工作日内，通过网信办区块链信息服务备案管理系统（bcbeian.ifcert.cn）履行BCP备案手续。取得备案号后，区块链信息服务提供者应当在其对外提供信息服务的互联网站、应用程序等显著位置标明其备案编号（例如：沪网信备3101151973733530××××号）。根据《管理规定》规定，未履行备案手续或者填报虚假备案信息的，由主管部门责令限期改正；拒不改正或者情节严重的，给予警告，并处一万元以上三万元以下罚款。

2. 需备案的区块链信息服务

符合三个条件的区块链信息服务需备案：基于区块链技术或者系统，即信息内容必须上链或与区块链系统有交互；有对外公开的互联网站、应用程序（DAPP）等；在中国境内。因此应当办理BCP备案的区块链信息服务提供者包括：

（1）基础设施提供方（提供矿池、云挖矿、节点等服务）实践中，考虑到厂商的基础设备及设施服务可能涉及变相发币、ICO等，法律风险较大争议，首批备案中这类企业较少；

（2）应用运营方（提供钱包、区块链交易查询浏览器及其他存证、溯源类DAPP等服务）首批备案成功的企业中，考虑到94新政后的政策及法律风险，钱包类应用极少，主要为存证、溯源等应用，此外，目前基于主流公有链、联盟链和私有链的应用都可以备案；

（3）技术提供方（提供 BaaS 等服务）备案成功代表企业：蚂蚁金服的 BaaS 凭条，众安在线的 BaaS 平台、腾讯的 TBaaS 平台等。

3. 在中国境内提供区块链信息服务的定义

实务中，很多跨国经营的外企，有使用境外的全球总部的区块链服务或产品，是否需要在中国境内备案存在一定的争议。在中国境内提供区块链信息服务一般指：区块链信息服务的基础设施、节点在中国境内，或区块链信息服务的相关应用的服务器（如有）在中国境内或，或区块链信息服务的提供者在中国境内注册。

4. 境外主体目前不可备案

根据国家互联网应急中心工程师毛洪亮博士意见，暂不接受未在中国境内注册的境外机构备案。在实际备案操作流程中，系统也暂未提供以境外主体进行备案申报的选项和入口。尽管法律并未限制，首批备案成功的企业中，主要是内资企业为主，暂无外商独资企业的身影。参考《互联网信息服务管理办法》，未来开放境外主体办理 BCP 的可能性也不大。

5. 备案内容

目前，暂无需办理区块链信息服务的内容和代码，仅需备案主体信息、负责人信息以及服务信息。与 ICP 备案不同的是，BCP 的企业负责人（可以不是法定代表人）可以是外籍人士，可凭护照信息完成申报。备案多个服务的，每个服务还需要对应一个服务负责人，可以由企业负责人兼任。

服务信息方面，包括服务名称、开始运营时间、客户端名称及服务说明；若涉及前置审批许可（新闻、出版、医疗等），需要提交前置审批信息。

6. 变更、注销需备案

变更服务项目、平台事项的，应当在变更之日起五个工作日内办理变更手续；终止服务的，应当提前三十个工作日办理注销手续，并对针对注销后事宜做出妥善安排。

7. 备案机构、时限

目前，网信办作为主管机构，针对全国区块链信息服务进行监管。BCP 实行统一系统接受备案，各地网信办负责审核并办法属地备案号。

根据《管理规定》，在企业完善备案材料并提交成功后，若无需补充其他材料，备案流程将在提交材料后的二十个工作日内完成；在材料不齐全，需要补充的情况下，网信办将在二十个工作日内通知不符合备案申请的理由。

（三）区块链存证

2018 年 9 月，最高人民法院公布《最高人民法院关于互联网法院审理案件若干问题的规定》，其中对电子数据的真实性审查作出了明确的标准。根据该规定第 11 条的规定，“当事人提交的电子数据，如通过电子签名、可信时间戳、哈希值校验、区块链等证据收集、固定和防篡改的技术手段或者通过电子取证存证平台认证，能够证明其真实性的，互联网法院即应当确认”。

在审判实践中，2018 年 6 月，杭州互联网法院在华泰一媒文化传媒有限公司诉深圳市道同科技发展有限公司（道通科技）侵害作品信息网络传播权案（2018 浙 8601 民初 81 号），是法院首次对采用区块链技术存证的电子数据的法律效力予以确认。

法院审理该案认为，在实践审判中应以技术中立、技术说明、个案审查为原则，对该种电子证据存储方式的法律效力予以综合认定，既不能因为区块链等技术本身属于当前新型复杂技术手段而排斥或者提高其认定标准，也不能因该技术具有难以篡改、删除的特点而降低认定标准，应根据电子数据的相关法律规定综合判断其证据效力。由于区块链具有难以篡改、删除的特点，在确认诉争的电子数据已经保存至区块链后，作为一种保持内容完整性的方法具有可靠性。

此外，北京、杭州互联网法院推进建设司法区块链，推进电子数据的产生、存储、传播和使用实现全流程可信。杭州互联网法院的司法区块链由三层构成：一是区块链程序，用户可以直接通过程序将操作行为全流程的记录于区块链，如在线提交电子合同、维权过程、服务流程明细等电子证据；二是区块链的全链路能力层，主要是提供了实名认证、电子签名、时间戳、数据存证及区块链全流程的可信服务；三是司法联盟层，即使用区块链技术将公证处、CA/RA 机构、司法鉴定中心以及法院连接在一起的联盟链，每个单位成为链上节点。

二、虚拟现实（VR）与增强现实（AR）

VR（Virtual Reality）指通过计算机模拟产生一个三维空间的虚拟世界，给用户营造在虚拟世界中的身临其境感；AR（Augmented Reality）是在虚拟现实的基础上发展起来的新技术，是通过计算机系统提供的信息增加用户对现实世界感知的技术，将虚拟的信息应用到真实世界，并将计算机生成的虚拟物体、场景或系统提示信息叠加到真实场景中，从而实现对现实的增强。

VR、AR 技术本身并不违反法律规定，主要法律合规问题在于其利用的实际业务场景。目前法律风险在于：（1）VR、AR 类游戏游艺设备合规；（2）VR、

AR 类经营场所合规。

（一）VR、AR 类游戏游艺设备合规

2015 年，原文化部按照《国务院关于推广中国（上海）自由贸易试验区可复制改革试点经验的通知》（国发〔2014〕65 号）部署，印发了《文化部关于允许内外资企业从事游戏游艺设备生产和销售的通知》（文市函〔2015〕576 号）（以下简称原文化部 576 号文）及其附件《游戏游艺设备内容审核管理办法》，将“允许内外资企业从事游戏游艺设备生产和销售，经文化部门内容审核后面向国内市场销售”的自由贸易试验区试点经验向全国推广，全面放开《国务院办公厅转发文化部等部门关于开展电子游戏经营场所专项治理意见的通知》（国办发〔2000〕44 号）规定的“自本意见发布之日起，面向国内的电子游戏设备及其零、附件生产、销售即行停止”限制政策。

根据原文化部《文化部关于允许内外资企业从事游戏游艺设备生产和销售的通知》规定，游戏游艺设备，是指通过专用设备向消费者提供游戏内容和游戏过程的电子、机械类装置，包括营业场所使用的电子游戏机、与电视接收机设备配套使用的电子游戏机及手持类电子游戏机等。VR、AR 类游戏游艺设备因符合上述规定，因此应当遵守游戏游艺设备有关的规定。

此外，根据原文化部《文化部关于允许内外资企业从事游戏游艺设备生产和销售的通知》规定，从事游戏游艺机生产和销售的企业应当向所在地省级文化行政部门提出内容审核申请；主管机关具体审核流程依照《游戏游艺设备内容审核管理办法》，审核通过的，出具《游戏游艺设备内容审核批准单》。

2019 年 7 月，为了更好地适应当前游戏游艺设备监管要求，文化和旅游部在修改《游戏游艺设备内容审核管理办法》的基础上，起草了《游戏游艺设备管理办法（征求意见稿）》。办法主要内容包括但不限于：

1. 将游戏游艺设备机型机种分为电子游戏设备（机）和游艺娱乐设备，并增加了未成年人限制有关规定；

2. 还将“具有或者变相具有押分、退分、退币、退钢珠等功能的”“捕鱼机等以设置倍率形式以小博大的”“老虎机、转盘机、跑马机等由系统自动按照概率性分配方式决定结果的”等具有赌博机特征的设备认定为含有宣扬赌博内容，进一步明确市场准入和执法监管认定标准；

3. 修改并完善了内容审核有关规定。

（二）VR、AR 类经营场所合规

根据《娱乐场所管理条例》《娱乐场所管理办法》，游艺娱乐场所指通过游

戏游艺设备提供游戏游艺服务的经营场所。

由于VR/AR设备本身及其使用场景与计算机密切相连，经营场所配备VR/AR设备向公众提供运行游戏或播放全景视频等服务，可能被认定为互联网上网服务经营场所。根据《互联网上网服务营业场所管理条例》规定，计算机设备及互联网接入是构成互联网上网服务的两个关键要素。因此，如下表中不同类型VR/AR设备是否属于游戏游艺设备，继而影响经营场所是否应取得相应经营资质。

<table>
<tr><th>设备类型</th><th>使用场景</th><th colspan="2">经营场所法律性质</th></tr>
<tr><td>PC端头戴显示器</td><td>与PC或游戏机相连，运行游戏，播放电影、录像等全景视频</td><td rowspan="2">仅为计算机和手机提供三维虚拟环境显示功能，不构成游艺娱乐场所</td><td>构成互联网上网服务经营场所</td></tr>
<tr><td>移动端头戴显示器</td><td>连接智能手机等移动设备，作为显示器</td><td rowspan="3">无需借助计算机设备，不构成互联网上网服务经营场所</td></tr>
<tr><td>游戏机附件类头戴显示器</td><td>游戏机专属附件，连接家用游戏机设备</td><td>游艺娱乐场所</td></tr>
<tr><td>一体机设备</td><td>独立使用</td><td>游艺娱乐场所</td></tr>
</table>

根据《互联网上网服务营业场所管理条例》及《互联网文化管理暂行规定》，互联网上网服务经营场所应依法取得《网络文化经营许可证》，并通过信息网络安全和消防安全审核。

根据《娱乐场所管理办法》及《游戏游艺设备内容审核管理办法》，经营游艺娱乐场所应依法取得娱乐经营许可证并满足其他相关资质要求，且不得设置未经文化主管部门内容审核的游戏游艺设备。但是，为促进文化消费，北京市、广东省等相关文化管理部门认为VR/AR体验店不属于游艺娱乐场所，暂不需要取得相关许可证。

三、3D打印

3D打印又称增材制造、积层制造，指任何打印三维物体的过程。3D打印的内容可以来源于三维模型或其他电子数据，其打印出的三维物体可以拥有任何形状和几何特征。目前，3D打印已广泛应用于艺术文玩、生物医疗、机械制造等领域，其引导着规模化生产走向个性化定制。

但是，3D打印因存在对原始作品的再现过程，因此存在侵犯他人知识产权的风险。

（一）权利客体——打印对象的可版权性界定

讨论 3D 打印侵权问题时，首先，应判断建模阶段使用的数字模型是否是受著作权法保护的作品，重点之一要考虑其独创性。3D 打印机通过识别 STL 数字模型（由 CAD 模型转换生成）进行打印，若使用者自行打印独立创作的数字模型，不会引发侵权问题；若扫描现有物品形成数字模型，则需考虑原作品独创性的问题，即如扫描过程中并未加入任何使用者的创造性活动，仅机械地获取扫描对象的三维数据并打印，可能构成侵权；若直接下载 CAD 模型，擅自修改并打印，可能侵犯原作者的署名权、修改权及保护作品完全权。

（二）权利内容——异维复制的侵权风险

3D 打印本质是对原作品的印刷、复制，打印阶段的核心问题在于是否侵犯复制权，作品只有透过复制才有可能大量散布或利用，并实现其财产价值。3D 打印属于异维复制，其是否属于著作权意义上的“复制”仍存在争议，虽然异维复制不在《著作权法》第 10 条明确列举的“复制”之列，但是该条并非完全列举，理论上广义的复制包括平面与立体间的转换。

在司法实践中对异维复制的判断主要基于前述打印对象是否属于作品，美术作品和建筑设计从平面到立体的异维转换已被认定为“复制”，对实用艺术品复制行为的认定如（2002）沪二中民五（知）初字第 132 号判决所述：“著作权法意义上对工程设计图、产品设计图的复制，仅指以印刷、复印、翻拍等复制形式使用图纸，而不包括按照工程图纸、产品设计图进行施工、生产工业产品。”印刷线路板的设计图体现了严谨、精确、简洁、和谐和对称的科学之美，能够作为产品设计图受到著作权法的保护，但是印刷线路板本身具有技术功能性，且功能性与艺术性无法分离，所以不受著作权法的保护。

3D 打印时代，使用者不仅仅复制图纸，更多是依据图纸制造实用艺术品，目前对异维复制的解释无法保护原图纸设计者的权利，参照《著作权法》第三次修改稿，其已将实用艺术品列为作品的一种类型，只有当其艺术性与功能性能够明确区分时，才能对其艺术性部分给予独立的著作权保护；当艺术性与功能性紧密结合时，其可能作为外观设计专利受《专利法》保护。

（三）相关企业风险防范

为规避使用者非合理使用时产生的潜在版权、专利及商标的侵权风险，3D 打印企业和网络共享平台应在打印作品、销售设备、分享 CAD 等各环节完善相关措施。

3D 打印企业为商业目的自行大规模打印并销售打印作品，此种打印显然不能构成合理使用，该类企业应自行明确打印对象是否受版权保护，避免侵权风险；其作为工具提供者也可能面临间接侵权问题，在销售打印机时应告知使用者版权等风险，引导其合法使用设备；可将打印机与特定 3D 数字模型绑定，使用类似电子音乐、电子书籍的加密措施；或在打印机内嵌入软件，使其自动对比输入的数字模型与可用数据库。

网络共享平台与 3D 打印企业均可能向使用者提供 CAD 数字模型，因版权人难以向下载者、使用者维权，网络平台及企业可能成为维权对象。虽其不具有对使用者所存储的模型信息进行编辑和控制的权利和能力，仅具备传输、存储功能，但仍应当履行一定的注意义务，如进行用户身份认证，以确保侵权行为可追踪；与用户签订下载协议引导其合法使用模型；完善通知 – 删除等事后救济措施以减轻责任、避免损失扩大。

附：本章相关法律法规

行业	发布机关	文件名称	时间
人工智能	国务院	《新一代人工智能发展规划》	2017.07.20
		《“十三五”国家战略性新兴产业发展规划》	2016.12.19
		《“十三五”国家科技创新规划》	2016.08.08
		《关于积极推进“互联网+”行动的指导意见》	2015.07.04
	科技部国家新一代人工智能治理专业委员会	《新一代人工智能治理原则——发展负责任的人工智能》	2019.06.17
	教育部	《关于教育支持社会服务产业发展提高紧缺人才培养培训质量的意见》	2019.10.09
		《高等学校人工智能创新行动计划》	2018.04.02
	工信部	《车联网（智能网联汽车）产业发展行动计划》	2018.12.27

续表

行业	发布机关	文件名称	时间
		《新一代人工智能产业创新重点任务揭榜工作方案》	2018.11.14
		《促进新一代人工智能产业发展三年行动计划（2018—2020年）》	2017.12.14
		《汽车产业中长期发展规划》	2017.04
		《智能硬件产业创新发展专项行动（2016—2018年）》	2016.09.21
	发改委	《“互联网+”人工智能三年行动实施方案》	2016.05.18
大数据	国务院	《科学数据管理办法》	2018.04.02
		《国务院办公厅关于促进和规范健康医疗大数据应用发展的指导意见》	2016.06.24
		《国务院关于印发促进大数据发展行动纲要的通知》	2015.09.05
		《国务院办公厅关于运用大数据加强对市场主体服务和监管的若干意见》	2015.06.24
	自然资源部	《智慧城市时空大数据平台建设技术大纲（2019版）》	2019.02.18
	银保监会	《银行业金融机构数据治理指引》	2018.05.21
	网信办	《公共信息资源开放试点工作方案》	2018.01.05
	公安部	《关于深入开展“大数据+网上督察”工作的意见》	2017.09.08
	水利部	《关于推进水利大数据发展的指导意见》	2017.05.02
	工信部	《大数据产业发展规划（2016－2020年）》	2017.01.17
	农业部	《农业农村大数据试点方案》	2016.10.18
	交通运输部办公厅	《关于推进交通运输行业数据资源开放共享的实施意见》	2016.09.02

续表

行业	发布机关	文件名称	时间
	原国家林业局	《关于加快中国林业大数据发展的指导意见》	2016.07.13
	原国土资源部	《关于促进国土资源大数据应用发展的实施意见》	2016.07.04
	原环境保护部	《生态环境大数据建设总体方案》	2016.03.08
	发改委	《关于组织实施促进大数据发展重大工程的通知》	2016.01.07
物联网	国务院	《关于推进物联网有序健康发展的指导意见》	2013.02.05
		《关于加快培育和发展战略性新兴产业的决定》	2010.10.10
	工信部	《物联网发展规划 2016–2020 年》	2017.01.18
		《“十二五”物联网发展规划》	2012.02.14
		《关于全面推进移动物联网（NB–IoT）建设发展的通知》	2017.06.16
	发改委	《关于印发 10 个物联网发展专项行动计划的通知》	2013.09.05
	国标委	《信息安全技术 物联网感知终端应用安全技术要求》	2019.07.01
		《信息安全技术 物联网感知层网关安全技术要求》	—
		《信息安全技术 物联网数据传输安全技术要求》	
		《信息安全技术 物联网安全参考模型及通用要求》	
		《信息安全技术 物联网感知层接入通信网的安全要求》	

续表

行业	发布机关	文件名称	时间
		《信息安全技术 网络安全等级保护基本要求 第 4 部分 物联网安全扩展要求（征求意见稿）》	—
其他	国务院	《互联网上网服务营业场所管理条例》	2019.03.24
		《互联网文化管理暂行规定》	2017.12.15
		《娱乐场所管理办法》	2017.12.15
		《娱乐场所管理条例》	2016.02.06
	网信办	《区块链信息服务管理规定》	2019.02.15
	银保监会	《关于防范以"虚拟货币""区块链"名义进行非法集资的风险提示》	2018.08.24
	中国人民银行营业管理部支付结算处	《关于开展为非法虚拟货币交易提供支付服务自查整改工作的通知》	2018.01.17
	中国互联网金融协会	《关于防范变相代币发行融资（ICO）活动的风险提示》	2018.01.12
	中国人民银行	《关于防范代币发行融资风险的公告》	2017.09.04
		《关于进一步开展比特币等虚拟货币交易场所清理整顿的通知》	2017.08.29
		《关于防范比特币风险的通知》	2013.12.05
	文化和旅游部	《游戏游艺设备管理办法（征求意见稿）》	—
	原文化部	《文化部关于允许内外资企业从事游戏游艺设备生产和销售的通知》	2015.06.24
		《游戏游艺设备内容审核管理办法》	2015.06.24

参考文献：

中国信通院：《区块链白皮书（2018）》，第 24 页。引自人民银行条法司副司长龚雁在 2018 年防范和处置非法集资法律政策宣传座谈会上的讲话。

深圳壹账通智能科技有限公司：《区块链法律合规白皮书》，第 20 页。

谢铭洋：《著作权法解读》，元照出版有限公司 2005 年版。

王迁：《知识产权法教程》（第五版），中国人民大学出版社 2016 年版，第 131 页。

黄亮：《3D 打印著作权问题探讨》，现代出版社 2015 年版，第 24-27 页。

第七章　互联网金融

第一节　互联网金融

一、关于互联网金融

（一）法律概念

根据中国人民银行、工业和信息化部、公安部等《关于促进互联网金融健康发展的指导意见》和中国人民银行、中国银行保险监督管理委员会、中国证券监督管理委员会关于印发《互联网金融从业机构反洗钱和反恐怖融资管理办法（试行）》的通知及相关规定，互联网金融是利用互联网技术和信息通信技术实现资金融通、支付、投资及信息中介服务的新型金融业务模式。

（二）主要业务形态

结合互联网金融的定义，具化至互联网金融的主要业务类型，包括但不限于网络借贷、互联网支付、互联网基金销售、互联网保险、股权众筹融资、互联网信托和互联网消费金融等多个类型。

二、互联网金融监管现状概述

互联网金融特有的高效性和无边界性，带来了互联网金融业务场景的广泛应用。考虑到互联网金融前一段时间发展积累了大量的问题，目前我国正加速互联网金融法制化进程，优化互联网金融领域的协同执法。

下述通过参与互联网金融监管的机构、监管的架构及监管重点三个方面，初步介绍我国目前互联网金融监管与执法实践的现状。

（一）互联网金融相关的监督管理机构

除《中国人民银行法》《保险法》《票据法》等金融领域基本法确立了金融管理的基本格局外，中国人民银行、工业和信息化部、公安部等《关于促进互联网金融健康发展的指导意见》以及国务院办公厅《关于印发互联网金融风险专项整治工作实施方案》的通知等规定，再次理清了在互联网场景下，相关部门的协同监管职能。

1. 中国人民银行

中国人民银行官方网站公示的主要职能共计十八项。

从宏观上看，包含了拟订金融业改革和发展战略规划、起草有关法律和行政法规草案、维护国家金融稳定与安全等职能；从分业监管角度看，中国人民银行主要负责制定支付结算规则，负责全国支付、清算系统的正常运行。人民银行下设支付结算司、科技司、货币金银局、征信管理局等都直接或间接监管互联网金融、金融科技等业务场景。

2. 中国银行保险监督管理委员会

2018 年 3 月，第十三届全国人民代表大会第一次会议表决通过了关于国务院机构改革方案的决定，设立银保监会，其主要职责是监督管理银行业和保险业，维护银行业和保险业合法、稳健运行。银保监会下设普惠金融部等，负责网贷、保险等普惠金融监管。

3. 中国证券监督管理委员会

中国证监会依照法律、法规和国务院授权，统一监督管理全国证券期货市场，维护证券期货市场秩序，保障其合法运行。在互联网金融板块，包括互联网基金、股权众筹等均有证监会协调监管。

4. 工业和信息化部

工业和信息化部负责加强对互联网金融从业机构网络安全防护、用户信息和数据保护的监管力度，对经相关部门认定存在违法违规行为的互联网金融网站和移动应用程序依法予以处置，做好专项整治的技术支持工作。

5. 国家互联网信息办公室

国家互联网信息办公室牵头负责互联网金融新闻宣传和舆论引导工作，以及内容合规和网络安全等。

6. 公安部门

公安部门负责的工作主要包括：

（1）依法查处互联网金融专项整治工作中发现的涉嫌非法集资、非法证券期货活动等犯罪问题，强化防逃、控赃、追赃、挽损工作；

（2）指导、监督、检查互联网金融从业机构落实等级保护工作，监督指导互联网金融网站依法落实网络和信息安全管理制度、措施，严厉打击侵犯用户个人信息安全的违法犯罪活动。

7. 国家市场监督管理局

国家市场监督管理局会同金融管理部门负责互联网金融广告的专项整治工作，如金融管理部门与工商总局共同开展以投资理财名义从事金融活动的专项整治。

8. 其他部委

住房城乡建设部、教育部等与金融管理部门共同对利用互联网从事金融业务（例如分期业务）或与互联网平台合作开展金融业务的情况进行清理整顿。

9. 行业协会

中国互联网金融协会发挥行业自律作用，健全自律规则，实施必要的自律惩戒，建立举报制度，做好风险预警。

（二）监管架构

2015 年中国人民银行、工业和信息化部、公安部等发布《关于促进互联网金融健康发展的指导意见》，确立了按照互联网金融分业态监管的架构，将互联网金融划分为六大业态：互联网支付、网络借贷、股权众筹融资、互联网基金销售、互联网保险、互联网信托和互联网消费金融。

本书中，也按照分业模式归纳总结了部分业态下的准入及合规要求。

（三）监管重点

互联网金融监管，是为了保护互联网金融消费者的权益，防止欺诈或者遭受损失；但是，另一方面也需要保护适度、公平的竞争，以促进互联网金融行业的健康发展。

从互联网金融监管的总体来看，监管部门主要从市场准入、业务经营、信息披露、资金监管等若干方面制定并落实监管。

第二节　网络借贷

2016 年 8 月 24 日，银监会联合工信部、公安部、国家网信办发布了《网络借贷信息中介机构业务活动管理暂行办法》，随后还相继发布了《网络借贷信息中介机构备案登记管理指引》《网络借贷资金存管业务指引》和《网络借贷信息中介机构业务活动信息披露指引》三个配套指引，建立了网贷行业“1+3”的监管制度体系。

为了规范网络借贷业务的发展，各地还相继发布了当地版网络借贷监管办法及备案合规指引。

一、关于网络借贷

（一）网络借贷的定义

网络借贷是指个体和个体之间通过互联网平台实现的直接借贷，属于民间借贷范畴，受合同法、民法通则等法律法规以及最高人民法院有关司法解释规范。

网络借贷与传统金融机构相互补充、相互促进，具有完善金融体系、提高金融效率、弥补小微企业融资缺口的重要方式，其主要特征还是小额分散的普惠金融本质。

（二）网络借贷的法律主体

1. 借款人 / 出借人

根据《网络借贷信息中介机构业务活动管理暂行办法》及最高人民法院《关于审理民间借贷案件适用法律若干问题的规定》，借款人 / 出借人可以为自然人、法人和其他组织。

2. 网络借贷信息中介机构

网络借贷信息中介机构是指依法设立，专门从事网络借贷信息中介业务活动的金融信息中介公司。该类机构以互联网为主要渠道，为借款人与出借人（即贷款人）实现直接借贷提供信息搜集、信息公布、资信评估、信息交互、借贷撮合等服务。

网络借贷信息中介机构的本质是信息中介而非信用中介，因此不得吸收公众存款、归集资金设立资金池、不得自身为出借人提供任何形式的担保等。

本章后续将区分网络借贷不同的法律主体，汇总各主体的合规要点及行为负面清单。

二、网络借贷信息中介机构的业务边界及合规要点

（一）网络借贷信息中介机构的业务合规边界

1. 信息服务为本质

依据法律规定，网络借贷信息中介机构可为出借人与借款人提供直接借贷信息的采集整理、甄别筛选、网上开户，以及资信评估、借贷撮合、融资咨询、在线争议解决等相关服务。并且，其中客户的信息采集、甄别筛选、资信评估、开户等核心工作不得外包。

2. 不得从事放贷、吸储、增信等金融业务

根据《网络借贷信息中介机构业务活动管理暂行办法》，中国人民银行、工业和信息化部、公安部等《关于促进互联网金融健康发展的指导意见》，中国银行业监督管理委员会关于印发《P2P网络借贷风险专项整治工作实施方案》的通知，网络借贷风险专项整治工作领导小组办公室印发《关于做好P2P网络借贷风险专项整治整改验收工作的通知》的规定，网络借贷信息中介机构不得无证从事增信服务、发放贷款、发售理财等金融产品，也不得开展股权众筹、类资产证券化业务或债券转让等活动。

3. 应当线上经营

网络借贷信息中介机构主要经营活动应通过互联网开展。在互联网、固定电话、移动电话等电子渠道以外的物理场所，只能进行信用信息采集、核实、贷后跟踪、抵质押管理等风险管理及网络借贷有关监管规定明确的部分必要经营环节。线下物理场所尤其不得进行宣传或推介融资项目。

（二）网络借贷信息中介机构备案

拟开展网络借贷信息中介服务的网络借贷信息中介机构及其分支机构，应当在领取营业执照后，于10个工作日以内携带有关材料向工商登记注册地的地方金融监管部门备案登记。实际上，考虑到当前国家关于网络借贷行业的基本监管思路，极少有企业备案成功。

（三）网络借贷信息中介机构的合规要点

1. 行为正面清单

概要	序号	合规要点
信息发布	1	网络借贷信息中介机构在平台上发布的内容至少应当包括： （1）本机构的资质及证照，包括金融监管部门的备案、工商亮照、ICP备案、增值电信业务许可、公安备案等； （2）本机构的组织信息，包括工商信息、股东信息、组织架构及从业人员、分支机构信息、网络渠道信息； （3）本机构所撮合借贷项目等经营管理信息，并且应建立业务活动经营管理信息披露专栏，定期以公告形式向公众披露累计撮合交易信息、年度报告、法律法规、网络借贷有关监管规定； （4）借款人基本信息、融资项目基本信息、风险评估及可能产生的风险结果、已撮合未到期融资项目资金运用情况等有关信息； （5）网络借贷风险和禁止性行为
	2	平台上发布的内容应当合法、真实、完整

续表

概要	序号	合规要点
资信评估	3	网络借贷信息中介机构应采集、核实出借人与借款人的实名注册信息
	4	网络借贷信息中介机构应对出借人与借款人的资格条件、信息的真实性、融资项目的真实性、合法性进行必要审核
	5	网络借贷信息中介机构应当对出借人的年龄、财务状况、投资经验、风险偏好、风险承受能力等进行尽职评估，不得向未进行风险评估的出借人提供交易服务
	6	出借限额和出借标的限制，应根据借款人实际情况动态调整
公司治理	7	应建立内部控制治理和组织架构，并且公司各部门（包括董事会、监事会、高级管理层、内控管理职能部门、内部审计部门、业务部门等）分工合理、职责清晰、报告关系清晰
	8	公司高管人员应具有必要的金融从业经历，并且不得具有违法犯罪记录、有关涉诉事项、不良从业记录或其他重大不良信用记录
风险控制	9	应建立防范欺诈行为的相关制度、反欺诈措施、应急预案。实现发现欺诈行为或其他损害客户利益的情形时，可及时公告并终止相关网络借贷活动
	10	建立控制同一借款人在同一网络借贷信息中介平台及不同网络借贷信息中介平台的借款余额上限的相关制度及技术，防范信贷集中风险 【注：同一自然人在同一网络借贷信息中介机构平台的借款余额上限不超过人民币 20 万元；同一法人或其他组织在同一网络借贷信息中介机构平台的借款余额上限不超过人民币 100 万元；同一自然人在不同网络借贷信息中介机构平台借款总余额不超过人民币 100 万元；同一法人或其他组织在不同网络借贷信息中介机构平台借款总余额不超过人民币 500 万元。】
	11	应控制为单一融资项目设置的募集期最长不超过 20 个工作日
	12	应实现自有资金与客户资金隔离管理，实现客户资金银行存管
	13	应接入有关征信系统并提供、查询和使用有关金融信用信息
数据合规	14	应建立出借人与借款人信息安全保护的相关信息存储及使用制度，确保出借人与借款人信息采集、处理及使用的合法性和安全性
	15	应妥善保存网络借贷业务活动数据和资料，保证相关数据留存自借贷合同到期起 5 年

续表

概要	序号	合规要点
其他	16	持续开展网络借贷知识普及和风险教育活动，加强信息披露工作，引导出借人以小额分散的方式参与网络借贷，确保出借人充分知悉借贷风险
	17	按照法律法规和网络借贷有关监管规定要求报送相关信息，其中网络借贷有关债权债务信息要及时向有关数据统计部门报送并登记
	18	依法履行客户身份识别、可疑交易报告、客户身份资料和交易记录保存等反洗钱和反恐怖融资义务

2. 业务负面清单

序号	合规要点
1	不得将客户的信息采集、甄别筛选、资信评估、开户等核心工作外包
2	不得为下述借贷业务提供撮合服务： （1）不符合法律有关利率规定的借贷业务； （2）银行业金融机构资金参与的 P2P 网络借贷业务； （3）面向在校学生、无还款来源或不具备还款能力的借贷业务； （4）借款用途为投资股票、场外配资（包括“首付贷”，房地产场外配资）、期货合约、结构化产品及其他衍生品等高风险的借贷业务； （5）无指定借款用途的借贷业务； （6）其他不符合法律规定的网络借贷业务
3	不得提供增信服务
4	不得直接或变相向出借人提供担保或者承诺保本保息
5	不得虚构、夸大融资项目的真实性、收益前景，隐瞒融资项目的瑕疵及风险，以歧义性语言或其他欺骗性手段等进行虚假片面宣传或促销等，捏造、散布虚假信息或不完整信息损害他人商业信誉，误导出借人或借款人
6	不得直接或间接归集资金
7	不得为自身或变相为自身融资
8	不得发放贷款，但法律法规另有规定的除外
9	不得自行发售理财等金融产品募集资金，代销银行理财、券商资管、基金、保险或信托产品等金融产品

续表

序号	合规要点
10	不得与其他机构投资、代理销售、经纪等业务进行任何形式的混合、捆绑、代理，但非法律法规和网络借贷有关监管规定允许的除外
11	不得开展类资产证券化业务或实现以打包资产、证券化资产、信托资产、基金份额等形式的债权转让行为。但是为解决流动性问题，在出借人之间进行的低频次债权转让，应认定为合规
12	不得从事股权众筹等业务
13	不得将融资项目的期限进行拆分
14	不得以出借人所持债权作为抵（质）押，提供贷款
15	不得提取风险备付金
16	不得自行或委托、授权第三方在互联网、固定电话、移动电话等电子渠道以外的物理场所进行宣传或推介融资项目
17	不得从借贷本金中先行扣除利息、手续费、管理费、保证金以及设定高额逾期利息、滞纳金、罚息等
18	法律法规、网络借贷有关监管规定禁止的其他活动

（四）网络借贷信息中介机构的一般网络合规要求

除前述网络借贷相关的合规要求外，网络借贷信息中介机构作为网络平台需要满足的一般网络资质要求如下图：

类型	金融备案	电信许可	ICP备案	公安备案	等保备案	电子亮照
网络借贷信息中介机构	√	√	√	√	√	√

三、网贷中介违规经营带来的法律风险

（一）网贷中介非法经营的刑事责任

网贷中介涉及的刑事犯罪主要包括非法吸收公众存款、集资诈骗等罪名。包括“东方创投”“e租宝”案件在内的平台，因背离了信息中介的实质，开展自融业务，甚至转化为个人财产使用，进而落入刑事犯罪的范畴。

此外，部分平台还因涉及非法现金贷、套路贷或非法暴力催收，还可能会因涉黑而触犯刑律。

有关网络中介非法经营刑事犯罪的认定标准及相关的责任见本书后续章节中涉网刑事责任的内容。

（二）网贷中介股东直接归集客户资金

济南市中级人民法院在（2018）鲁01民终1228号民事判决中认为，本案中，股东在其经营友禾创投期间，将个人账户指定为投资汇款账户，接收投资者的投资款，股东的资产已与公司财产混同，最终判决股东对公司应当返还的投资款及利息承担连带责任。

（三）与违规经营的网贷中介开展合作

与违规经营的络借贷信息中介开展合作，可能导致自身合法权益无法得到保障。

在某担保公司与借款人的追偿权纠纷案件［（2018）川0504民初2979号］中，法院认为网络借贷信息中介实施的网络借贷存在不符合《网络借贷信息中介机构业务活动管理暂行办法》规范要求的行为。因此，本院仅对原告代偿的借款金额本金予以支持，对原告请求对管理费、利息、资金占用利息的追偿请求本院均不予支持。

因此，我们也提醒各企业在对外开展合作时，尤其是与互联网金融相关的企业开展合作时，应当对合作企业的主体、业务经营开展初步合规审查。

四、非法放贷的法律风险

最高人民法院、最高人民检察院、公安部、司法部近期联合制定了《关于办理非法放贷刑事案件若干问题的意见》（下称“非法放贷意见”），自2019年10月21日起施行。

根据《非法放贷意见》规定，银行、小额贷款有限公司（含网络小额贷款有限公司）及消费金融有限公司等以外的未经监管部门批准，或者超越经营范围，以营利为目的，经常性地向社会不特定对象发放贷款（2年内向不特定多人以借款或其他名义出借资金10次以上，不含仅向亲友、单位内部人员等特定对象出借资金），扰乱金融市场秩序，情节严重的，以非法经营罪定罪处罚。

此外，《非法放贷意见》还明确规定了“情节严重”的具体情形，即放贷金额或非法收入达到一定标准后且以超过36%的实际年利率（其中，非法放贷行为人以介绍费、咨询费、管理费、逾期利息、违约金等名义和以从本金中预先扣除等方式收取利息的，相关数额在计算实际年利率时均应计入）非法放贷。

最后，《非法放贷意见》实施之前发生的非法放贷行为，应按照《关于准确理解和适用刑法中“国家规定”的有关问题的通知》中，各级人民法院审理非法经营犯罪案件，要依法严格把握刑法第225条第四的适用范围。对被告人的行为是否属于刑法第225条第四规定的“其它严重扰乱市场秩序的非法经营行为”，有关司法解释未作明确规定的，应当作为法律适用问题，逐级向最高人民法院请示。

第三节　网络支付

近年来，在网络支付市场高速发展的大背景下，无证经营网络支付业务、违规开展支付业务等不合规经营的情况频发。监管部门先后发布《非金融机构支付服务管理办法》《非银行支付机构网络支付业务管理办法》与中国人民银行、中央宣传部、中央维稳办等关于印发《非银行支付机构风险专项整治工作实施方案》的通知以及中国人民银行办公厅《关于进一步加强无证经营支付业务整治工作的通知》等规定。

本节主要从互联网支付企业的证照合规、网络支付业务边界以及支付企业在跨境电商运营中的合规要点展开分析。

一、网络支付

（一）网络支付的定义

根据《非金融机构支付服务管理办法》等规定，网络支付指非金融机构在收付款人之间作为中介机构提供的货币资金转移服务。

特别的是，网络支付机构之间的货币资金转移应当委托银行业金融机构办理；第三方付机构不得办理银行业金融机构之间的货币资金转移。

（二）支付业务分类

1. 网络支付

根据《非银行支付机构网络支付业务管理办法》的规定，网络支付业务是指收款人或付款人通过计算机、移动终端等电子设备，依托公共网络信息系统远程发起支付指令，且付款人电子设备不与收款人特定专属设备交互，由支付机构为收付款人提供货币资金转移服务的活动。

2. 预付卡的发行与受理

预付卡是指以营利为目的发行的、在发行机构之外购买商品或服务的预付价值，包括采取磁条、芯片等技术以卡片、密码等形式发行的预付卡。

上述预付卡不包括仅限于发放社会保障金的预付卡、仅限于乘坐公共交通工具的预付卡、仅限于缴纳电话费等通信费用的预付卡、发行机构与特约商户为同一法人的预付卡（单用途）。

3. 银行卡收单

银行卡收单是指通过销售点（POS）终端等为银行卡特约商户代收货币资金的行为。

4. 中国人民银行确定的其他支付服务

二、网络支付的准入合规

（一）网络支付的准入合规

1. 支付业务许可

根据《非金融机构支付服务管理办法》的规定，互联网支付机构应当取得《支付业务许可证》，成为支付机构。

（1）支付业务许可要求及类型

《支付业务许可证》按照其经营业务的地域范围，分为全国范围的支付业务、省（自治区、直辖市）内的支付业务。其中跨省（自治区、直辖市）设立分支机构从事支付业务，或客户可跨省（自治区、直辖市）办理支付业务均属于全国范围内的支付业务。

（2）支付业务许可的要求及情况

根据中国人民银行发布的《支付业务许可证》核发服务指南可以看到，对于拟申请支付业务许可的企业，对于企业的注册资本、出资人、高管人员、公司治理及管理措施、支付业务设施、内部控制及风险管理、安全保障措施等均有严格的要求。此外，《支付业务许可证》的发放还需要与行业发展状况和趋势、国家政策导向相符。

（3）外商投资支付业务

《中国人民银行公告〔2018〕第7号——关于外商投资支付机构有关事宜公告的公告》首次明确了外商投资支付机构准入和监管政策。根据该文件，外商投资支付业务须满足如下条件：申请主体必须是在境内设立的外商投资企业；应当在境内拥有安全、规范、能够独立完成支付业务处理的业务系统和灾备系统，并符合至少网络等级保护三级要求；境内收集和产生的个人信息和金融信息的存储、处理和分析应当在境内进行；其他与内资申请相同的条件和资质。

根据上述政策，World First 作为首家外资企业申请网络支付牌照之前已经获得央行正式受理；而 2019 年 9 月底，PayPal 通过旗下美银宝信息技术（上海）有限公司收购国付宝 70%的股权获得央行正式批准，成为国付宝实际控制人并进入中国支付服务市场。

2. 电信业务许可

网络支付业务作为网络信息中介，从事经营活动的，应按照《电信条例》《经营电信业务许可管理办法》的规定取得电信业务许可。

（二）无证经营支付业务的法律风险

1. 无证经营支付业务的主要认定标准

类型	常见实例
网络支付业务	采取“大商户”“二清”等平台模式，即客户资金先划转至网络平台银行账户形成资金池，再由网络平台结算给该平台内商户
	提供支付有关的技术服务的公司直接过手资金结算、商户协议及支付数据的
	为客户开立的账户或提供的电子钱包等具有充值、消费、提现等支付功能
	境外持牌机构未经许可在境内开展支付业务的
预付卡发行	擅自扩大单用途预付卡的应用范围
	发行与受理跨法人、跨领域、跨地区使用的多用途预付卡
银行卡收单业务	以平台对接或“大商户”模式接入持证机构，留存商户结算资金，并自行开展商户资金清算，即所谓“二清”行为
	从事其他收单核心业务，重点关注特约商户资质审核、受理协议签订等业务活动

2. 无证经营支付业务的法律责任

根据《非金融机构支付服务管理办法》，任何非金融机构和个人未经中国人民银行批准擅自从事或变相从事支付业务的，中国人民银行及其分支机构责令其终止支付业务。

此外，根据《刑法》等法律法规的规定，无证经营支付业务还可能涉嫌非法经营罪。具体的，根据最高人民检察院《关于办理涉互联网金融犯罪案件有关问题座谈会纪要》规定，符合下列条件的，情节严重的，按照非法经营罪追究刑事责任：

（1）未取得支付业务许可，经营基于客户支付账户的网络支付业务。无证网络支付机构为客户非法开立支付账户，客户先把资金支付到该支付账户，再由无证机构根据订单信息从支付账户平台将资金结算到收款人银行账户。

（2）未取得支付业务许可经营多用途预付卡业务。无证发卡机构非法发行可跨地区、跨行业、跨法人使用的多用途预付卡，聚集大量的预付卡销售资金，并根据客户订单信息向商户划转结算资金。

三、聚合支付的业务边界及合规要点

（一）聚合支付的内涵

聚合支付实质为技术服务，为特约商户融合多个支付渠道、一站式资金结算和对账的技术解决方案。聚合支付服务商提供商户拓展、支付渠道整合、技术对接、系统运维、集合对账等服务。

（二）聚合支付的业务边界

聚合技术服务商不得办理特约商户资质审核、受理协议签订、资金结算、收单业务交易处理、风险监测、受理终端（网络支付接口）主密钥生成和管理、差错和争议处理工作。

（三）聚合支付的合规要点

分类	合规要点	参考法律
金融法律合规	不得为非法交易提供聚合支付服务；不得为不了解的商户提供聚合支付服务	中国人民银行支付结算司《关于开展违规“聚合支付”服务清理整治工作的通知》； 中国人民银行《关于加强银行卡收单业务外包管理的通知》
	不得直接或间接从事网络支付、结算服务	
	不得以任何形式截留特约商户结算资金，从事或者变相从事特约商户资金结算	
	不得采取平台对接或“大商户”模式，客户资金先划转至贵司账户，再由贵司结算给商户	
	不得为客户开立具有充值、消费、提现等支付功能的电子钱包	
	不得受理支付协议签订、交易处理、风险监测、受理终端主密钥生成和管理、网络支付接口管理、差错和争议处理工作	
	不得转让或转包业务	

续表

<table>
<tr><th>分类</th><th>合规要点</th><th>参考法律</th></tr>
<tr><td rowspan="4">数据法律合规</td><td>不得采集、留存特约商户和消费者的支付敏感信息（包括银行卡磁道或芯片信息、卡片验证码、卡片有效期、银行卡密码、网络支付交易密码、生物特征以及未获客户授权的金融信息等）</td><td rowspan="4">中国人民银行《关于持续提升收单服务水平规范和促进收单服务市场发展的指导意见》；
中国人民银行关于印发《条码支付业务规范（试行）》的通知</td></tr>
<tr><td>不得伪造、篡改或隐匿交易信息</td></tr>
<tr><td>防止泄露特约商户和消费者的身份、账户或交易信息</td></tr>
<tr><td>用于传输交易信息的业务系统应当安全、稳定，技术标准应符合《非金融机构支付业务设施技术要求》（银发［2014］350 号文发布）</td></tr>
<tr><td></td><td>特约商户展示的条码，仅限包含与当次支付有关的特约商户、商品（服务）或商品（服务）订单等信息。
移动终端展示的条码，不得包含未经加密处理的客户本人账户信息</td><td></td></tr>
<tr><td rowspan="2">营销合规</td><td>不得通过任何传播媒体、宣传工具或者方式发布销售银行卡受理终端、条码支付受理终端或者收款码的广告，不得在相关产品文案或宣传文案中用“支付”字样</td><td rowspan="2">中国人民银行《关于规范支付创新业务的通知》</td></tr>
<tr><td>不得使用或者变相使用“零扣率”“低扣率”“费率自由定义”“商户滚动切换”“一机多商户”“T＋O”“D＋O”“即时到账”“刷单”“套现”等涉嫌不正当竞争、误导消费者或者违法违规行为的文字</td></tr>
</table>

（四）聚合支付违规处罚案例

案件	案件情况	链接
通宝支付案件	“通宝支付”平台为“商户”（赌博、诈骗网站）提供支付二维码或者H5支付网页，其行为被认定为是中介机构在收付款之间提供货币资金转移服务。 公安以涉嫌非法经营罪、收买、非法提供信用卡信息罪及开设赌场罪作出批准逮捕决定	http：//jrjgj.quanzhou.gov.cn/c541441.html
胡常波、朱传荣非法经营案件	当事人因未经国家有关主管部门批准使用聚合支付软件从事资金支付结算业务而认定为非法经营罪	http：//wenshu.court.gov.cn/website/wenshu/181107ANFZ0BXSK4/index.html?docId=4bcefd42403946babfafaa7b014899a5
深圳凯因卡德公司非法经营案件	深圳凯因卡德公司发展了北京虹辉公司等十多个渠道商，由渠道商拓展下游网络赌博平台，至此形成一条完整的黑灰资金产业交易通道	http：//www.rmfz.org.cn/contents/2/217714.html
“左右棋牌”案件	依托空壳公司申请支付宝第三方支付平台通道，替棋牌等网络赌博性质的非法产业收取客户资金，从中赚取手续费，属于为网络黑灰产业犯罪提供资金通道的第四方支付平台	https：//msjw.ga.sz.gov.cn/wwyjfzx/info/infoDetail?newsId=7833

四、跨境电商支付合规问题

（一）网络支付企业参与跨境电商经营的准入要求

网络支付为跨境电商经营中不可或缺的组成部分。根据商务部、发展改革委、财政部等《关于完善跨境电子商务零售进口监管有关工作的通知》（商财发〔2018〕486号）的规定，网络支付企业若希望为跨境电商平台提供支付服务的，应当满足：

1. 参加在境内办理工商登记；

2. 非银行支付机构应具备人民银行颁发的《支付业务许可证》，支付业务范围应包括“互联网支付”；

3. 向海关提交资质证书；

4. 办理海关注册登记。

（二）网络支付企业的法律责任

网络支付企业应当就其为跨境电子商务活动提供的支付服务，如实向监管部门实时传输施加电子签名的支付电子信息，并对数据真实性承担相应责任。

第四节　互联网基金销售

2019 年 2 月 22 日，中国证监会发布《公开募集证券投资基金销售机构监督管理办法（征求意见稿）》，就公募基金、私募基金销售的相关问题征求意见。本章结合征求意见稿中的相关内容，汇总分析了互联网基金销售过程中的合规问题。

一、关于互联网基金销售

（一）互联网基金销售的内涵

互联网基金销售指传统基金销售渠道的互联网化，包括了持牌机构通过自有网络平台、第三方电子商务平台开展基金销售的相关活动。

相较于持牌机构自有网络平台的多种因素限制，利用第三方电子商务平台的用户群和用户体验优势，更有利于基金机构提升基金销售能力。

（二）互联网基金销售的法律主体

互联网基金销售相关法律主体的法律主体包含两个部分，一是传统基金销售中即存在的基金管理人、托管人、销售机构等金融机构；二是基金销售网络化的重要主体包括网络平台。

二、非持牌网络平台的业务边界及合规要点

（一）非持牌网络平台的业务边界

近年来，无论是在立法层面还是监管实践层面基本达成共识，即对互联网金融的业务实质采取穿透式监管。因此，非持牌的互联网平台不得实质经营互联网金融销售业务，仅能为持牌机构提供辅助性、技术性服务。

1. 非持牌网络平台不得实质经营持牌业务

实践中，如何判断“实质经营持牌业务”，存在一定的困难。这因此成为很多网络平台打擦边球的空间。结合日常实务经验及与监管机构沟通的情况，我们认为应当按照“交易闭环”是否在平台内完成为标准来认定。值得注意的是，金融业务的“交易闭环”不同于普通电商业务，交易闭环是否形成不是仅仅以订单、支付为判断标准，而其外延要宽泛得多。

例如，参照《公开募集证券投资基金销售机构监督管理办法（征求意见稿）》的规定，“基金管理人、基金销售机构与信息技术服务机构开展业务合作的，应当确保基金销售活动通过自身基金销售业务信息管理平台完成。”

而根据《公开募集证券投资基金销售机构监督管理办法（征求意见稿）》《证券投资基金销售机构通过第三方电子商务平台开展业务管理暂行规定》和中国人民银行、中国银行保险监督管理委员会、中国证券监督管理委员会、国家外汇管理局《关于规范金融机构资产管理业务的指导意见》的规定，这里的“基金销售活动”，是指为基金投资人（1）开立基金交易账户，（2）宣传推介基金，（3）投资顾问，（4）办理基金份额发售、申购、赎回及（5）账户信息留存与查询，等等。而非持牌网络平台不得从事该等业务活动。

2. 非持牌网络平台的有限业务空间：导流和技术等辅助服务

结合《公开募集证券投资基金销售机构监督管理办法（征求意见稿）》条文逻辑及立法修订说明，《公开募集证券投资基金销售机构监督管理办法（征求意见稿）》并未一刀切禁止实践中大量存在的“互联网流量导入”业务模式，而是提出“应当确保基金销售活动通过自身基金销售业务信息管理平台完成，并向投资人明确揭示销售服务主体”，即“交易闭环”仅能在持牌机构完成。

目前，在实践中多见非持牌网络平台仅作为导流平台，提供基金净值、排名、行业与公司的研发报告、行业资讯等。

实践中，还存在大量为基金销售提供网络开放平台、人工智能、信用信息等服务的业务模式，则要具体结合业务的深度和技术实现路径等评估业务的边界。

（二）非持牌网络平台的备案合规

根据《公开募集证券投资基金销售机构监督管理办法（征求意见稿）》《证券投资基金销售机构通过第三方电子商务平台开展业务管理暂行规定》等文件，通过网络平台销售基金产品的，需至相关监管部门或行业协会办理备案。

（三）非持牌网络平台的其他合规要点

根据《公开募集证券投资基金销售机构监督管理办法（征求意见稿）》《证

券投资基金销售机构通过第三方电子商务平台开展证券投资基金销售业务指引（试行）（征求意见稿）》等文件，非持牌网络平台上的基金销售相关活动的合规要点包括但不限于：

序号	合规要点
1	为中华人民共和国境内依法设立的企业法人，网站接入地在中华人民共和国境内
2	取得互联网行业主管部门相关的电信业务经营许可证满3年（若为电子商务平台的），及其他有关主管部门的业务许可（如支付企业需获得《支付业务许可证》）
3	不得收集、传输、留存任何基金交易信息，但不含投资人个人信息
4	应当在醒目位置披露基金销售机构的工商登记信息和基金销售业务资格信息，并提示基金销售服务由基金销售机构提供
5	具有健全的组织机构、业务规则、规章制度，有完善的内部控制和风险管理制度
6	有与电子商务平台经营规模相适应的管理人员、技术人员和客户服务人员
7	有保障平台安全运行的信息系统，与基金销售机构、相关服务提供商相应的技术系统完成了联网测试
8	根据相关监管实践，非持牌网络平台还应当满足必要的网络系统要求，包括相适应的网络安全管理措施和网络安全防范技术措施，信息安全保障水平符合国家规定的标准（实践中一般要求等保三级）
9	通过人工智能及大数据技术开展业务的，还应当避免算法同质化、编程设计错误以及对数据利用深度不够等问题
10	结合近期四部委网络安全及个人信息专项检查执法活动，非持牌网络平台的还应当建立个人信息保护合规审查机制

三、持牌机构的合规要点

（一）通用合规要点

参照《公开募集证券投资基金销售机构监督管理办法（征求意见稿）》等文件，持牌机构通过互联网销售基金产品的合规要点包括但不限于：

序号	合规要点
1	应当在业务许可范围内合规经营，不得超范围提供支付结算、投顾等业务
2	应当具备业务相适应的网络技术设施，建立相应的容灾备份机制，相关业务信息系统符合监管部门的要求
3	通过互联网、电话营销的，应当建立相应的技术系统和统一管理机制，实施留痕与监控，并建立防侵扰机制
4	运维相关网络系统的人员应当取得相应的资质
5	使用的互联网支付渠道，应当具有《支付业务许可证》（含互联网支付）
6	通过互联网、网络链接展示基金销售推介材料应当不少于 5 秒钟的视频提示风险
7	应当加强第三方合作网络平台的资质审查与合规管理，建立相应的制度体系，加强管理，完善合规监督等要求
8	应当建立完善的网络安全与个人信息保护机制，加强网络平台的日常业务中的个人信息收集、使用、存储及分享合规审查

（二）私募合规要点

私募基金募集，包含推介私募基金，发售基金份额（权益），办理基金份额（权益）认 / 申购（认缴）、赎回（退出）等活动，需要满足向特定对象开展的要求。因此：

序号	合规要点
1	募集机构在线向投资者推介私募基金之前，应当设置在线特定对象确定程序。前述在线特定对象确定程序包括但不限于： （1）投资者如实填报真实身份信息及联系方式； （2）募集机构通过验证码等有效方式核实用户的注册信息； （3）投资者阅读并同意募集机构的网络服务协议； （4）投资者阅读并主动确认其自身符合《私募投资基金监督管理暂行办法》第三章关于合格投资者的规定； （5）投资者在线填报风险识别能力和风险承担能力的问卷调查； （6）募集机构根据问卷调查及其评估方法在线确认投资者的风险识别能力和风险承担能力

续表

序号	合规要点
2	募集机构不得通过未设置特定对象确定程序的募集机构官方网站推介私募基金
3	募集机构不得通过微信朋友圈等互联网媒介推介私募基金

四、基金销售网站的一般网络合规要求

（一）是否适用电商法的规定

根据《电子商务法》第2条第3款的规定，“金融类产品和服务……不适用本法”。持牌机构作为金融类产品和服务的经营主体，通过自有网络渠道直接销售基金及保险产品的，不适用电商法。

但是，在非持牌网络平台提供基金、保险产品的导流、信息展示、广告等等服务时，是否适用《电子商务法》，则应当根据情况具体讨论：

1. 非持牌网络平台为持牌机构提供网络空间、广告等服务的，此时服务的实质并非金融产品，而是广告、信息、网络空间等非金融产品或服务，应当适用《电子商务法》相关的法律规定；

2. 若非持牌网络平台同时还销售其他商品的，该非持牌网络平台当然整体适用《电子商务法》。

（二）一般网络资质要求

除前述合规要求外，所有销售基金的网站需要满足的一般网络资质要求如下图：

类型		电信许可	ICP备案	公安备案	等保备案	电子亮照
持牌机构	通过自有网络销售自有基金/保险产品	×	√	√	√	√
	接受委托通过自有网络销售第三方基金/保险产品	√	√	√	√	√
非持牌网络平台		√	√	√	√	√

非持牌网络平台是否需要办理电信业务许可，以及是办理EDI还是ICP牌照，

实践中存在较大争议。本书认为，若网络平台满足经营性条件（情况较为复杂，根据具体业务综合判断）的，应当办理电信业务许可；反之则不需要。

1. 如果在平台内完成交易闭环的，应当办理 EDI。但是，考虑到因非持牌网络平台不能完成交易闭环，因此实际需要办理 EDI 的情形极少（除非同时还涉及 P2P 或者众筹业务）。

2. 如果在平台内未实现交易闭环的，根据经营性条件，应当办理 ICP 许可或者 ICP 备案。

第五节　互联网保险销售

原中国保监会在 2015 年发布《互联网保险业务监管暂行办法》时表示，目前部分保险销售行为触及监管边界、服务体系滞后和风险管控不足等风险和问题，亟需进一步规范；还有部分产品创新不合规，实践中例如监管机构认为“相互保”将网络互助计划伪装成相互保险，易给公众对保险的认识带来较大不良影响。因此，本章根据互联网保险销售的行业及监管现状，汇总分析了互联网保险相关的合规要点。

一、关于互联网保险销售

（一）互联网保险的内涵

根据《互联网保险业务监管暂行办法》的规定，互联网保险业务是指保险机构依托互联网和移动通信等技术，通过自营网络平台、第三方网络平台等订立保险合同、提供保险服务的业务。

（二）互联网保险销售的参与主体

1. 第三方网络平台（下称“非持牌网络平台”）

第三方网络平台，是指除自营网络平台外，在互联网保险业务活动中，为保险消费者和保险机构提供网络技术支持辅助服务的网络平台。

值得注意的是，保险公司、保险集团（控股）公司下属非保险类子公司依法设立的网络平台，同样参照第三方网络平台管理。

2. 保险机构（下称“持牌机构”）

保险机构，是指经保险监督管理机构批准设立，并依法登记注册的保险公司和保险专业中介机构。保险专业中介机构是指经营区域不限于注册地所在省、自治区、直辖市的保险专业代理公司、保险经纪公司和保险公估机构。

3. 保险消费者

保险消费者应当理解为，包含购买、使用保险产品或者接受保险服务的个人。

二、非持牌网络平台的业务边界及合规要点

（一）非持牌网络平台的业务边界

根据《互联网保险业务监管暂行办法》的规定，除前述保险机构外，其他机构或个人不得经营互联网保险业务。

结合中国银保监会办公厅《关于印发2019年保险中介市场乱象整治工作方案的通知》的规定，第三方网络平台及其从业人员的经营活动仅限于保险产品展示说明、网页链接等销售辅助服务，不得非法从事保险销售、承保、理赔、退保等保险经营业务。

银保监罚决字〔2019〕5号处罚决定书显示，某持牌机构委托未取得保险兼业代理证的第三方公司实质开展保险销售活动，并支付技术服务费用。持牌机构及其相关责任人员被处以共五十万元的罚款。

（二）非持牌网络平台的备案

非持牌网络平台与保险机构合作的，应由保险机构向中国保险行业协会备案非持牌网络平台的全称、简称，网站地址，网站备案信息，网站备案时间，业务合作范围，业务合作起止时间等信息。

并且，非持牌网络平台应当在网站的显著位置披露上述备案信息。

（三）非持牌网络平台的其他合规要点

保险机构通过第三方网络平台开展互联网保险业务的，第三方网络平台应满足下述合规要点：

概要	序号	合规要点
经营规则	1	在注册名称和经营范围中原则上不使用“互联网保险”字样
	2	具有互联网行业主管部门颁发的许可证或者在互联网行业主管部门完成网站备案，且网站接入地在中华人民共和国境内
	3	应当与获得有效许可的互联网保险机构开展互联网保险业务合作
	4	不代收和转支付保险费
	5	收到投保申请后24小时内，完整、准确、及时向保险机构提供开展保险业务所需的投保人、被保险人、受益人的个人身份信息、联系信息、账户信息以及投保操作轨迹等信息

续表

概要	序号	合规要点
	6	第三方网络平台为保险机构提供宣传服务的，宣传内容应经保险公司审核，以确保宣传内容符合有关监管规定
信息披露	7	网络平台的显著位置，披露： （1）合作保险机构信息及第三方网络平台备案信息，并提示保险业务由保险机构提供； （2）保险产品的承保公司、销售主体及承保公司设有分公司的省、自治区、直辖市清单； （3）保险合同订立的形式，采用电子保险单的，应予以明确说明； （4）保险费的支付方式，以及保险单证、保险费发票等凭证的配送方式、收费标准； （5）投保咨询方式、保单查询方式及客户投诉渠道； （6）投保、承保、理赔、保全、退保的办理流程及保险赔款、退保金、保险金的支付方式； （7）针对投保人（被保险人或者受益人）的个人信息、投保交易信息和交易安全的保障措施； （8）中国保监会规定的其他内容
	8	互联网保险产品的销售页面，披露： （1）保险产品名称（条款名称和宣传名称）及批复文号、备案编号或报备文件编号； （2）保险条款、费率（或保险条款、费率的链接），其中应突出提示和说明免除保险公司责任的条款，并以适当的方式突出提示理赔要求、保险合同中的犹豫期、费用扣除、退保损失、保险单现金价值等重点内容； （3）销售人身保险新型产品的，应按照《人身保险新型产品信息披露管理办法》的有关要求进行信息披露和利益演示，严禁片面使用“预期收益率”等描述产品利益的宣传语句； （4）保险产品为分红险、投连险、万能险等新型产品的，须以不小于产品名称字号的黑体字标注收益不确定性； （5）投保人的如实告知义务，以及违反义务的后果； （6）保险产品销售区域范围； （7）其他直接影响消费者利益和购买决策的事项
	9	保险产品相关信息，应由保险公司统一制作和授权发布

续表

概要	序号	合规要点
数据安全保护	10	具有安全可靠的互联网运营系统和信息安全管理体系，实现与保险机构应用系统的有效隔离，避免信息安全风险在保险机构内外部传递与蔓延

三、持牌机构的合规要点

针对持牌的保险机构通过互联网从事保险经营的，包括以下合规要点：

概要	序号	合规要点
经营规则	1	电子保单应实现条款通俗解释和网络动态演示，保障消费者的知情权和选择权。能够根据有关监管规定或投保人要求提供纸质保单并送达
	2	投保流程设置确认环节，确保投保人阅读保险条款的全部内容，了解并接受包括免除保险公司责任条款、犹豫期、费用扣除、退保、保险单现金价值等在内的重要事项
	3	确保通过互联网获得保险产品/服务的消费者享有的咨询、保单信息查询、保全、退保、业务接报案、理赔等各项服务标准，不低于其他业务渠道消费者享有的服务
	4	保险公司在具有相应内控管理能力且能满足客户服务需求的情况下，可将部分险种的互联网保险业务经营区域扩展至未设立分公司的省、自治区、直辖市，但需要经投保人确认，并留存确认记录
	5	负责制作并授权第三方网络平台发布互联网保险产品信息，确保信息内容合法、真实、准确、完整
	6	审核第三方网络平台的宣传内容，对宣传内容的真实性、准确性和合规性承担相应责任
信息披露	7	中国保监会颁发的业务许可证、营业执照登载的信息或营业执照的电子链接标识，若为保险专业中介机构的还应披露保险公司的授权范围及内容

续表

概要	序号	合规要点
	8	应在其官方网站建立互联网保险信息披露专栏，需披露的信息包括下列内容： （1）经营互联网保险业务的网站名称、网址，如为第三方网络平台，还要披露业务合作范围； （2）互联网保险产品信息，包括保险产品名称、条款费率（或链接）及批复文号、备案编号、报备文件编号或条款编码； （3）已设立分公司名称、办公地址、电话号码等； （4）客户服务及消费者投诉方式； （5）中国保监会规定的其他内容
	9	若保险机构通过自营网络平台经营互联网保险业务的，还应当履行保险产品及服务的相关信息，参见第三方网络平台的信息披露义务
	10	互联网保险业务经营中断的，应在自营网络平台或第三方网络平台的主页显著位置进行及时公布，并说明原因及后续处理方式
自营网络平台的规则	11	具有支持互联网保险业务运营的信息管理系统，实现与保险机构核心业务系统的无缝实时对接
	12	具有互联网行业主管部门颁发的许可证或者在互联网行业主管部门完成网站备案，且网站接入地在中华人民共和国境内
	13	具有专门的互联网保险业务管理部门，并配备相应的专业人员
	14	具有健全的互联网保险业务管理制度和操作规程
	15	互联网保险业务销售人员具有相应资质，应符合保监会有关规定
业务系统和流程管理	16	互联网保险业务应由保险机构总公司建立统一集中的业务平台和处理流程，实行集中运营、统一管理
	17	具有支持投保、报价、承保、支付、理赔、客户服务等保险业务全流程的电子商务系统和核心业务系统等应用系统
	18	建立业务系统的管理规范，明确各关键环节与过程的安全要求
数据安全保护	19	对开展互联网保险业务过程中收集的客户信息，保险机构应严格保密，不得泄露，未经客户同意，不得将客户信息用于所提供服务之外的目的
	20	采具有完善的防火墙、入侵检测、数据加密以及灾难恢复等互联网信息安全管理体系；取必要的安全技术和管理措施，确保客户信息和敏感商业信息不泄漏

续表

概要	序号	合规要点
	21	设立独立的信息安全部门，配备专职信息安全工作人员，明确分管信息安全工作的公司主管领导和责任人
	22	建立明确的信息安全风险战略，并提交信息安全审计和风险评估报告（以后至少每年开展一次）
	23	确保支持互联网保险业务运营的信息系统与保险机构内部财务系统、内部其他应用系统的有效隔离，避免信息安全风险在保险机构内外部传递与蔓延
	24	建立健全日志留痕功能，保留交易相关日志，确保交易行为可稽核，满足风险控制和业务审计要求
	25	建立同城应用级、异地数据级灾难备份体系，公司开业后 3 年之内做到异地应用级灾难备份。定期（至少每年一次）进行系统应急演练
	26	若依托于云计算模式的，公司应与云计算服务提供商签订书面协议，确保数据安全和业务连续性
业务合作与外包	27	不得与从事理财、P2P 借贷、融资租赁等互联网金融的第三方网络平台存在合作
	28	保险机构应将保险监管规定及有关要求告知合作单位，并留存告知记录
	29	与第三方网络平台签署合作协议，约定双方权利义务，确保分工清晰、责任明确
	30	向保险专业中介机构及第三方网络平台支付相关费用时，应当由总公司统一结算、统一授权转账支付，不得直接或间接给予合作协议约定以外的其他利益
	31	具有完善的外包业务管理制度，有效控制外包业务的风险源
其他	32	合理使用股东单位的公共平台资源，不得采取排他性协议等妨碍保险市场公平竞争的行为

四、保险销售网站的一般网络合规要点

互联网保险中网络平台是否适用电商法的规定，以及其一般网络资质要求可参照前一节中关于互联网基金销售相关的规定。

第六节　金融科技

2019年8月，央行发布《金融科技（FinTech）发展规划（2019-2021年）》。规划明确，金融科技的核心是利用现代科技成果优化或创新金融产品、经营模式和业务流程。与此同时，金融科技成为防范化解金融风险的新利器。鼓励运用大数据、人工智能等技术建立金融风控模型，有效甄别高风险交易，智能感知异常交易，实现风险早识别、早预警、早处置，提升金融风险技防能力。

考虑到金融科技的快速发展促使金融业务边界逐渐模糊，金融风险传导突破时空限制，给货币政策、金融市场金融稳定、金融监管等方面带来新挑战。为此，加强金融科技监管势在必行，应当尽快健全适应当前金融科技发展的政策法规、标准体系等。

为此，本书总结了实践中关于金融科技监管的几个基本趋势如下：

一、对金融科技采取穿透式监管

监管层在多个场合明确，金融科技的实质是金融。监管实践中，综合全流程监管信息建立监测分析模型，把资金来源、中间环节与最终投向穿透联接起来，透过金融创新表象全方位、自动化分析金融业务本质和法律关系，精准识别、防范和化解金融风险，强化监管渗透的深度和广度。

此外，早先国务院办公厅《关于印发互联网金融风险专项整治工作实施方案》的通知即确定了“采取‘穿透式’监管方法，透过表面判定业务本质属性、监管职责和应遵循的行为规则与监管要求”的原则，即金融科技企业未取得相关金融业务资质不得依托互联网、新技术等开展相应业务，开展业务的实质应符合取得的业务资质。

二、加强金融科技的网络安全监管

金融科技应当严格按照网络等级保护和关键信息基础设施保护的有关要求，落实《网络安全法》等国家网络安全法律法规及相关制度标准，健全全流程、全链条的网络安全技术防护体系。实践中，监管部门还会增强与网信、公安、工信等部门的协调联动，切实提高金融科技行业网络安全能力。

此外，金融科技企业应强化网络安全内部控制管理，健全安全管理制度，明确相关岗位和人员的管理责任，定期开展网络安全内部审计与外部安全评估，建立网络安全应急预案，防止和有效处置网络安全事件。

三、提高金融科技行业的数据合规水平

金融科技应当严格按照我国个人信息保护及数据合规的有关法律、法规、政策和标准文件，切实加强个人信息保护力度，严格落实数据本地化要求。对于在风控、验身、催收等环节使用第三方数据，严格审查第三方数据来源的合法性，避免本轮执法风暴中暴露出来的多家金融科技公司被非法数据源牵连的类似案例再次发生。

此外，还应遵循合法、合理原则，克制数据非法采集，严格保护好用户敏感个人信息。金融科技企业应选择符合国家及金融行业标准的安全控件、终端设备、APP 等产品进行金融信息采集和处理，利用通道加密、双向认证等技术保障金融信息传输的安全性，运用加密存储、信息摘要等手段保证重要金融信息机密性与完整性，通过身份认证、日志完整性保护等措施确保金融信息使用过程有授权、有记录，防范金融信息集中泄露风险。

关于金融科技的数据合规，监管部门还建议金融科技企业尽量做到：

一是数据脱敏。在获取用户授权前提下采集用户生物特征信息等敏感数据的，应当利用标记化等技术对采集的原始信息进行脱敏处理，并将转换后的信息加密，保障敏感特征数据传输、存储的安全性，实现用户特征敏感信息的可靠保护。

二是隐私计算。在不归集、不共享原始数据前提下，完成对生物特征信息等敏感数据的安全处理，仅向外提供脱敏后的计算结果，确保敏感特征数据在使用、处理和流转过程中不发生泄露，有效解决数据隐私保护和高效处理流通之间的矛盾。

三是分散存储。将用户生物特征等敏感数据与姓名、电话等关联性较高的敏感信息进行安全隔离、分散存储，保证攻击者无法通过部分数据推断其他隐私信息，降低敏感数据集中存储带来的泄露风险。

四、审慎监管新技术支付方式

鼓励利用人工智能、支付标记化、云计算、大数据等技术优化移动支付技术架构体系，实现账户统一标记、手机客户端软件（APP）规范接口、交易集中路由。积极推动条码支付互联互通，研究制定条码支付互联互通技术标准，统一条码支付编码规则、构建条码支付互联互通技术体系，打通条码支付服务壁垒，实现不同 APP 和商户条码标识互认互扫。

此外，考虑到人脸识别相关算法及人脸图像数据在现有支付终端普通操作系统中，容易遭受到外来恶意攻击，这导致用户的支付交易面临严峻的安全威胁。

为此，央行要求支付公司探索人脸识别线下支付安全应用，应当借助密码识别、隐私计算、数据标签、模式识别等技术，利用专用口令、“无感”活体检测等实现交易验证。

为了进一步推进新技术支付的法制化进程，央行已于2018年10月出台了《移动金融基于声纹识别的安全应用技术规范》，并正在加快制定人脸识别、活体检测、个人信息保护等相关标准。

五、金融科技含信息服务的，应遵守特殊监管规定

根据《金融信息服务管理规定》规定，金融信息服务，是指向从事金融分析、金融交易、金融决策或者其他金融活动的用户提供可能影响金融市场的信息和/或者金融数据的服务。该服务涉及法定特许或者应予以备案的金融业务的，应当取得相应资质，并接受有关主管部门的监督管理。同时，应当在显著位置准确无误的注明信息来源，并确保文字、图像、视频、音频等形式的金融信息来源可追溯。

此外，根据《外国机构在中国境内提供金融信息服务管理规定》第4条、第19条规定，外国机构在中国境内提供金融信息服务，必须经国务院新闻办公室批准。获得批准的，应当严格按照登记注册的经营范围从事业务活动，不得开展新闻采集业务，不得从事通讯社业务。

附：本章相关法律法规

类别	法律规定	时间
通用	《金融科技（FinTech）发展规划（2019-2021年）》	2019.08.23
	中国人民银行、中国银行保险监督管理委员会、中国证券监督管理委员会关于印发《互联网金融从业机构反洗钱和反恐怖融资管理办法（试行）》的通知	2019.01.01
	《金融信息服务管理规定》	2019.02.01
	中国互联网金融协会《关于防范通过网络平台从事非法金融交易活动的风险提示》	2017.11.10
	《处置非法集资条例（征求意见稿）》	2017.08.24

续表

类别	法律规定	时间
	最高人民法院印发《关于进一步加强金融审判工作的若干意见》的通知	2017.08.04
	国务院《关于强化实施创新驱动发展战略进一步推进大众创业万众创新深入发展的意见》	2017.07.21
	互联网金融风险专项整治工作领导小组办公室《关于对互联网平台与各类交易场所合作从事违法违规业务开展清理整顿的通知》	2017.06.30
	中国人民银行等《关于进一步做好互联网金融风险专项整治清理整顿工作的通知》	2017.06.29
	最高人民检察院《关于办理涉互联网金融犯罪案件有关问题座谈会纪要》	2017.06.02
	中国人民银行关于印发《中国人民银行金融消费者权益保护实施办法》的通知	2016.12.14
	中国人民银行等《关于做好通过互联网开展资产管理及跨界从事金融业务风险专项整治清理整顿工作的通知》	2016.11.29
	上海市人民政府办公厅关于印发《上海市互联网金融风险专项整治工作实施方案》的通知	2016.06.07
	中国人民银行、中央宣传部、中央维稳办等关于印发《通过互联网开展资产管理及跨界从事金融业务风险专项整治工作实施方案》的通知	2016.04.14
	国家工商行政管理总局、中央宣传部、中央维稳办等关于印发《开展互联网金融广告及以投资理财名义从事金融活动风险专项整治工作实施方案》的通知	2016.04.13
	国务院办公厅《关于印发互联网金融风险专项整治工作实施方案》的通知	2016.04.12
	国务院关于印发《推进普惠金融发展规划(2016—2020年)》的通知	2015.12.31
	国务院办公厅《关于加强金融消费者权益保护工作的指导意见》	2015.11.04
	国务院《关于加快构建大众创业万众创新支撑平台的指导意见》	2015.09.23

续表

类别	法律规定	时间
	中国证券业协会《关于场外证券业务备案有关事项的通知》	2015.09.01
	中国人民银行、工业和信息化部、公安部等《关于促进互联网金融健康发展的指导意见》	2015.07.18
	国务院办公厅《关于清理整顿各类交易场所的实施意见》	2012.07.12
	国务院《关于清理整顿各类交易场所切实防范金融风险的决定》	2011.11.11
	《非法金融机构和非法金融业务活动取缔办法》	2011.01.08
	最高人民法院《关于审理非法集资刑事案件具体应用法律若干问题的解释》	2011.01.04
	《外国机构在中国境内提供金融信息服务管理规定》	2009.06.01
网络借贷	《商业银行法》	2015.10.01
	《银行业监督管理法》	2007.01.01
	《关于做好网贷机构分类处置和风险防范工作的意见》	2018.12.19
	《关于开展P2P网络借贷机构风险摸排检查与制定风险处置预案有关工作的通知》	2018年
	《关于开展P2P网络借贷机构合规检查工作的通知》	2018.08.13
	网络借贷风险专项整治工作领导小组办公室印发《关于做好P2P网络借贷风险专项整治整改验收工作的通知》	2017.12.08
	中国银行业监督管理委员会关于印发《P2P网络借贷风险专项整治工作实施方案》的通知	2016.04.13
	中国银行保险监督管理委员会、公安部、国家市场监督管理总局、中国人民银行《关于规范民间借贷行为 维护经济金融秩序有关事项的通知》	2018.04.16
	P2P网络借贷风险专项整治工作领导小组办公室《小额贷款公司网络小额贷款业务风险专项整治实施方案》	2017.12.08

续表

类别	法律规定	时间
	互联网金融风险专项整治工作领导小组办公室、P2P 网络借贷风险专项整治工作领导小组办公室《关于规范整顿“现金贷”业务的通知》	2017.12.01
	中国银监会办公厅关于印发《网络借贷信息中介机构业务活动信息披露指引》的通知	2017.08.23
	《上海市网络借贷信息中介机构业务管理实施办法（征求意见稿）》	2017.06.01
	《关于印发上海市网络借贷信息中介机构合规审核与整改验收工作指引表（2017 年 12 月）的通知》	2017.12.26
	中国银监会、教育部、人力资源社会保障部《关于进一步加强校园贷规范管理工作的通知》	2017.05.27
	中国银监会办公厅关于印发《网络借贷资金存管业务指引》的通知	2017.02.22
	中国银监会办公厅、工业和信息化部办公厅、工商总局办公厅关于印发《网络借贷信息中介机构备案登记管理指引》的通知	2016.10.28
	《网络借贷信息中介机构业务活动管理暂行办法》	2016.08.17
	教育部办公厅、中国银监会办公厅《关于加强校园不良网络借贷风险防范和教育引导工作的通知》	2016.04.13
	最高人民法院《关于审理民间借贷案件适用法律若干问题的规定》	2015.09.01
	最高人民法院《关于依法妥善审理民间借贷纠纷案件促进经济发展维护社会稳定的通知》	2011.12.02
	中国银监会办公厅《关于人人贷有关风险提示的通知》	2011.08.23
	中国银监会办公厅《关于小额贷款公司试点的指导意见》	2008.05.04
	国务院办公厅《关于切实防范化解网络借贷行业风险维护金融和社会稳定的通知》	2018 年
	最高人民法院、最高人民检察院、公安部及司法部《关于办理非法放贷刑事案件若干问题的意见》	2019.10.21

续表

类别	法律规定	时间
互联网支付	中国人民银行《关于进一步加强支付结算管理防范电信网络新型违法犯罪有关事项的通知》	2019.03.22
	商务部、发展改革委、财政部等《关于完善跨境电子商务零售进口监管有关工作的通知》	2019.01.01
	上海市人民政府关于印发《上海市单用途预付消费卡管理实施办法》的通知	2019.01.01
	中国人民银行关于印发《条码支付业务规范（试行）》的通知	2018.04.01
	《中国人民银行公告〔2018〕第7号——关于外商投资支付机构有关事宜公告的公告》	2018.03.19
	中国人民银行《关于规范支付创新业务的通知》	2017.12.15
	中国人民银行办公厅《关于进一步加强无证经营支付业务整治工作的通知》	2017.11.13
	商务部办公厅《关于开展联合整治预付卡违规经营专项行动的通知》	2017.08.01
	中国人民银行《关于持续提升收单服务水平规范和促进收单服务市场发展的指导意见》	2017.02.21
	中国人民银行发布《关于强化银行卡受理终端安全管理的通知》	2017.01.22
	中国人民银行支付结算司《关于开展违规"聚合支付"服务清理整治工作的通知》	2017.01.22
	中国人民银行《关于加强支付结算管理防范电信网络新型违法犯罪有关事项的通知》	2016.12.01
	《单用途商业预付卡管理办法》	2016.08.18
	《非银行支付机构网络支付业务管理办法》	2016.07.01
	中国人民银行《关于进一步加强银行卡风险管理的通知》	2016.06.13
	中国人民银行、中央宣传部、中央维稳办等关于印发《非银行支付机构风险专项整治工作实施方案》的通知	2016.04.13
	中国人民银行《关于加强银行卡收单业务外包管理的通知》	2015.06.28

续表

类别	法律规定	时间
	中国银监会、中国人民银行《关于加强商业银行与第三方支付机构合作业务管理的通知》	2014.04.09
	中国人民银行《关于加强银行卡业务管理的通知》	2014.01.08
	中国人民银行公告［2013］第 9 号——关于制定《银行卡收单业务管理办法》的公告	2013.07.05
	中国支付清算协会网络支付应用工作委员会关于印发《支付机构互联网支付业务风险防范指引》的通知	2013.03.07
	《支付机构预付卡业务管理办法》	2012.09.27
	中国人民银行《关于进一步加强预付卡业务管理的通知》	2012.09.26
	中国人民银行支付结算司《关于银行业金融机构发行磁条预付卡和电子现金有关事项的通知》	2012.04.27
	中国人民银行《关于规范银行业金融机构发行磁条预付卡和电子现金的通知》	2012.01.18
	商务部办公厅《关于开展单用途预付卡专项检查工作的通知》	2011.08.20
	中国保险监督管理委员会关于认真贯彻执行人民银行监察部等部门《关于规范商业预付卡管理的意见》的通知	2011.05.23
	《非金融机构支付服务管理办法实施细则》	2010.12.01
	《非金融机构支付服务管理办法》	2010.09.01
	中国人民银行关于印发《支付结算办法》的通知	1997.12.01
	中国人民银行关于下发《银行卡业务管理办法》的通知	1999.03.01
互联网基金	《公开募集证券投资基金销售机构监督管理办法（征求意见稿）》	2019.02.22
	中国基金业协会关于发布《私募投资基金募集行为管理办法》的通知	2016.07.15
	《证券投资基金法》	2015.04.24
	《开放式证券投资基金销售费用管理规定》	2013.08.01
	《证券投资基金销售管理办法》	2013.06.01

续表

类别	法律规定	时间
	中国证券监督管理委员会公告［2013］19号——关于实施《证券投资基金销售管理办法》的规定	2013.06.01
	《证券投资基金销售结算资金管理暂行规定》	2011.10.01
	中国证券监督管理委员会关于发布《证券投资基金销售机构内部控制指导意见》的通知	2008.01.01
	中国证券监督管理委员会关于发布《证券投资基金销售业务信息管理平台管理规定》的通知	2007.03.15
互联网保险	中国银保监会办公厅《关于印发2019年保险中介市场乱象整治工作方案的通知》	2019.04.02
	中国银保监会《关于继续加强互联网保险监管有关事项的通知》	2018.09.30
	中国银行保险监督管理委员会《关于互联网保险的风险提示》	2018.04.25
	中国保监会关于印发《保险销售行为可回溯管理暂行办法》的通知	2017.11.01
	中国保监会关于落实《保险销售行为可回溯管理暂行办法》有关事项的通知	2017.10.23
	中国保监会《关于开展以网络互助计划形式非法从事保险业务专项整治工作的通知》	2016.12.20
	中国保监会、中央宣传部、中央维稳办等关于印发《互联网保险风险专项整治工作实施方案》的通知	2016.04.14
	中国保监会《关于加强互联网平台保证保险业务管理的通知》	2016.01.19
	《保险公司管理规定》	2015.10.19
	中国保监会关于印发《互联网保险业务监管暂行办法》的通知	2015.10.01
	中国保险行业协会《互联网保险业务信息披露管理细则》	2015.10.01
	《保险法》	2015.04.24
	中国保险监督管理委员会关于印发《加强网络保险监管工作方案》的通知	2014.01.06

续表

类别	法律规定	时间
	中国保险监督管理委员会《关于专业网络保险公司开业验收有关问题的通知》	2013.08.13
	中国保险监督管理委员会《关于提示互联网保险业务风险的公告》	2012.05
	中国保险监督管理委员会关于印发《保险公司开业验收指引》的通知	2011.03.30
	北京银保监局《关于规范银行与金融科技公司合作类业务及互联网保险业务的通知》	2019.10.12
其他	《区块链信息服务管理规定》	2019.02.15
	中国证券监督管理委员会公告〔2018〕39号——《证券公司大集合资产管理业务适用〈关于规范金融机构资产管理业务的指导意见〉操作指引》	2018.11.28
	银保监会、中央网信办、公安部、人民银行、市场监管总局《关于防范以“虚拟货币”“区块链”名义进行非法集资的风险提示》	2018.08.24
	中国人民银行、中国银行保险监督管理委员会、中国证券监督管理委员会、国家外汇管理局《关于规范金融机构资产管理业务的指导意见》	2018.04.27
	互联网金融风险专项整治工作领导小组办公室《关于加大通过互联网开展资产管理业务整治力度及开展验收工作的通知》	2018.03.28
	中国人民银行、中央网信办、工业和信息化部、工商总局、银监会、证监会、保监会《关于防范代币发行融资风险的公告》	2017.09.04
	中国证监会办公厅《关于对通过互联网开展股权融资活动的机构进行专项检查的通知》	2015.08.03
	中国人民银行《关于推动移动金融技术创新健康发展的指导意见》	2015.01.12
	《私募股权众筹融资管理办法（试行）（征求意见稿）》	2014.12.18
	中国人民银行、工业和信息化部、中国银行业监督管理委员会、中国证券监督管理委员会、中国保险监督管理委员会《关于防范比特币风险的通知》	2013.12.03

除上述法律文件外，国家标准委、互联网金融行业协会等，也先后发布了大量行业标准、行业指导性文件等。

第八章　网络与数据领域的竞争

第一节　法律规范概览

近年来，随着互联网产业的深入发展，互联网及数据领域的竞争也日趋白热化，由此暴露出来的问题也层出不穷。为了回应时代发展，《反不正当竞争法》先后经历了多次修正。

起初，以工业化为时代背景的《反不正当竞争法》一经出炉，表现出了极强的生命力，整个反不正当竞争的 1.0 时代前后跨越 20 余年。其中，2008 年，我国还颁布了《反垄断法》等一系列旨在规范竞争关系的法律法规。

2017 年 11 月 4 日，第十二届全国人民代表大会常务委员会第三十次会议通过了修订后的《反不正当竞争法》。本次修订最大的亮点，就是新增了规范互联网不正当竞争行为的条款，立足于传统互联网基本业态及典型案例，回应了互联网时代规范企业竞争秩序的客观需要，标志着反不正当竞争的 2.0 时代的开启。

2019 年 4 月 23 日，第十三届全国人民代表大会常务委员会第十次会议再次修正了《反不正当竞争法》，本次修正最大的亮点，就是修正了商业秘密条款，主要针对数据时代的新业态和新竞争格局，正式开启了反不正当竞争的 3.0 时代。

第二节　互联网不正当竞争条款的理解与适用

一、互联网不正当竞争条款的理解与适用

目前，互联网领域不正当竞争行为主要分为两种：

1. 传统的不正当竞争行为在互联网领域的延伸。例如，利用互联网实施混淆

行为、虚假宣传行为等。

2. 互联网领域特有的、利用技术手段实施的不正当竞争行为。《反不正当竞争法》第 12 条即互联网竞争条款就是针对该部分不正当竞争行为进行规定。本节主要针对互联网领域特有的不正当竞争行为进行分析。

2017 年修订后的《反不正当竞争法》的亮点之一，就是新增了互联网不正当竞争条款即《反不正当竞争法》第 12 条（以下简称互联网不正当竞争条款），立足于传统互联网基本业态及典型案例，回应了互联网时代规范企业竞争秩序的客观需要。

互联网不正当竞争条款采取了概括 + 列举 + 兜底的立法技术，较好的保证了《反不正当竞争法》的灵活性，同时又不失可操作性，首次从立法层面明确了技术创新、技术中立与竞争秩序的边界，对于那些以技术中立之名行丛林法则之实的不正当竞争案件具有较好的指导意义。同时，该条也被认为是体现司法能动性、创造性的一个典范，正是司法实践中通过一系列典型案例探索、总结，为本条规则的创设奠定了坚实的实践基础。

本条将互联网领域的不正当竞争行为特征概括为“妨碍、破坏其他经营者合法提供的网络产品或者服务正常运行的行为”，而常见的“妨碍、破坏行为“列举为三种情形，具体包括：劫持行为、干涉行为、不兼容行为。

本书就 2017 年修订后的互联网不正当竞争条款，主要内容及法律解读如下：

（一）未经其他经营者同意，在其合法提供的网络产品或者服务中，插入链接、强制进行目标跳转

结合实践案例，如用户在使用某款搜索引擎进行关键词搜索时，其他经营者在搜索结果页面出现前插入广告页面并持续数秒，其间，点击该广告页面即跳转至广告宣传网站新窗口，不点击则数秒钟后自动展现搜索结果页面。这种情况则属于未经同意插入链接的不正当竞争行为。

百度诉青岛联通不正当竞争案件，就属于本条款规定的典型情形。法院认为青岛联通及青岛奥商在百度搜索引擎中插入广告链接，既未取得百度同意，也违背了用户的意愿，属于利用百度的知名度来为自己牟利，损害了百度的经济利益，构成不正当竞争。

除了前述案例，天猫诉载和、载信不正当竞争纠纷案、百度诉搜狗不正当竞争纠纷案亦属于本条款规定的典型案例。

（二）误导、欺骗、强迫用户修改、关闭、卸载其他经营者合法提供的网络产品或者服务

与第 1 款的情形不一样，第 2 款中约定的情形并非网络服务提供者采取的技术手段，而是用户采取修改、关闭或卸载等行动或措施，但是用户的该等行为是在网络服务提供者的误导、欺骗、强迫的情形下作出的。实践中，这种误导、欺骗、强迫通常表现为领取红包、赠送服务、虚假宣传等等。

例如腾讯诉奇虎不正当竞争纠纷案件，用户安装奇虎的“扣扣保镖”软件后，该软件自动对腾讯的 QQ 软件进行体检，以红色字体警示用户 QQ 软件存在严重的健康问题，将“QQ 扫描我的文件”等列为危险项目，并以绿色字体提供“一键修复”帮助。用户点击“一键修复”后，“扣扣保镖”禁用了“腾讯搜搜”“QQ 书签”“企业 QQ”等 11 个插件，同时，还将 QQ 软件的安全沟通界面换成“扣扣保镖”界面。法院最终认定奇虎针对 QQ 软件专门开发了“扣扣保镖”诱导使用该软件的用户进行相应操作，使 QQ 软件的相关功能无法使用，并取代 QQ 软件的相应功能推广自己的产品，不正当地减少了腾讯的交易机会，损害了腾讯的合法权益，构成不正当竞争。

（三）恶意对其他经营者合法提供的网络产品或者服务实施不兼容

金山公司诉奇虎公司不正当竞争案件，就是本条款规定的典型情形。360 安全卫士软件在自身安装、升级、运行的过程中采用弹出提示框的方式，引导用户在提示框中进行同意卸载金山网盾的操作，用户在 360 安全卫士引导下进行操作后，并非进入金山网盾的正常卸载流程，而是删除了金山网盾程序的快捷方式、修改了运行金山网盾可执行文件，法院认为奇虎公司在 360 安全卫士软件中进行的上述设置阻碍了用户使用金山网盾，构成不正当竞争。

但是，判定经营者是否存在恶意性在司法实践中也是个难题。奇虎公司诉金山公司不正当竞争案件则是一个不构成“恶意性”的参考案例。在该案中，奇虎公司诉称金山网盾阻止其 360 安全卫士运行的行为构成不正当竞争。法院认为，对于经营者并非恶意造成的软件冲突，尤其是在经营者发现后于合理时间内采取措施解决了软件冲突的情况下，因为该经营者并不具有主观上的恶意，其行为不应认定为不正当竞争行为。

（四）其他妨碍、破坏其他经营者合法提供的网络产品或者服务正常运行的行为

本条款为兜底条款，以防止实践中出现的法律未约定的情形。但是，实践当中，适用本条款的情形并不多。

根据爱奇艺与千影公司不正当竞争纠纷案件，法院认为适用兜底条款规定应当满足如下条件：1. 使用技术手段影响用户选择或直接替代用户选择；2. 结果导致其他经营者合法提供的网络产品或服务不能正常运行；3. 上述行为有违自愿、平等、公平、诚实信用的原则，公认的商业道德。

在该案件中，千影公司运营的浏览器登录爱奇艺网站视频页面，在下方会出现播放无广告视频的选项，选择后即可跳过商业广告，完整播放视频。法院审理认为，虽然千影公司未到庭证明其采用了何种技术手段，但从结果来看实际提供给用户选择跳过贴片广告直接观看视频的可能性；结果必然会造成爱奇艺公司固有的或潜在的 VIP 会员流失，普通用户贴片广告访问数据的减少，直接导致爱奇艺获取的VIP会员费及贴片广告收入减少，丧失竞争优势；千影公司具有主观恶意，其行为已超出市场经济自由竞争的合理边界，违背了诚实信用原则和公认的商业道德，构成不正当竞争。

二、完善互联网不正当竞争条款的立法建议

2018 年上半年，为了更好地理解和适用新修订的《反不正当竞争法》互联网不正当竞争条款，国家市场监管总局竞争执法局在上海开展立法调研，本书作者应邀参加了本次调研并发表了如下立法建议：

（一）应当统一“合法性”的理解与适用

《反不正当竞争法》首次将互联网不正当竞争行为的特征概括为“妨碍、破坏其他经营者合法提供的网络产品或者服务正常运行的行为”，明确了“妨碍、破坏”的对象必须是“合法提供的网络产品或者服务”。

理论和实务界中对此处的“合法性”前提持两种观点：第一种观点认为“合法”指主体合法 + 内容合法，其中主体合法指经营者应当取得提供产品和服务的全部资质证照（例如 ICP、EDI、AVSP 等等）；第二种观点认为“合法性”仅指内容合法，即仅要求经营者提供的网络产品或者服务穿透后本身合法即可。

本书作者认为，在互联网经济日新月异、立法及监管相对滞后的背景下，本处的“合法性”前提，仅指穿透后的网络产品和服务本身是否合法，而不能以是否有资质证照为判断标准。

例如，滴滴出行、外卖平台、互联网金融、直播视频等新经济模式在创立之初，都可能会存在资质证照的瑕疵，但其提供的穿透后产品或服务（打车、餐饮、金融、视频）本身并不为法律所禁止；相反，网络赌博、博彩等业务，因产品本身不具有合法性，当然不能作为法益被保护。

（二）应当明确“恶意性”的判断标准

对其他经营者合法提供的网络产品或者服务实施不兼容，必须满足恶意性条件，才构成不正当竞争行为，但实践中对哪些属于恶意性，哪些属于善意性，存在不同的理解。

我们认为，此处“恶意性”标准的把握，可以参考“作为的必要性”和“不作为的经济性”正反检测法。

所谓作为的必要性，指如果网络服务提供者采取了作为的、具体的行动或措施对其他服务或应用实施不兼容的，这种“行动或措施”必须是必要的。即，如果不这样做，可能会导致自身服务或应用无法运行或者合法权益受到侵害。例如，电脑磁盘清理软件在启动时，必然会耗费大量的资源，因此会关闭其他软件程序，这种对其他软件的不兼容措施就属于必要的，非恶意的。

所谓不作为的经济性，是指如果网络服务提供者为了满足兼容必须采取的行动和努力极不经济，以至于企业需要付出极大地代价和成本（例如需要额外开发、增加硬件设施、牺牲安全性，等等）来满足兼容性，则企业可以考虑放弃兼容性。

实践中，如何“兼容”《反不正当竞争法》中的兼容性要求与网络安全法下的数据可携权，值得探讨。

（三）应当完善兜底条款适用的示范场景

当前互联网竞争已经从传统技术竞争转移到内容、数据竞争。互联网不正当竞争条款立足于传统技术竞争逻辑，远远落后于大数据、AI时代的竞争场景，广受诟病。所以，建议本次规章立法，能够根据新时代的竞争场景，在严格把握《反不正当竞争法》基本价值的基础上，充分发挥兜底条款的前瞻性功能，对该兜底条款进行列举性解释。

结合我们在实务中遇到的新案例，我们建议对该兜底条款作进一步列举性解释，回应当前大数据、AI经济场景下的新型竞争问题，包括但不限于：AI规则的透明度，平台经济模式下的推荐、排序数据多样化、可变性、周期性问题，数据污染问题，网络定向营销，平台治理规则有效性，等等。

（四）应当协调《反不正当竞争法》的适用与执法冲突

一是协调《反不正当竞争法》适用与《广告法》等其他法律、法规的适用。尤其是《互联网广告管理暂行办法》《网络交易管理办法》《网络商品和服务集中促销活动管理暂行规定》及《电子商务法》均有关于互联网不正当竞争行为的规范。如何适用法律以及各法律认定标准的不统一，成为一个头疼的问题。

二是协调市监部门与工信、网信部门的执法边界。《网络安全法》《电信条例》

《互联网信息服务管理办法》《移动互联网应用程序信息服务管理规定》等法律、法规中均有关于互联网竞争秩序的规范，且赋予了工信（通管）、网信等部门的执法权限。如何区分各部门之间的执法边界问题，防止多头监管、谁都不管的问题，成为另一个头疼的问题。

（五）应当探索“消费者利益”评价机制

实践中，某一项商业模式、技术措施是否具有合理性，执法或司法部门均会考量是否会损害消费者利益，如著名的3Q大战、华为与微信的数据争夺、视频广告屏蔽等案例。

但是，在个案中，何为消费者利益，是否对消费者利益产生影响，以及如何平衡消费者的短期利益和长期利益，各界往往各执一词。

我们建议在本次规章立法中，探索一种具有执行力的“消费者利益”评价机制（例如专家评审、市场调研、鉴定等等），有利于统一行政执法标准，增强规章的适用性。

三、构成不正当竞争的行政违法性

值得注意的是，企业经营行为构成不正当竞争的，不仅会承担民事责任，还可能会承担相应的行政责任。根据《反不正当竞争》规定，经营者违反互联网不正当竞争条款规定的，由监督检查部门责令停止违法行为，处十万元以上五十万元以下的罚款；情节严重的，处五十万元以上三百万元以下的罚款。

在3Q大战中，工信部就曾公开发布工信部电管函〔2010〕536号文批评涉案企业，并责令其停止违法行为并公开道歉。在2017年顺丰与菜鸟关于数据接口的争议中，国家邮政局也多次发声，并协调争议双方尽快解决数据互通问题。

第三节　商业秘密条款

在2017年修订《反不正当竞争法》后，2019年再次修正《反不正当竞争法》，而本次修正的主要内容为商业秘密条款，突显出商业秘密条款修正的紧迫性及必要性。

本书中，简要介绍本次修正内容及典型案例如下：

一、扩大商业秘密范围，探索数据信息、算法等的全新保护路径

在此前的司法实践中，针对数据、算法等新兴的信息，往往会根据其是否满足商业秘密构成要件被归类至技术秘密，例如刘 × 等侵犯商业秘密罪案件中，北京市西城区法院认为北京理正公司管理信息系统中的数据库表、存储过程 / 函数不为公众知悉，属于非公知技术信息，构成技术秘密。

本次修正增加了“等商业信息”，使得技术信息、经营信息以外的商业信息也被纳入了商业秘密的范畴，有效应对数据时代商业秘密保护范畴极速扩大的需求。

二、新增侵权行为列举，明确电子侵入获取数据化商业秘密的救济路径

电子侵入手段包括但不限于破解或规避保护措施，未经授权或超越授权获取计算机信息，侵入服务器，破解 APP 的加密保护算法或 API 交互规则，使用伪造的设备 ID 绕过服务器的身份校验等等。

例如深圳市谷米科技有限公司与被告武汉元光科技有限公司等不正当竞争纠纷案，被告通过网络爬虫技术进入原告服务器后台的方式非法获取原告软件数据，该种手段就属于电子侵入手段之一。

随着互联网的发展，通过电子侵入方式获取商业秘密的行为越来越多，本次修正明确将电子侵入手段列入侵权行为之一，是立法与时俱进的体现。

三、加大查处力度，提高数据时代商业秘密侵权的违法成本

（一）新增“教唆、引诱、帮助”他人违反保密义务并“获取、披露、使用或者允许他人使用”权利人的商业秘密的侵权行为

目前，自动驾驶、大数据、智能设备领域的恶意挖角现象层出不穷，但是权利人却无法有效进行侵权打击。本次商业秘密条款的修正，将有效的震慑当前自动驾驶、大数据、智能设备领域的恶意挖角等不正当竞争行为，激发创新企业的人力资源投入积极性、安全感。

（二）本次修正引入惩罚性赔偿制度，提高违法成本

本次修正约定按照一倍以上五倍以下确定赔偿数额，同时罚款金额的上限调整为 100 万元，赔偿金额的上限调整为 500 万元，极大地提高了违法成本。

（三）扩大商业秘密侵权主体至经营者以外的其他自然人、法人和非法人组织

反不正当竞争法调整的是经营者之间的竞争行为，但是侵犯商业秘密的主体不仅包括是经营者还包括经营者以外的人，例如知悉权利人商业秘密的员工。本次修正将经营者以外的主体也列为侵犯商业秘密的责任主体，有利于进一步保护权利人的合法权益。

四、合理分配举证责任，降低权利人维权难度

在商业秘密侵权案件中，权利人举证责任较重且举证难度较高等问题，一直是导致商业秘密案件驳回率高的原因之一。本次修正明确了权利人与涉嫌侵权人的举证责任，有效降低了权利人的维权难度，有利于进一步保障权利人的合法权益。

（一）对是否构成商业秘密的举证责任进行分配

权利人提供初步证据证明其所主张的商业秘密具有保密性且商业秘密被侵犯。在权利人提供上述初步证据后，涉嫌侵权人需要对涉案商业秘密不符合法律构成要件进行举证。

（二）对是否存在侵犯商业秘密行为的举证进行分配

权利人需要提交初步证据合理表明商业秘密被侵犯：有证据表明涉嫌侵权人有渠道或者机会获取商业秘密，且其使用的信息与该商业秘密实质上相同；有证据表明商业秘密已经被涉嫌侵权人披露、使用或者有被披露、使用的风险；有其他证据表明商业秘密被涉嫌侵权人侵犯方面的证据。

在权利人提供上述初步证据后，涉嫌侵权人应当证明自己不存在侵权行为。

在本次修正之前，司法实践当中，对于是否存在侵犯商业秘密行为，亦是采用“接触”＋“相同或实质相似”“-”“合理来源”的方式进行认定。本次修正将该种认定方式通过法律予以明确，使法律规定与司法实践得到了统一。

第四节　商业标识冲突

商业标识，主要包括商标（注册商标和未注册商标）、企业名称及域名等。它们虽然由不同的法律所调整，但实践当中却经常产生冲突，受到社会及司法实践的广泛关注。

而在互联网环境下，因互联网的无界性，互联网领域的商业标识冲突案件尤其常见，对企业的影响也更加突出。

一、在后企业名称与在先注册商标的冲突

因互联网发展非常迅速，部分互联网独角兽企业创立后很快就会具有极高的知名度，进而成为侵权人模仿、搭便车的目标。一个典型的搭便车路径就是侵权人在其他地区注册与独角兽企业商标标识相同或近似的字号。

在这种情况下，在后企业名称与在先注册商标的冲突，存在两种侵权的情形：

（一）突出使用企业名称中的字号，侵犯注册商标专用权

权利人突出使用或者不规范使用其依法登记的企业名称，之所以构成商标侵权，在于此时企业名称的使用已经符合商标法上使用定义，从而具有商标法意义上的标识和区别功能。即企业名称不再作为企业名称使用，而是作为商标在使用。根据本书作者办理的大量类似案例显示，这类案件的一个突出的特征就是，在商品、商品包装或者容器以及商品交易文书上，或者在广告宣传、展览以及其他商业活动中突出使用字号或字号的简称、缩写等。

例如苏州罗技与广州罗技商标侵权及不正当竞争案件中，法院认为广州罗技成立时间晚于苏州罗技商标注册时间，且广州罗技在其网站的产品宣传页面中及在其键盘等产品包装上用较大字体醒目标注了“广州罗技”字样，其行为不仅违反了《商标法》（2001 修正）第 52 条第 1 项的规定，亦违反了最高人民法院《关于审理商标民事纠纷案件适用法律若干问题的解释》第 1 条第 1 项的规定，即将与他人注册商标相同或相近似的文字作为企业的字号在相同或者类似商品上突出使用，容易使相关公众产生误认的，属于《商标法》第 52 条第五项规定的给他人注册商标专用权造成其他损害的行为。最终法院认为广州罗技的上述行为侵犯了苏州罗技“罗技”商标的专用权。除了前述案例，本书作者代理的深圳平安与陕西平安商标侵权案件，法院最终亦认定陕西平安构成商标侵权。

（二）未突出使用企业名称中的字号，构成不正当竞争

2013 年修正的《商标法》特别增加了一条作为第 58 条，即“将他人注册商标、未注册的驰名商标作为企业名称中的字号使用，误导公众，构成不正当竞争行为的，依照《中华人民共和国反不正当竞争法》处理。”根据最高人民法院《关于当前经济形势下知识产权审判服务大局若干问题的意见》第 10 条的规定：“企业名称因突出使用而侵犯在先注册商标专用权的，依法按照商标侵权行为处理；企业名称未突出使用但其使用产生市场混淆、违反公平竞争的，依法按照不正当

竞争处理。”因此，企业名称未突出使用但其使用产生市场混淆、违反公平竞争的，构成不正当竞争。

例如深圳平安诉江阴平安不正当竞争一案，江阴平安在平安集团已获准注册“平安”商标后，不正当的将“平安”字样作为企业名称，且成立在后的江阴平安亦从事注册商标项下类似服务，具有攀附商誉的故意，法院最终认定构成不正当竞争。除了前述案例，还有北京京东金融科技控股有限公司与财富京东金融服务外包（北京）有限公司不正当竞争纠纷，法院最终亦认定构成不正当竞争。

值得注意的是，对于互联网独角兽企业而言，企业名称权与商标权冲突纠纷的解决，宜早不宜迟。一旦各自形成了一定的市场格局或历史地位，权利人不但很难通过不正当竞争诉讼实现打击侵权的目的，而且可能会反向影响权利人在其他领域或地区的业务布局，最终影响融资甚至 IPO 进程。

二、在先企业名称与在后注册商标的冲突

实践中，部分互联网创业企业早期知识产权保护意识不强，等发展到一定程度（例如融资甚至 IPO）时再回过头来注册商标时，发现已经被别人抢注的情形常有发生。

在这种情况下，注册商标与在先企业名称权冲突，在先企业名称权要获得保护，必须满足较为严格的如下条件：

1. 企业名称登记应当早于侵权商标的申请注册日。

2. 侵权商标使用了与企业名称相同的文字。实践中，企业名称的构成要素往往不会成为对抗商标权的理由；但根据最高人民法院《关于当前经济形势下知识产权审判服务大局若干问题的意见》第 10 条规定，对于具有一定市场知名度、为相关公众所熟知、已实际具有商号作用的企业名称的简称，视为企业名称并给予保护。

3. 侵权商标指定使用的商品或者服务与在先企业名称权人的经营内容相同或者类似。

4. 在先企业名称在相关公众中具有一定的知名度，且侵权商标的注册或使用容易导致相关公众产生混淆。

一旦互联网企业发现商标被他人抢注的，我们建议的救济渠道包括但不限于：

1. 根据 2013 年修正的《商标法》第 33 条、第 35 条之规定，初审公告后的商标侵犯他人企业名称权的，在先权利人和利害关系人可以向商标局提起异议；异议被驳回的，异议人还可以向商评委请求宣告该注册商标无效。

2. 根据2013年修正的《商标法》第45条之规定，已注册的商标侵犯他人企业名称权的，在先权利人和利害关系人可以在商标注册之日起5年内向商评委请求宣告注册商标无效，权利人对商评委裁定不服的，可以向人民法院起诉。

3. 商标购买或寻求许可、共存协议。

三、域名侵权

（一）司法解决路径

2001年7月17日，最高人民法院发布《关于审理涉及计算机网络域名民事纠纷案件适用法律若干问题的解释》，该司法解释第4条明确规定，域名构成侵权或不正当竞争的要件为：

（1）原告请求保护的民事权益合法有效；

（2）被告域名或其主要部分构成对原告驰名商标的复制、模仿、翻译或音译；或者与原告的注册商标、域名等相同或近似，足以造成相关公众的误认；

（3）被告对该域名或其主要部分不享有权益，也无注册、使用该域名的正当理由；

（4）被告对该域名的注册、使用具有恶意。

2002年10月12日，最高人民法院发布《关于审理商标民事纠纷案件适用法律若干问题的解释》，其中第1条规定“将与他人注册商标相同或者相近似的文字注册为域名，并且通过该域名进行相关商品交易的电子商务，容易使相关公众产生误认的”属于给他人注册商标专用权造成其他损害的行为。

因此，在后的域名与他人注册商标相同或近似的，构成商标侵权行为。

1. 域名涉及驰名商标

此种情况下，侵权人存在注册或持有域名行为即构成侵权，域名是否实际使用并非是必要条件。

例如，美国杜邦公司诉北京国网信息有限公司计算机网络域名侵权纠纷一案，自1921年以来，杜邦公司的椭圆字体“DUPONT”商标已经在94个国家、地区或组织注册，并于1976年在我国注册，在我国市场上也享有较高声誉，为我国相关公众所熟知，法院认定“DUPONT”商标为驰名商标。国网公司于1996年3月注册成立，1998年11月2日，国网在中国互联网络信息中心注册了域名“dupont.com.cn”，至今一直没有实际使用。法院认为国网公司作为注册域名的代理商，国网公司注册“dupont.com.cn”域名的行为具有恶意，并且已在事实上造成了妨碍杜邦公司在中国互联网上使用自己驰名商标进行商业活动的后果，最终认定国网公司的行为已构成对杜邦公司驰名商标专用权的侵犯。

2. 域名涉及一般的注册商标

此种情况下，将注册商标相同或者相近似的文字注册为域名，则需要逐个比对侵权构成要件，尤其是关于恶意的认定标准。

例如，法国轩尼诗公司与顾玉辉侵犯商标专用权及不正当竞争纠纷一案，顾玉辉注册的涉案域名“xuannishiwine.com”的核心部分由“xuannishi”和“wine”两部分构成，该域名的显著识别部分应为“xuannishi”。而不论是繁体中文“軒尼詩”，还是简体中文“轩尼诗”，其汉语拼音均为“xuannishi”，两者在汉语发音上完全相同，故法院认为顾玉辉注册的涉案域名“xuannishiwine.com”与涉案商标“轩尼诗”构成足以造成相关公众混淆的相似性。同时，从法国轩尼诗公司公证保全的 www.xuannishiwine.com 网页上显示，该网站上宣传的商品即为“法国轩尼诗红酒”，首页设有几个项目栏，其中一栏为“在线订单”，该行为可以认定为通过该域名进行商品交易的电子商务行为，挤占权利人的商业机会，侵权人的恶意明显。最终，法院认定顾玉辉注册涉案域名的行为构成商标侵权。

（二）域名仲裁解决路径

域名争议除了可以采取司法路径外，还可以采取域名仲裁的路径，只不过域名仲裁仅支持转移或注销争议域名，不能支持民事赔偿请求。不同的域名类别适用不同的争议仲裁路径。

1. 中国国别域名

中国国别域名“.CN”“. 中国”等适用《国家顶级域名争议解决办法》及其程序规则，仲裁机构包括但不限于中国国际经济贸易仲裁中心、亚洲域名争议解决中心下设的其他机构等，仲裁时效为三年。

而根据《国家顶级域名争议解决办法》规定，投诉人的域名仲裁请求获得支持的必须同时满足如下条件：

（1）被投诉的域名与投诉人享有民事权益的名称或者标志相同，或者具有足以导致混淆的近似性。

（2）被投诉的域名持有人对域名或者其主要部分不享有合法权益。

（3）被投诉的域名持有人对域名的注册或者使用具有恶意。而常见的恶意情形包括但不限于：注册或受让域名的目的是为了向作为民事权益所有人的投诉人或其竞争对手出售、出租或者以其他方式转让该域名，以获取不正当利益；将他人享有合法权益的名称或者标志注册为自己的域名，以阻止他人以域名的形式在互联网上使用其享有合法权益的名称或者标志；注册或者受让域名是为了损害投诉人声誉，破坏投诉人正常的业务活动，或者混淆与投诉人之间的区别，误导公众；等等。仲裁实践中，不同的仲裁庭可能会对恶意认定掌握不同的标准。

2. 类别定级域名

类别顶级域名 .COM\.NET 等适用《统一域名争议解决政策（UDRP）》及其程序规则，仲裁机构包括但不限于 WIPO、美国国家仲裁院、亚洲域名争议解决中心下设的仲裁中心等，暂无仲裁时效规定。

而根据《统一域名争议解决政策（UDRP）》规定，投诉人的域名仲裁请求获得支持的必须同时满足如下条件：

（1）争议域名与投诉人拥有权利的商标或服务标志相同或相似，容易引起混淆。

（2）注册人对该域名没有任何权利或合法权益。

（3）注册人注册域名，并（注：与中国国别域名规则不同，这里是“并”，而中国国别域名是“或”）正在“恶意”使用该域名。其中常见的恶意情形包括但不限于注册人注册域名的主要目的是否是为了出售、出租或以其他方式转让该域名给投诉人（商标或服务标志的所有人）；注册该域名的注册人是否是为了防止商标或服务标志的所有人获得与该标志相对应的域名，域名所有人是否已经进行了此类活动；注册人注册该域名的主要目的是否是为了破坏竞争对手的业务；注册人是否通过使用该域名，令人混淆该域名和投诉人的标志，从而企图吸引互联网用户浏览注册人的网站，以获得商业利益。

实践中，每年WIPO都会公布大量的典型案例，并会总结部分常见的恶意情形，该等案例具有判例价值，可以为后续仲裁所直接引用。

除了上述司法解决和仲裁之外，出于效率和法律风险考虑，实践中也会有很多通过域名购买方式解决域名障碍的情形。但是，如何有效利用域名交易平台和域名交易协议等确保交易安全，以及尽可能隐藏购买者真实身份，是交易过程中最为重要的注意事项。

四、APP 名称侵权

移动互联网兴起后，APP 名称是否构成商标侵权成为互联网企业关注的重点。西柚变美柚，嘀嘀诉滴滴案等典型案例已为互联网企业 APP 名称知识产权布局敲响警钟。

如何判断将标识作为 APP 名称使用的行为是否构成商标侵权？具体判断标准如下：

1. 是否构成商标性使用；

2. 商品或服务的类别是否相同或者近似；

3. 是否导致相关公众混淆；

4. 侵权人是否具有攀附商誉的恶意。

其中，要判断 APP 名称中使用商标标识是否构成商标性使用，关键看 APP 名称是否能够发挥区分商品和服务来源的功能，具有显著性的 APP 名称可构成商标性使用，而直接描述软件功能、用途等没有显著性或显著性低的 APP 名称一般不构成商标性使用。

例如李叶飞等与新浪公司侵害商标权案，2007 年 9 月，商标局核准李叶飞、韩燕明注册第 4441141 号“拍客”商标，核定使用在第 9 类计算机软件等商品上。2014 年，新浪公司推出新浪拍客软件。李叶飞、韩燕明认为，新浪公司在软件客户端上使用“拍客”字样，侵犯其注册商标专用权。法院审理认为，涉案商标虽然难以认定属于商品的通用名称，但却是来源于网络社会中人们常用的代表一定文化特征的词汇符号，商标权人不能禁止他人善意、非商标意义上的使用。新浪公司在应用上使用“拍客”一词，目的是直接告知消费者该款 APP 的用途，属于描述性使用，判决驳回了李叶飞、韩燕明的诉讼请求。

实践中，我们也处理了不少 APP 名称侵权的案件。基于网络侵权行为成本低、侵权行为人难以定位的特征，不同于普通侵权行为，通过单一的打击方式往往不能取得预期的维权成效。因此，维权路径需要通过多个点、不同面的结合打击才能达到维权的成效。建议如下：

1. 应用商店官方渠道进行投诉：例如在线上向应用商店进行投诉，在线下通过电话与应用商店进行沟通，甚至可以向应用商店发送电子以及纸质律师函。

2. 与侵权人线下沟通：这个环节，如何定位侵权人较为重要。企业可以技巧性搜索侵权人官方网站、联系电话、联系邮箱、招聘信息等来确定具体侵权主体，在确认侵权主体后，可以通过电话、邮件以及现场的方式与侵权人直接沟通，要求侵权人停止侵权行为。

3. 向政府执法部门进行投诉、举报：例如向中国互联网违法和不良信息举报中心进行举报。

4. 提起民事诉讼：鉴于侵权人随时可以下架侵权 APP，建议企业在发现侵权线索后尽快进行公证，以避免证据的流失。

随着移动应用不断发展，APP 傍名牌、搭便车的现象越来越突出，因此，为了避免企业商誉的降低，建议企业尽早处理该类侵权事宜。

第五节 网络与数据反垄断

2007 年 8 月 30 日，第十届全国人民代表大会常务委员会第二十九次会议通过《反垄断法》，并于 2008 年 8 月 1 日起正式施行，至今已逾十载。在这期间，我国的互联网行业高速发展，并由互联网时代跨入数据时代。

2018 年国家机构改革后，国家市场监督管理总局全面负责我国反垄断监管与执法活动，并于 2019 年先后发布了《禁止滥用市场支配地位行为暂行规定》《禁止垄断协议暂行规定》及《制止滥用行政权力排除、限制竞争行为暂行规定》等几个规定。

本书选取其中影响最为广泛的《禁止滥用市场支配地位行为暂行规定》解读如下：

一、《禁止滥用市场支配地位行为暂行规定》解读

为适应现实发展需要，2019 年 6 月 26 日，国家市场监督管理总局公布《禁止滥用市场支配地位行为暂行规定》（以下简称《暂行规定》），与之前国家发改委的《反价格垄断规定》和原国家工商总局《关于滥用市场支配地位行为的规定》相比，《暂行规定》增加了许多新的内容，本节将就《暂行规定》中的要点内容，解析这些新内容会给未来的执法和互联网企业合规带来哪些影响和启示。

（一）互联网领域经营者支配地位认定——新类型垄断

传统领域经营者往往是通过对特定产品或服务的独占形成市场支配地位，例如 2018 年度国家市场监督管理总局公布的五起滥用支配地位案件，分别涉及相关经营者对电信、电力、原料药、金融贷款服务、航运码头服务等产品或服务支配地位的滥用。而在互联网领域，经营者通过对用户个人信息进行收集，并运用大数据技术进行结构化处理、汇编、整合和分析，形成了具有强大分析和预测功能的用户大数据。用户大数据不仅可以被用于预测用户的行为、提高企业的精准营销能力，甚至可以被用于预测流行疾病的发生、提高社会治理效力。在另一方面，用户大数据的使用、授权也会产生一系列排除、限制竞争问题。

2019 年 2 月德国联邦卡特尔局曾认定 Facebook 公司的用户大数据使用行为构成市场支配地位滥用。德国联邦卡特尔局指出，Facebook 公司迫使用户同意采集用户在 Facebook 之外其他平台（脸书公司旗下的 WhatsApp 和 Instagram，以及嵌入脸书公司页面的第三方网络平台和手机 APP）的使用数据，构成不公正的限制性条款、进而构成滥用市场支配地位行为。美国司法部和联邦贸易委员会也在

近期对苹果、谷歌、亚马逊、Facebook 四家互联网巨头公司展开调查，这四家巨头公司分别提供不同的产品和服务，但是均具有庞大的用户数量和用户大数据。尽管以上域外执法案例还在进一步发展和持续之中，而且其中的竞争分析也可能存在商榷之处，但是这些案例可以反映出各国反垄断执法机构均将互联网领域经营者作为执法关注的焦点。

《暂行规定》的一大亮点是针对上述反垄断执法领域的新发展做出回应。例如《暂行规定》第 11 条规定："根据反垄断法第十八条和本规定第六条至第十条规定认定互联网等新经济业态经营者具有市场支配地位，可以考虑相关行业竞争特点、经营模式、用户数量、网络效应、锁定效应、技术特性、市场创新、掌握和处理相关数据的能力及经营者在关联市场的市场力量等因素。"该条规定中特别提及"用户数量""掌握和处理相关数据的能力"，体现出执法机构对于互联网领域经营者支配地位及其用户大数据使用行为的关注。

（二）结合行业特点进行经济分析——网络效应和双边市场

《暂行规定》的另一大亮点，是提出了许多与具体行业特点更加契合的经济分析要素和经济分析方法。例如，《暂行规定》第 10 条规定："根据反垄断法第十八条第五项，确定其他经营者进入相关市场的难易程度，可以考虑市场准入、获取必要资源的难度、采购和销售渠道的控制情况、资金投入规模、技术壁垒、品牌依赖、用户转换成本、消费习惯等因素。"该条特别提及用户转换成本、消费习惯等因素。

而《暂行规定》第 15 条规定："禁止具有市场支配地位的经营者没有正当理由，以低于成本的价格销售商品。认定低于成本的价格销售商品，应当重点考虑价格是否低于平均可变成本。平均可变成本是指随着生产的商品数量变化而变动的每单位成本。涉及互联网等新经济业态中的免费模式，应当综合考虑经营者提供的免费商品以及相关收费商品等情况。"

《暂行规定》第 15 条特别提及互联网等新经济业态中的免费模式，体现出执法机构充分考虑到互联网等新经济业态的行业特点，在这些经济业态中往往存在网络效应和双边市场，例如平台经营者在双边市场中的一边面对个人用户提供搜索等信息服务，而在另一边面对企业用户提供广告投放等服务。经营者可以对个人用户提供免费服务，而在另一边对企业用户收费。在这种情况下，平台经营者未对个人用户收费，不得简单视为低于成本销售商品，因为其盈利模式并非对用户收费，而是对企业端用户收费。

需要特别指出的是，新经济业态并非仅在互联网领域存在，一些传统行业也存在双边市场和网络效应，例如电信行业、银行信用卡行业。信用卡发卡行可以对刷卡用户提供免费服务，甚至补贴刷卡用户，但是对接受信用卡结算的商户收费。在这些传统行业也发生过反垄断执法的案例，网络效应和双边市场的经济分析理论同样适用于这些行业。

二、反垄断视角下的互联网企业合规要点

随着我国互联网行业快速发展，孕育出了一批有社会影响力的互联网企业，也出现了诸多恶性竞争问题。

近年来，电商平台强迫商家"二选一"站队等事件屡见不鲜：从腾讯与360大战要求用户在QQ和360管家之间"二选一"，阿里、京东等电商平台在618、双11大战中要求商家站队等。"二选一"等事件频繁地在商业竞争中出现，对营造行业公平竞争环境、消费者合法权益保护等等，带来了诸多挑战和威胁。

互联网企业应当从反垄断视角考量企业合规要点：

（一）企业加强对电子商务的合规管理

企业因其技术优势、用户数量、对相关行业的控制能力以及其他经营者对该企业在交易上的依赖程度等因素而具有市场支配地位的，不得滥用市场支配地位，排除、限制竞争。企业不得从事如下事项：

1. 将搭售商品或者服务作为默认同意的选项；
2. 对押金退还设置不合理条件；
3. 利用服务协议、交易规则以及技术等手段，对平台内经营者进行不合理限制或者附加不合理条件，或者收取不合理费用等。

（二）企业应当加强对数据的合规管理

当前，我国诸多大型互联网企业已经掌握了海量的用户数据，通过对用户画像，进而锁定用户进行精准广告投送，不仅能够限制、排除其他竞争者，也对用户本身产生井底效应，使用户失去了比较并识别其他产品的机会。随着数据汇集量的持续增加，前述效应将愈发明显。欧盟在2017年曾查处谷歌滥用市场支配地位案，其中也涉及互联网公司广告投放排除、限制其他广告业竞争者的问题。因此，从竞争法的视角审视，大型互联网企业通过大数据进行精准广告投送将面临垄断与不正当竞争的合规挑战。

附：本章相关法律法规

发布机关	文件名称	时间
全国人民代表大会/常务委员会	《商标法》	2019.04.23
	《反不正当竞争法》	2019.04.23
	《电子商务法》	2019.01.01
	《民法总则》	2017.03.15
	《广告法》	2018.10.26
	《反垄断法》	2008.08.01
国务院	《企业名称登记管理规定》	2013.01.01
最高人民法院	《关于审理因垄断行为引发的民事纠纷案件应用法律若干问题的规定》	2012.06.01
	《关于充分发挥知识产权审判职能作用推动社会主义文化大发展大繁荣和促进经济自主协调发展若干问题的意见》	2011.12.16
	《关于当前经济形势下知识产权审判服务大局若干问题的意见》	2009.04.21
	《关于审理注册商标、企业名称与在先权利冲突的民事纠纷案件若干问题的规定》	2008.03.01
	《关于审理不正当竞争民事案件应用法律若干问题的解释》	2007.02.01
	《关于审理涉及计算机网络域名民事纠纷案件适用法律若干问题的解释》	2001.07.24
原国家工商行政管理局	《互联网广告管理暂行办法》	2016.09.01
	《网络交易管理办法》	2014.03.15
	《网络交易管理办法》	2014.03.15
	《关于商业秘密构成要件问题的答复》	1998.06.12

续表

发布机关	文件名称	时间
国家市场监督管理总局	《禁止垄断协议暂行规定》	2019.09.01
	《禁止滥用市场支配地位行为暂行规定》	2019.09.01
	《制止滥用行政权力排除、限制竞争行为暂行规定》	2019.09.01
	《网络交易监督管理办法（征求意见稿）》	2019.04.30
工业和信息化部	《互联网域名管理办法》	2017.11.01
	《规范互联网信息服务市场秩序若干规定》	2012.03.15
其他	《国家顶级域名争议解决办法》	2019.06.18
	《国家顶级域名争议解决程序规则》	2019.06.18
	《统一域名争议解决政策之规则》	2015.07.31
	《统一域名争议解决政策（UDRP）》	1999.09.24

第九章　网络与数据刑事合规

第一节　常见刑事罪名及合规要点

一、侵犯公民个人信息罪

近年来，侵犯公民个人信息犯罪处于高发态势，既严重侵犯了公民个人信息安全，又往往与电信诈骗等其他犯罪存在密切关联，社会危害日益突出，必须依法予以惩治。2015 年 11 月 1 日，《刑法修正案（九）》将“出售、非法提供公民个人信息罪”和“非法获取公民个人信息罪”整合为“侵犯公民个人信息罪”，扩大了犯罪主体和侵犯个人信息行为的范围。

2017 年 3 月 20 日，最高人民法院、最高人民检察院通过《关于办理侵犯公民个人信息刑事案件适用法律若干问题的解释》，全面系统地规定了侵犯公民个人信息罪的定罪量刑标准，为打击侵犯公民个人信息的违法行为提供了更有力的法律支撑。

（一）犯罪构成及量刑标准

<table>
<tr><td rowspan="4">含义</td><td colspan="2">违反国家有关规定，向他人出售或者提供公民个人信息</td></tr>
<tr><td colspan="2">具体理解：</td></tr>
<tr><td>违反有关国家规定</td><td>违反法律、行政法规、部门规章有关公民个人信息保护的规定</td></tr>
<tr><td>公民个人信息</td><td>以电子或者其他方式记录的能够单独或者与其他信息结合识别特定自然人身份或者反映特定自然人活动情况的各种信息，包括姓名、身份证件号码、通信通讯联系方式、住址、账号密码、财产状况、行踪轨迹等</td></tr>
</table>

续表

	提供公民个人信息	向特定人提供公民个人信息，以及通过信息网络或者其他途径发布公民个人信息
		未经被收集者同意，将合法收集的公民个人信息向他人提供，但是经过处理无法识别特定个人且不能复原的除外
构成要件	客体	公民个人身份信息的安全和公民身份管理秩序
	客观方面	行为人以窃取、收买等非法方式收集公民个人信息，情节严重的行为
	主体	一般主体
	主观方面	故意
量刑标准	1. 情节严重	处三年以下有期徒刑或者拘役，并处或者单处罚金
	认定标准：	
	1.1 非法获取、出售或者提供公民个人信息，具有下列情形之一的：	
	（1）出售或者提供行踪轨迹信息，被他人用于犯罪的；	
	（2）知道或者应当知道他人利用公民个人信息实施犯罪，向其出售或者提供的；	
	（3）非法获取、出售或者提供行踪轨迹信息、通信内容、征信信息、财产信息五十条以上的；	
	（4）非法获取、出售或者提供住宿信息、通信记录、健康生理信息、交易信息等其他可能影响人身、财产安全的公民个人信息五百条以上的；	
	（5）非法获取、出售或者提供第三项、第四项规定以外的公民个人信息五千条以上的；	
	（6）数量未达到第三项至第五项规定标准，但是按相应比例合计达到有关数量标准的；	
	（7）违法所得五千元以上的；	
	（8）将在履行职责或者提供服务过程中获得的公民个人信息出售或者提供给他人，数量或者数额达到第三项至第七项规定标准一半以上的；	
	（9）曾因侵犯公民个人信息受过刑事处罚或者二年内受过行政处罚，又非法获取、出售或者提供公民个人信息的；	
	（10）其他情节严重的情形。	

续表

	1.2 为合法经营活动而非法购买、收受前述第三项、第四项规定以外的公民个人信息，具有下列情形之一的：	
	（1）利用非法购买、收受的公民个人信息获利五万元以上的；	
	（2）曾因侵犯公民个人信息受过刑事处罚或者二年内受过行政处罚，又非法购买、收受公民个人信息的；	
	（3）其他情节严重的情形。	
	2. 情节特别严重	处三年以上七年以下有期徒刑，并处罚金
	情节特别严重的认定标准：实施前述行为，具有下列情形之一：	
	（1）造成被害人死亡、重伤、精神失常或者被绑架等严重后果的；	
	（2）造成重大经济损失或者恶劣社会影响的；	
	（3）数量或者数额达到前款第三项至第八项规定标准十倍以上的；	
	（4）其他情节特别严重的情形。	

（二）案例解析侵犯公民个人信息罪的合规要点

2011 年至 2013 年 9 月，郑某等 6 名雀巢公司员工为推销雀巢奶粉，通过拉关系、支付好处费等手段，从兰州市多家医院医务人员处获取孕产妇姓名、手机号等信息共计 12 万余条。2016 年 10 月 31 日，兰州市城关区人民法院一审宣判，以侵犯公民个人信息罪分别判处郑某等人拘役 4 个月至有期徒刑 1 年 6 个月不等的刑罚。之后，郑某等人以涉案行为属于单位犯罪等理由提出上诉，兰州中院驳回了郑某等人的上诉。

在该案件中，雀巢公司最终并未构成单位犯罪，主要在于雀巢公司在企业运营过程中，已重视对个人信息的保护，雀巢公司所制定和实施的含有个人信息保护合规内容的《员工行为规范》等公司政策，足以证明雀巢公司禁止员工从事侵犯公民个人信息的违法犯罪行为，因此雀巢公司并不构成单位犯罪。

互联网企业应当重视个人信息保护相关的合规建设，可以通过如下方式加强个人信息保护：

1. 企业收集个人信息应遵循合法、正当、必要的原则，并应取得个人知情同意；

2. 企业应制定相应政策或规章制度，限制接触个人信息数据的范围，并明文禁止员工向他人销售、提供、窃取或通过其它方法非法获取个人信息；

3. 企业应当不定期举办员工培训、讲座等活动，来增强员工法律意识，从而避免公司构成单位犯罪；

4. 更多合规要点，详见本书前面章节分析。

二、拒不履行信息网络安全管理义务罪

2015 年 8 月 29 日，《刑法修正案（九）》首次增设拒不履行信息网络安全管理义务罪，从此，拒不履行信息网络安全管理义务罪成为悬在网络服务提供者头上的达摩克利斯之剑，一旦触发刑事法律风险，不仅使企业面临极大风险，也会使企业的网络安全直接责任人、主管负责人，甚至法定代表人遭受刑事处罚。

为了进一步明确该罪名的定罪量刑标准，最高人民法院、最高人民检察院于 2019 年 10 月 21 日发布了《关于办理非法利用信息网络、帮助信息网络犯罪活动等刑事案件适用法律若干问题的解释》（下称《网络犯罪解释》），自 2019 年 11 月 1 日起施行。

（一）犯罪构成及量刑标准

<table>
<tr><td rowspan="4">含义</td><td colspan="2">网络服务提供者不履行法律、行政法规规定的信息网络安全管理义务，经监管部门责令采取改正措施而拒不改正，符合《刑法》第 286 条规定的四种情形之一，构成本罪</td></tr>
<tr><td colspan="2">具体理解：</td></tr>
<tr><td>网络服务提供者</td><td>通过信息网络向公众提供信息，或者为获取网络信息等目的提供服务的机构或个人，包括信息网络上的一切提供设备、信息和中介、接入等技术服务的个人、网络服务商以及非营利网络服务提供者。根据其提供的“服务”类型来划分，网络服务提供者具体可分为：
（1）网络接入、域名注册解析等信息网络接入、计算、存储、传输服务；
（2）信息发布、搜索引擎、即时通讯、网络支付、网络预约、网络购物、网络游戏、网络直播、网站建设、安全防护、广告推广、应用商店等信息网络应用服务；
（3）利用信息网络提供的电子政务、通信、能源、交通、水利、金融、教育、医疗等公共服务</td></tr>
<tr><td>信息网络</td><td>包括互联网、移动通信网、公用电话网、广播电视网和物联网等</td></tr>
</table>

续表

	监管部门	指网信、电信、公安等依照法律、行政法规的规定承担信息网络安全监管职责的部门
	前置条件	网络服务提供者收到法定监管部门责令整改通知书或者其他文书形式等而拒绝接受，并且不采取改正措施（应当综合考虑监管部门责令改正是否具有法律、行政法规依据，改正措施及期限要求是否明确、合理，网络服务提供者是否具有按照要求采取改正措施的能力等因素进行判断，继续维持其违反作为义务的不作为状态
	行为后果	（一）致使违法信息大量传播的，具体包括： （1）致使传播违法视频文件二百个以上的； （2）致使传播违法视频文件以外的其他违法信息二千个以上的； （3）致使传播违法信息，数量虽未达到第一项、第二项规定标准，但是按相应比例折算合计达到有关数量标准的； （4）致使向二千个以上用户账号传播违法信息的； （5）致使利用群组成员账号数累计三千以上的通讯群组或者关注人员账号数累计三万以上的社交网络传播违法信息的； （6）致使违法信息实际被点击数达到五万以上的；等等。 （二）致使用户信息泄露，造成严重后果的，具体包括： （1）致使泄露行踪轨迹信息、通信内容、征信信息、财产信息五百条以上的； （2）致使泄露住宿信息、通信记录、健康生理信息、交易信息等其他可能影响人身、财产安全的用户信息五千条以上的； （3）致使泄露第一项、第二项规定以外的用户信息五万条以上的； （4）数量虽未达到第一项至第三项规定标准，但是按相应比例折算合计达到有关数量标准的； （5）造成他人死亡、重伤、精神失常或者被绑架等严重后果的； （6）造成重大经济损失的； （7）严重扰乱社会秩序的；等等 （三）致使刑事案件证据灭失，情节严重的，具体包括： （1）造成危害国家安全犯罪、恐怖活动犯罪、黑社会性质组织犯罪、贪污贿赂犯罪案件的证据灭失的；

续表

		（2）造成可能判处五年有期徒刑以上刑罚犯罪案件的证据灭失的； （3）多次造成刑事案件证据灭失的； （4）致使刑事诉讼程序受到严重影响的； （四）有其他严重情节的
构成要件	客体	信息网络安全体系
	客观方面	网络服务者不履行法律、行政法规规定的信息网络安全管理义务
	主体	网络服务提供者，包括所有触网的企业，不仅限于典型互联网企业
	主观方面	故意
量刑标准	处三年以下有期徒刑、拘役或者管制，并处或者单处罚金	

（二）案例解析拒不履行信息网络安全管理义务罪的合规要点

2015年7月至2016年12月30日间，胡某为非法牟利，自行制作并出租“土行孙”等翻墙软件，为境内2000余名网络用户非法提供境外互联网接入服务。2016年3月、6月，上海市公安局浦东分局先后两次约谈被告人胡某，并要求其停止联网服务。2016年10月20日，上海市公安局浦东分局对被告人胡某利用上海丝洱网络科技有限公司擅自建立其他信道进行国际联网的行为，作出行政处罚。之后胡某仍拒不改正，于2016年10月至2016年12月30日，继续出租“土行孙”翻墙软件。法院最终认定胡某构成拒不履行信息网络安全管理义务罪。

拒不履行信息网络安全管理义务罪的法律风险并非一蹴而就，企业只要能够按照国家法律、法规、标准及指引逐层、逐级、逐项开展网络安全合规建设，不仅有利于降低企业的行政违法风险，还能够有效降低相应的刑事法律风险。

企业应当结合自身业务特点，开展如下合规建设：

1. 企业应当建立网络安全及数据保护有关的岗位，设定岗位职责及工作指引，配备相适应的人员、资源，合理隔离相应的法律风险；

2. 企业应当强化员工合规意识，建立网络安全及数据保护有关的法律培训机制，做好培训记录，要求相关工作人员签署相应的合规承诺函，完善员工合同及劳动手册等；

3. 企业应当编制政府调查/行政违法、刑事调查应对指引，慎重对待可能的调查、约谈、听证及处罚程序，重视行政违法处罚的严重性，及时聘请专业人员介入；

4. 应当遵从本书前面章节规定的合规要求；等等。

此外，目前两高正在制定本罪定罪量刑有关的司法解释，预计会尽快出台。

三、非法获取计算机信息系统数据罪

因近期国家加强了数据合规有关的立法与执法力度，越来越多的大数据公司因业务不合规触发该罪名的适用，部分公司更是被“一锅端掉”。为了更好地理解该罪名背后的合规要点，本书简要介绍如下：

（一）量刑标准及犯罪构成

含义	违反国家规定，侵入国家事务、国防建设、尖端科学技术领域以外的计算机信息系统或者采用其他技术手段，获取该计算机信息系统中存储、处理或者传输的数据，情节严重的行为	
构成要件	客体	计算机信息系统安全
	客观方面	行为实施侵入国家事务、国防建设、尖端科学技术领域以外的普通计算机信息系统，或者采用其他技术手段，从而获取这些计算机信息系统中存储、处理或者传输的数据
	主体	一般主体
	主观方面	故意
量刑标准	情节严重	处三年以下有期徒刑或者拘役，并处或者单处罚金
	认定标准：	
	1. 获取支付结算、证券交易、期货交易等网络金融服务的身份认证信息十组以上的；	
	2. 获取第（一）项以外的身份认证信息五百组以上的；	
	3. 违法所得五千元以上或者造成经济损失一万元以上的；	
	4. 其他情节严重的情形。	
	情节特别严重	处三年以上七年以下有期徒刑，并处罚金
	认定标准：	
	1. 数量或者数额达到前款规定标准五倍以上的；	
	2. 其他情节特别严重的情形。	

（二）非法获取计算机信息系统数据罪相关的几个重要实务问题

1. 关于“计算机信息系统”“计算机系统”的法律含义

最高人民法院、最高人民检察院《关于办理危害计算机信息系统安全刑事案件应用法律若干问题的解释》采用了概括加列举的解释方法，将“计算机信息系统”“计算机系统”界定为“具备自动处理数据功能的系统，包括计算机、网络设备、通信设备、自动化控制设备等”。其中，网络设备是指路由器、交换机等组成的用于连接网络的设备；通信设备包括手机、通信基站等用于提供通信服务的设备；自动化控制设备是指在工业中用于实施自动化控制的设备，如电力系统中的监测设备、制造业中的流水线控制设备等。

2. 关于非法性的认定

非法获取计算机信息系统数据罪主要包括犯罪行为人通过绕开管理权限或技术措施，仅实施了获取（复制、抓取）他人网站数据的行为。如果采用植入病毒、埋伏数据炸弹、直接删除、随意修改等行为则可能还构成破坏计算机系统等罪。

实践中，下列情形通常会被认定为满足非法性要求：

（1）具有避开或者突破计算机信息系统安全保护措施，未经授权或者超越授权获取计算机信息系统数据的；

（2）具有避开或者突破计算机信息系统安全保护措施，未经授权或者超越授权对计算机信息系统实施控制后获取数据的；

（3）利用其他专门设计用于侵入、非法控制计算机信息系统、非法获取计算机信息系统数据的程序、工具获取数据的。

3. 关于数据

本罪中的数据，包括信息、文字、图片、影音资料、专有的程序或者软件等，但往往是不具有著作权法意义上的作品的独创性要求，否则构成侵犯著作权等罪。

4. 关于上下游定性问题

实践中，明知是非法获取计算机信息系统数据犯罪所获取的数据，而予以转移、收购、代为销售或者以其他方法掩饰、隐瞒，违法所得五千元以上的，应当依照刑法第 312 条第 1 款的规定，以掩饰、隐瞒犯罪所得罪定罪处罚。

为本罪提供下列辅助性支持的上下游，按照本罪共同犯罪处理：

（1）为其提供用于非法获取数据的程序、工具，违法所得五千元以上或者提供十人次以上的；

（2）为其提供互联网接入、服务器托管、网络存储空间、通讯传输通道、费用结算、交易服务、广告服务、技术培训、技术支持等帮助，违法所得五千元以上的；

（3）通过委托推广软件、投放广告等方式向其提供资金五千元以上的。

5. 关于单位犯罪的追究直接责任人员

根据最高人民法院、最高人民检察院《关于办理危害计算机信息系统安全刑事案件应用法律若干问题的解释》第8条的规定，以单位名义或者单位形式实施本罪达到定罪量刑标准的，应当依照《刑法》第285条的规定追究直接负责的主管人员和其他直接责任人员的刑事责任。

6. 相关的案例

包括但不限于：（1）南京同享网络法定代表人张某、副总经理沈某组织员工编写模拟程序，非法获取掌门科技"WIFI万能钥匙"数据库内的WIFI热点密码数据，构成非法获取计算机信息系统数据罪，判刑三年；（2）周某某利用Cookie劫持的方式，绕过圆通快递金刚系统权限认证爬取快递单信息，构成非法获取计算机信息系统数据罪，判刑三年三个月；（3）王某非法获取中国兽医执业资格考试网站的考生注册信息数据刑事案件，判刑三十个月；（4）陈某等非法获取福建省公安厅交通警察总队的计算机系统的违法车主信息刑事案件，判刑三十六个月；等等。

四、帮助信息网络犯罪活动罪

《刑法修正案（九）》，首次将帮助他人利用信息网络犯罪的行为，设立为独立的罪名。但是，经过一段时间以来，与本罪有关的行为到底是以独立罪名定罪还是以其他罪名的共同犯罪定罪，一直存在较大的争议，具体司法实践中的法律适用标准也不统一。

本罪的几种常见违法情形包括：

1. 为其犯罪提供互联网接入、服务器托管、网络存储、通讯传输等技术支持；

2. 为其犯罪提供广告推广、支付结算等帮助；等等。

实践中，从事上述行为并不必然入罪，还必须满足主观要件"明知他人利用信息网络实施犯罪"。但实践中，如何认定"明知"存在一定的困难，根据《网络犯罪解释》规定：具有下列情形之一的，可以认定行为人明知他人利用信息网络实施犯罪，但是有相反证据的除外：

（1）经监管部门告知后仍然实施有关行为的；

（2）接到举报后不履行法定管理职责的；

（3）交易价格或者方式明显异常的；

（4）提供专门用于违法犯罪的程序、工具或者其他技术支持、帮助的；

（5）频繁采用隐蔽上网、加密通信、销毁数据等措施或者使用虚假身份，逃避监管或者规避调查的；

（6）为他人逃避监管或者规避调查提供技术支持、帮助的；

（7）其他足以认定行为人明知的情形。。

此外，《网络犯罪解释》还明确规定了本罪的“情节严重”的认定标准，即：

（1）为三个以上对象提供帮助的；

（2）支付结算金额二十万元以上的；

（3）以投放广告等方式提供资金五万元以上的；

（4）违法所得一万元以上的；

（5）二年内曾因非法利用信息网络、帮助信息网络犯罪活动、危害计算机信息系统安全受过行政处罚，又帮助信息网络犯罪活动的；

（6）被帮助对象实施的犯罪造成严重后果的；

（7）其他情节严重的情形。

最后，明知他人利用信息网络实施犯罪并与其通谋为其提供帮助的，则帮助者既构成帮助信息网络犯罪活动罪，同时又构成相应犯罪的帮助犯，应按照想象竞合的原则，从一重罪处罚。因为在这种情况下，帮助者与被帮助者之间有通谋，符合“二人以上共同故意犯罪”的要求；同时帮助者“明知”他人利用信息网络实施犯罪，并为其提供帮助，符合帮助信息网络犯罪活动罪的要求。

因此，考虑到虚拟货币发币 / 交易、网络赌博、网络传销、数据非法交易等犯罪行为较为隐蔽，提供互联网接入、服务器托管、网络存储、通讯传输、广告推广、支付结算等企业为了避免落入本罪，我们建议该等企业应当设置专门的岗位和人员，建立相应的审查流程指引，加强客户资质及业务合法性审查（必要时可以引入第三方审查机制），并保存相应的审查档案和记录。

五、非法侵入计算机信息系统罪

非法侵入计算机信息系统罪是我国刑法首次规定的计算机网络犯罪罪名之一。随着互联网的迅猛发展，互联网犯罪也呈现逐年上升的趋势，网络安全问题也已引起全社会的高度重视。

（一）犯罪构成及量刑标准

含义	违反国家规定，侵入国家事务、国防建设、尖端科学技术领域的计算机信息系统的行为	
	具体理解：	
	计算机信息系统	具备自动处理数据功能的系统，包括计算机、网络设备、通信设备、自动化控制设备等，本罪中指的是特定的信息系统，即国家事务、国防建设以及尖端科技领域的计算机系统
	非法侵入	未经国家有关主管部门的合法授权或批准，擅自通过计算机终端访问有关计算机系统或者截收数据的行为
构成要件	客体	国家重要领域和要害部门的计算机信息系统安全
	客观方面	行为人实施了违反国家规定侵入国家重要计算机信息系统的行为
	主体	一般主体
	主观方面	故意
量刑标准	处三年以下有期徒刑或者拘役	

（二）非法侵入计算机信息系统罪相关的重要问题

实践当中，是否构成非法侵入计算机信息系统罪，主要考量行为涉及的计算机信息系统是否属于国家事务、国防建设、尖端科学技术领域，而国家事务、国防建设、尖端科学技术领域概念较为宽泛，因此，根据最高人民法院、最高人民检察院《关于办理危害计算机信息系统安全刑事案件应用法律若干问题的解释》第 10 条规定，是否属于国家事务、国防建设、尖端科学技术领域难以确定的，应当委托省级以上负责计算机信息系统安全保护管理工作的部门检验。司法机关根据检验结论，并结合案件具体情况认定。

另外，本罪是行为犯，意味着行为人只要违反国家规定，故意实施了侵入国家事务、国防建设、尖端科学技术领域计算机信息系统的行为，原则上就构成犯罪，应当立案追究。

六、破坏计算机信息系统罪

“互联网 +”的浪潮席卷而来，而互联网安全形势却不容乐观，以计算机系统为对象或手段进行犯罪的案件日益增多，尤其是破坏计算机信息系统罪：

李森用棉纱等物品堵塞环境质量监测采样设备，干扰采样，致使监测数据严重失真的，构成破坏计算机信息系统罪；

徐强利用“GPS 干扰器”对中联重科物联网 GPS 信息服务系统进行修改、干扰，造成该系统无法对案涉泵车进行实时监控和远程锁车，构成破坏计算机信息系统罪；

付宣豪、黄子超等人租赁多台服务器，使用恶意代码修改互联网用户路由器的 DNS 设置，构成破坏计算机信息系统罪；等等。

（一）犯罪构成及量刑标准

含义	违反国家规定，对计算机信息系统功能或计算机信息系统中存储、处理或者传输的数据和应用程序进行破坏，或者故意制作、传播计算机病毒等破坏性程序，影响计算机系统正常运行，后果严重的行为	
构成要件	客体	计算机信息系统安全
	客观方面	对计算机信息系统功能或计算机信息系统中存储、处理或者传输的数据和应用程序进行破坏，或者故意制作、传播计算机病毒等破坏性程序，影响计算机系统正常运行，后果严重的行为
	主体	一般主体
	主观方面	故意
量刑标准	情节严重	处五年以下有期徒刑或者拘役
	认定标准：	
	1. 破坏计算机信息系统功能、数据或者应用程序，具有下列情形之一的：	
	（一）造成十台以上计算机信息系统的主要软件或者硬件不能正常运行的；	
	（二）对二十台以上计算机信息系统中存储、处理或者传输的数据进行删除、修改、增加操作的；	
	（三）违法所得五千元以上或者造成经济损失一万元以上的；	
	（四）造成为一百台以上计算机信息系统提供域名解析、身份认证、计费等基础服务或者为一万以上用户提供服务的计算机信息系统不能正常运行累计一小时以上的；	

续表

（五）造成其他严重后果的。	
2. 故意制作、传播计算机病毒等破坏性程序，影响计算机系统正常运行，具有下列情形之一的：	
（一）制作、提供、传输前述第（一）项规定的程序，导致该程序通过网络、存储介质、文件等媒介传播的；	
（二）造成二十台以上计算机系统被植入前述第（二）、（三）项规定的程序的；	
（三）提供计算机病毒等破坏性程序十人次以上的；	
（四）违法所得五千元以上或者造成经济损失一万元以上的；	
（五）造成其他严重后果的。	
情节特别严重	处五年以上有期徒刑
认定标准：	
1. 破坏计算机信息系统功能、数据或者应用程序，具有下列情形之一的：	
（一）数量或者数额达到前款第（一）项至第（三）项规定标准五倍以上的；	
（二）造成为五百台以上计算机信息系统提供域名解析，身份认证、计费等基础服务或者为五万以上用户提供服务的计算机信息系统不能正常运行累计一小时以上的；	
（三）破坏国家机关或者金融、电信、交通、教育、医疗、能源等领域提供公共服务的计算机信息系统的功能、数据或者应用程序，致使生产、生活受到严重影响或者造成恶劣社会影响的；	
（四）造成其他特别严重后果的。	
2. 故意制作、传播计算机病毒等破坏性程序，影响计算机系统正常运行，具有下列情形之一的：	
（一）制作、提供、传输前述第（一）项规定的程序，导致该程序通过网络、存储介质、文件等媒介传播，致使生产、生活受到严重影响或者造成恶劣社会影响的；	
（二）数量或者数额达到前述第（二）项至第（四）项规定标准五倍以上的；	
（三）造成其他特别严重后果的	

（二）破坏计算机信息系统罪相关的重要问题

1. 如何理解计算机病毒等破坏性程序？

具有下列情形之一的程序，应当认定为计算机病毒等破坏性程序：

（1）能够通过网络、存储介质、文件等媒介，将自身的部分、全部或者变种进行复制、传播，并破坏计算机系统功能、数据或者应用程序的；

（2）能够在预先设定条件下自动触发，并破坏计算机系统功能、数据或者应用程序的；

（3）其他专门设计用于破坏计算机系统功能、数据或者应用程序的程序。

2. 如何认定共同犯罪？

明知他人实施刑法破坏计算机信息系统的行为，具有下列情形之一的，应当认定为共同犯罪：

（1）为其提供用于破坏计算机信息系统功能、数据或者应用程序的程序、工具，违法所得五千元以上或者提供十人次以上的；

（2）为其提供互联网接入、服务器托管、网络存储空间、通讯传输通道、费用结算、交易服务、广告服务、技术培训、技术支持等帮助，违法所得五千元以上的；

（3）通过委托推广软件、投放广告等方式向其提供资金五千元以上的。

第二节　互联网金融相关犯罪

近年来，随着互联网金融发展回归理性，越来越多的互联网金融业务放缓，平台暴雷、跑路事件频发，事实上，由于互联网金融业务的合规边界一直较为模糊，且部分企业为了追求高收益忽视了高风险，导致互金平台自融、非吸、挪用资金、集资诈骗、违规发行现金贷、暴力催收、涉黑涉恐、无证经营等违规违法事件频发，部分事件影响面极广、涉嫌金额巨大，已经涉嫌严重刑事犯罪。

本节重点选取其中发案率极高的非法吸收公众存款罪及集资诈骗罪，简要分析两罪的构成要件和合规要点，提示互金企业重视该等刑事法律风险。

早在2010年，最高人民法院即发布了《关于审理非法集资刑事案件具体应用法律若干问题的解释》，明确“非法集资犯罪活动”主要是指《刑法》第176条规定的“非法吸收公众存款罪”和《刑法》第192条规定的“集资诈骗罪”。

一、非法吸收公众存款罪

互联网金融平台企业违法开展自融、形成资金池、违规开展代币融资等，都容易触发非法吸收公众存款罪，相关案例屡见不鲜。

近年来，非法吸收公众存款案件的数量不断上升，非法吸收公众存款罪已受到实务界和理论界的广泛关注。

（一）犯罪构成及量刑标准

含义	违反国家金融管理法规非法吸收公众存款或变相吸收公众存款，扰乱金融秩序的行为	
	具体理解：	
	非法吸收公众存款	未经中国人民银行批准，向社会不特定对象吸收资金，出具凭证，承诺在一定期限内还本付息的活动
	变相吸收公众存款	未经中国人民银行批准，不以吸收公众存款的名义，向社会不特定对象吸收资金 ，但承诺履行的义务与 吸收公众存款性质相同的活动
构成要件	客体	国家的金融信贷秩序
	客观方面	未经中国人民银行批准，向社会不特定对象吸收资金，以或者不以吸收公众存款的名义，出具凭证，承诺在一定期限内还本付息，扰乱金融秩序的行为
	主体	一般主体
	主观方面	故意
量刑标准	处三年以下有期徒刑或者拘役，并处或者单处二万元以上二十万元以下罚金	
	数额巨大或者有其他严重情节的，处三年以上十年以下有期徒刑，并处五万元以上五十万元以下罚金	
	数额巨大或者有其他严重情节的认定：	
	1. 个人非法吸收或者变相吸收公众存款，数额在 100 万元以上的，单位非法吸收或者变相吸收公众存款，数额在 500 万元以上的；	
	2. 个人非法吸收或者变相吸收公众存款对象 100 人以上的，单位非法吸收或者变相吸收公众存款对象 500 人以上的；	
	3. 个人非法吸收或者变相吸收公众存款，给存款人造成直接经济损失数额在 50 万元以上的，单位非法吸收或者变相吸收公众存款，给存款人造成直接经济损失数额在 250 万元以上的；	
	4. 造成特别恶劣社会影响或者其他特别严重后果的	

（二）非法吸收公众存款罪的几个重要法律实务问题

1. 构成非法吸收公众存款或者变相吸收公众存款的条件

（1）未经有关部门依法批准或者借用合法经营的形式吸收资金；

（2）通过媒体、推介会、传单、手机短信等途径向社会公开宣传；

（3）承诺在一定期限内以货币、实物、股权等方式还本付息或者给付回报；

（4）向社会公众即社会不特定对象吸收资金。

需要注意的是，未向社会公开宣传，在亲友或者单位内部针对特定对象吸收资金的，一般不属于非法吸收或者变相吸收公众存款。

2. 网络平台涉嫌本罪的典型行为

（1）平台以提供信息中介服务为名，实际从事直接或间接归集资金、甚至自融或变相自融等行为，如平台通过拆分融资项目期限、实行债权转让等方式为自己吸收资金等。

（2）平台与借款人存在以下情形之一的：平台与借款人合谋或者明知借款人存在违规情形，仍为其非法吸收公众存款提供服务的；平台与借款人合谋，采取向出借人提供信用担保、通过电子渠道以外的物理场所开展借贷业务等违规方式向社会公众吸收资金的；平台与借款人合谋通过拆分融资项目期限、实行债权转让等方式为借款人吸收资金的。

（3）平台借款人故意隐瞒事实，违反规定，以自己名义或借用他人名义利用多个网络借贷平台发布借款信息，借款总额超过规定的最高限额，或将吸收资金用于明确禁止的投资股票、场外配资、期货合约等高风险行业，造成重大损失和社会影响的。

3. 关于单位涉案人员范围问题

实践中，对于具备一定涉金融活动相关从业经历、专业背景或在犯罪活动中担任一定管理职务、培训职务的犯罪嫌疑人，应当推断为其应当知晓相关金融法律管理规定，原则上就可以认定其具有非法吸收公众存款的主观故意，依法应当追究刑事责任。

而对于无相关职业经历、专业背景，且从业时间短暂，在单位犯罪中层级较低，纯属执行单位领导指令的企业员工，如确实无其他证据证明其具有主观故意的，可以不作为犯罪处理。

二、集资诈骗罪

近年来，集资诈骗犯罪活动已成为互联网金融领域内涉及面广泛、社会危害性非常严重的高频犯罪。

（一）犯罪构成及量刑标准

含义	以非法占有为目的，违反有关金融法律、法规的规定，使用诈骗方法进行非法集资，扰乱国家正常金融秩序，侵犯公私财产所有权，且数额较大的行为	
构成要件	客体	既侵犯了公私财产所有权，又侵犯了国家金融管理制度
	客观方面	行为人必须实施了使用诈骗方法非法集资，数额较大的行为
	主体	一般主体
	主观方面	故意
量刑标准	数额较大的，处五年以下有期徒刑或者拘役，并处二万元以上二十万元以下罚金	
	数额巨大或者有其他严重情节的，处五年以上十年以下有期徒刑，并处五万元以上五十万元以下罚金。 认定标准：个人进行集资诈骗，数额在10万元以上的，应当认定为“数额较大”；数额在30万元以上的；单位进行集资诈骗，数额在50万元以上的	
	数额特别巨大或者有其他特别严重情节的，处十年以上有期徒刑或者无期徒刑，并处五万元以上五十万元以下罚金或者没收财产。 认定标准：个人进行集资诈骗，数额在100万元以上的；单位进行集资诈骗，数额在150万元以上的	
	集资诈骗的数额以行为人实际骗取的数额计算，案发前已归还的数额应予扣除。行为人为实施集资诈骗活动而支付的广告费、中介费、手续费、回扣，或者用于行贿、赠与等费用，不予扣除。行为人为实施集资诈骗活动而支付的利息，除本金未归还可予折抵本金以外，应当计入诈骗数额	

（二）集资诈骗罪相关的重点法律实务问题

实践当中，集资诈骗罪往往容易与非法吸收公众存款罪相混淆。而认定两罪的区别主要在于是否存在非法占有的目的。司法实践中，使用诈骗方法非法集资，具有下列情形之一的，可以认定为“以非法占有为目的”：

1. 集资后不用于生产经营活动或者用于生产经营活动与筹集资金规模明显不成比例，致使集资款不能返还的；

2. 肆意挥霍集资款，致使集资款不能返还的；

3. 携带集资款逃匿的；

4. 将集资款用于违法犯罪活动的；
5. 抽逃、转移资金、隐匿财产，逃避返还资金的；
6. 隐匿、销毁账目，或者搞假破产、假倒闭，逃避返还资金的；
7. 拒不交代资金去向，逃避返还资金的；
8. 其他可以认定非法占有目的的情形。

第三节　知识产权类犯罪

为了依法惩治侵犯知识产权犯罪活动，切实维护社会主义市场经济秩序，最高人民法院、最高人民检察院、公安部不断加强刑事司法规范建设，先后发布了《关于审理非法出版物刑事案件具体应用法律若干问题的解释》《关于办理侵犯知识产权刑事案件具体应用法律若干问题的解释》《关于办理侵犯知识产权刑事案件适用法律若干问题的意见》等司法解释和其他规范性文件，进一步明确了有关知识产权犯罪的定罪量刑标准。

而实践中，互联网企业被卷入知识产权犯罪的案件屡见不鲜。本节将结合常见罪名提示互联网企业知识产权相关合规重点。

一、侵犯著作权罪

网络环境下，随着数字技术快速发展，基于互联网的非法复制、发行、传播变得更加容易，侵权违法案件也频发。

此外，随着信息技术的深入发展，数据接口监听、外挂程序、爬取数据等行为本身可能诱发新型著作权刑事案件，值得企业关注。

（一）犯罪构成及量刑标准

含义	以营利为目的，违反著作权管理法律、法规，侵犯他人著作权，违法所得数额较大或者具有其他严重情节的行为
	具体理解：
	涉嫌构成侵犯著作权罪的行为： 1. 未经著作权人许可，复制发行其文字作品、音乐、电影、电视、录像作品、计算机软件及其他作品的； 2. 出版他人享有专有出版权的图书的； 3. 未经录音录像制作者许可，复制发行其制作的录音录像的； 4. 制作、出售假冒他人署名的美术作品的

续表

构成要件	客体	国家的著作权管理制度以及他人的著作权和与著作权有关的权益
	客观方面	侵犯著作权和与著作权有关权益，情节严重的行为
	主体	一般主体
	主观方面	以营利为目的
量刑标准	违法所得数额较大或者有其他严重情节的，处3年以下有期徒刑或者拘役，并处或者单处罚金。 通过信息网络传播侵权作品行为构成侵犯著作权的标准为： 1. 非法经营数额在五万元以上的； 2. 传播他人作品的数量合计在五百件（部）以上的； 3. 传播他人作品的实际被点击数达到五万次以上的； 4. 以会员制方式传播他人作品，注册会员达到一千人以上的； 5. 数额或者数量虽未达到第1项至第4项规定标准，但分别达到其中两项以上标准一半以上的； 6. 其他严重情节的情形	
	违法所得数额巨大或者有其他特别严重情节的，处3年以上7年以下有期徒刑，并处罚金。 通过信息网络传播侵权作品行为构成侵犯著作权的，数额或者数量达到前款第1项至第5项规定标准五倍以上的，属于数额巨大	

（二）关于“以营利为目的”的认定问题

实践中，存在如下情形的，可以认定为存在以营利为目的：

1. 销售；

2. 以在他人作品中刊登收费广告、捆绑第三方作品等方式直接或者间接收取费用的；

3. 通过信息网络传播他人作品，或者利用他人上传的侵权作品，在网站或者网页上提供刊登收费广告服务，直接或者间接收取费用的；

4. 以会员制方式通过信息网络传播他人作品，收取会员注册费或者其他费用的；

其他利用他人作品牟利的情形。

二、侵犯商业秘密罪

商业秘密是互联网企业重要的财产权利，甚至关乎互联网企业的生死存亡。

考虑到商业秘密民事侵权案件的证据较难收集，因此大多数企业采取刑事路径打击非法窃取、使用商业秘密的行为。

（一）犯罪构成及量刑标准

<table>
<tr><td rowspan="3">含义</td><td colspan="2">以盗窃、利诱、胁迫或者其他不正当手段获取权利人的商业秘密，或者非法披露、使用或者允许他人使用其所掌握的或获取的商业秘密，给商业秘密的权利人造成重大损失的行为</td></tr>
<tr><td colspan="2">具体理解：</td></tr>
<tr><td colspan="2">侵犯商业秘密行为：
1. 以盗窃、利诱、胁迫或者其他不正当手段获取权利人的商业秘密的；
2. 披露、使用或者允许他人使用以前项手段获取的权利人的商业秘密的；
3. 违反约定或者违反权利人有关保守商业秘密的要求，披露、使用或者允许他人使用其所掌握的商业秘密的。
明知或者应知前款所列行为，获取、使用或者披露他人的商业秘密的，以侵犯商业秘密论</td></tr>
<tr><td rowspan="4">构成要件</td><td>客体</td><td>商业秘密权利人对商业秘密所拥有的合法权益以及受国家保护的正常有序的市场经济秩序</td></tr>
<tr><td>客观方面</td><td>客观上实施了侵犯商业秘密的行为，并且给权利人造成了重大损失</td></tr>
<tr><td>主体</td><td>一般主体</td></tr>
<tr><td>主观方面</td><td>故意</td></tr>
<tr><td rowspan="2">量刑标准</td><td colspan="2">给商业秘密的权利人造成重大损失的（给商业秘密的权利人造成损失数额在五十万元以上的），处三年以下有期徒刑或者拘役，并处或者单处罚金</td></tr>
<tr><td colspan="2">造成特别严重后果的（给商业秘密的权利人造成损失数额在二百五十万元以上的），处三年以上七年以下有期徒刑，并处罚金</td></tr>
</table>

（二）侵犯商业秘密罪损失的计算依据

虽然刑事措施非常有效，但是侵犯商业秘密罪立案难也是一个问题。之所以立案难，很大原因是因为较难认定侵犯商业秘密罪中的损失，进而达不到立案的标准。

根据 2010 年最高人民检察院、公安部发布的《关于公安机关管辖的刑事案件立案追诉标准的规定（二）》第 73 条规定，侵犯商业秘密，涉嫌下列情形之一的，应予立案追诉：（1）给商业秘密权利人造成损失数额在五十万元以上的；

（2）因侵犯商业秘密违法所得数额在五十万元以上的；（3）致使商业秘密权利人破产的；（4）其他给商业秘密权利人造成重大损失的情形。

但是，对于商业秘密案件中的损失如何界定，法律并没有明确的规定，司法实践中一般可以参照民事侵权案件标准，通过如下方式进行计算：

1. 以商业秘密权利人因侵权行为遭受的经济损失为损失额；

2. 权利人的损失难以计算的，损失额为侵权人在侵权期间因侵权所获得的利润；

3. 权利人的损失或者侵权人获得的利益难以确定的，参照该商业秘密或类似专利的许可使用费的合理确定；

4. 被侵害的经营者因调查该经营者侵害其合法权益的所支付的合理费用亦属于损失的一部分；

5. 因侵权行为导致商业秘密已为公众所知悉的，可以根据该项商业秘密的商业价值通过审计、评估或专人人事意见、市场调查等方式来确定损失。

第四节　其他涉网典型犯罪

近年来，随着信息技术快速发展，互联网已成为工作、学习、生活不可缺少的组成部分。但由于信息网络具有公共性、匿名性、便捷性等特点，信息网络也成为了新型犯罪的重要土壤，诽谤、寻衅滋事、敲诈勒索、非法经营等犯罪层出不穷，严重侵犯了公民的名誉权、财产权等合法权益，破坏了市场秩序。

本节将选取其中较为常见的两个罪名即诽谤罪及非法经营罪进行分析。

一、诽谤罪

公民依法在信息网络上发表言论，行使宪法权利，受我国法律的保护。但网络不是法外之地，信息网络上的“言论自由”也并非没有边界。由于网络信息具有扩散范围广、传播速度快、影响不易消除等特点，利用信息网络实施的诽谤犯罪比采用传统手段实施的犯罪具有更严重的社会危害性。

（一）构成要件及量刑标准

含义	捏造事实诽谤他人，情节严重的行为	
构成要件	客体	他人的人格尊严、名誉权
	客观方面	行为人实施捏造并散布某种虚构的事实，足以贬损他人人格、名誉，情节严重的行为
	主体	一般主体，单位不能构成犯罪主体
	主观方面	故意
量刑标准	情节严重的，处三年以下有期徒刑、拘役、管制或者剥夺政治权利	
	自诉案件认定标准： 利用信息网络诽谤他人，具有下列情形之一的，应当认定为刑法第 246 条第 1 款规定的“情节严重”： （一）同一诽谤信息实际被点击、浏览次数达到五千次以上，或者被转发次数达到五百次以上的； （二）造成被害人或者其近亲属精神失常、自残、自杀等严重后果的； （三）二年内曾因诽谤受过行政处罚，又诽谤他人的； （四）其他情节严重的情形	
	公诉案件认定标准： 利用信息网络诽谤他人，具有下列情形之一的，应当认定为刑法第 246 条第 2 款规定的“严重危害社会秩序和国家利益”： （一）引发群体性事件的； （二）引发公共秩序混乱的； （三）引发民族、宗教冲突的； （四）诽谤多人，造成恶劣社会影响的； （五）损害国家形象，严重危害国家利益的； （六）造成恶劣国际影响的； （七）其他严重危害社会秩序和国家利益的情形	

（二）诽谤罪相关的几个法律实务问题

1. 利用信息网络实施诽谤的典型行为：

（1）捏造损害他人名誉的事实，在信息网络上散布，或者组织、指使人员在信息网络上散布的；

（2）将信息网络上涉及他人的原始信息内容篡改为损害他人名誉的事实，在信息网络上散布，或者组织、指使人员在信息网络上散布的；

（3）明知是捏造的损害他人名誉的事实，在信息网络上散布，情节恶劣的，以“捏造事实诽谤他人”论。

（4）明知他人利用信息网络实施诽谤、寻衅滋事、敲诈勒索、非法经营等犯罪，为其提供资金、场所、技术支持等帮助的，以共同犯罪论处。

二、非法经营罪

非法经营罪被认为是一个口袋罪，非法开展互联网金融业务或者违规提供电信业务的，很容易触犯本罪的法律红线。

（一）构成要件及量刑标准

<table>
<tr><td rowspan="2">含义</td><td colspan="2">违反国家规定从事非法经营活动，扰乱市场秩序，情节严重的行为。
主要违法行为：
1. 未经许可经营法律、行政法规规定的专营、专卖物品或者其他限制买卖的物品的；
2. 买卖进出口许可证、进出口原产地证明以及其他法律、行政法规规定的经营许可证或者批准文件的；</td></tr>
<tr><td colspan="2">3. 未经国家有关主管部门批准非法经营证券、期货、保险业务的，或者非法从事资金支付结算业务的；
4. 其他严重扰乱市场秩序的非法经营行为</td></tr>
<tr><td rowspan="4">构成要件</td><td>客体</td><td>正常有序的市场经济秩序</td></tr>
<tr><td>客观方面</td><td>客观上实施了非法经营的活动，扰乱市场秩序，情节严重的行为</td></tr>
<tr><td>主体</td><td>一般主体</td></tr>
<tr><td>主观方面</td><td>故意</td></tr>
<tr><td rowspan="2">量刑标准</td><td colspan="2">情节严重的，处五年以下有期徒刑或者拘役，并处或者单处违法所得一倍以上五倍以下罚金</td></tr>
<tr><td colspan="2">情节特别严重的，处五年以上有期徒刑，并处违法所得一倍以上五倍以下罚金或者没收财产</td></tr>
</table>

（二）非法经营罪的几个法律实务问题

1. 兜底条款的理解与适用

实践中，一般根据相关行为是否具有与刑法第225条前三项规定的非法经营行为相当的社会危害性、刑事违法性和刑事处罚必要性进行判断。例如，王力军非法经营再审改判无罪案中，法院认定违反行政管理有关规定的经营行为是否构成非法经营罪，应当考虑该经营行为是否属于严重扰乱市场秩序。对于虽然违反行政管理有关规定，但尚未严重扰乱市场秩序的经营行为，不应当认定为非法经营罪。此外，根据《关于办理非法放贷刑事案件若干问题的意见》的规定，非法放贷利率超过36%且放贷金额或违法所得达到一定标准的，亦按照非法经营罪处罚。

2. 关于非法经营电信业务

根据《关于审理扰乱电信市场管理秩序案件具体应用法律若干问题的解释》第1条规定，违反国家规定，采取租用国际专线、私设转接设备或者其他方法，擅自经营国际电信业务或者涉港澳台电信业务进行营利活动，扰乱电信市场管理秩序，情节严重的，依照刑法第225条第4项的规定，以非法经营罪定罪处罚。

3. 关于“有偿删帖”行为

根据《关于办理利用信息网络实施诽谤等刑事案件适用法律若干问题的解释》第7条规定，违反国家规定，以营利为目的，通过信息网络有偿提供删除信息服务，或者明知是虚假信息，通过信息网络有偿提供发布信息等服务，扰乱市场秩序，具有下列情形之一的，属于非法经营行为“情节严重”，依照刑法第225条第4项的规定，以非法经营罪定罪处罚：

（1）个人非法经营数额在五万元以上，或者违法所得数额在二万元以上的；

（2）单位非法经营数额在十五万元以上，或者违法所得数额在五万元以上的。

实施前款规定的行为，数额达到前款规定的数额五倍以上的，应当认定为刑法第225条规定的“情节特别严重”。

附：本章相关法律法规

发布机关	文件名称	时间
全国人民代表大会/常务委员会	《刑法》	2017.11.04
	《网络安全法》	2017.06.01
	《反恐怖主义法》	2018.04.27
	《刑法修正案（九）》	2015.11.01
	《国家安全法》	2015.07.01
	《关于加强网络信息保护的决定》	2012.12.28
	《刑法修正案（七）》	2009.02.28
国务院	《计算机信息系统安全保护条例》	2011.01.08
	《非法金融机构和非法金融业务活动取缔办法》	2011.01.08
最高人民法院	《关于非法集资刑事案件性质认定问题的通知》	2011.08.18
	《关于审理非法集资刑事案件具体应用法律若干问题的解释》	2011.01.04
	《关于依法严厉打击集资诈骗和非法吸收公众存款犯罪活动的通知》	2004.11.15
	《全国法院审理金融犯罪案件工作座谈会纪要》	2001.01.21
最高人民检察院	《关于办理涉互联网金融犯罪案件有关问题座谈会纪要》	2017.06.02
公安部	《计算机信息网络国际联网安全保护管理办法》	2011.01.08
	《关于办理非法利用信息网络、帮助信息网络犯罪活动等刑事案件适用法律若干问题的解释》	2019.10.21
最高人民法院、最高人民检察院	《关于办理非法从事资金支付结算业务、非法买卖外汇刑事案件适用法律若干问题的解释》	2019.01.31
	《关于利用网络云盘制作、复制、贩卖、传播淫秽电子信息牟利行为定罪量刑问题的批复》	2017.11.22
	《关于办理扰乱无线电通讯管理秩序等刑事案件适用法律若干问题的解释》	2017.07.01

续表

发布机关	文件名称	时间
	《关于办理侵犯公民个人信息刑事案件适用法律若干问题的解释》	2017.06.01
	《关于办理利用信息网络实施诽谤等刑事案件适用法律若干问题的解释》	2013.09.09
	《关于办理危害计算机信息系统安全刑事案件应用法律若干问题的解释》	2011.08.01
	《关于办理利用互联网、移动通讯终端、声讯台制作、复制、出版、贩卖、传播淫秽电子信息刑事案件具体应用法律若干问题的解释（二）》	2010.02.04
	《关于办理侵犯知识产权刑事案件具体应用法律若干问题的解释（二）》	2007.04.05
	《关于办理利用互联网、移动通讯终端、声讯台制作、复制、出版、贩卖、传播淫秽电子信息刑事案件具体应用法律若干问题的解释》	2004.09.06
	《关于办理侵犯知识产权刑事案件具体应用法律若干问题的解释》	2004.12.22
	《关于审理扰乱电信市场管理秩序案件具体应用法律若干问题的解释》	2000.05.24
最高人民法院、最高人民检察院、公安部	《关于办理非法集资刑事案件若干问题的意见》	2019.01.30
	《关于办理电信网络诈骗等刑事案件适用法律若干问题的意见》	2016.12.20
	《关于依法惩处侵害公民个人信息犯罪活动的通知》	2014.04.23
	《关于办理非法集资刑事案件适用法律若干问题的意见》	2014.03.25
	《关于依法办理非法生产销售使用“伪基站”设备案件的意见》	2014.03.14
	《关于办理侵犯知识产权刑事案件适用法律若干问题的意见》	2011.01.10

续表

发布机关	文件名称	时间
	《关于办理网络赌博犯罪案件适用法律若干问题的意见》	2010.08.31
多部委	《关于办理非法放贷刑事案件若干问题的意见》	2019.10.21
	《关于防范以“虚拟货币”“区块链”名义进行非法集资的风险提示》	2018.08.24
	《关于防范和打击电信网络诈骗犯罪的通告》	2016.09.23
	《网络借贷信息中介机构业务活动管理暂行办法》	2016.08.17
	《关于促进互联网金融健康发展的指导意见》	2015.07.18
	《关于规范网络游戏经营秩序查禁利用网络游戏赌博的通知》	2007.01.19
上海市高级人民法院、上海市人民检察院、上海市公安局	《关于办理涉众型非法集资犯罪案件的指导意见》	2018.12.06

后记

本书适合互联网、新技术、新零售等企业的负责人、法务、合规、安全及 IT 等人员及其他对网络与数据法律感兴趣的人士阅读、交流。

作者在 10 年前即开始主要从事网络与数据领域法律服务，本书内容早已成稿，但因近年来网络与数据领域立法频繁更新，本书稿也多次修订更新，直到现在才正式面世。

书稿撰写过程中，作者所在团队的冯莉、柴明银、刘月莹、尹剑梅、吴旻奇、黄天一等参与了部分章节的初稿撰写及大量基础性研究工作，汇业律师事务所杨国胜、郭庆红、李天航、潘志成等各位领导和同事给予了极大地关怀和帮助。本书出版编辑得到了人民法院出版社及尹立霞女士的大力支持和帮助，一并感谢。

最后，尤其感谢我的夫人杨芳女士在本书写作过程中给予的理解、关心和支持，以及我的父母和孩子们给予的爱护和力量。